GARY HAMEL / C.K. PRAHALAD

WETTLAUF UM DIE ZUKUNFT

Wie Sie mit
bahnbrechenden Strategien
die Kontrolle über
Ihre Branche gewinnen
und die Märkte
von morgen schaffen

UEBERREUTER

Die Deutsche Bibliothek – CIP-Einheitsaufnahme

Hamel, Gary:
Wettlauf um die Zukunft : Wie Sie mit bahnbrechenden Strategien die Kontrolle über Ihre Branche gewinnen und die Märkte von morgen schaffen / Gary Hamel/C. K. Prahalad. [Aus dem Amerikan. von Stephan Gebauer und Annemarie Pumpernig]. – Wien : Wirtschaftsverl. Ueberreuter, 1995
(Manager-Magazin-Edition)
Einheitssacht.: Competing for the future <dt.>
ISBN 3-7064-0318-8
NE: Prahalad, C. K.:

S 0306 1 2 3 / 99 98 97

Aus dem Amerikanischen von Annemarie Pumpernig und Stephan Gebauer
Originaltitel „Competing for the Future“, erschienen bei
Harvard Business School Press, Boston

Umschlag: Kurt Rendl
unter Verwendung eines Bildes der Bildagentur ZEFA

Inhaltsverzeichnis

Vorwort

Das Buch, das Sie in Händen halten, ist das Produkt einer bemerkenswerten Partnerschaft, die nun schon seit siebzehn Jahren besteht. Im Jahr 1977 war einer der Autoren (Gary) Dissertant im Fachbereich International Business an der University of Michigan und der andere (C. K.) ein soeben eingestellter außerordentlicher Professor für Strategie. Wir lernten einander kennen, als C. K. die Institutsgrenzen überschritt, um für die Dissertanten des Faches International Business ein Seminar zu halten. Wenn wir an dieses erste Zusammentreffen denken, so ist uns beiden im Gedächtnis, daß sich an diesem Nachmittag rasch ein scharfer, erbitterter Disput zwischen uns entspann. Jeder von uns war entschlossen, dem anderen den endgültigen intellektuellen Coup de grace zu versetzen. Die anderen Anwesenden mochten das Gefühl haben, daß wir in Zukunft kein einziges Wort mehr miteinander wechseln, geschweige denn miteinander arbeiten würden. Dennoch wurde an diesem Nachmittag die Saat für gegenseitige Achtung und Freundschaft gesät. Es folgten weitere ebenso grimmige Debatten, aber wir entdeckten rasch, daß wir mehr gemein hatten als eine Vorliebe für den intellektuellen Schlagabtausch. Wir waren beide davon überzeugt, daß der Wert der an den Wirtschaftsuniversitäten betriebenen Forschungsarbeit letzten Endes von ihrem Nutzen für die Managementpraxis abhängt. Unser beider Sorge galt den großen Unternehmen und der Frage, ob es ihnen gelingen würde, sich ihre Vitalität und Wettbewerbsfähigkeit zu erhalten. Und wir hatten beide das Gefühl, daß ein Großteil der Management- und Wettbewerbsrealität außerhalb der Grenzen der bestehenden Theorien lag. Diese gemeinsamen Interessen bildeten das Fundament für die folgenden Jahre gemeinsamer Forschung, gemeinsamer Consultingtätigkeit und gemeinsamer Autorenschaft.

Die erste gemeinsame Forschungsarbeit begann im Rahmen der Beratungstätigkeit, die C. K. für ein großes und angesehenes amerikanisches Unternehmen ausübte. Zwar verwahrte sich die Firma gegen eine Veröffentlichung der genauen Ergebnisse unserer Studie, aber die darin enthaltenen Ideen und Vorstellungen wurden zur Grundlage unseres ersten Artikels in der Harvard Business Review mit dem Titel: „Do You Really Have A Global Strategy?“ Wir lernten bei unserer Forschung andere Unternehmen kennen und beobachteten immer wieder mit Erstaunen, daß sich kleinere Rivalen, viele davon aus Japan, gegen weitaus größere, reichere Unternehmen durchsetzen konnten. Wie, so fragten wir uns, konnten Konkurrenten, deren Ressourcenausstattung offensichtlich dürftig war, mit Erfolg etablierte Konzernriesen herausfordern? Was hinderte die Industrieführer daran, die Angriffe der unverfrorenen Neulinge abzuwehren? Wir stießen immer wieder auf dasselbe Muster – etablierte Unternehmen waren unfähig, sich gegen kleinere, ressourcenschwache Konkurrenten durchzusetzen. Wie waren unsere Beobachtungen mit der gängigen Theorie über die Marktstärke der Etablierten und die Vorteile eines großen Marktanteils zu vereinbaren? Anhand welcher Theorie konnte erklärt werden, daß es Canon gelang, ein so großes Loch in den Marktanteil von Xerox zu reißen? Wie konnte es Honda gelingen, die Kolosse von Detroit in zahlreichen Bereichen in die Schranken zu weisen? Und was war mit dem Kampf zwischen Sony und RCA?

Die deutlichen Unterschiede bezüglich der Wirksamkeit der eingesetzten Ressourcen, die wir beobachten konnten, ließen sich nicht durch Unterschiede in der operativen Effizienz oder durch institutionelle Faktoren wie Arbeits- oder Kapitalkosten erklären. Kein statischer Kostenvergleich konnte erklären, warum es manchen Unternehmen offensichtlich ständig gelang, neue Wege zu finden, mit weniger Einsatz mehr zu erreichen als andere. Welche Erklärung, so fragten wir uns, konnte es für solche Unterschiede in der Wirksamkeit des Ressourceneinsatzes geben?

Es lag auf der Hand, daß die Herausforderer eingesessener Unternehmen von einer stärkeren Kraft als von kurzfristigen finanziellen Zielen getrieben waren. Als wir uns ihre Investitionen, Allianzen, internationalen Expansionsstrategien und Produktankündigungen ansahen, beobachteten wir, daß ihrem Vorgehen eine Beharrlichkeit innewohnte, die darauf schließen ließ, daß sie eine genaue Vorstellung von der Zukunft hatten. Wenn wir die Manager dieser Firmen befragten, nannten sie oft erstaunlich ehrgeizige Ziele – Ziele, deren Horizont die zeitlichen Beschränkungen typischer „Strategiepläne“ häufig weit überschritt. Woher kamen derartige Ambitionen? Wie bestanden sie den „Realitätstest“, der die Bestrebungen der Unternehmen so oft erstickt? Und wie konnten solche scheinbar unerreichbaren Ziele für die Mitarbeiter aller Ebenen greifbar und erstrebenswert gemacht werden?

Sehr oft war es den Herausforderern gelungen, völlig neue Formen von Wettbewerbsvorteilen aufzubauen und die Spielregeln in ihren Industrien völlig umzuschreiben. Flexibilitätsvorteile ersetzten Geschwindigkeitsvorteile, die ihrerseits höher bewertet wurden als Lieferanten-Managementvorteile, die wiederum mehr zählten als Qualitätsvorteile. Was uns interessierte, waren nicht die Details irgendeines bestimmten Vorteils; diese Vorteile ließen sich durch die traditionelle Auffassung des Wettbewerbsvorteils leicht beschreiben. Statt dessen waren wir fasziniert von dem Prozeß des Vorteilsaufbaus. Was bewog bestimmte Unternehmen – und andere nicht – kontinuierlich nach neuen Vorteilen zu suchen? Welche Dynamik war da am Werk?

Wir lernten Unternehmen kennen, die sich auf bestimmte Fähigkeitenbereiche – optische Medien, Financial Engineering, Miniaturisierung – konzentrierten, lange bevor sich spezifische Endproduktmärkte zu bilden begannen. Die Führungskräfte dieser Unternehmen schienen den Wettbewerb als Rennen um den Aufbau von Kompetenzen und nicht nur als Wettlauf um unmittelbare Marktanteile zu sehen. Worin, so fragten wir uns, bestand die Grundlage für ein solches Engagement? Wie konnte jemand einen Geschäftsfall für einen Markt entwickeln, der möglicherweise erst in einem Jahrzehnt oder später entstehen würde? Welche Gesetzmäßigkeit stand hinter dem offensichtlich sehr ausgeprägten emotionalen und intellektuellen Bekenntnis dieser Unternehmen? Wie entschieden die Führungskräfte, welche Kompetenzen das Unternehmen für die Zukunft aufbauen sollte?

Unsere Untersuchungen führten uns zu dem Schluß, daß bestimmte Managementteams einfach einen besseren „Vorausblick" hatten als andere. Manche waren fähig, sich Produkte, Dienstleistungen und ganze Industrien vorzustellen, die noch nicht existierten, um dann als Geburtshelfer für diese Industrien zu fungieren. Diese Manager schienen sich keine grauen Haare über die Positionierung ihres Unternehmens im bestehenden „Wettbewerbsraum" wachsen zu lassen; statt dessen verbrachten sie mehr Zeit damit, vollkommen neue Wettbewerbsräume zu entdecken. Andere Unternehmen, die Nachzügler, bemühten sich eher um die Bewahrung der Vergangenheit als um die Erfindung der Zukunft. Sie nahmen die Industriestruktur als gegeben hin und wagten es selten, die geltenden Konventionen in Frage zu stellen. Aber woher kam nun jener Vorausblick? Wie konnte man sich Märkte vorstellen, die noch nicht das Licht der Welt erblickt hatten?

Die bestehenden Strategie- und Organisationstheorien können diese Fragen nicht zufriedenstellend beantworten, obwohl sie ein solides Fundament für Nachforschungen darstellen. Während sie zur Verdeutlichung der Strukturen einer bestehenden Industrie beitragen, helfen sie uns kaum zu verstehen, was man braucht, um eine Industrie zu seinem eigenen Nutzen grundlegend neu zu gestalten. Sie beleuchten die Eigenschaften eines Managers der Umwandlung, aber sie sagen nur wenig darüber aus, welche Voraussetzungen ein Führungsteam braucht, um eine vorausblickende, fundierte Vorstellung von der Zukunft entwickeln zu können – geschweige denn, was es benötigt, um diese Vorstellung auch verwirklichen zu können. Während sie eine Punktetabelle zur Bewertung der relativen Wettbewerbsvorteile bieten, gelingt es ihnen nicht, die Dynamik des Kompetenzaufbaus zu erfassen.

Es ist also die Kluft zwischen Theorie und praktischen Beobachtungen, der dieses Buch seine Entstehung verdankt. Wir schrieben es zu einer Zeit, als die Unternehmen ihre Konzernstrategieabteilungen auflösten, als Beratungsfirmen immer seltener zur Strategieausarbeitung und immer öfter zur bloßen Steigerung der Betriebseffizienz engagiert wurden, zu einer Zeit, in der viele Unternehmen zu überstürztem Downsizing schritten, anstatt die Märkte und Industrien von morgen aufzubauen. Vielleicht ist es nicht übertrieben zu sagen, daß die Strategie in der Krise steckt. Wir haben in diesem Buch das Ziel verfolgt, das Konzept der Strategie so zu erweitern, daß es der in Entstehung begriffenen Wettbewerbsrealität – einer Realität, in der das Ziel lautet, nicht nur Organisationen, sondern ganze Industrien umzuformen – besser gerecht wird. Dies ist eine Realität, in der eine Politik der kleinen Schritte nicht ausreicht; eine Realität, in der ein Unternehmen, das nicht in der Lage ist, eine Vorstellung von der Zukunft zu entwickeln, an der Zukunft nicht mehr beteiligt sein wird. Indem wir die Kluft zwischen Theorie und Realität schließen, hoffen wir, der Strategie ein wenig von ihrem verlorenen Glanz zurückzugeben.

Dieses Buch befaßt sich mit Strategie, damit, „wie man denken sollte“, aber es stützt sich weitgehend auf die Erfahrungen von Unternehmen in aller Welt, denen es gelungen ist, ihre Ressourcennachteile zu überwinden und globale Führungspositionen aufzubauen. Noch mehr Aufmerksamkeit widmen wir Unternehmen, die sich vom Fluch des Erfolgs lösen und zum zweiten oder zum dritten Mal eine Führungsposition in ihrer Industrie aufbauen konnten. Trotzdem bestehen die Unternehmen, die in diesem Buch als exemplarisch beschrieben werden, nicht unbedingt eine umfassende Probe der „Vollkommenheit“. Es gibt kein einzelnes Unternehmen, das den von uns verfochtenen Strategie-, Wettbewerbs- und Organisationsansatz in Vollkommenheit verkörpert, obwohl einige Unternehmen diesem Ideal näher kommen als andere. Wir sind davon überzeugt, daß jedes Unternehmen, das bereit ist, den in diesem Buch beschriebenen Weg zu gehen, ein großes Verbesserungspotential hat.

„Wettlauf um die Zukunft“ ist also kein Buch für den interessierten Hobbystrategen; es ist kein Buch für jene, die nur von intellektueller Neugier getrieben sind. Vielmehr ist es ein Handbuch für jene, die daran glauben, daß der beste Weg zu gewinnen darin besteht, die Spielregeln umzuschreiben. Es ist ein Buch für jene, die keine Angst haben, orthodoxe Denkweisen herauszufordern. Es ist ein Buch für jene, die aufbauen wollen, anstatt „gesundzuschrumpfen“, für jene, die etwas bewirken anstatt Karriere machen wollen, und schließlich für jene, denen es ein echtes Anliegen ist, als erste das Tor zur Zukunft aufzustoßen.

Danksagungen

Wir hatten in den vergangenen fünfzehn Jahren mit Zehntausenden von Managern Kontakt, und dieses Buch ist im wesentlichen das Produkt dieses Austauschs. In zahlreichen Forschungsprogrammen, in Führungskräfteschulungen (im Auftrag der London Business School und der University of Michigan sowie Dutzender Unternehmen) sowie in unserer Beratungstätigkeit für führende Unternehmen der Welt lernten wir viel über die Voraussetzungen, die ein Unternehmen erfüllen muß, um im Wettlauf um die Zukunft erfolgreich zu bestehen. Wir schulden den Managern, von denen wir lernen durften, und den Unternehmen, die uns die Möglichkeit gaben, unsere Theorien auf den Prüfstand der Realität zu stellen, enormen Dank.

Insbesondere möchten wir Rob Wilmott und Peter Bonfiled danken, dem ehemaligen und derzeitigen Chef von ICL. Unsere Partnerschaft mit ICL im Bereich der Forschung und der Führungskräfteschulung, die Mitte der achtziger Jahre entstand, lieferte uns den ersten Denkanstoß zu unserer Neubeurteilung von globalem Wettbewerb, strategischen Allianzen und „strategischer Intention". Eine ähnliche Beziehung zu Motorola, unter der Schirmherrschaft des damaligen Vorsitzenden Bob Galvin und von CEO George Fisher, gab uns die Chance, Theorien über den Begriff der Kernkompetenz zu entwickeln und diese in der Wirklichkeit zu testen. Die Führungskräfte von EDS lieferten einen wichtigen Beitrag zur Entwicklung unserer Theorie über die „strategische Architektur" und den Prozeß der „Strategieerneuerung". Weiter möchten wir Les Alberthal, Vorsitzender von EDS, Nick Baretta und Greig Trosper danken. Weitere Unternehmen, die als fruchtbarer Boden für unsere Forschungsarbeit dienten, waren AT&T, Cargill, Trinova, Ford, Rockwell, Philips, Colgate-Palmolive und Eastman Chemical. Wir möchten auch der Gatsby Charitable Foundation unseren Dank für den Beitrag aussprechen, den sie zur finanziellen Unterstützung unserer Forschungsarbeit geleistet hat.

Wir konnten uns bei unserer Arbeit an diesem Buch auf eine Vielzahl von Forschungsarbeiten stützen. Wir haben Strategiepionieren wie Ken Andrews, Igor Ansoff, Alfred Chandler und vielen anderen zu danken. In unserer Arbeit findet ihre Sorge um die Ausrichtung der Unternehmen und die Anhäufung herausragender Kompetenzen ihren Niederschlag. Auch Michael Porter, der eine so erfolgreiche Synthese von Konzernstrategie und Industrieökonomie herstellte, sind wir zu Dank verpflichtet. Er rief seinen Kollegen ins Gedächtnis, daß Konzernstrategie in einem kompetitiven Vakuum weder entwickelt noch verwirklicht werden kann. Jegliche Strategie, der kein tiefgehendes Verständnis der Dynamik des Wettbewerbs zugrunde liegt, ist zum Scheitern verurteilt. Daher unser Schwerpunkt in diesem Buch: Wettbewerb um die Zukunft. Professor Henry Mintzberg haben wir einen ähnlich wertvollen Erkenntnisbeitrag zu verdanken. Wir stehen seiner Theorie, derzufolge strategische Ergebnisse immer von den Entwicklungen beeinflußt und oft unvorhersehbar sind, uneingeschränkt positiv gegenüber. Mintzbergs Auffassung von Strategie als organischem Prozeß und die etwas analytischere und stärker deterministische Strategieauffassung von Professor Porter werden oft als Antithesen betrachtet. Wir sind jedoch überzeugt, daß beide Wissenschaftler wichtige Erkenntnisse über die Natur der Strategie gewonnen haben. Strategie ist sowohl ein Prozeß des Verstehens und des Formens kompetitiver „Kräfte" als auch ein Prozeß unbegrenzter Entdeckungen und zweckgebundenen Wachsens.

Ebenso wie die Pioniere der Strategie sind wir der Auffassung, daß das Topmanagement eine genaue Vorstellung von den anzustrebenden Wettbewerbsergebnissen haben muß. Wie Professor Porter meinen wir, daß diese Vorstellung die Ambitionen und Strategien der Rivalen, welche denselben Wettbewerbsraum zu besetzen suchen, einschließen muß. Wie Henry Mintzberg sind wir davon überzeugt, daß wir nicht viel über die Zukunft wissen können, und daß Planung nie ein völlig akzeptabler Ersatz für Entdeckung und Lernen sein kann.

Unser Buch ist nur ein kleiner Faden im Gewebe der neuen Strategie- und Wettbewerbsperspektiven. Durch die Teilnahme an Seminaren, durch Bücher und Artikel sowie durch persönliche Gespräche konnten wir enorm von den neuen Ideen profitieren, die von Leuten wie Richard Pascale, Peter Senge, James Brian Quinn, Hiroyuki Itami, Kenichi Ohmae, Ikujiro Nonaka, Richard Rumelt, David Teece, Robert Burgleman, Ingemar Dierickx, Karel Cool, Jay Barney, Yves Doz und vielen anderen auf dem Marktplatz der Strategie angeboten wurden. Anstatt überall dort, wo ihre Ideen mit den unseren übereinstimmen, eine Fußnote anzubringen, möchten wir den Leser an dieser Stelle auf das solide, innovative Denken hinweisen, das diese Strategiewissenschaftler des „New Age" für sich in Anspruch nehmen dürfen. Obwohl diese Forscher größtenteils parallel und nicht zeitlich versetzt arbeiten und oft ein und dasselbe Phänomen in verschiedener Terminologie beschreiben, stimmen ihre Einschätzungen der Herausforderungen, mit denen die Manager konfrontiert sind, im wesentlichen mit unserer überein. Wie wir legen sie besonderen Wert auf „unsichtbare Aktiva", „Lernen", „Innovation", „Fähigkeiten", „Wissen", „Vision" und „Führerschaft". Wie wir arbeiten sie hart daran, den Managern geeignete Werkzeuge und Perspektiven anzubieten, damit diese Strategien für das einundzwanzigste Jahrhundert entwickeln können. Wir verdanken diesen Wissenschaftlern Inspiration und die Zuversicht, daß wir uns trotz allem auf dem richtigen Weg befinden. Für Leser, die sich für die Pionierarbeiten interessieren, auf denen das vorliegende Buch aufbaut, oder für die neueren Arbeiten jener Wissenschaftler, deren Arbeit unsere ergänzt, haben wir am Ende des Buches Literaturhinweise angefügt.

Es gibt noch jemanden, von dessen Klugheit und Erfahrung unsere Arbeit enorm profitiert hat, jemanden, der sowohl ein Pionier als auch ein Guru ist: Professor Peter Drucker. Professor Drucker ist nie davon abgegangen, daß Theorien oder Konzepte, die nützlich sein sollen, letzten Endes in die Sprache und den Kontext der Manager und ihrer Handlungsmöglichkeiten übertragen werden müssen. Er war immer ein Leuchtturm im Sturm der Forschung, an dem sich Wissenschaftler und Praktiker auf der Suche nach den Managementantworten für morgen orientieren konnten. Der kleine Beitrag, den wir hoffentlich mit diesem Buch zur Managementpraxis und zur Gewinnung von Vorausblick leisten können, verdankt dem leuchtenden Beispiel Peter Druckers sehr viel.

Einen wesentlichen Beitrag zur Entstehung dieses Buches hat unsere Lektorin in der Harvard Business School, Carol Franco, geleistet. Indem sie uns stets ermutigte und zugleich auf die Einhaltung der Fristen pochte, sorgte sie dafür, daß dieses Projekt noch vor der Jahrtausendwende verwirklicht wurde. Karen Moss, Gary Hamels begabte Assistentin an der London Business School, leistete Außerordentliches, um uns den Rücken für die Arbeit an diesem Buch freizuhalten. Wir danken auch Mark Bleakley, einem Dissertanten der London Business School, für die von ihm geleistete Forschungsarbeit.

Vor allem aber danken wir unseren Gattinen, deren Geduld jenes Maß, das wir uns erwarten durften, weit überschritt. Durch die Arbeit an diesem Buch vernachlässigten wir häufig unsere familiären Pflichten. Die unverbrüchliche Begeisterung und Unterstützung, mit der ElDona und Gayatri unsere Arbeit begleiteten, ließen uns weniger Schuld fühlen, als angebracht gewesen wäre. Ihnen gilt unser größtes und herzlichstes „Danke!“

1

Aus der Tretmühle herauskommen

Sehen Sie sich in Ihrem Unternehmen um. Sehen Sie sich an, welche wichtigen Initiativen in letzter Zeit eingeleitet wurden. Sehen Sie sich die Fragen an, die das Topmanagement beschäftigen. Sehen Sie sich an, an welchen Kriterien und Maßstäben Fortschritte gemessen werden. Sehen Sie sich den Erfolg oder den Mißerfolg im Erschließen neuer Geschäftsfelder an. Schauen Sie in die Gesichter Ihrer Kollegen und vergegenwärtigen Sie sich deren Träume und Ängste. Werfen Sie einen Blick in die Zukunft und schätzen Sie die Fähigkeit Ihrer Firma ein, diese Zukunft zu gestalten und in den kommenden Jahren und Jahrzehnten immer wieder neue Erfolge zu erreichen.

Und dann fragen Sie sich: Hat die Unternehmensleitung ein klares und von allen Managern geteiltes Bild von den Veränderungen, die in den nächsten zehn Jahren auf die Industrie zukommen werden? Leuchten die „Scheinwerfer“ Ihres Topmanagements das Terrain der Zukunft besser aus als jene der Konkurrenz? Spiegelt sich sein Zukunftskonzept deutlich in den kurzfristigen Unternehmenszielen wider? Ist sein Zukunftskonzept, verglichen mit demjenigen der Konkurrenz, einzigartig?

Fragen Sie sich selbst: Ist mein Unternehmen in der Lage, innerhalb seiner Industrie neue Wettbewerbsregeln vorzugeben? Findet es ständig neue Wege, sein Geschäftsfeld auszudehnen und neue

Maßstäbe der Kundenzufriedenheit zu setzen? Gehört mein Unternehmen zu jenen, die in der Industrie die Regeln diktieren, oder zu jenen, die den von anderen gemachten Regeln gehorchen? Liegt sein Bestreben eher darin, den Status quo zu hinterfragen, oder darin, ihn zu bewahren?

Fragen Sie sich: Hat die Führungsebene ein wachsames Auge auf die Gefahren, die von neuen, unkonventionellen Konkurrenten drohen? Weiß sie auch wirklich genau Bescheid über die potentiellen Bedrohungen des aktuellen Geschäftsmodells? Sind sich die Spitzenmanager darüber im klaren, wie dringlich eine Neuerfindung dieses Geschäftsmodells ist? Schenkt das Topmanagement der Erneuerung von Kernstrategien ebensoviel Aufmerksamkeit wie dem Reengineering von Kernprozessen?

Fragen Sie sich: Bemüht sich mein Unternehmen mit demselben Einsatz um Wachstum und Hinzugewinnung neuer Geschäftsbereiche wie um Betriebseffizienz und Downsizing? Können wir mit derselben Sicherheit sagen, woher die nächsten 10 oder 100 Millionen oder 1 Milliarde Dollar an Ertragszuwächsen stammen werden, wie wir sagen können, woher die nächsten 10 oder 100 Millionen oder 1 Milliarde Dollar an Kosteneinsparungen kommen sollen?

Fragen Sie sich: Wieviel von unseren Verbesserungsanstrengungen (Qualitätsverbesserung, Reduzierung der Zykluszeiten und verbesserte Kundenbetreuung) entfällt auf die Entwicklung neuer Vorteile, und wieviel dient lediglich dazu, den Anschluß an die Konkurrenz zu finden? Sind wir für die Konkurrenz ebenso häufig eine Vergleichsgröße wie sie es für uns ist?

Fragen Sie sich: Welches ist die treibende Kraft hinter unseren Verbesserungs- und Veränderungsbestrebungen – unsere eigene Einschätzung der Zukunftschancen oder die Aktivität unserer Konkurrenten? Sind unsere Umwandlungsbestrebungen in erster Linie offensiv oder defensiv?

Fragen Sie sich: Bin ich eher ein Wartungstechniker, der für den reibungslosen Ablauf des momentanen Geschäftsganges zu sorgen hat, oder bin ich eher ein Architekt, der den Entwurf für die Unternehmenszukunft liefert? Widme ich der Vergangenheit mehr Zeit als der Erfindung der Zukunft? Wie oft stecke ich meinen Kopf zur Tür hinaus, um Ausschau zu halten, was sich am Horizont zeigt?

Und zuletzt, fragen Sie sich: Wie steht es um das Verhältnis zwischen Hoffnung und Angst in meinem Unternehmen? Überwiegt das Vertrauen in unsere Fähigkeit, Wachstumschancen und innovative Möglichkeiten zu erkennen und zu nutzen, oder die Angst davor, die Wettbewerbsfähigkeit in unseren traditionellen Geschäftsfeldern zu verlieren; das Gefühl, Chancen ergreifen zu können, oder das Gefühl, sowohl hinsichtlich des Unternehmens als auch hinsichtlich der eigenen Person angreifbar zu sein.

Dies sind keine rhetorischen Fragen. Nehmen Sie einen Stift zur Hand. Stufen Sie Ihr Unternehmen ein:

Wie sieht die Vorstellung des Topmanagements von der Zukunft verglichen mit jener der Konkurrenten aus?

Konventionell und reaktiv	•	•	•	•	•	Distinktiv und weitblickend

Welcher Aufgabe widmet das leitende Management größere Aufmerksamkeit?

Reengineering der Kernprozesse	•	•	•	•	•	Erneuerung der Kernstrategien

Ist unser Unternehmen in den Augen der Konkurrenz eher eines, das Regeln macht, oder eines, das Regeln übernimmt?

In erster Linie Übernahme von Regeln	•	•	•	•	•	In erster Linie Festlegung der Regeln

Liegt unsere Stärke eher in der Erhöhung der Betriebseffizienz oder in der Erschließung völlig neuer Geschäftsfelder?

Betriebs-effizienz • • • • • Entwicklung neuer Geschäftsfelder

Dienen unsere Bemühungen zur Erringung von Vorteilen eher dazu, die Konkurrenz einzuholen, oder eher dazu, für die Industrie ganz neue Vorteile zu entwickeln?

Hauptsächlich dazu, die Konkurrenz einzuholen • • • • • Hauptsächlich dazu, für die Industrie ganz neue Vorteile zu entwickeln

Bis zu welchem Ausmaß sind unsere Umwandlungsbemühungen von den Maßnahmen der Konkurrenz bestimmt, inwieweit beruhen sie auf unserer eigenen, unabhängigen Zukunftsvision?

Großteils von der Konkurrenz bestimmt • • • • • Großteils von unserer Vision bestimmt

Inwieweit bin ich als leitender Manager ein mit der Gegenwart beschäftigter Wartungstechniker, inwieweit ein die Zukunft gestaltender Architekt?

Vor allem Techniker • • • • • Vor allem Architekt

Was herrscht unter den Mitarbeitern vor: Angst oder Hoffnung?

Eher Angst • • • • • Eher Hoffnung

Wenn sich Ihre Beurteilung irgendwo im mittleren Bereich bewegt bzw. eher im linken Bereich, so bedeutet das, daß Ihr Unternehmen wahrscheinlich zuviel Energie in die Bewahrung der Vergangenheit steckt und nicht genug in die Zukunft investiert.

Wir stellen Spitzenmanagern häufig drei zusammenhängende Fragen. Erstens: Wieviel Prozent Ihrer Zeit widmen Sie externen, statt internen Fragen – zum Beispiel den Folgen einer bestimmten neuen Technologie statt der Zuordnung der Overheadkosten? Zweitens: Wieviel von der Zeit, die Sie externen Fragen widmen, verbringen Sie mit Überlegungen, welche Veränderungen in fünf oder zehn Jahren eintreten könnten, anstatt sich Gedanken darüber zu machen, wie der nächste große Auftrag an Land gezogen werden oder wie auf die aktuelle Preisgestaltung eines Konkurrenten reagiert werden soll? Drittens: Wieviel von jener Zeit, die Sie externen und Zukunftsfragen widmen, verbringen Sie im Gedankenaustausch mit Kollegen, um statt einer persönlichen und eigenwilligen eine wirklich gemeinsame, fundierte Vorstellung von der Zukunft zu gewinnen?

Die üblichen Antworten entsprechen dem, was wir als „40/30/20-Regel“ bezeichnen. Unserer Erfahrung nach verwenden leitende Manager etwa 40 % ihrer Zeit darauf, sich mit der Außenwelt zu beschäftigen. Von dieser Zeit wiederum werden 30 % damit verbracht, drei, vier, fünf oder mehr Jahre in die Zukunft zu blicken. Und von der für die Vorausschau verwendeten Zeit verbringen die durchschnittlichen Manager nicht mehr als 20 % damit, eine umfassende Vorstellung von der Zukunft zu entwickeln (die übrigen 80 % werden der Beschäftigung mit dem speziellen Geschäftsbereich des Managers gewidmet). Damit opfert der Spitzenmanager durchschnittlich weniger als 3 % (40 % × 30 % × 20 % = 2,4 %) seiner Arbeitszeit für die Entwicklung einer für das Gesamtunternehmen relevanten Zukunftsperspektive. In einigen Unternehmen liegt die Rate bei weniger als einem Prozent. Um einen Richtwert zu geben: Die Entwicklung einer vorausschauenden und singulären Einschätzung der Zukunft erfordert unserer Erfahrung nach die Bereitschaft des leitenden Managements, über einen Zeitraum von mehreren Monaten hinweg zwischen 20 und 50 Prozent der verfügbaren Zeit für diese Aufgabe zu opfern. Darüber hinaus muß die Unternehmensleitung bereit sein, diese Einschätzung laufend zu überprüfen, weiterzuentwickeln und den kommenden Entwicklungen anzupassen.

Es bedarf beträchtlichen und beharrlichen intellektuellen Einsatzes, um substantielle und dauerhafte Antworten auf Fragen wie die folgenden zu finden: Welche neuen Kernkompetenzen muß das Unternehmen entwickeln? Welche neuen Produktkonzepte sollten wir in Angriff nehmen? Welche neuen Verbindungen müssen wir eingehen? Welche jungen Entwicklungsprogramme sollten wir fördern? Für welche langfristigen gesetzlichen Rahmenbedingungen sollten wir uns einsetzen? Wir glauben, daß derartigen Fragen in vielen Unternehmen bisher viel zu geringe Aufmerksamkeit geschenkt wurde.

Dieser Mangel an Aufmerksamkeit ist nicht etwa darauf zurückzuführen, daß die leitenden Manager faul wären; die meisten Manager arbeiten so hart wie nie zuvor. Heutzutage können Streß, Burnout und permanenter Jetlag kaum noch als gelegentliche Auswüchse des Berufslebens bezeichnet werden, sondern sie kennzeichnen den Lebensstil der meisten Führungskräfte. Aber es sind nicht Zeit- und Energieaufwand, welche die Unternehmensspitzen vor diesen schwierigen Fragen zurückschrecken lassen. Diese Fragen werden deshalb nicht beantwortet, weil die leitenden Manager, um an diese Fragen herangehen zu können, zunächst einmal sich selbst und ihren Mitarbeitern gegenüber eingestehen müßten, daß sie die Zukunft ihres Unternehmens nicht im Griff haben. Sie müßten eingestehen, daß ihr aktueller Wissensstand – jenes Wissen, das ihnen ihre Stellung in der Hackordnung des Unternehmens sichert – in der Zukunft möglicherweise wertlos wird oder in die Irre geht. Diese Fragen werden deshalb nicht beantwortet, weil sie in gewissem Sinn unmittelbar die Annahme in Zweifel ziehen, das Topmanagement beherrsche die Entwicklung, verfüge wirklich über den größten Weitblick im Unternehmen und besitze bereits eine deutliche und überzeugende Vorstellung davon, in welche Richtung sich das Unternehmen zukünftig entwickeln wird. So verscheucht also das Dringliche das Bedeutsame; die Zukunft bleibt weitgehend im dunkeln; und statt gründlicher Überlegung und Vorstellungsgabe wird rasches Handlungsvermögen zum einzigen Kriterium von Führungsqualität.

Wenn es nicht die Zukunft ist, was nimmt dann die Aufmerksamkeit der Unternehmensleitung in Anspruch? In zwei Worten: Umstrukturierung und Reengineering. Zwar sind Downsizing und prozeßorientierte Neugestaltung sinnvolle und wichtige Maßnahmen, aber sie dienen eher dazu, das gegenwärtige Geschäft abzusichern, als dazu, die Geschäftsfelder der Zukunft zu erschließen. Sie sind kein Ersatz für Zukunftsentwurf und Zukunftsgestaltung. Weder die eine noch die andere Maßnahme führt zu dauerhaftem Erfolg, solange ein Unternehmen nicht gleichzeitig seine Kernstrategien erneuert. Jedes Unternehmen, das in Umstrukturierung und Reengineering erfolgreich ist, es jedoch nicht schafft, die Märkte der Zukunft aufzubauen, wird sich selbst in einer Tretmühle wiederfinden, in der es dauernd auf der Flucht vor den stetig sinkenden Margen und Erträgen im Geschäft von gestern ist.

ÜBER DIE UMSTRUKTURIERUNG HINAUSGEHEN

Die schmerzhaften Umwälzungen, die in den letzten Jahren in so vielen Unternehmen stattgefunden haben, zeigen das Unvermögen der einstigen Industriekapitäne, mit dem beschleunigten Rhythmus des industriellen Wandels Schritt zu halten. Jahrzehntelang bedeuteten die Veränderungen, mit denen Sears, General Motors, IBM, Westinghouse, Volkswagen und andere eingesessene Konzerne konfrontiert wurden, eine mehr oder weniger lineare Fortführung der Vergangenheit. Sears konnte darauf vertrauen, daß seine Kataloge den aufeinanderfolgenden Generationen der amerikanischen Landbevölkerung stets als bequemste Quelle für Kleidung und Heimausstattung galten; General Motors konnte sich darauf verlassen, daß die jungen Konsumenten, so wie ihre Eltern vor ihnen, mit steigendem Einkommen vom Chevy auf das Oldsmobile und vom Buick auf den Cadillac umsteigen würden; IBM durfte damit rechnen, daß die Erträge stetig weiter steigen würden, da die Großunternehmen ihre EDV-Abteilungen mit immer schnelleren Computern ausstatteten und da die geschlossenen Betriebssysteme die IBM-Kunden vor den Klauen der gierigen Konkurrenz schützten. Die Losung des Topmanagements in diesen Unternehmen lautete „Schön bei der Stange bleiben". Die Unternehmen wurden nicht von Führungspersönlichkeiten, sondern von Verwaltern geleitet, nicht von Architekten, sondern von Wartungstechnikern.

Die wenigsten jener Unternehmen, die als Branchenführer in die achtziger Jahre gegangen waren, hatten auch am Ende des Jahrzehnts noch eine unangefochtene und uneingeschränkte Führungsposition inne. IBM, Philips, Dayton-Hudson, TWA, Texas Instruments, Xerox, Boeing, Daimler-Benz, Salomon Brothers, Citicorp, Bank of America, Sears, Digital Equipment Corp. (DEC), Westinghouse, DuPont, Pan Am – die Liste ließe sich noch lange fortführen: All diese Unternehmen hatten erfahren müssen, daß die Flut der technologischen, demographischen und gesetzlichen Veränderungen sowie die ungeheuren Produktivitäts- und Qualitätsfortschritte nichttraditioneller Konkurrenten ihre Position ausgehöhlt oder gar zerstört hatten. Gebeutelt von den anstürmenden Kräften, schienen nur wenige dieser Firmen in der Lage, ihr Schicksal zu meistern. Die Fundamente früherer Erfolge wurden dadurch erschüttert und untergraben, daß sich allzuoft das unternehmerische Umfeld schneller änderte, als das Topmanagement seine grundlegenden Überzeugungen und Prognosen hinsichtlich folgender Fragen modifizieren konnte: Welche Märkte gilt es zu bedienen? Welche Technologien voranzutreiben? Welche Kunden zu betreuen? Wie können die Mitarbeiter am besten eingesetzt werden?

Die genannten und viele andere Unternehmen sahen sich mit gewaltigen Problemen der „Organisationstransformation“ konfrontiert. Es liegt auf der Hand, daß jedes Unternehmen, welches am Rand der Straße Richtung Zukunft steht und zuschaut, wie andere vorbeifahren, irgendwann erkennen muß, daß seine Struktur, seine Werte und sein Know-how einer in stetigem Wandel begriffenen industriellen Wirklichkeit nicht mehr entsprechen. Es liegt auf der Hand, daß sich bei einer derartigen Diskrepanz zwischen der Geschwindigkeit des Wandels im Industrieumfeld einerseits und der Geschwindigkeit des Wandels im Unternehmen selbst andererseits die beunruhigende Notwendigkeit einer Unternehmensumgestaltung ergibt. Zu den Bestandteilen einer solchen Umgestaltung gehören üblicherweise Schrumpfung, Senkung der Overheadkosten, Delegierung von Verantwortung an die Mitarbeiter, Prozeßneugestaltung und Portfoliorationalisierung. So wichtig derartige Initiativen auch sind, weder geben sie einem Unternehmen die Marktführerschaft zurück noch gewährleisten sie, daß es in der Zukunft bestehen wird.

Wenn nicht mehr zu übersehen ist, daß ein Unternehmen ein Problem mit seiner Wettbewerbsfähigkeit hat (stagnierendes Wachstum, sinkende Margen und schrumpfender Marktanteil), greifen die Führungskräfte üblicherweise zum Skalpell und beginnen mit der blutigen Arbeit der Umstrukturierung. Ihr Ziel ist es, den Konzern von den angesetzten Fettschichten zu befreien, leistungsschwache Geschäftsbereiche zu amputieren und die Ertragsstärke der Aktiva zu heben. Führungskräfte, die nicht hart genug sind, um die blutigen Notoperationen vorzunehmen – etwa John Akers bei IBM oder Robert Stempel bei GM –, finden sich bald auf der Straße wieder.

Die Umstrukturierung, die sich hinter Bezeichnungen wie Neuausrichtung, Straffung, Entflechtung und Größenanpassung versteckt (man ist versucht zu fragen, warum „Anpassung“ immer gleichbedeutend mit Verkleinerung ist), zeitigt stets das gleiche Ergebnis: weniger Beschäftigte. Im Jahr 1993 gaben die amerikanischen Großunternehmen fast 600.000 Entlassungen bekannt – das sind 25 % mehr, als im Vergleichszeitraum des Jahres 1992 verkündet wurden, und fast 10 % mehr als im Jahr 1991, das, technisch gesehen, die Talsenke der Rezession in den Vereinigten Staaten markierte. Die europäischen Unternehmen hatten lange versucht, den jüngsten Tag hinauszuschieben, aber zu Beginn der neunziger Jahre machten übertrieben hohe Löhne und außer Kontrolle geratene Personalkosten Schrumpfungen in Europa ebenso unvermeidlich wie in den Vereinigten Staaten. Einige europäische Unternehmen wie Volkswagen versuchten, den Frieden unter den Mitarbeitern zu wahren, indem sie die Arbeitszeit ihrer Angestellten kürzten. Da es keine Hoffnung auf Erhöhung des Outputs gab, so lautete die depremierende Erkenntnis, schien die einzige Lösung darin zu bestehen, weniger Arbeit auf mehr Mitarbeiter zu verteilen.

Vergessen wir einmal die Entschuldigung, die Arbeitsplätze würden durch die weltweite Konkurrenz und die produktivitätssteigernde Wirkung der Technologie vernichtet. Festzuhalten bleibt die Tatsache, daß die Beschäftigungskrise in den großen US-Unternehmen im wesentlichen nicht darauf zurückzuführen war, daß weitentfernte ausländische Konkurrenten die Absicht gehabt hätten, „die Jobs in den USA zu stehlen“, sondern darauf, daß die amerikanischen Unternehmensleiter an den Schalthebeln eingeschlafen waren. Die meisten jener Unternehmen, die sich bei der Reduzierung der Beschäftigtenzahlen durch besondere Aggressivität auszeichneten, finden kaum Eingang in irgendeine „Bestenliste“ (siehe Tabelle 1.1). Mit diesen Firmen läßt sich eher ein „Verbrecheralbum“ der schlechtgeführten Unternehmen füllen.

Obwohl die Verantwortung dafür, daß die Bemühungen der Europäer zur Schaffung von Arbeitsplätzen so erbärmlich schlechte Ergebnisse zeitigten, sicherlich zum Teil den Politikern und ihrer allzu freigiebigen Handhabung der Sozialausgaben zuzuschreiben ist (zwischen 1965 und 1989 schuf die europäische Industrie 10 Millionen neue Arbeitsplätze, während es in der US-Industrie fast 50 Millionen waren), war das Problem doch großteils ein Manage-

TABELLE 1.1: EINIGE UNTERNEHMEN, DIE 1993 DIE BESCHÄFTIGTENZAHL REDUZIERTEN

Reduzierung der Beschäftigtenzahl zwischen 5 und 10%		Reduzierung der Beschäftigtenzahl von 10% oder mehr	
BASF	8	J. E. Seagram	17
Data General	8	Owens-Illinois	16
Westinghouse	7	Monsanto	11
Borden	6	Union Carbide	13
Dresser	5	IBM	13
Bethlehem Steel	7	Digital	17
General Motors	5	Amdahl	30
Honeywell	6	Kodak	17

Quelle: „The Fortune 500", Fortune, 18. April 1994, S. 257–280.
Anmerkung: Die Angaben schließen auch Senkungen der Beschäftigtenzahl durch Abstoßungen ein.

mentproblem. Versündigt haben sich vor allem die führenden Manager der sklerotischen europäischen Telekommunikationskonzerne, die entschlossen waren, ihre Positionen zu verteidigen und ihre Unternehmen daran zu hindern, die Früchte der Informationsrevolution zu ernten; ferner die ängstlichen Manager in der europäischen Autoindustrie, die protektionistisches Verhalten in der Heimat der Herausforderung vorzogen, sich außerhalb Europas im Wettbewerb mit den amerikanischen und japanischen Automobilherstellern zu bewähren; und die subventionshungrigen Manager in vielen High-Tech-Unternehmen Europas, die Milliarden Ecu von den leidgeprüften europäischen Steuerzahlern einsteckten und dennoch an der Aufgabe scheiterten, weltweit erfolgreiche neue Geschäftsbereiche zu erschließen.

Da sie kein oder nur ein langsames Wachstum vorzuweisen hatten, war es diesen Unternehmen bald unmöglich, ihre wuchernden Beschäftigtenzahlen, ihre traditionell hohen F&E-Budgets und ihre anspruchsvollen Investitionsprogramme zu finanzieren. Verschärft wurde das Problem des langsamen Wachstums durch die häufig laxe Haltung gegenüber explodierenden Overheadkosten (das Problem von IBM), durch Diversifikation in fremde Geschäftsbereiche (etwa der Vorstoß von Xerox in die Finanzdienstleistungen) und durch die von durchweg konservativen Konzernangestellten verursachte Lähmung. Es überrascht nicht, daß die Aktionäre ihren dahinsiechenden Unternehmen neue Marschbefehle erteilten: Macht diese Gesellschaft „schlank und hart", „preßt das Letzte aus den Aktiva heraus", „kehrt zurück zu den Wurzeln". Kapitalrendite, Börsenwert und Ertrag pro Mitarbeiter wurden zu den vorrangigen Maßstäben für die Leistung der Topmanager. Diese Entwicklung mochte unvermeidlich und in vielen Fällen angeraten gewesen sein, aber die daraus resultierenden Umstrukturierungen zerstörten Existenzen, Heime und ganze Gemeinden – und wozu? Zur Erhöhung von Effizienz und Produktivität. Obwohl man diese Ziele an sich unmöglich in Frage stellen kann, hat ihre einseitige – und manchmal einfältige – Verfolgung häufig mehr geschadet als genutzt. Lassen Sie uns erklären, warum.

Stellen Sie sich einen Generaldirektor vor, der sich vollkommen darüber im klaren ist, daß er durch jemand anderen ersetzt wird, wenn es ihm nicht gelingt, die Konzernressourcen effektiv einzusetzen. Also leitet er ein hartes Programm zur Steigerung der Rendite ein. Nun hat die Rendite zwei Komponenten: einen Zähler – den Nettoertrag – und einen Nenner – Investitionen, Reinvermögen oder Betriebskapital. (In einer Dienstleistungsbranche dürfte sich die Beschäftigtenzahl besser als Nenner eignen.) Die Manager quer durch unsere gar nicht so hypothetische Firma wissen auch, daß es ein härteres Stück Arbeit ist, die Nettoerträge zu steigern, als Einsparungen bei Aktiva und Beschäftigten durchzuführen. Um den Zähler zu vergrößern, muß das Topmanagement sich vergegenwärtigen können, wo die neuen Chancen liegen, es muß in der Lage sein, Veränderungen der Kundenbedürfnisse vorauszusehen, es muß weitblickend in die Entwicklung neuer Kompetenzen investiert haben und dergleichen mehr. Daher setzt die Führungsetage, wenn sie unter starken Druck gerät, die Rendite zu steigern, bei jener Komponente an, welche die schnellste und sicherste Verbesserung der Rendite verspricht – beim Nenner. Um den Nenner zu senken, braucht das Topmanagement nicht viel mehr als einen Rotstift. Daher die Fixierung auf den Nenner.

Tatsächlich haben die Vereinigten Staaten und Großbritannien eine ganze Generation von „Nennermanagern" hervorgebracht. Sie sind die besten Manager in der Welt, wenn es gilt, einzusparen, zu straffen, zu entflechten und abzustoßen. Schon vor der gegenwärtigen Abspeckungswelle wiesen die amerikanischen und britischen Unternehmen im Durchschnitt die weltweit höchste Aktiva/Ertragsquote auf. Das Nenner-Management ist der schnellste Weg des Buchhalters zu einem hohen Aktivaertrag.

Damit wir uns nicht falsch verstehen: Wir haben nichts gegen Effizienz und Produktivität. Wir sind davon überzeugt und vertreten entschieden den Standpunkt, daß ein Unternehmen nicht nur als erstes, sondern auch mit möglichst geringen Kosten sein Zukunftsziel erreichen muß. Aber die Produktivität kann auf verschiedene Weise verbessert werden. So wie die eine Firma Produktivitätsgewinne erzielt, indem sie unter Beibehaltung des Ertrages den Nenner kürzt, erreicht eine andere Firma dasselbe Ergebnis, indem sie ihre Erträge bei einer langsamer wachsenden oder konstanten Kapital- und Beschäftigtenbasis erhöht. Auch wenn der erste Ansatz manchmal notwendig ist, sind wir der Meinung, daß der zweite im allgemeinen der wünschenswertere ist.

In einer Welt, in der Konkurrenten in der Lage sind, reale Ertragszuwächse von 5, 10 oder 15 Prozent zu erzielen, bedeutet eine aggressive Reduzierung des Nenners bei schwachem Ertragsfluß nichts anderes als einen profitablen Verkauf von Marktanteilen. Marktstrategen bezeichnen diese Vorgehensweise als „Abschöpfungsstrategie" und meinen, daß sie ins Nichts führt. Nehmen wir das Beispiel eines Landes: Zwischen 1969 und 1991 stieg der Produktionsoutput (der Zähler) Großbritanniens real um magere 10%. Im selben Zeitraum sank allerdings die Zahl der in der britischen Produktion beschäftigten Menschen (der Nenner) um 37%.

Das Resultat war, daß von Anfang bis Mitte der achtziger Jahre – in der Ära Thatcher – die Produktion der britischen Fertigungsindustrie schneller wuchs als die aller anderen großen Industrieländer mit Ausnahme Japans. Zwar verkündeten die britische Finanzpresse und die konservativen Minister das Erreichte als Triumph, aber es war ein teuer erkaufter Erfolg. Während neue Gesetze die Macht der Gewerkschaften einschränkten und die Lockerung der Bestimmungen zur Belegschaftsreduktion den Unternehmensleitungen die Möglichkeit gab, ineffiziente und veraltete Arbeitspraktiken abzuschaffen, entwickelte sich keine entsprechende Fähigkeit der britischen Firmen zur Schaffung neuer Märkte zu Hause und im Ausland. Tatsächlich war es so, daß die britischen Unternehmen, die in diesem Zeitraum fast keinen realen Zuwachs beim Produktionsoutput erzielten, weltweit Marktanteile abgaben. Die Hälfte von ihnen erwartete, eines Morgens am Flughafen Heathrow anzukommen, die Financial Times aufzuschlagen und zu lesen, daß Großbritannien bei der Produktivität endlich mit den Japanern gleichgezogen habe – und daß der letzte verbliebene Mensch in der britischen Produktion der produktivste Superarbeiter auf dem Planeten sei.

Die sozialen Kosten der Umstrukturierung sind hoch. Und wenn auch die einzelne Firma möglicherweise in der Lage ist, einige dieser Kosten zu vermeiden, so kann dies die Gesellschaft keinesfalls. In Großbritannien etwa war der Dienstleistungssektor nicht in der Lage, alle entlassenen Industriearbeitskräfte zu absorbieren, und machte deshalb in der Rezession seit 1989 seine eigene teuflische Schrumpfungsphase durch. Natürlich waren viele der Kürzungsmaßnahmen in britischen Unternehmen und anderswo auf der Erde notwendig, auch wenn häufig ein unverhältnismäßig hoher Anteil von Entlassungen den Bereich Produktion betraf. Überflüssige Managementebenen mußten beseitigt, falsche Akquisitionen abgestoßen und unflexible Arbeitsmethoden aufgegeben werden. Aber nur in wenigen Unternehmen schien die Frage diskutiert zu werden: Wie können wir wissen, wann die Umstrukturierung abgeschlossen sein sollte? Bis wohin schneidet man Fett, ab wann verletzt man den Muskel?

Zu den unausweichlichen Folgen des Downsizing gehört der Niedergang der Mitarbeitermoral. Den Mitarbeitern fällt es schwer, all das Gerede über das „wertvolle Humankapital" einerseits und die anscheinend wahllosen Kürzungen andererseits auf einen Nenner zu bringen. Allzuoft werden die Mitarbeiter mit einem Vorschlag konfrontiert, bei dem sie nur verlieren können: „Wenn Sie nicht effizienter werden, verlieren Sie Ihren Job. Nebenbei bemerkt: Wenn Sie effizienter werden, verlieren Sie Ihren Job." Was die Angestellten zu hören bekommen, ist, daß sie das wertvollste Vermögen der Firma sind, was sie hingegen wissen, ist, daß sie jenes Vermögen sind, auf das die Firma am ehesten verzichten kann.

Viele mittlere Manager und viele Produktionsmitarbeiter müssen sich vorkommen wie jene Arbeiter, welche die Grabbauten der Pharaonen errichteten. Jeder Pharao wünschte sich ein Grab, das so kompliziert und verwinkelt war, daß kein Plünderer je in seine letzte Ruhestätte eindringen und seine Schätze rauben konnte. Denken Sie sich die Arbeiter des Pharao als Manager der mittleren Ebene, die mitten in einer Konzernumstrukturierung stecken. Jeder Arbeiter wußte, daß er nach Fertigstellung des Grabes getötet würde – auf diese Art beseitigte der Pharao jede Erinnerung an den Weg, der zu seinen Reichtümern führte. Stellen Sie sich vor, was geschah, wenn der Pharao auf der Baustelle erschien und den Bauleiter fragte: „Wie geht's voran? Seid Ihr bald fertig?" – „Noch nicht, Chef, ich fürchte, es wird noch einige Jahre dauern." Es ist nicht verwunderlich, daß die Gräber kaum je zu Lebzeiten des Pharaos fertiggestellt wurden! Ebenso ist es kein Wunder, daß nur die wenigsten Mitarbeiter der obersten und mittleren Ebene ihre ganze Energie und Erfindungsgabe einsetzen, wenn eine Umstrukturierung ansteht.

Umstrukturierungen führen selten zu grundlegenden Verbesserungen im Unternehmen. Bestenfalls bringen sie einen Zeitgewinn.

Eine Untersuchung von 16 amerikanischen Großunternehmen, die auf eine zumindest dreijährige Umstrukturierungserfahrung zurückblickten, förderte zutage, daß die Umstrukturierung zwar üblicherweise den Aktienpreis einer Firma hinauftrieb, daß die Verbesserungen jedoch in fast allen Fällen nur von beschränkter Dauer waren. Nach dreijähriger Umstrukturierung hinkten die Aktienpreise der untersuchten Unternehmen durchschnittlich sogar noch weiter hinter der Indexwachstumsrate zurück als zu dem Zeitpunkt, da die Umstrukturierung begann. Die Studie kam zu dem Schluß, daß ein gewiegter Investor eine Umstrukturierungsankündigung eher als Signal zum Verkaufen denn zum Kaufen betrachten sollte.[1] Downsizing ist ein verspäteter Versuch, die Fehler der Vergangenheit zu korrigieren; es ist nicht dazu geeignet, die Märkte der Zukunft zu schaffen. Die einfache Folgerung lautet, daß es nicht genug ist, kleiner zu werden. Downsizing, das unternehmerische Äquivalent zur Magersucht, kann eine Firma schlanker machen – aber es macht sie nicht unbedingt gesünder.

Ein Unternehmen, das im Nenner-Management besser ist als im Zähler-Management – ein Unternehmen, das kein ehrgeiziges, profitables organisches Wachstum vorzuweisen hat –, sollte sich von Wall Street nicht viel erwarten. Zu solchen Unternehmen sagt Wall Street: „Nur weiter so, quetsch die Zitrone aus, beseitige die Ineffizienz, aber gib uns den Saft (d. h. die Dividenden). Wir nehmen dann den Saft und geben ihn Unternehmen, die sich besser darauf verstehen, Limonade zu machen." Die Finanzwelt weiß, daß ein Managementteam, das sich gut auf die Verringerung des Nenners versteht, möglicherweise nicht gut in der Vergrößerung des Zählers ist. Sehen Sie sich an, wie die IBM-Aktien abstürzten, als das Unternehmen endlich seine Dividende kürzte. Die Investoren hielten es offensichtlich nicht für wahrscheinlich, daß IBM das eingesparte Geld letztlich gewinnbringend für die Aktionäre einsetzen würde.

Obwohl die Dividendenquoten (der an die Aktionäre ausbezahlte Anteil der Erträge) von zahlreichen Faktoren abhängen und obwohl sich die Quoten der Unternehmen in den Industriestaaten langsam wieder einander annähern dürften, nachdem sie seit Mitte der siebziger Jahre divergierten, kommt es nicht ganz von ungefähr, daß die besten Nenner-Manager der Welt – die amerikanischen und britischen Manager – einen größeren Teil ihrer Erträge an ihre Aktionäre weitergeben als die japanischen und deutschen Manager. Immer wieder kann man beobachten, daß Wall Street durchaus zufrieden verfolgt, wie eine Firma sich selbst ertragreich „aus dem Geschäft hinaus umstrukturiert", wenn das Topmanagement außerstande scheint, einen ertragreichen Weg in eine neugeschaffene Zukunft zu entwerfen.

ÜBER DAS REENGINEERING HINAUSGEHEN

In der Erkenntnis, daß Umstrukturierung letztlich in eine Sackgasse führt, haben schlaue Unternehmen sich auf das Reengineering ihrer Prozesse verlegt. Mit Reengineering wird versucht, unnötige Arbeit zu beseitigen und sämtliche Prozesse im Unternehmen auf das Ziel Kundenzufriedenheit auszurichten, die Durchlaufzeiten zu reduzieren und Total Quality zu erreichen.[2] Wieder laufen die Stoppuhren: Wie erledigen wir die Dinge schneller und mit geringeren Reibungsverlusten? Der Unterschied zwischen dem ursprünglichen Taylorismus und der Version des 20. Jahrhunderts besteht darin, daß die Unternehmen heute statt den „Experten" ihre Mitarbeiter auffordern, die Prozesse und Arbeitsflüsse umzugestalten. Interessant ist, daß das offenkundige Ziel des Reengineering zwar darin besteht, sämtliche Prozesse auf die Kundenzufriedenheit auszurichten, daß es jedoch in den meisten Fällen weniger das Versprechen erhöhter Kundenzufriedenheit, sondern jenes reduzierter Kosten ist, das ein Führungsteam dazu bewegt, sich zu einem umfassenden Reengineering-Projekt zu entschließen. Tatsächlich rechnen viele Unternehmen Kosten und Einsparungen von Reengineering-Initiativen ebenso gegeneinander auf, wie sie dies in früheren Jahren mit den Umstrukturierungskosten taten.[3] Nur wenige Firmen scheinen sich die Frage gestellt zu haben, welches die Opportunitätskosten jener Hunderten Millionen – oder sogar Milliarden – Dollar sind, die für Reengineering und Umstrukturierung ausgegeben wurden. Was wäre, wenn man all dieses Geld und all dieses „überschüssige" intellektuelle Potential dafür eingesetzt hätte, die Märkte von morgen zu schaffen? Die Kosten für eine Umstrukturierung oder ein Reengineering in großem Stil sind alles andere als ein Beweis für die Entschlossenheit oder den Weitblick der Unternehmensführung. Sie sind einfach die Strafe, die ein Unternehmen dafür zahlen muß, daß es sich nicht früh genug auf die Zukunft vorbereitet hat.

Allerdings gibt es einen Unterschied zwischen Umstrukturierung und Reengineering. Das Reengineering gibt einem Unternehmen, wenn schon nicht die Gewißheit, so doch zumindest die Hoffnung, durch die Schrumpfung auch besser zu werden. Ein Unternehmen, das zwar im Umstrukturieren, nicht jedoch im Reengineering erfolgreich ist, wird sehr bald damit konfrontiert werden, daß es schneller schrumpft, als es sich verbessert. In jüngster Zeit gerieten einige der größten US-Unternehmen in diese bedauernswerte Situation. Während die Umstrukturierung niemals mehr sein kann als eine notwendige Maßnahme, kann ein Reengineering eine gute Maßnahme sein. Aber hier entsteht ein Dilemma. Lassen Sie uns das erklären. „The Machine that Changed the World", eine umfassende und fundierte Untersuchung der veränderten Bedingungen in der Planung und Produktion von Autos, wurde im Jahr 1990 veröffentlicht.[4] Eines der zentralen Themen des Buches ist das „Lean Manufacturing", das von Toyota eingeführte, außerordentlich effiziente schlanke Fertigungssystem. Aber während man das Buch liest, ist man versucht zu fragen: Wann begann denn Toyota mit der schlanken Fertigung? Die Antwort lautet: Vor mehr als 40 Jahren. Damit stellt sich die nächste Frage: Warum brauchten die amerikanischen Autohersteller 40 Jahre, um die Prinzipien des Lean Manufacturing zu entschlüsseln? Antwort: Weil diese Prinzipien allen

Annahmen und Überzeugungen der Führungskräfte der amerikanischen Automobilindustrie widersprachen.

Detroit findet heute den Anschluß an die Qualitäts- und Kostenvorgaben der japanischen Konkurrenz. (Natürlich erhielt Detroit Hilfe vom Yen, der zwischen 1991 und 1993 gegenüber dem Dollar um 20% aufgewertet wurde, und von einem neuen amerikanischen Präsidenten, der den japanischen Autobauern zu Beginn seiner Amtszeit mit einer massiven Antidumping-Kampagne drohte. Erwartungsgemäß erhöhten die japanischen Automobilkonzerne ihre Preise und gaben Marktanteile auf.) Die Zuliefernetze wurden umgebaut, die Produktentwicklung umgestaltet und der Fertigungsprozeß einem Reengineering unterzogen. Und dennoch gehen die frohlockenden Schlagzeilen über Detroits Comeback am Kern des Problems vorbei. Gewiß, Detroit holt bei Kosten und Qualität auf – aber was ist bei Beschäftigtenzahlen und weltweitem Marktanteil verlorengegangen? Die Antwort: Hunderttausende Arbeitsplätze, rund 25 Prozent des Marktanteils in den Vereinigten Staaten und jede Hoffnung, daß die amerikanischen Autobauer ihre japanischen Widersacher auf den explodierenden Märkten Asiens in absehbarer Zeit schlagen könnten.

Der entscheidende Punkt ist, daß das Prozeßreengineering und die Anstrengungen zum Aufbau von Vorteilen in vielen Unternehmen weniger dazu dienen, die Führung zu übernehmen, als vielmehr dazu, einen Rückstand aufzuholen.[5] Vor einigen Jahren saß einer von uns in einer Sitzung, in der eine führende Consulting-Firma darüber beriet, wie ihren Kunden bei der Beschleunigung ihrer Prozesse zu helfen wäre. „Zeitorientierter Wettbewerb" würde nach Meinung der Leute, die das Konzept vorlegten, die entscheidende Waffe der Zukunft sein. Obwohl niemand diese Prämisse oder die vorgeschlagene Methode in Frage stellte, erinnerten sich die Berater daran, daß sie in den siebziger Jahren die Auffassung vertreten hatten, die Schlüsselvorteile, die es anzustreben gelte, seien weltweite Präsenz und Erfahrungseffekte; und tatsächlich hatten sich viele Automobilhersteller, Chemieunternehmen, Halbleiterproduzenten und andere Branchen in der Hoffnung auf den erforderlichen Anteil an der weltweiten Kapazität davon überzeugen lassen, präventiv in Großanlagen zu investieren. Das Resultat war, daß es in zahlreichen Industrien zu enormen Überkapazitäten und erbitterten Preiskämpfen kam. In den achtziger Jahren hatten die Berater ihre Kunden dann dazu gedrängt, sich um Qualität zu bemühen, was gewiß lobenswert war. Nun verschrieben sie Schnelligkeit als Heilmittel für mangelnde Wettbewerbsfähigkeit. In all diesen Fällen, wurde hervorgehoben, hatten die Berater die richtige Antwort parat gehabt, aber diese Antwort war jedesmal um rund zehn Jahre zu spät gekommen. Sie halfen ihren Kunden eher dabei, aufzuholen, als dabei, in Führung zu gehen.

Während also die amerikanischen Autoproduzenten die Tatsache feierten, daß sie bei Kosten und Qualität mit ihren japanischen Widersachern gleichgezogen hatten, stellten die Japaner bereits neue Wettbewerbshürden auf – atemberaubende Maschinenleistung, perfektes Handling, luxuriöse Ausstattung, neue ästhetische Standards beim Design, auf Lifestyle-Nischen zielende Produktentwicklung. Es bleibt abzuwarten, ob Detroit in der nächsten Wettbewerbsrunde – in der es um die Produktion von Fahrzeugen geht, die ebenso aufregend wie sparsam und zuverlässig sind – den Schrittmacher spielen kann, oder ob sich die Amerikaner wieder einmal auf ihrem – schon verwelkten – Lorbeer ausruhen werden.

In einer kürzlich durchgeführten Studie äußerten 80 % der befragten amerikanischen Manager die Überzeugung, Qualität werde im Jahr 2000 eines der wichtigsten Kriterien der Wettbewerbsfähigkeit sein. Von den japanischen Managern hingegen hielt kaum die Hälfte Qualität für eine auch noch im Jahr 2000 sprudelnde Quelle von Wettbewerbsvorteilen, obwohl 82 % der Japaner meinten, gegenwärtig sei sie ein wichtiger Vorteil. An erster Stelle unter den Quellen für Wettbewerbsvorteile im Jahr 2000 nannten die japanischen Manager die Fähigkeit, vollkommen neue Produkte und Geschäftsfelder zu entwickeln.[6] Bedeutet das etwa, daß sich die japanischen Manager von der Qualität abwenden? Natürlich nicht. Es zeigt lediglich, daß die Qualität bis zum Jahr 2000 ihre differenzierende Funktion im Wettbewerb verloren haben wird; bis dahin ist sie einfach zur Voraussetzung für den Markteintritt geworden. Die japanischen Manager haben erkannt, daß sich die Wettbewerbsvorteile der Zukunft zwangsläufig von jenen der Gegenwart unterscheiden werden.

Wir begegnen viel zu vielen Unternehmen, in denen das Topmanagement im Bemühen um Wettbewerbsvorteile vor allem auf Qualität, Zeit bis zur Marktreife und Flexibilität gegenüber den Bedürfnissen der Kunden vertraut. Es steht außer Zweifel, daß diese Vorteile Voraussetzungen für das Überleben sind, aber es beweist nicht gerade Managementweitblick, wenn immer noch an den Vorteilen der achtziger und neunziger Jahre gebastelt wird. Auch wenn die Manager oft versuchen, aus der Imitation eine Tugend zu machen, indem sie die Nachahmung ins Gewand der „Anpassungsfähigkeit" kleiden – in Wirklichkeit tun sie allzuoft nichts anderes, als sich den Präventivstrategien einfallsreicherer Konkurrenten anzupassen.

ERNEUERUNG DER STRATEGIE

Noch einmal, damit wir uns richtig verstehen: Aufzuholen ist notwendig, aber ein Mitläufer wird dadurch nicht zum Spitzenreiter. Unternehmensbereiche von IBM, GM und DEC haben den Baldrige Award für Qualität gewonnen – aber dieser Preis wird für Verbesserungs-, nicht für Veränderungsleistungen verliehen. Es genügt nicht, kleiner und besser zu werden. Halten wir uns erneut die Nachzügler der späten achtziger und frühen neunziger Jahre vor Augen: Sears, TWA, Westinghouse, Sanyo, Upjohn. Hätte Sears an die Spitze zurückkehren können, indem es die Kunst des „Lock sie herein und dreh ihnen was anderes an" noch weiter perfektionierte, indem es noch mehr Kunden davon überzeugte, daß sie eigentlich eine 600-Dollar-Waschmaschine wollten, wenn sie wegen eines

Geräts für 300 Dollar ins Geschäft gekommen waren? Hätte es Sears geholfen, ein noch effizienteres und noch kundenorientierteres Versandhaus zu werden (anstatt seinem enzyklopädischen Katalog den Garaus zu machen)? Was wäre gewesen, wenn IBM ein Mainframe-Produktionsverfahren in Lichtgeschwindigkeit entwickelt und noch mehr Kundentreue bei den EDV-Managern aufgebaut hätte? Was, wenn American und United Airlines ihr sternförmiges Routennetz perfektioniert hätten? Hätte ihnen das geholfen, gutbetuchte Geschäftsreisende von British Airways und Singapore Airlines abzuwerben? Unsere Feststellung ist einfach: Es genügt nicht, daß ein Unternehmen kleiner, besser und schneller wird – so wichtig diese Aufgaben auch sein mögen. Ein Unternehmen muß auch in der Lage sein, sich selbst grundlegend umzugestalten, seine Kernstrategien zu erneuern und seine Industrie neu zu erfinden. Kurz gesagt: Ein Unternehmen muß auch in der Lage sein, *anders* zu werden (siehe Abbildung 1.1).

So wie einige Unternehmen schneller kleiner als besser geworden sind, sind andere besser geworden, ohne sich sehr zu verändern. Nehmen wir Xerox. In den siebziger und achtziger Jahren verlor

ABBILDUNG 1.1: DAS STREBEN NACH WETTBEWERBSFÄHIGKEIT

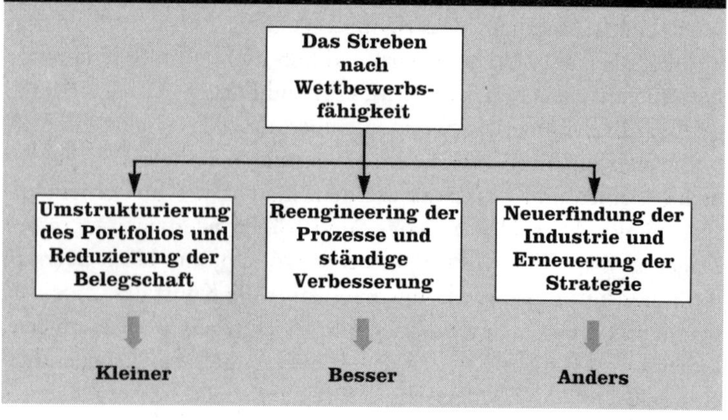

Xerox in beträchtlichem Umfang Marktanteile an japanische Konkurrenten wie Canon und Sharp. Als Xerox erkannte, daß es sich auf abschüssiger Bahn befand, ließ das Unternehmen ein Benchmarking mit seinen Konkurrenten durchführen und leitete ein grundlegendes Reengineering seiner Prozesse ein. Anfang der neunziger Jahre war aus Xerox ein Lehrbeispiel dafür geworden, wie man die Kosten senkt, die Qualität verbessert und die Kunden zufriedenstellt. Aber bei all dem Gerede vom neuen „amerikanischen Samurai" wurde zweierlei übersehen: Zunächst einmal konnte Xerox, obwohl es ihm gelang, das Abbröckeln seines Marktanteils zu stoppen, von seinen japanischen Kunden nicht sehr viel Terrain zurückgewinnen. Canon stellt weiterhin mehr Kopierer her als jedes andere Unternehmen in der Welt. Zweitens ist es Xerox trotz seiner Vorreiterrolle in den Bereichen Laserdrucker, Netzwerktechnologie, Programme auf Symbolbasis und Laptops nicht gelungen, außerhalb seines Kernbereichs Kopierer irgendwelche nennenswerten Geschäftsbereiche zu erschließen. Mag sein, daß Xerox das Büro der Gegenwart erfunden hat, aber das Unternehmen hat sehr wenig von seinem Erfindungsreichtum profitiert. Tatsächlich hat Xerox durch nicht verwertete Innovationen mehr Geld verloren als je ein anderes Unternehmen. Wie war es möglich, daß all diese Innovationen nicht genutzt werden konnten? Der Grund ist, daß Xerox, um neue Geschäftsfelder zu erschließen, seine Kernstrategie erneuern und sein gesamtes Selbstbild neu konzipieren hätte müssen: seine Vertriebskanäle, Fertigungsprozesse und Kunden, seine Beförderungskriterien für Manager, seine Erfolgsmaßstäbe und so weiter. Ein Unternehmen gibt das Geschäft von heute auf, wenn es schneller kleiner als besser wird. Und ein Unternehmen gibt das Geschäft von morgen auf, wenn es besser wird, ohne anders zu werden.

Es ist durchaus möglich, daß ein Unternehmen schrumpft und die Prozesse neu gestaltet, ohne jemals gezwungen zu sein, seine Kernstrategie zu erneuern, ohne jemals die Grenzen seiner geschäftlichen Möglichkeiten neu überdenken zu müssen, ohne sich je vorstellen zu müssen, was die Kunden vielleicht in zehn Jahren wünschen werden, ohne jemals eine grundlegende Neudefinition des von ihm bedienten Marktes vornehmen zu müssen. Aber ohne eine solche Neubeurteilung wird ein Unternehmen auf der Straße in die Zukunft überholt werden. Die Verteidigung der heutigen Führungsposition ist kein Ersatz für den Aufbau der Führungsposition von morgen.

Wir begegnen vielen Managern, die ihre Unternehmen als „Marktführer" bezeichnen. (Sofern es genügend Kreativität bei der Eingrenzung des Marktraums entwickelt, kann fast jedes Unternehmen für sich in Anspruch nehmen, ein Marktführer zu sein.) Aber heutige Marktführerschaft ist gewiß nicht gleichbedeutend mit morgiger Marktführerschaft. Stellen Sie sich folgende Fragen:

Heute	**In 5 bis 10 Jahren**
Welche Kunden bedienen Sie *heute*?	Welche Kunden werden Sie *in der Zukunft* bedienen?
Über welche Kanäle erreichen Sie *heute* die Kunden?	Über welche Kanäle werden Sie die Kunden *in der Zukunft* erreichen?
Wer sind *heute* Ihre Konkurrenten?	Wer werden *in der Zukunft* Ihre Konkurrenten sein?
Was ist *heute* die Grundlage für Ihren Wettbewerbsvorteil?	Was wird *in der Zukunft* die Grundlage für Ihren Wettbewerbsvorteil sein?
Worauf beruhen Ihre Gewinnspannen *heute*?	Worauf werden Ihre Gewinnspannen *in der Zukunft* beruhen?
Durch welche Fertigkeiten oder Fähigkeiten heben Sie sich *heute* ab?	Durch welche Fertigkeiten oder Fähigkeiten werden Sie sich *in der Zukunft* abheben?

Haben die Führungskräfte keine genauen Antworten auf die Fragen, die sich auf die Zukunft beziehen, und unterscheiden sich die gegebenen Antworten nicht wesentlich von den Antworten auf die Fragen nach der Gegenwart, so besteht nur eine geringe Chance, daß die betreffenden Unternehmen Marktführer bleiben werden. Welchen Markt auch immer ein Unternehmen heute beherrscht: er wird sich im Lauf der kommenden zehn Jahre wahrscheinlich erheblich verändern. So etwas wie eine „selbsttragende" Führungsposition gibt es nicht; sie muß wieder und wieder neu erfunden werden.

Das Wettbewerbsproblem, mit dem so viele Unternehmen heute zu kämpfen haben, ist kein Problem der „ausländischen" Konkurrenz. Es ist ein Problem der „nichttraditionellen" Konkurrenz. Es geht nicht um den Kampf USA gegen Japan gegen Europa (Japan und Europa stehen vor noch bedrohlicheren Wettbewerbsproblemen als die Vereinigten Staaten). Die wirkliche Wettbewerbsauseinandersetzung findet zwischen Nachzüglern und Herausforderern statt, zwischen Eingesessenen und Innovatoren, zwischen unbeweglichen Nachahmern und phantasievollen Kreativen. Typisch für die Herausforderer ist, daß sie effizientere Lösungen für die Probleme des Kunden entdecken (beispielsweise die Abrufbarkeit von Filmen über Breitbandkabel, statt der Entlehnung der Filme im örtlichen Videoverleih; oder der Einkauf in Diskontmärkten, statt des Einkaufs im traditionellen Kaufhaus.) Die neuen Lösungen entstehen nicht, weil die Herausforderer wesentlich effizienter als die eingesessenen Unternehmen wären, sondern weil sie wesentlich unorthodoxer sind. Sie entdecken die neuen Lösungen, weil sie bereit sind, weit über das Überkommene hinauszublicken.

Die Nachzügler gehen bestenfalls den Weg des geringsten Widerstandes. Erst als die Kunden es verlangten, machte Ford Motor den „Quality Job 1". Erst nachdem Southwest Airlines die ertragreichste Fluglinie in Amerika geworden war, hinterfragten United und American ihre althergebrachten Auffassungen über die Methoden des Wettbewerbs. Im schlimmsten Fall gehen die Nachzügler den vertrautesten Weg. Herausforderer andererseits zeichnen sich dadurch aus, daß sie den Weg der größten Chance gehen, wo er sie auch hinführen mag. Ein Unternehmen muß kein Emporkömmling sein, um ein Herausforderer zu sein. Die rebellischen Neigungen des Halbwüchsigen kennt man nicht nur von CNN, Microsoft und The Body Shop. Auch Ältere wie Merck, British Airways und Hewlett-Packard haben die orthodoxen Glaubenssätze der eingesessenen Branchenführer herausgefordert.

VON DER UNTERNEHMENSUMWANDLUNG ZUR UMWANDLUNG DER INDUSTRIE

Der heute auf so vielen Unternehmen lastende Druck zur strukturellen Transformation hängt in vielen Fällen direkt damit zusammen, daß sie es vor einem Jahrzehnt versäumt haben, ihre Industrie neu zu erfinden und ihre Kernstrategien zu erneuern. Bei Nachzüglern nimmt eine Organisationsumwandlung die Form einer regelrechten Krise an (Nachschulung von Angestellten, Abstoßung von Geschäftsbereichen in großem Rahmen, radikale Umstrukturierung), weil sie in der Industrieumwandlung hinterherhinken. Nehmen wir IBM. Obwohl von vielen Anfang der neunziger Jahre erkannt wurde, daß die Organisationsform, die personelle Qualifikation, das Mitarbeiterverhalten sowie die Systeme der radikal veränderten Informationstechnologiebranche nicht mehr entsprachen, wurde der Kern des Problems übersehen. Das eigentliche Problem war nicht, daß IBM über die falsche Organisation, die falschen Qualifikationsstandards oder die falschen Leute verfügte, sondern daß das Unternehmen viel zu spät aufwachte, um seine Organisation, seine Mitarbeiter und seine Qualifikationsstandards zeitgerecht neu auszurichten und den Anschluß an die umwälzenden Entwicklungen in der Branche zu finden. In den achtziger Jahren hatte IBM bei der Fahrt in Richtung Zukunft in den Rückspiegel geschaut. Obwohl man jährlich fast 6 Milliarden Dollar für Forschung und Entwicklung ausgab und die besten Köpfe aus aller Welt rekrutierte, versäumte IBM als Konzern fast jeden wichtigen Hinweis darauf, in welche Richtung sich die Branche entwickelte (obwohl viele einzelne Mitarbeiter unabhängig voneinander die Veränderungen kommen sahen).

Um ein Gegenbeispiel zu nennen: Organisation und Qualifikationsstandard, die AT&T und Hewlett-Packard vor zwanzig Jahren vorzuweisen hatten, entsprachen dem heutigen Industriekontext ebensowenig wie jene von IBM. Aber AT&T und Hewlett-Packard paßten sich dem in Veränderung begriffenen Industrieumfeld insgesamt schneller an als IBM. HP verdankt seine Umwandlung von einem Bürogeräthersteller in einen innovativen Informationstechnologiekonzern seiner Fähigkeit, chancenreiche Bereiche wie technische Workstations, RISC-Architektur, Kleindrucker sowie andere Peripheriegeräte frühzeitig zu erkennen.

Ironischerweise sind es zumeist die Newcomer, die die Richtung der Organisationsumwandlung vorgeben, indem sie die Spielregeln ändern, und nicht der Weitblick der alteingesessenen Firmen. Da diese es versäumt haben, ihre jeweilige Industrie vor 10 oder 20 Jahren neu zu erfinden, und da sie immer noch keine eigene Vorstellung davon haben, welchen Weg sie gehen wollen, haben sie keine andere Wahl, als sich in farblose Nachahmer der Quereinsteiger zu verwandeln. Kurz gesagt: Die meisten Unternehmen können bei der Organisationsumwandlung nicht agieren, sondern müssen reagieren.

Eine erfolgreich bewältigte Organisationsumwandlung kann eine Firma schlank und flexibel machen; aber zu einem Branchenpionier wird sie dadurch nicht. Zwar ist es besser, ein schneller als ein langsamer Nachzügler zu sein, aber auch schnelles Nachlaufen ist kein Rezept für Wachstum und Profitabilität. Um eine Vorreiterrolle zu spielen, muß ein Unternehmen den Prozeß der Industrieumwandlung selbst in die Hand nehmen.

All das bringt uns zu der Frage, in welchem Ausmaß die Unternehmen eigentlich Reengineering betreiben. Das Prozeßreengineering steht bei vielen Unternehmensleitungen ganz oben auf der Tagesordnung. Aber wir sind davon überzeugt, daß ein Unternehmen, das sich eine Zukunft sichern will, auch in der Lage sein muß, ein Reengineering seiner Industrie durchzuführen. Der Gedankengang ist einfach: Um die Führung zu festigen, muß ein Unternehmen letztlich die Führung neu erfinden; um die Führung neu zu erfinden, muß es letztlich seine Industrie neu erfinden; und um seine Industrie neu zu erfinden, muß es letztlich seine Strategie erneuern. In unseren Augen besteht die vorrangige Aufgabe des Topmanagements darin, die Industrie neu zu erfinden und die Strategie zu erneuern – nicht darin, die Prozesse neu zu gestalten.

Um die Zukunft schaffen zu können, muß ein Unternehmen 1) die Regeln für sein Engagement in einer seit langem bestehenden Industrie grundlegend neu definieren (wie es Charles Schwab im Broking- und Investmentgeschäft tat), 2) die Grenzen zwischen den Industrien neu ziehen (was etwa Time Warner, Electronic Arts und andere Gesellschaften im Bereich des „Edutainment", des „unterhaltsamen Unterrichts", versuchen) und/oder 3) völlig neue Industrien schaffen (wie es Apple bei den PCs tat). Die Fähigkeit, neue Industrien zu erfinden und alte neu zu erfinden, ist eine Voraussetzung dafür, daß man die Zukunft als erster erreicht; und es ist eine Vorbedingung dafür, daß man die Führung behält.

Tabelle 1.2 zeigt Beispiele von Newcomern, welche die Industrieregeln geändert haben, von eingesessenen Unternehmen, die ihre Kernstrategien erfolgreich erneuert haben, um sie der unerbittlich dahinrasenden Veränderung in ihren Industrien anzupassen, und von eingesessenen Unternehmen, die es geschafft haben, sowohl ihre Strategien zu erneuern als auch ihre Industrie neu zu erfinden. Die Frage, wie diese letzte und schwierigste Aufgabe bewältigt werden kann, steht im Mittelpunkt dieses Buches.

Allzuviele jener Manager, die mit der Leitung von Organisationsumwandlungen betraut sind, vergessen zu fragen: „Umwandeln in was?" Es geht darum, daß hinter der Umwandlung der Organisation eine Vorstellung von der Umwandlung der Industrie stehen muß: Wie soll diese Industrie unserer Vorstellung nach in fünf oder

TABELLE 1.2: UNTERNEHMEN, WELCHE IHRE INDUSTRIE NEU ERFINDEN, IHRE STRATEGIE ERNEUERN ODER BEIDES TUN

	Erfanden ihre Industrie neu	Erneuerten ihre Strategie
■ CNN	X	
■ Wal-Mart	X	
■ ISS	X	
■ Service Corp. Int'l	X	
■ AT&T		X
■ Compaq		X
■ J. P. Morgan		X
■ Bankers Trust		X
■ Merck	X	X
■ Bell Atlantic	X	X
■ British Airways	X	X
■ Hewlett-Packard	X	X

zehn Jahren aussehen? Was müssen wir tun, um zu gewährleisten, daß die Industrie sich auf die für uns vorteilhafteste Art und Weise entwickelt? Welche Fertigkeiten und Fähigkeiten müssen wir jetzt zu entwickeln beginnen, damit wir in der Zukunft eine herausragende Position in der Industrie einnehmen können? Und wie sollten wir uns auf Chancen einrichten, die möglicherweise nicht genau in die Grenzen der gegenwärtigen Geschäftseinheiten und Bereiche passen? Wenn ein Unternehmen über eine Vorstellung vom erwünschten Verlauf der Industrieumwandlung verfügt, so ist es in der Lage, die Organisationsumwandlung aktiv in Angriff zu nehmen.

Es war Apples Einschätzung der potentiellen Entwicklungsrichtung seiner Industrie, die das Unternehmen im Jahr 1992 dazu bewog, eine Abteilung für interaktive Computer einzurichten, wenn dieser Schritt Apple auch nicht vor der schmerzhaften Notwendigkeit bewahrte, sein bestehendes PC-Geschäft zu stützen. Mercks Einsicht in das gewandelte Umfeld in der Pharmaindustrie führte zu der überraschenden Entscheidung, Medco, eine große pharmazeutische Direct-Mail-Vertriebsfirma, zu übernehmen. British Airways wurde durch die Einsicht in zukünftige Branchenentwicklungen zu einer Reihe von Kapitalbeteiligungen und Joint-ventures mit Fluglinien in den USA, Europa und Asien bewogen, die allesamt darauf abzielten, British Airways zur ersten wirklich globalen Fluggesellschaft zu machen.

Wir sind überzeugt, daß ein Unternehmen sein eigenes Schicksal nur bestimmen kann, wenn es ihm gelingt, das Schicksal seiner Industrie zu bestimmen. Die Organisationsumwandlung ist eine zweitrangige Herausforderung. Die vorrangige Aufgabe besteht darin, eine Vorreiterrolle bei der Industrieumwandlung zu übernehmen.

Im Juli 1993, kurz nach Einnahme der Führungsposition bei Chrysler, versammelte der neue CEO Bob Eaton Dutzende Führungskräfte zu einer Diskussion über die Gewinne des Unternehmens im zweiten Quartal. Nachdem er seine Führungsmannschaft für die besten Resultate seit 1984 gelobt hatte, zitierte er mehrere Beobachter, die sich anerkennend über Chryslers Umschwung geäußert hatten. Als sich die versammelten Manager gerade selbstzufrieden zurücklehnen wollten, eröffnete Eaton ihnen, daß die zitierten Huldigungen aus den Jahren 1956, 1965, 1976 und 1983 stammten. Mindestens einmal in jedem Jahrzehnt hatte Chrysler eine wunderbare Auferstehung gefeiert. „Ich habe eine bessere Idee“, fuhr der CEO fort. „Machen wir Schluß mit den periodisch wiederkehrenden Zusammenbrüchen... Mein persönlicher Ehrgeiz ist es, der erste Vorsitzende zu werden, der Chrysler nie zu einem Comeback führte.“[7] Kritische Situationen von vornherein zu vermeiden, ist ein lobenswertes Ziel, das allerdings nur von den wenigsten Unternehmen erreicht wird.

Kein Unternehmen kann sich der Notwendigkeit entziehen, seine Mitarbeiter neu zu schulen, sein Produktportfolio neu zusammenzusetzen, seine Prozesse neu zu gestalten und den Einsatz seiner Ressourcen neu auszurichten. Die Organisationsumwandlung ist ein Muß für jedes Unternehmen. Die wirkliche Frage ist, ob die Umwandlung verspätet – in einer Krisenatmosphäre – stattfindet, oder ob sie vorausschauend – wohlüberdacht und in einer ruhigen Atmosphäre – eingeleitet wird. Die Frage ist, ob die Tagesordnung der Umwandlung von vorausschauenderen Konkurrenten festgelegt oder von der eigenen Zukunftsvorstellung geprägt ist; ob die Umwandlung in Schüben erfolgt und gewaltsam ist, oder ob sie stetig und friedlich vor sich geht. Palastrevolutionen und Blutbäder sorgen für fette Schlagzeilen, doch das wirkliche Ziel muß eine unblutige Revolution sein. Für eine brutale und verspätete Umwandlung ist oft ein hoher Preis zu zahlen: Die talentiertesten Leute sehen das große Schlachten voraus und begeben sich in Sicherheit (die ersten Ratten, die das Schiff verlassen, sind die besten Schwimmer), die Opfer unter der Zivilbevölkerung sind hoch (es sind nicht immer die Hauptverantwortlichen des Konflikts, die am meisten leiden), die Schätze des Gebäudes werden geplündert (wenn gesunde Unternehmen gezwungen sind, Belegschaft und Investitionen zu reduzieren, um miserable strategische Entscheidungen auszugleichen), und die Bevölkerung bleibt demoralisiert zurück (das persönliche Überleben wird zur alles beherrschenden Frage). Ziel muß daher ein Umwandlungsprozeß sein, der in seinem Ergebnis revolutionär, in seinem Verlauf jedoch evolutionär ist.

Viele Unternehmen beschäftigen sich erst dann mit der Notwendigkeit, ihre Strategie zu erneuern und ihre Industrie neu zu erfinden, wenn ihr Niedergang durch Umstrukturierung und Reengineering nicht mehr aufzuhalten ist. Die meisten Unternehmen arbeiten bezüglich der in Abbildung 1.1 dargestellten Maßnahmen von links nach rechts. Werden die Ergebnisse schlechter, so lautet die erste Annahme, das Unternehmen habe Speck angesetzt; also setzt man bei den Investitionen und der Beschäftigtenzahl an. Bringt dies keine dauerhafte Leistungsverbesserung, was leider üblicherweise der Fall ist, so ziehen die Spitzenmanager oft den Schluß, das Unternehmen sei obendrein faul geworden und die Kernprozesse seien mit nutzloser Bürokratie und Scheinarbeit überladen. Ein Reengineering-Programm mit dem Ziel, die verkrusteten Prozesse aufzupolieren, wird eingeleitet. Aber wie wir schon mehrfach betont haben, sind Umstrukturierung und Reengineering letztlich möglicherweise zu wenig und kommen zu spät, wenn sich die Industrie, in der das betreffende Unternehmen tätig ist, grundlegend verändert, und wenn das Unternehmen weit hinter dieser Veränderung herhinkt. Allzuoft machen sich Firmen erst dann grundlegende Gedanken über die Zukunft und ihre Gestaltung, wenn das Fundament des gegenwärtigen Erfolgs bereits untergraben ist. Will sich die Unternehmensführung an die Spitze der Veränderung der Industrie setzen, will sie eine Chance haben, eine unblutige Revolution durchzuführen, so muß sie erkennen, daß ihr Unternehmen möglicherweise nicht nur fett und faul, sondern auch blind ist. Das Spitzenmanagement muß die Erneuerung der Strategie und die Neuerfindung der Industrie gleichzeitig mit oder, noch besser, in Vorwegnahme von Umstrukturierung und Reengineering in Angriff nehmen.

EINE NEUE AUFFASSUNG VON STRATEGIE

Unsere Ausgangsannahmen sind einfach: Der Wettbewerb um die Zukunft ist ein Wettbewerb, in dem es darum geht, neue Möglichkeiten zu schaffen und auszuschöpfen – also darum, den neuen Wettbewerbsraum abzustecken. Die Zukunft zu gestalten, ist eine größere Herausforderung, als Nachlaufen zu spielen, denn bei dieser Gestaltung stehen Sie vor der Aufgabe, Ihre eigene Straßenkarte zu zeichnen. Das Ziel kann nicht sein, einfach nur einen Vergleich mit den Produkten und Prozessen eines Konkurrenten anzustellen und seine Methoden zu imitieren. Vielmehr geht es darum, eine eigenständige Vorstellung von den zukünftigen Chancen sowie davon zu entwickeln, wie sie genutzt werden können. Die Entdeckung neuer Wege ist sehr viel befriedigender als der bloße Vergleich. Man erreicht die Zukunft nicht als erster, indem man jemand anderen den Weg bereiten läßt.

Wieso sind nun einige Unternehmen entschlossen, die große Herausforderung zur Erfindung der Zukunft anzunehmen, während andere dieses Bedürfnis nicht verspüren? Was gibt manchen Unternehmen die Möglichkeit, die Zukunft zu erschaffen, obwohl sie mit enormen Ressourcenhandicaps zu ringen haben, während andere Milliarden ausgeben und dennoch auf der Stelle treten? Warum scheinen manche Unternehmen einen über den Horizont hinausreichenden Radar zu besitzen, während andere anscheinend blind in die Zukunft gehen? Kurz gesagt: Was braucht man, um die Zukunft als erster zu erreichen? Allgemein formuliert, benötigt man dazu vier Dinge: 1) das Wissen darum, wie sich der Wettbewerb um die Zukunft vom gegenwärtigen unterscheidet; 2) ein Verfahren, um die Chancen von morgen aufzuspüren und richtig einzuschätzen; 3) die Fähigkeit, dem Unternehmen von der Spitze bis zur Basis jene Energie zu geben, die es für die möglicherweise lange und kraftraubende Reise in die Zukunft benötigt; 4) ausreichende Leistungsfähigkeit, um die Konkurrenten abzuhängen und die Zukunft unter Vermeidung unnötiger Risiken als erster zu erreichen.

Eine der Voraussetzungen dafür ist eine Strategieauffassung, die in vielen Unternehmen unbekannt ist. Dieser Strategieauffassung nach muß eine Firma ihre Vergangenheit größtenteils verlernen, bevor sie die Zukunft entdecken kann. Dieser Strategieauffasung nach ist es nicht genug, ein Unternehmen in den bestehenden Märkten bestmöglich zu positionieren; die Herausforderung besteht darin, den Nebel der Ungewißheit zu durchdringen und weit in die Zukunft zu blicken, um ausfindig zu machen, wo die Märkte von morgen liegen werden. Dieser Strategieauffassung nach ist mehr erforderlich als ein jährlicher Planungsregentanz der kleinen Schritte; was not tut, ist eine strategische Architektur, die einen Plan liefert, anhand dessen die zur Beherrschung der Zukunftsmärkte benötigten Kompetenzen entwickelt werden können.

Dieser Strategieauffassung kommt es nicht unbedingt auf eine exakte Übereinstimmung von Zielen und Ressourcen an, sondern eher auf die Formulierung fordernder Ziele, die von den Angestellten verlangen, das scheinbar Unmögliche zu erreichen. In dieser Auffassung ist Strategie mehr als die Verteilung von knappen Ressourcen zwischen miteinander konkurrierenden Projekten; sie ist das Bestreben, die Ressourcenknappheit durch eine kreative und nie endende Bemühung um ein besseres Ressourcen-Leverage, eine bessere Ausschöpfung der Ressourcen, zu überwinden.

Dieser Strategieauffassung nach steht das Unternehmen nicht nur innerhalb der Grenzen existierender Industrien im Wettbewerb, sondern auch hinsichtlich der Strukturierung zukünftiger. Diese Stratgieauffassung erkennt, daß der Wettbewerb um die Führungsposition bei den Kernkompetenzen dem Wettbewerb um die Produktführerschaft vorausgeht, und sie begreift das Unternehmen nicht nur als ein Portfolio von Geschäftsbereichen, sondern auch als ein Portfolio von Kompetenzen. Dieser Strategieauffassung nach findet der Wettbewerb häufig innerhalb und zwischen Unternehmensbündnissen und nicht nur zwischen einzelnen Unternehmen statt.

Diese Strategieauffassung begreift das häufig unvermeidliche Scheitern von Produkten als eine Chance, die Hauptader zukünftiger Nachfrage aufzuspüren. Dieser Strategieauffassung nach muß ein Unternehmen, das auf Weitblick und Kompetenzführerschaft setzt, Konkurrenten letztlich auf entscheidenden globalen Märkten zuvorkommen; es zählt weniger die Zeit bis zur Marktreife als vielmehr die globale Antizipation.

Fassen wir also die Themen dieses Buches zusammen:

DAS NEUE STRATEGIEPARADIGMA

Nicht nur	**Sondern auch**
Die Wettbewerbsherausforderung	
Reengineering der Prozesse	Erneuerung der Strategien
Organisationsumwandlung	Industrieumwandlung
Kampf um Marktanteile	Kampf um Chancenanteile

Die Zukunft finden

Strategie als Lernen	Strategie als Vergessen
Strategie als Positionierung	Strategie als Vorausblick
Strategische Pläne	Strategische Architektur

Mobilisierung für die Zukunft

Anpassungsstrategie	Dehnungsstrategie
Strategie als Ressourcenzuteilung	Strategie als Ressourcenakkumulierung und -Leverage

Die Zukunft als erster erreichen

Wettbewerb in einer gegebenen Industriestruktur	Wettbewerb um die Gestaltung der zukünftigen Industriestruktur
Wettbewerb um Produktführerschaft	Wettbewerb um Führerschaft bei Kernkompetenzen
Wettbewerb als einzelne Einheit	Wettbewerb als Bündnis
Maximierung der Rate neuer Produkt-„Hits“	Maximierung der Erkenntnisse über neue Märkte
Rasche Marktreife	Rasch weltweit der Konkurrenz zuvorkommen

In letzter Zeit sind zahlreiche Rufe nach einem neuen Organisationsparadigma (schlanker, flacher, virtuell, modular usw.) laut geworden, allerdings ohne daß gleichzeitig auch ein neues Strategieparadigma verlangt worden wäre. Wir sind allerdings der Überzeugung, daß die Art und Weise, in der viele Unternehmen „strategisieren", ebenso überholt und ebenso schädlich ist wie ihre Form der Organisation. So schlank und gesund eine Organisation auch sein mag, sie braucht immer noch ein Gehirn. Aber das Gehirn, das wir im Sinn haben, ist nicht jenes des Unternehmensleiters oder des strategischen Planungschefs. Vielmehr fließen in diesem Gehirn die kollektive Intelligenz und Vorstellungskraft aller Manager und Mitarbeiter des Unternehmens zusammen. Sie müssen sich eine erweiterte Auffassung darüber zu eigen machen, was es bedeutet, „strategisch" zu sein. Dieses Buch handelt nicht nur davon, wie man eine neue Auffassung von Strategie gewinnt und umsetzt, sondern auch davon, wie man die Zukunft als erster erreicht.

Das Ziel dieses Buches kann damit einfach umrissen werden: Wir wollen Managern helfen, sich ein Bild von der Zukunft zu machen und dieses Bild auch zu verwirklichen. Wir wollen den Managern helfen, aus der Umstrukturierungsmühle herauszukommen und über die Reengineering-Programme hinauszugehen, die lediglich die aktuelle Leistung ankurbeln. Wir wollen ihnen dabei helfen, die Schätze zu erobern, die in der Zukunft für jene bereitliegen, die zuerst dort ankommen.

Vielleicht klingt das paradox: Es mag sinnvoll sein, *einem Unternehmen* zu helfen, die Zukunft zuerst zu erreichen, aber wie kann man *den Unternehmen allgemein* helfen, sie zuerst zu erreichen? Wenn es jemanden gibt, der führt, dann muß es – so möchte man meinen – auch jemanden geben, der ihm folgt. – Das ist nicht notwendigerweise so. Es gibt nicht nur eine Zukunft, sondern Hunderte. Es gibt kein Gesetz, wonach die meisten Unternehmen Gefolgsleute sein müssen. Die Zukunft als erster zu erreichen, bedeutet nicht einfach nur, Konkurrenten zu überholen, die hinter demselben Preis her sind. Es bedeutet auch, eine eigene Vorstellung davon zu haben, wie der Preis aussieht. Es kann so viele Preise wie Läufer geben; die einzigen Grenzen sind jene der Vorstellungskraft. Renoir, Picasso, Calder, Serat und Chagall waren allesamt ungemein erfolgreiche Künstler, aber jeder von ihnen hatte seinen originellen und unverwechselbaren Stil. Der Erfolg des einen schmälerte den des anderen nicht im geringsten. Dennoch hatte jeder dieser Künstler einen ganzen Schwarm von Nachahmern. Wie in der Kunst ist es auch in der Wirtschaft die Fähigkeit, sich eine unverwechselbare Vorstellung davon zu machen, was sein könnte, welche die Führer von den Nachzüglern und die Größe von der Mittelmäßigkeit unterscheidet.

2

Was am Wettbewerb um die Zukunft anders ist

KURS AUF DIE ZUKUNFT

Wir stehen am Rande einer Revolution, die für einige auch ein Abgrund sein wird. Diese Revolution wird so umwälzend sein wie jene, welche die moderne Industrie hervorbrachte. Gemeint ist die Umweltrevolution, die Revolution der Gentechnik, die Revolution der neuen Materialien, die digitale Revolution und vor allem die Informationsrevolution. Bald werden sich völlig neue Industrien herausbilden, die sich gerade im „Puppenstadium" befinden. Zu diesen noch nicht zur Reife gelangten Industrien gehören: Mikrorobotik – aus atomaren Partikeln gebaute Miniaturroboter, die in Zukunft unter anderem in der Lage sein könnten, verkalkte Arterien zu reinigen; mechanische Übersetzung – Telefonschaltungen und andere Vorrichtungen, die eine Echtzeit-Übersetzung bei einer mehrsprachigen Unterhaltung ermöglichen; digitale Highways, die direkt in die Haushalte führen und jedermann den sofortigen Zugang zum globalen Vorrat an Wissen und Kommunikation ermöglichen; automatisierte unterirdische Regelungssysteme für die Städte zur Reduzierung von Verkehrsstaus; „virtuelle" Versammlungsräume, die Managern die Kosten und Mühen von Flugreisen ersparen; biomimische Materialien, welche die verblüffenden Eigenschaften von in der Natur vorkommenden Stoffen kopieren werden; satellitengestützte Personal Communicators, die uns die Möglichkeit geben werden, von jedem Ort auf unserem Planeten „nach Hause zu telefonieren"; Maschinen, die zu Gefühlen, logischer Verknüpfung und Lernen fähig sind und mit den Menschen auf völlig neue Art interagieren werden, und biologische Sanierung mit Hilfe maßgeschneiderter Organismen, die zur Beseitigung von Umweltschäden eingesetzt werden können.

Bestehende Industrien – Gesundheitswesen, Bildungswesen, Transport, Bankwesen, Verlagswesen, Telekommunikation, Pharmazeutika, Einzelhandel und andere – werden eine tiefgreifende Wandlung erfahren. Autos mit eingebauten Navigationssystemen, welche Unfälle vermeiden helfen, elektronische Bücher und maßgeschneiderte Multimedia-Ausbildungswege, chirurgische Eingriffe, die in isolierten Räumen von einem fernbedienten Roboter durchgeführt werden, Präventivmedizin mittels Genaustauschtherapie – dies sind nur einige der Möglichkeiten, die sich anbieten, um existierenden Produkten, Dienstleistungen und Industrien ein neues Gesicht zu geben.

Viele dieser gewaltigen Chancen bergen ein Ertragspotential von Milliarden. Ein Unternehmen hat den potentiellen Markt für Heiminformationsdienste über das interaktive Fernsehen auf mindestens 120 Milliarden Dollar jährlich geschätzt – dazu gehören Homevideo (11 Milliarden Dollar), Homeshopping (51 Milliarden Dollar), Videospiele (4 Milliarden Dollar), Fernsehwerbung (27 Milliarden Dollar), andere Informationsdienste (9 Milliarden Dollar) und mehr. Viele dieser großen Möglichkeiten haben das Potential, die Art und Weise, wie wir leben und arbeiten, grundlegend zu verändern, so wie Telefon, Auto und Flugzeug das Leben im 20. Jahrhundert verändert haben.

Auch ist jede dieser Chancen ihrem Wesen nach global. Es ist nicht wahrscheinlich, daß ein einzelnes Land oder eine Region über sämtliche Technologien und Fähigkeiten verfügen wird, die benötigt werden, um diese Chancen wahrzunehmen. Die Märkte werden sich rund um den Erdball mit unterschiedlicher Geschwindigkeit entwickeln, und jede Firma, die sich Hoffnungen auf eine Führungsrolle macht, wird mit führenden Kunden, Technologieanbietern und Lieferanten, gleich wo diese ihre Standorte haben, zusammenarbeiten und von ihnen lernen müssen. Es wird globaler Vertriebskapazitäten bedürfen, damit man den Lohn für eine Führungsrolle ernten kann und damit sich die Investitionen amortisieren.

Die Zukunft findet jetzt statt. Es ist nicht so, daß nähere und fernere Zukunft in fünf Jahren an einer klaren Trennlinie aufeinanderstoßen. Kurzfristiger und langfristiger Zeitraum sind eng miteinander verwoben. Obwohl viele der riesigen Zukunftschancen immer noch in den Kinderschuhen stecken, findet in diesem Augenblick ein weltweiter Wettbewerb um das Vorrecht statt, sich ihrer annehmen zu dürfen. Es werden Allianzen gebildet, Kompetenzen zusammengelegt und Experimente auf den gerade entstehenden Märkten durchgeführt – alles in der Hoffnung, sich einen Anteil an den zukünftigen weltweiten Chancen zu sichern. In diesem Rennen um die Zukunft gibt es Fahrer, Passagiere und „road kill" auf den Straßen. (Der amerikanische Ausdruck road kill bezeichnet das, was aus kleinen Tieren wird, die auf einer Fernstraße den Weg eines Fahrzeugs kreuzen.) Die Passagiere werden die Zukunft erreichen, aber ihr Schicksal wird nicht in ihren eigenen Händen liegen. Sie werden aus der Zukunft bestenfalls bescheidenen Gewinn ziehen. Diejenigen, die eine Führungsposition in der Industrierevolution übernehmen – die Unternehmen, die eine klare, durchdachte Vorstellung davon haben, wohin sie ihre Industrie bringen wollen, und in der Lage sind, die Ressourcen innerhalb und außerhalb des Unternehmens so zu dirigieren, daß sie als erste in dieser Zukunft ankommen –, werden großzügig belohnt werden.

Die Frage, welche Unternehmen und Länder die Zukunft aufbauen werden, ist also alles andere als eine akademische Frage. Es geht um viel. Der Wohlstand eines Unternehmens und damit jedes

Landes, in dem dieses Unternehmen tätig ist, hängt weitgehend davon ab, welche Rolle es bei der Schaffung der Märkte von morgen zu spielen vermag und wie groß seine Fähigkeit ist, sich einen beträchtlichen Anteil an den Erträgen zu sichern.

Vielleicht haben Sie einmal das Henry Ford Museum in Dearborn, Michigan, besucht. Dearborn ist auch die Heimstatt der Weltzentrale der Ford Motor Corporation, aber seine Berühmtheit verdankt der Ort unter anderem Greenfield Village, wo sich das Museum befindet. Im Henry Ford Museum kann man einen Blick in die Industriegeschichte der Vereinigten Staaten werfen. Die Exponate erzählen die Geschichte von Pionieren, die neue Industrien schufen und alte revolutionierten: Deere, Eastman, Firestone, Bell, Edison, Watson, die Brüder Wright – und natürlich Ford. Es war der Weitblick dieser Pioniere, der jene Industrien schuf, auf denen der beispiellose Wohlstand gründete, der den amerikanischen Lebensstil ermöglichte. Jedem Besucher, der den materiellen Wohlstand der amerikanischen Mittelklasse genießt, wird beim Gang durch das Museum klar, wieviel er diesen Industriepionieren verdankt. Ebensoviel verdankt jeder Bürger Deutschlands den Pionieren, welche die innovativen, weltumspannenden Chemiekonzerne dieses Landes, seine weltberühmte Maschinenindustrie und die Automobilkonzerne aufbauten, die ein Jahrhundert lang in ihrer Branche die Maßstäbe setzten. Der Erfolg der japanischen Firmen bei der Neudefinition der Maßstäbe für Innovation und Leistung in der Elektronik- und Autoindustrie verwandelte Japan von einem industriellen Mitläufer in eine wirtschaftliche Supermacht.

Gelingt es Unternehmen und Nationen nicht, die Zukunftschancen rechtzeitig zu erkennen und zu nutzen, so verarmen sie. Man halte sich nur Europas Besorgnis angesichts seiner Unfähigkeit vor Augen, hochbezahlte Arbeitsplätze im Bereich der Informationstechnologie zu schaffen, oder Japans Angst angesichts der Unfähigkeit seiner Finanzinstitutionen, wirkungsvoll zur Innovation und zur Schaffung neuer Geschäftsfelder beizutragen, oder Amerikas Furcht, die Japaner könnten ihm in der Kommerzialisierung von Supraleitern zuvorkommen. Selbst protektionistisch gesinnte Politiker erkennen, daß ein Land, das nur noch die Industrien der Vergangenheit schützen kann, seine wirtschaftliche Stellung an Länder verlieren wird, die dazu beitragen, die Industrien der Zukunft zu schaffen.

Die Zukunft ist keine Fortsetzung der Vergangenheit. Die alten Industriestrukturen werden durch neue ersetzt werden. Chancen, die auf den ersten Blick evolutionär aussehen, werden sich als revolutionär erweisen. Die neuen Nischenmärkte der Gegenwart werden sich als die Massenmärkte der Zukunft herausstellen. Was heute Spitzentechnologie ist, wird morgen in jeden Haushalt gehören. Es gab eine Zeit, da bezeichnete IBM den PC als „Eintrittsystem" – man erwartete, daß jeder, der einen PC kaufte, später auf leistungsstärkere Computer umsteigen würde, weshalb man damit rechnete, daß der PC und der Großrechner einander ergänzen würden und daß eine friedliche Koexistenz zwischen Großrechnern und PCs möglich sein würde. Zehn Jahre später begannen Desktop-Workstations und lokale Client/Server-Computer die Großrechner zu verdrängen. Gegenwärtig mag es noch so aussehen, als wären die Schnurlos- und Mobil-Telefone bloß eine Ergänzung der Kabeltelefone, aber in zehn Jahren dürfte unser herkömmliches Telefon bereits ein technologischer Anachronismus sein. Vor zwanzig Jahren wäre kaum ein Experte auf die Idee gekommen, daß die Investmentfonds sich ein großes Stück des unter Banken und Bausparkassen verteilten „Sparkuchens" würden abschneiden können. Aber die Sparer verwandelten sich in Investoren, und im Jahr 1992 entfielen in den Vereinigten Staaten 96 % des von privaten Investoren auf dem Aktienmarkt plazierten Geldes auf die Investmentfonds. 11,4 % des gesamten finanziellen Vermögens in den USA entfielen auf Investmentfonds, während es im Jahr 1975 nur 2,0 % gewesen waren; der Anteil der Banken und Bausparkassen hingegen war von 56,2 % im Jahr 1975 auf 37,3 % im Jahr 1992 gesunken. Man kann die Zukunft nur aufbauen und von ihr profitieren, indem man sie sich ausdenkt.

Wollen sie im Wettbewerb um die Zukunft bestehen, so müssen sich die Spitzenmanager zunächst darüber klarwerden, in welcher

Hinsicht sich der Wettbewerb um die Zukunft vom Wettbewerb um die Gegenwart unterscheidet. Die Unterschiede sind gravierend. Sie stellen die traditionellen Vorstellungen über Strategie und Wettbewerb in Frage. Wir werden sehen, daß der Kampf um die Zukunft nicht nur eine Neudefinition der Strategie, sondern auch eine Neudefinition der Funktion erforderlich macht, die das Topmanagement bei der Gestaltung der Strategie spielt.

WETTBEWERB UM DIE GEGENWART ODER WETTBEWERB UM DIE ZUKUNFT

Blättern Sie einmal ein Strategie- oder Marketinghandbuch durch. Im Mittelpunkt wird höchstwahrscheinlich der Wettbewerb auf bestehenden Märkten stehen. Im Kontext klar definierter Märkte kann man auf sehr nützliche Instrumente wie Segmentierungsanalyse, Strukturanalyse und Analyse der Wertschöpfungskette zurückgreifen. Aber wie hilfreich sind diese Instrumente, wenn der Markt noch nicht existiert? In einem existierenden Markt stehen die meisten Wettbewerbsregeln seit langem fest: Inwieweit sind die Kunden bereit, Preis und Leistung gegeneinander abzuwägen, welche Kanäle haben sich als besonders effizient erwiesen, wie kann man die Differenzierung von Produkten und Dienstleistungen erreichen, welches Maß an vertikaler Integration ist erstrebenswert. In Bereichen hingegen, in denen die Chancen gerade erst entstehen, etwa bei gentechnisch hergestellten Medikamenten, bei Multimedia Publishing und interaktivem Fernsehen, müssen die Regeln erst noch geschrieben werden. (In existierenden Industrien müssen die Regeln umgeschrieben werden.) Das erschwert die strategischen Entscheidungen erheblich. Wie also verändert sich der Kontext der Strategiefindung, wenn das Augenmerk eher auf der Zukunft als auf der Gegenwart liegt und wenn wenig oder keine Klarheit über die Industriestrukturen und die Kundenpräferenzen herrscht?

Marktanteil oder Chancenanteil

Strategieforscher und Strategen richten einen Großteil ihrer Aufmerksamkeit auf die Frage, wie Marktanteile gewonnen und verteidigt werden können. Für die meisten Unternehmen ist der Marktanteil das primäre Kriterium, um die Stärke der strategischen Position eines Geschäftsbereichs zu beurteilen. Was aber bedeutet Marktanteil in Märkten, die noch kaum existieren? Wie kann man seinen Marktanteil in einer Branche maximieren, in der das Konzept des Produkts oder der Dienstleistung noch unzureichend definiert ist, in der sich die Kundensegmente erst noch festigen müssen, in der es erst rudimentäre Erkenntnisse über die Kundenpräferenzen gibt?

Der Wettbewerb um die Zukunft ist eher ein Wettbewerb um Chancenanteile als um Marktanteile. In diesem Wettbewerb gilt es, sich einen möglichst großen Anteil an jenen zukünftigen Chancen zu sichern, zu denen ein Unternehmen in einer allgemeinen Chancenarena potentiell Zugang hätte, seien es nun Informationssysteme für den privaten Benutzer, gentechnisch hergestellte Medikamente, Finanzdienstleistungen, hochentwickelte Materialien oder anderes.

Die Frage, die es für jedes Unternehmen zu beantworten gilt, lautet: Welchen Anteil an den zukünftigen Chancen können wir uns aufgrund unserer aktuellen Fähigkeiten (oder Kompetenzen, wie wir sie nennen wollen) sichern? Diese Frage zieht weitere nach sich: Welche neuen Kompetenzen müßten wir aufbauen und wie müßte sich unsere Definition des „von uns bedienten Marktes“ ändern, damit wir uns einen größeren Anteil an den zukünftigen Chancen sichern könnten? Ob es sich nun um ein Land oder ein Unternehmen handelt, die Aufgabe bleibt die gleiche: jene Fähigkeiten aufzubauen und zu festigen, auf denen die für die Nutzung zukünftiger Chancen entscheidenden Kompetenzen aufbauen (z. B. Optoelektronik, Biomimik, Genetik, Systemintegration, Finanzengineering).

Will man sich einen außerordentlich hohen Anteil an den zukünftigen Profiten sichern, so muß man einen außerordentlich hohen Anteil an den entsprechenden Kompetenzen besitzen. Derartige Kompetenzen sind kein Geschenk Gottes, sondern beruhen auf der gleichmäßigen und beharrlichen Anhäufung intellektuellen Kapitals; daher können Regierungen eine gewichtige Rolle bei der Stärkung solcher Kompetenzen spielen (durch Bildungspolitik, steuerliche Anreize, Förderung inländischer Investitionen, staatliche Unterstützung von Joint-ventures im Privatsektor usw.).[3] Singapur beispielsweise hat sich genau solcher Methoden bedient, um Umfang und Qualität der vorhandenen nationalen Kompetenzen zu steigern. Aber damit sich Politiker und Konzernstrategen ein Bild davon machen können, welche Kompetenzen es aufzubauen gilt, müssen sie im voraus eine Vorstellung von der Art der Chancen von morgen gewinnen. Die Unternehmensführung muß sich genauso intensiv mit der Erringung von Chancenanteilen beschäftigen, wie sie sich um den Gewinn von Marktanteilen bemüht. Wie wir sehen werden, bedeutet dies, daß sie um den Aufbau einer Kompetenzführerschaft in neuen Bereichen bemüht sein muß, lange bevor die präzise Form und Struktur der zukünftigen Märkte genau erkennbar wird.

Kompetenzen der Geschäftseinheiten oder Konzernkompetenzen

Der Wettbewerb um die Zukunft ist kein Wettbewerb Produkt gegen Produkt oder Geschäftsbereich gegen Geschäftsbereich, sondern er ist ein Wettbewerb Konzern gegen Konzern. Das hat verschiedene Gründe. Zunächst einmal ist es unwahrscheinlich, daß die zukünftigen Möglichkeiten genau in die Grenzen der existierenden strategischen Geschäftseinheiten passen; daher muß die Beteiligung am Wettbewerb um die Zukunft in den Händen des Gesamtkonzerns liegen, anstatt einfach den Leitern der einzelnen Geschäftseinheiten anvertraut zu werden. (Die Aufgabe sollte einer Gruppe von Konzernmanagern anvertraut werden oder besser noch einem Team von Geschäftseinheitsleitern, die horizontal über die Grenzen der Geschäftseinheiten hinweg zusammenarbeiten.)

Zweitens ist es leicht möglich, daß die für den Eintritt in die neue Chancenarena erforderlichen Kompetenzen über eine Reihe von Geschäftseinheiten verteilt sind, und es obliegt dem Konzern, diese Kompetenzen am geeigneten Punkt innerhalb der Organisation zu bündeln. Drittens können der Zeitrahmen und die Investitionen, die erforderlich sind, um die für den Zugang zu den Märkten von morgen benötigten neuen Kompetenzen zu entwickeln, die Ressourcen und die Ausdauer einer einzelnen Geschäftseinheit leicht überstrapazieren.

Die Spitzenmanager sollten die Firma als ein Kompetenzenportfolio betrachten; ihre Frage muß also lauten: „Ausgehend von unserem spezifischen Kompetenzportfolio – zur Wahrnehmung welcher Chancen sind wir durch eine einzigartige Position prädestiniert?“ Die Antwort zeigt, zu welchen Chancenarenen andere Unternehmen, die über andere Kompetenzen verfügen, schwerer Zugang finden können. Beispielsweise kann man sich kaum eine andere Firma als Eastman Kodak vorstellen, die ein Produkt wie die Foto-CD entwickeln konnte, denn diese Entwicklung erforderte sowohl profunde Kenntnisse im Bereich des chemischen Films als auch Kompetenzen auf dem Gebiet der elektronischen Bildverarbeitung. Canon mochte sich auf elektronische Bildverarbeitung verstehen, Fuji mochte bei Filmen kompetent sein, aber nur Kodak besaß in beiden Bereichen ein entsprechendes Know-how.

Die Frage, die sich den leitenden Managern stellt, lautet also: „Wie orchestrieren wir alle Ressourcen der Firma, um die Zukunft aufzubauen?“ Vor dieser Frage stand George Fisher, als er Motorola verlassen hatte und Kodaks neuer Konzernchef wurde. Bei IBM bildete Lou Gerstner ein Spitzenteam, das Zukunftschancen sondieren sollte. Ausgehend von IBMs immer noch beeindruckendem Kompetenzenreichtum lautete die Frage: „Was können wir tun, das andere Unternehmen nicht so leicht tun können wie wir?“ Unternehmen wie Matsushita und Hewlett-Packard, die seit langem durch ihre Bottom-up-Innovation und durch die Unabhängigkeit ihrer Geschäftseinheiten herausragen, suchen seit kurzem nach

Chancen, welche die Fähigkeiten einer Vielzahl von Geschäftseinheiten bündeln. Sogar Sony, das seinen einzelnen Produktentwicklungsteams seit langem nahezu vollkommene Handlungsfreiheit einräumt, hat erkannt, daß ein immer größerer Teil seiner Produkte im Verband von komplexen Systemen funktionieren muß. Daher hat Sony seine Audio-, Video- und Computergruppen in Hinblick auf eine bessere Koordinierung der Produktentwicklung umstrukturiert.[4]

Die Zukunft zu schaffen bedeutet oft, daß ein Unternehmen neue Kernkompetenzen entwickeln muß, die üblicherweise die Grenzen einer einzelnen Geschäftseinheit sprengen – und zwar sowohl bezüglich der erforderlichen Investitionen als auch der Bandbreite an potentiellen Anwendungen. Beispielsweise liegt es bei Sharp nicht an den einzelnen Geschäftseinheiten, zu entscheiden, wieviel in die Perfektion der Flachdisplays investiert werden soll. Schließlich kämpft Sharp als Konzern mit anderen starken Konzernen – Toshiba, Casio und Sony – um die weltweite Führungsposition in diesem Bereich.

Allein die Größe, der Umfang und die Komplexität zukünftiger Chancen können es unverzichtbar machen, die Perspektive der einzelnen Geschäftseinheiten durch eine Konzernperspektive zu ersetzen. Gigantische Chancen öffnen sich nicht so leicht für F&E-Gruppen oder ungesteuerte persönliche Initiative. Zwar kann ein einzelner Mitarbeiter den Post-it-Notizblock mit ein wenig Freizeit und Zugang zu beschränkten Mitteln erfinden, aber es ist unwahrscheinlich, daß er das Konzept des Übersetzungstelefons in die Realität umsetzt oder bei der Entwicklung einer neuen Computerarchitektur sehr weit kommt. Ein schlüssiger, konzentrierter Aufbau von Kompetenzen erfordert etwas mehr als „produktives Chaos".

Isolierte Innovation oder integrierte Systeme

Die meisten Lehrbücher über das Management von Innovation und Produktentwicklung gehen davon aus, daß das Unternehmen über die meisten der für die Kommerzialisierung dieser Innovation benötigten Ressourcen verfügt. Daß diese Annahme richtig ist, wird zunehmend fragwürdig. Viele der besonders aufregenden neuen Möglichkeiten erfordern eher die Integration komplexer Systeme als eine sich auf ein isoliertes Produkt konzentrierende Innovation. Nicht nur, daß keine einzelne Unternehmenseinheit über alle notwendigen Fähigkeiten verfügt: auch kein Einzelunternehmen oder kein Land verfügt darüber. Nur wenige Unternehmen können die Zukunft aus eigener Kraft schaffen; die meisten brauchen Hilfe dabei. Motorola, IBM und Apple schlossen sich zusammen, um eine neue halbleitergestützte Computerarchitektur zu entwickeln. In der Hoffnung auf Vorteile aus einer möglichen wechselseitigen Ergänzung von Videospielbranche und Telekommunikationsbranche hat AT&T Partnerschaften mit einer Reihe von Computerspiele-Produzenten geschlossen bzw. Minderheitsanteile an diesen Unternehmen erworben. Selbst Boeing hält es vielfach für nötig, sich ausländische Partner für die Entwicklung seiner nächsten Flugzeuggeneration zu suchen.

Die Notwendigkeit, großteils ungleiche Technologien zu harmonisieren, eine sorgfältig geplante Standardfestlegung durchzuführen, ein Lieferantennetz für Ergänzungsprodukte aufzubauen, potentielle Rivalen für die eigene Sache einzuspannen sowie Zugang zum größtmöglichen Vertriebssystem zu finden, macht den Wettbewerb ebensosehr zu einem Kampf zwischen konkurrierenden und oft einander überschneidenden Koalitionen wie zu einer Auseinandersetzung zwischen einzelnen Unternehmen. Der Wettbewerb um die Zukunft ist sowohl eine Auseinandersetzung zwischen Konzernen als auch zwischen Koalitionen. Wie wir sehen werden, ist es von entscheidender Bedeutung für diesen Wettlauf um die Zukunft, daß man versteht, wie eine solche Koalition geschmiedet und auf die gemeinsame Zukunft ausgerichtet werden kann.

Schnelligkeit oder Ausdauer

Ein weiterer Unterschied zwischen dem Wettbewerb um die Zukunft und jenem um die Gegenwart ist der Zeitrahmen. Heute ist

Schnelligkeit der entscheidende Wettbewerbsfaktor.[5] Die Produktlebenszyklen werden immer kürzer, die Entwicklungszeiten werden heruntergeschraubt, und die Kunden erwarten fast augenblickliche Bedienung. Hingegen kann der Zeitrahmen für die Entdeckung und Erschließung einer neuen Chancenarena zehn, zwanzig oder noch mehr Jahre betragen. AT&T baute den ersten Prototypen eines Videofons in seinen Werkstätten im Jahr 1939. Der Öffentlichkeit vorgestellt wurde der Apparat erstmals 1964 auf der Weltausstellung in New York. Das erste Modell für den privaten Einsatz wurde 1992 eingeführt, 53 Jahre nach Entstehung des ersten Prototypen. Und selbst jetzt muß das Videotelefon erst noch ein Massenprodukt werden. Marc Porat, Präsident und CEO von General Magic, einem Unternehmen, das Software für die Personal-Communication-Geräte der Zukunft entwickelt, glaubt, daß es noch ein Jahrzehnt oder länger dauern wird, bis die Vision seines Unternehmens von intelligenter, global einsetzbarer, mobiler Kommunikation zur Realität wird[6]. Der Aufbau einer Führungsposition in völlig neuen Industrien dauert in den meisten Fällen 10 bis 15 Jahre, was den Schluß nahelegt, daß Ausdauer im Kampf um die Zukunft ebenso wichtig sein dürfte wie Schnelligkeit.

Es liegt auf der Hand, daß wohl kein Unternehmen genug Ausdauer für 20 Jahre haben wird, wenn es sich nicht bis ins letzte für diese seine besondere Chance engagiert. JVC, die im Videobereich weltweit führende Tochtergesellschaft von Matsushita, begann Ende der fünfziger Jahre mit der Kompetenzentwicklung auf dem Gebiet der Videokassetten; aber es dauerte bis in die späten siebziger Jahre, also noch volle zwei Jahrzehnte, bis JVC mit seinen VHS-Geräten ins Schwarze traf. Was bewegt ein Unternehmen, so lange durchzuhalten? Was sah JVC im Videorecorder, was sah AT&T im Videotelefon, was Apple im Lisa und später im Macintosh? Was sahen diese Unternehmen in diesen Chancen, was bewog sie dazu, sich immer wieder aufzurappeln, wenn sie über die unvermeidlichen Hürden gestolpert waren, und sich unbeirrt bis zur Ziellinie weiterzukämpfen? Sie sahen darin die Möglichkeit, neuen und entscheidenden Kundennutzen anbieten zu können. Für JVC war es der Wunsch, „den Fernsehanstalten die Kontrolle über die Programmgestaltung zu entziehen und sie den Zuschauern wiederzugeben". Ein Techniker würde das als „Zeitverschiebung" bezeichnen, aber diese rein technische Definition der Chance unterschätzt ihre potentielle Auswirkung auf den Lebensstil der Kunden erheblich. Ein solches Engagement bewiesen auch Apple (den Computer benutzerfreundlich machen), Ford in seinen frühen Jahren (ein Auto in jeder Garage), Boeing (Flugreisen für die Masse), CNN (Nachrichten rund um die Uhr) und Wal-Mart (freundliche Bedienung und stabile Tiefstpreise für die amerikanische Landbevölkerung).

Unternehmerisches Engagement und Ausdauer werden getragen von dem Wunsch, das Leben der Menschen zu verändern – je größer die Veränderung, desto tiefer das Engagement. Das führt uns zu einem weiteren Unterschied zwischen dem Wettbewerb um die Zukunft und jenem um die Gegenwart, nämlich der Erwartung, die Entwicklung zu beeinflussen, was als wichtiger angesehen wird als der unmittelbare finanzielle Ertrag. Im Gegensatz dazu werden strategische Schachzüge innerhalb der Grenzen bestehender Märkte zumeist aufgrund der traditionellen Finanzanalyse beurteilt. In der Frühphase des Wettlaufs um die Zukunft ist dies jedoch nicht möglich. Anfang der sechziger Jahre hätte niemand eine sinnvolle Prognose für die Chance der Videorecorder abgeben können. Anfang der siebziger Jahre, als man schon genug wußte, um sich an eine Geschäftsprognose zu wagen, war es für jemanden, der nicht seit den frühen sechziger Jahren im Videobereich aufbaute, bereits zu spät, um ohne die Hilfe eines der Pionierunternehmen den Anschluß zu gewinnen.

Das soll nicht heißen, daß eine Entscheidung für eine neue Chance ausschließlich aus dem Bauch heraus getroffen wird, oder daß Unternehmen, die an der Zukunft arbeiten, nicht auf Gewinne aus sind. Damit ein Bekenntnis zu der neuen Chance entstehen kann, das stark genug ist, um die für die Schaffung der Zukunft nötige Ausdauer zu entwickeln, bedarf es mehr als nur einer Ahnung. Es gibt Mittel und Wege, die potentielle Auswirkung einer marktschaffenden Innovation zu beurteilen, die möglicherweise noch viele Jahre entfernt ist. Hier wären beispielsweise folgende Fragen zu stellen: Wie viele Menschen würde diese Innovation betreffen? Wie nützlich werden sie diese Innovation finden? Wie groß ist der potentielle Anwendungsrahmen für diese Innovation? Im Fall des Videorecorders bot sich eine Fülle spezifischer Indikatoren für eine Beurteilung an: Wie viele Menschen besaßen ein Fernsehgerät? Wie hoch war die Zuwachsrate bei den Haushalten mit Fernsehgerät? Wie viele Stunden saß der durchschnittliche Seher vor dem Gerät? Wie oft war er abwesend, wenn ein potentiell interessantes Programm gesendet wurde? Wie oft war er gezwungen, zwischen zwei gleichzeitig ausgestrahlten attraktiven Programmen zu wählen? Wurden die Programme, die der Konsument sehen wollte, mehr als einmal ausgestrahlt? Sahen die Leute Filme lieber zu Hause als im Kino? Würden die Filmstudios und andere Anbieter bereit sein, nicht im Fernsehen gezeigte Filme als Videos anzubieten? Waren Videokameras möglicherweise attraktiv für die Konsumenten? Die Reihe der Fragen könnte noch lange fortgesetzt werden.

Im Wettlauf um die Zukunft sollte verschwommenes Wunschdenken keinen Platz haben. Die Tatsache, daß noch kein konkreter Geschäftsfall konstruiert werden kann, bedeutet jedoch nicht, daß damit enorme Summen in ein Hirngespinst investiert würden. Wie wir sehen werden, kann in der Frühphase des Wettlaufs um die Zukunft der Investitionsaufwand durchaus bescheiden sein; das intellektuelle und emotionale Engagement jedoch muß, gleichgültig wie gering die Investitionen sind, nahezu total sein. Steve Jobs und Steve Wozniak hatten praktisch kein Geld, aber ihr Bekenntnis zur Entwicklung eines Computers „für jeden Mann, jede Frau und jedes Kind“ war unerschütterlich.

Lassen Sie uns zur Verdeutlichung eine Lieblingsgeschichte von Ex-Präsident Ronald Reagan anführen: An ihrem zehnten Geburtstag steht eine Farmerstochter vor Sonnenaufgang auf und läuft in den Stall, in der Hoffnung, ihre Eltern hätten ihr ein Pony gekauft. Sie stößt die Stalltür auf, aber da ist kein Pony im Dämmerlicht zu sehen, sondern nur Berge von Pferdeäpfeln. Da sie eine Optimistin ist, sagt sie sich: „Bei so vielen Pferdeäpfeln muß hier irgendwo ein Pony sein." Ähnlich sagen sich Unternehmen, welche die Zukunft gestalten: „Bei so viel Kundennutzen muß man mit dieser Sache Geld verdienen können." Ein Unternehmen, das kein emotionales und intellektuelles Engagement in die Zukunft investiert, wird fast sicher als Nachzügler enden.

Denken Sie an die Menschen, die im neunzehnten Jahrhundert Europa oder im zwanzigsten Jahrhundert Asien verließen, um in den Vereinigten Staaten ein neues Leben zu beginnen. Am Beginn ihrer Reise hätten die wenigsten dieser Emigranten genau voraussagen können, wann und wie sie in der Neuen Welt wirtschaftlichen Erfolg erreichen würden. Und dennoch machten sie sich auf den Weg ins „Land der unbegrenzten Möglichkeiten". Nicht genug, viele von ihnen nahmen große Entbehrungen auf der Reise in Kauf. Der entscheidende Punkt ist, daß das Bekenntnis zu einer Pionierrolle vor der exakten Kalkulation des finanziellen Gewinns steht. Ein Unternehmen, das abwartet, bis feststeht, was es „zu gewinnen" gibt, degradiert sich damit zum plattfüßigen Nachzügler im Wettlauf um die Zukunft. Ein Unternehmen, das keine klare Vorstellung von dem Preis hat, den es zu erringen gibt, wird das Rennen allzuleicht aufgeben, sobald es auf dem Weg auf unerwartete Hindernisse stößt. Nichtsdestotrotz müssen die Unternehmen, wie wir immer wieder betonen, letztlich natürlich einen profitablen Weg in die Zukunft finden.

Strukturierte oder unstrukturierte Arenen

Wenden wir uns nun den beiden wichtigsten Unterschieden zwischen dem Wettbewerb um die Zukunft und jenem um die Gegenwart zu: 1. Der Wettbewerb um die Zukunft findet häufig in „unstrukturierten" Arenen statt, in denen es noch keine Regeln für den

Wettbewerb gibt. 2. Er ist eher einem Triathlon als einem 100-Meter-Lauf vergleichbar. Wir werden sehen, daß diese Unterschiede es erforderlich machen, die Strategie und die Rolle des leitenden Managements in einem völlig anderen Licht zu betrachten.

Die verschiedenen Industrien sind verschieden stark strukturiert. Das heißt, in manchen Industrien sind die Wettbewerbsregeln klarer festgelegt als in anderen; die Produktkonzepte sind besser definiert, die Industriegrenzen stabiler, der technologische Wandel ist leichter vorherzusagen und die Kundenbedürfnisse können genauer bestimmt werden. In jeder Industrie können sich heute unvorhersehbare und umwälzende Veränderungen ereignen (man denke nur daran, wie die drei großen amerikanischen Fernseh-Networks einst ihre behagliche kleine Branche beherrschten ...), und eine Arena mit neuen Chancen wie etwa die Gentechnik ist fast durchweg unstrukturiert. Mehr und mehr Industrien scheinen prinzipiell fortwährend unterdefiniert, wenn nicht sogar undefinierbar zu sein.

Nehmen wir etwa die „Digitalindustrie". Dabei handelt es sich nicht um eine Industrie, sondern um eine Ansammlung von Industrien, die gleichzeitig ineinander übergehen und auseinanderdriften.[7] Die Digitalindustrie gibt es seit der Erfindung des Transistors, aber heute ist sie so unterdefiniert wie nie zuvor. Abbildung 2.1 zeigt ein Bild von der Zusammensetzung der Digitalindustrie, wie sie sich um das Jahr 1990 darstellte. Zwar umspannten einige Firmen wie AT&T mehrere der verschiedenen Untergruppen, aber die Industrie konnte grob in sieben mehr oder weniger klar voneinander zu unterscheidende Komponenten unterteilt werden: 1) Computersysteme (von Compaq bis IBM, von Apple bis Hewlett-Packard); 2) Informationstechnologie-Services (EDS, Cap Gemini, Andersen Consulting; 3) Unternehmen, die vorrangig im Bereich Betriebssysteme und Anwendersoftware für Computer tätig waren (vor allem Microsoft und Lotus, aber auch Novell, Computer Associates, Oracle und unzählige kleinere Unternehmen, die sich auf spezifische „Vertikalmärkte" konzentrierten); 4) Besitzer und Be-

TABELLE 2.1: DIE ENTWICKLUNG DES DIGITALEN RAUMS

Unterhaltungselektronik Sony, Philips, Matsushita, Sharp, Toshiba	**Büroelektronik** Kodak, Xerox, Canon, Motrola, Intel, Hughes	**Informationsinhalt** CBS, 3DO, Disney, Time Warner, Viacom, Nintendo
	Digitaler Highway AT&T, MCI, British Telecom, Baby Bells, McCaw, TCI	
Computersysteme IBM, NEC, Siemens, Alcatel, DEC, Apple, Hewlett-Packard, Hitachi, Fujitsu	**Informationstechnologie-Services** Computer Sciences, Cap Sogetti, Andersen Consulting, EDS	**Betriebssysteme und Anwendungen** Microsoft, Lotus, Electronic Arts, Computer Associates, Oracle

treiber von digitalen Netzwerken zur Daten- und Sprachübertragung (dazu gehörten AT&T, McCaw, MCI, Kabelfernsehgesellschaften, Fernseh- und Radioanstalten und regionale Telefongesellschaften); 5) Informationsbereitsteller (Time Warner, Bertelsmann, MCA, Bloomberg Financial Markets, Polygram, Columbia Pictures, Dow-Jones, Reed International und McGraw-Hill, um nur einige zu nennen); 6) Hersteller elektronischer Bürogeräte (Xerox, Canon, Kodak und Motorola; Hersteller von Elektronik für militärische Zwecke wie Rockwell; Hersteller von Fabrikautomationsausrüstung); und 7) die bekannten Erzeuger von Unterhaltungselektronik (Sony, Philips, Matsushita, Samsung und andere). Anfang der neunziger Jahre differenzierten Branchenkenner, Konzernstrategen, Wirtschaftsmagazine und Consulting-Firmen die Digitalindustrie im großen und ganzen nach diesem Schema.

Nun steht jedes Unternehmen, das bestrebt ist, die Zukunft als erstes zu erreichen, vor einem Problem: Dieses Schema ist keine Karte der Zukunft, sondern der Vergangenheit. Nach vorne blickende Unternehmen waren sich Anfang der neunziger Jahre darüber bewußt geworden, daß die Etiketten, die den verschiedenen Bereichen der Digitalindustrie zwecks Abgrenzung aufgeklebt wurden, rasch ihre Gültigkeit verloren. Es hatte anscheinend keinen Sinn mehr, in der Digitalindustrie der Zukunft zwischen Software und Hardware, Computern und Kommunikationstechnologie, professioneller und Unterhaltungselektronik, Inhalt und Übermittlung, Dienstleistungen und Produkten, horizontalen und vertikalen Märkten zu unterschieden. War der Macintosh eine Hardware- oder eine Software-Innovation? Wie konnte man den Personal Organizer von Sharp als Hardware-Produkt bezeichnen, wenn die Software den Großteil seines Entwicklungsbudgets verschlungen hatte? Was war mit all den Hardware-Unternehmen – Sony, Matsushita und Toshiba –, die sich in die Unterhaltungssoftware einkauften? War es sinnvoll, zwischen Computern und Kommunikationstechnologie zu unterscheiden, wenn doch mehr und mehr PCs an das lokale Telefonnetz gingen, um auf Prodigy oder Compuserve zuzugreifen, oder wenn Firmenkunden eine integrierte Vernetzung von Daten, Sprache und Bild verlangten? Wie konnte man noch zwischen Büro- und Unterhaltungselektronik unterscheiden, wenn Motorola angesichts des Erfolges seiner Mobiltelefone geneigt war, zuzugeben, es habe sich de facto in einen Hersteller von Unterhaltungselektronik verwandelt? Und wo konnte die Trennlinie zwischen Inhalt und Übermittlung gezogen werden, wenn Time Warner Haushalte in Orlando für interaktive Zweiwegvideo- und Informationsservices verkabelte? Aus dem Gleichgewicht gebracht durch Gesetzesänderungen, Fortschritte in der Digitaltechnologie, geänderte Lebensgewohnheiten, den wilden Ehrgeiz jener Unternehmen, die versessen darauf waren, die ersten zu sein, und jener, die befürchteten zurückzubleiben, schien sich die Digitalindustrie in einem Zustand permanenter Umwälzung zu befinden.

Nun ist die Digitalindustrie möglicherweise komplexer und facettenreicher als die meisten anderen Industrien, aber sie ist sicher nicht die einzige, deren Entwicklung die traditionellen Instrumente und Methoden der Strategieanalyse in Frage stellt. Deregulierung, Globalisierung, bahnbrechende wissenschaftliche Entdeckungen und die strategische Bedeutung der Informationstechnologie verwischen die Grenzen in einer Vielzahl von Industrien. Die Grenzen zwischen verschreibungspflichtigen und rezeptfreien Medikamenten sind ebenso verwischt wie die Grenzen zwischen Pharmazeutika und Kosmetika. Die Branchengrenzen zwischen Handelsbanken, Investmentbanken und Broker-Firmen sind verwischt, ebenso jene zwischen Anbietern von Computerhardware und -software, zwischen Verlegern, Fernsehsendern, Telekommunikationsunternehmen und Filmstudios. Hinzu kommt noch der Trend zur Beseitigung von Mittlerfunktionen – Wal-Mart handelt direkt mit den Erzeugern, Unternehmen umgehen bei der Kreditaufnahme die Banken – sowie ein Trend weg von der vorherrschenden vertikalen und horizontalen Integration und hin zu Unternehmensverbindungen (wie zwischen Toyota und seinen Zulieferern). Das Resultat in all diesen Fällen ist eine „Struktur“ der Industrie, die ungemein komplex ist und kaum mehr eingegrenzt werden kann.

Umgeben von turbulentem und anscheinend unvorhersehbarem Wandel genügt es nicht mehr, „anpassungsfähig“ zu sein. Ein steuerloses Schiff im Sturm bewegt sich nur noch im Kreis. Auch ist es nicht genug, sich auf eine abwartende Haltung zu verlegen. Ein Unternehmen, das die Segel einholt und darauf wartet, daß sich die See beruhigt, wird seine Ruhe im Kielwasser der Konkurrenten finden. So turbulent die Entwicklung der Industrie auch sein mag, die Führungsetage muß strategische Entscheidungen fällen. Andererseits: Wie kann ein Unternehmen, das lediglich eine Karte der Vergangenheit besitzt, eine kluge Entscheidung darüber fällen, welche Technologien verfolgt, welche Kernkompetenzen aufgebaut, welche Produkt- oder Dienstleistungskonzepte unterstützt, welche

Allianzen geschlossen und welche Mitarbeiter eingestellt werden sollen?

Strategie, so wie sie an vielen Wirtschaftsuniversitäten gelehrt und in den meisten Unternehmen praktiziert wird, scheint eher die Aufgabe zu haben, Produkte und Unternehmen in der existierenden Industriestruktur zu positionieren, anstatt die Industrien von morgen aufzubauen. Welchen Nutzen haben die traditionellen Instrumente der Industrie- und Konkurrenzanalyse für Führungskräfte, die in dem Getümmel stecken, das um den Aufbau der digitalen Zukunft entbrannt ist, oder für Manager, die sich darüber klarzuwerden versuchen, welche Möglichkeiten sich aus dem Zusammenbruch der Grenzen der Finanzdienstleistungsbranche oder der Revolution in der Genforschung ergeben? Welchen Nutzen haben die Prinzipien der Wettbewerbsinteraktion, die ungezählten Wirtschaftsstudenten eingebleut wurden, als sie vergleichsweise einfache Fälle durchkauten: Coca-Cola gegen Pepsi, die Kettensägenindustrie, DuPont bei Titandioxid und Procter & Gamble gegen Kimberly-Clark im Wegwerfwindel-Geschäft? In diesen Fällen konnte man zumindest klar bestimmen, wo die Industrie begann und wo sie endete. Es ist nicht allzu schwierig festzulegen, wer Erfrischungsgetränke herstellt und wer nicht. Aber wo beginnt und endet die Digitalindustrie? Oder die Genindustrie? Oder die Unterhaltungsindustrie? Oder die Finanzdienstleistungsindustrie? So könnte beispielsweise AT&T Motorola an einem einzigen Tag als Zulieferer, Käufer, Konkurrent und Partner begegnen. In gefestigten Industrien ist es leicht, Produkt- und Kundensegmente zu identifizieren. Aber wenn keine „Wertschöpfungskette" vorhanden ist, wie kann man dann vorhersehen, wo und wie in der betreffenden Branche Geld zu machen ist? Wie kann man darüber entscheiden, welche Aktivitäten man „kontrollieren" sollte? Woher soll man wissen, wie vertikal oder horizontal man integriert sein sollte?

Die traditionelle Analyse der Industriestruktur, jene Art von Analyse, die sich in Strategielehrbüchern findet, ist von geringem Nutzen für Führungskräfte, die in einer unstrukturierten Industrie zum Wettbewerb antreten müssen. Andererseits ist es für Unternehmen, die sich in einer solchen turbulenten Industrie zurechtzufinden versuchen, nicht viel hilfreicher, die existierenden Industriegrenzen einfach auszuradieren, wie wir es in Abbildung 2.2 getan haben.

Die strategische Planung beginnt üblicherweise bei der existierenden Industriestruktur. Ziel der traditionellen Planung ist es, die Firma optimal in der existierenden Struktur zu positionieren, indem man feststellt, welche Segmente, Kanäle und Gewinnmaximierungspreise, welche Produktdifferenzierungsfaktoren und Verkaufsvorschläge und welche Anordnung der Wertschöpfungskette die höchsten Erträge einbringen werden. Es ist sicherlich legitim, Strategie als ein Positionierungsproblem zu betrachten, aber dieser Ansatz ist unzureichend, wenn das Ziel lautet, einen Spitzenplatz in

TABELLE 2.2: DER RAUM DER DIGITALINDUSTRIE OHNE GRENZEN

Baby Bells **Andersen Consulting** **McCaw**
3DO **NEC**
Microsoft **Kodak** **Nintendo**
Motorola **Canon**
Philips **Sony** **British Telecom**
Xerox
Lotus **Alcatel** **Toshiba**
Sharp **Hitachi**
TCI **Fujitsu** **Intel** **Hughes**
EDS
CBS **AT&T** **Hewlett-Packard**
Oracle **DEC**
IBM **MCI**
Computer Sciences
Time Warner **Matsushita**
Cap Sogetti **Siemens**
Disney
Apple **Electronic Arts**
Computer Associates

den Industrien von morgen zu erobern. Betrachtet ein Unternehmen Strategie nur als Positionierungsspiel, so wird es fast zwangsläufig in einen Teufelskreis geraten, in dem es für immer dazu verdammt ist, vorausblickenden Konkurrenten hinterherzulaufen.

Gewöhnlich werden die aktuelle Industriestruktur und die geltenden Wettbewerbsregeln vom Branchenführer festgelegt. Möglicherweise läßt sich eine profitable Nische in der derzeitigen Industrielandschaft finden – dies gelang japanischen Großrechner-Herstellern eine Weile lang durch die Imitation von IBM –, aber im allgemeinen sind im Schatten des Marktführers nur geringes Wachstum und bescheidene Erträge möglich. Unternehmen, welche Strategie in erster Linie als Positionierungsübung betrachten, gehören in ihrer Industrie zumeist zu denjenigen, welche die Regeln übernehmen; sie brechen keine Regeln und machen keine Regeln. Es ist kaum anzunehmen, daß solche Unternehmen heute oder irgendwann in die Lage kommen, die Spielregeln in ihrer Industrie vorzugeben.

Kurz gesagt: Gegenstand der Strategie ist nicht nur der Wettbewerb in der heutigen Industriestruktur, sondern auch der Wettbewerb um die Industriestruktur von morgen. Der Wettbewerb in der heutigen Industriestruktur wirft Fragen wie die folgenden auf: Welche neuen Merkmale sollten einem Produkt verliehen werden? Wie können wir unsere Vertriebskanäle optimieren? Sollten wir mit unserer Preisgestaltung größtmögliche Marktanteile oder größtmögliche Gewinne anstreben? Der Wettbewerb um die Industriestruktur von morgen wirft weiterreichende Fragen auf: Wessen Produktkonzepte werden letztlich den Sieg davontragen? Wessen Standards werden übernommen werden? Wie werden Bündnisse entstehen, und welcher Faktor wird ausschlaggebend sein für den Einfluß eines jeden Mitglieds? Und, was am wichtigsten ist, wie optimieren wir unser Vermögen, auf die Gestaltung einer zukünftigen Industrie Einfluß zu nehmen?

In einer unstrukturierten Industrie wird um die zukünftige Struktur dieser Industrie gerungen. Über kurz oder lang werden sich mehr oder weniger deutliche Strukturen herausbilden. Ist es soweit, stehen die Beteiligten jedoch sehr schnell vor vollendeten Tatsachen. Strategie als das Bestreben, zukünftige Industrien aktiv zu gestalten oder bestehende Industrien grundlegend umzuformen, bedeutet, sich eine Auffassung zu eigen zu machen, welche jener konträr entgegengesetzt ist, die es als Aufgabe der Strategie betrachtet, einzelne Unternehmen und Produkte im gegenwärtigen Wettbewerbsumfeld zu positionieren. Wenn das Ziel lautet, sich am Wettbewerb um die Zukunft zu beteiligen, so brauchen wir eine Auffassung von Strategie, die über das Problem der Gewinnmaximierung auf den heutigen Märkten hinausreicht.

Einphasiger oder mehrphasiger Wettbewerb

Die Aufmerksamkeit der Manager und Unternehmensberater gilt in erster Linie der Produktentwicklung und dem Wettbewerb zwischen rivalisierenden Produkten oder Dienstleistungen auf dem Markt. Aber diese Fragen stellen nur die letzten 100 Meter in einem sehr viel längeren Rennen dar. Die Produktentwicklung ist ein 100-Meter-Sprint, während die Entwicklung und Umwandlung einer Industrie einen Triathlon darstellt, in dem die Wettkämpfer 150 Kilometer radfahren, drei oder vier Kilometer schwimmen und dann einen Marathon laufen. Jeder dieser Bewerbe bedeutet eine andere Herausforderung für den Triathleten.

Der Wettbewerb um die Zukunft der Digitalindustrie befindet sich noch in seiner Frühphase, aber wenn wir uns noch einmal ein bestimmtes Rennen, nämlich jenes um die Entwicklung des Videorecorders, ansehen, so können wir die verschiedenen Phasen des Wettlaufs um die Zukunft abgrenzen. Wir benutzen den Videorecorder aus zwei Gründen als Beispiel: Erstens ist ausreichend Zeit vergangen, um objektiv zu beurteilen, wer warum gewonnen hat; zweitens war der Videorecorder die erste größere Innovation in der Unterhaltungselektronik, die nicht von europäischen oder amerikanischen, sondern von japanischen Unternehmen auf Massenmärkten kommerzialisiert wurde. Unternehmen wie Motorola und

Apple versuchen heute, den USA wieder die Spitzenposition in der Unterhaltungselektronik zu verschaffen; derzeit jedoch beherrschen die japanischen Unternehmen diese Industrie unangefochten. Und das verdanken sie dem Videorecorder. Auch füllte der Videorecorder die Kassen der japanischen Pioniere mit Milliarden leichter Gewinne. Wie viele Industrieentwicklungsmarathone zog sich das Rennen um die Kommerzialisierung des Videorecorders nicht über Jahre, sondern über Jahrzehnte hin. Das erste Aufzeichnungsgerät für Videokassetten wurde im Jahr 1959 von dem kalifornischen Unternehmen Ampex gebaut, aber es dauerte bis in die späten siebziger Jahre, bis Matsushita seinen VHS-Standard einführte und nach einem aufregenden Endspurt als erster durchs Ziel ging.

Die erste Hürde für jeden Möchtegernpionier bestand darin, ein Bekenntnis zu der Chancenarena Video abzulegen. Drei Unternehmen erkannten das Potential für die Video-Technologie richtig – Philips, Sony und Matsushita (JVC) –, und jedes von ihnen arbeitete fast zwei Jahrzehnte lang zielstrebig darauf hin, einen Videorecorder für den privaten Gebrauch zu produzieren. Bei JVC erfaßte ein anfänglich auf ein kleines Team beschränktes Bekenntnis zur Video-Chance bald das gesamte Unternehmen. Weder der Farbfernsehpionier RCA noch Ampex, der Erfinder des Videobandes, zeigten jemals ein derart unerschütterliches Engagement für den Videorecorder, obwohl sie beide erfolglose Versuche zum Bau eines Heimgerätes unternahmen.

Die zweite Hürde bestand im Erwerb der Kompetenzen, die erforderlich sein würden, um die Zukunft zu gestalten und von ihr zu profitieren. Die Herausforderung, eine kompakte Videokassette zu entwickeln, die Aufnahmen in Farbe mit einer Dauer von zwei, vier oder sechs Stunden auf ein Band bringen würde, dessen Länge und Breite nur einen Bruchteil der Maße von Bändern ausmachte, mit denen eine halbstündige Schwarzweiß-Aufnahme auf Zweispulen-Videorecordern angefertigt wurde – diese Herausforderung war geradezu beängstigend. Die Ingenieure bezeichnen eine derartige

Aufgabe als „bedeutendes technisches Problem“. Mehr als 15 Jahre lang liefen Philips, Sony und Matsushita miteinander um die Wette, um ihre Video-Kompetenzen zu vervollkommnen. Eine der größten Herausforderungen zur Kompetenzerweiterung bestand darin, zu lernen, wie man die extrem präzisen, rotierenden Aufzeichnungsköpfe erzeugte. Eine Führungskraft von JVC erklärte, die Erzeugung eines Videorecorders sei mindestens zehnmal so komplex wie der Bau eines Fernsehgeräts.

Die dritte Hürde bestand darin, zu ergründen, wie Preis, Leistungsmerkmale, Größe und Software zusammengestellt werden mußten, um einen Massenmarkt zu erschließen. Schließlich hatten die Konsumenten nie zuvor einen Videorecorder gesehen. Daher konnten die Produzenten von ihnen kaum präzise Anweisungen zur Produktentwicklung erwarten. Wieviel Aufnahmezeit wollten die Konsumenten? Würden sie 2500 Dollar für ein Gerät zahlen? Gehörte die Zeitlupe zu den wichtigen Leistungsmerkmalen? – Es gab nur einen einzigen Weg, um derartige Fragen zu beantworten: immer wieder in den Markt hineinzugehen, das Produkt bei jedem Mal zu verbessern und den Wünschen des Konsumenten auf diese Weise immer näher zu kommen.

Matsushita brachte eine Reihe von Modellen auf den Markt, bevor das Unternehmen mit VHS den Nagel auf den Kopf traf. Sonys U-matic-Videorecorder, der schließlich zum Maß aller Dinge auf dem Markt für professionelle Geräte wurde, wurde ursprünglich als „Heimgerät“ eingeführt. Aber Größe und Preis des Gerätes machten es unattraktiv für den privaten Konsumenten. Je schneller Markterfahrungen gemacht werden, desto schneller erfährt man, was die Kunden wirklich von einem Produkt erwarten. Während die japanischen Konkurrenten bereits Erfahrungen auf dem Markt sammelten, steckte RCA noch in der Experimentierphase. Dieses Unternehmen brachte sein Heimvideogerät erst im Jahr 1980 auf den Markt. Es war keine Überraschung, daß RCAs Gerät, mit dem nur abgespielt, nicht jedoch aufgezeichnet werden konnte, bei den Konsumenten vollkommen durchfiel.

Die vierte Hürde bestand darin, daß man seinen eigenen technischen Ansatz als Industriestandard durchsetzen mußte. Hier fand die Schlacht zwischen den Normen Beta (Sony), VHS (JVC) und Video2000 (Philips) statt; alle drei Systeme waren untereinander inkompatibel. Es war klar, daß derjenige, der die Schlacht um den Standard gewinnen würde, in der Komponentenproduktion riesige Vorteile bezüglich Softwareverfügbarkeit, Lizenzeinnahmen und Größenvorteilen haben würde. Die Verlierer würden sich Millionen von F&E-Dollars später in einer technologischen Sackgasse wiederfinden, aus der es kein Entrinnen gab, es sei denn, man wechselte zum Standard eines Konkurrenten. Anfangs übernahm Sony die Führung; Ende 1976 hielt der Konzern 85 % des Videorecorder-Marktes in den USA. Als jedoch JVC ein Gerät mit einer Aufnahmezeit von zwei Stunden einführte, dem Sony nur eine Stunde entgegenzusetzen hatte, schmolz Sonys Vorsprung bald dahin. Den entscheidenden Stoß versetzte JVC dem Konkurrenten, als es ihm gelang, eine Reihe von Schlüsselpartnern in seinen Kampf mit Sony einzubinden. Telefunken in Deutschland, Thomson in Frankreich, Thorn in Großbritannien sowie RCA und GE in den Vereinigten Staaten gehörten zu den frühen Lizenznehmern von VHS, die anfangs Komponenten und fertige Geräte von JVC und Matsushita bezogen.

Die gegenüber Beta große Auswahl an VHS-Marken und -Modellen überzeugte bald die Software-Zulieferer, auf VHS zu setzen. Innerhalb von zwei Jahren war der Krieg zwischen Beta und VHS entschieden. Philips' V2000, der etwa anderthalb Jahre nach dem VHS in Europa auf den Markt kam, war trotz der Tatsache, daß Philips in der 15 Jahre dauernden Phase des Kompetenzerwerbs im großen und ganzen mit den japanischen Widersachern Schritt gehalten hatte, eine Totgeburt. Denn in der 18 Monate langen Zeitlücke zwischen der Einführung des VHS und jener des V2000 gelang es Matsushita, weltweit mehrere Millionen Videorecorder zu verkaufen, wobei es die Japaner Philips fast unmöglich machten, mit ihrer atemberaubend schnell voranschreitenden Kostensenkung und Merkmalverbesserung Schritt zu halten. Obwohl der Marathonlauf um den Videorecorder volle 42 Kilometer gedauert hatte, entschied also erst das letzte erbitterte Getümmel auf der Zielgeraden über den Sieg. Aber in einem Marathon ist ein Sieg mit einer Nasenlänge Vorsprung häufig ebensoviel wert wie ein Triumph mit einem Kilometer Vorsprung. Nicht nur das: Der Versuch, einen Konkurrenten zu früh im Rennen abzuhängen, kann sogar dazu führen, daß ein Unternehmen zu früh zu viel ausgibt oder seine Ressourcen verschwendet, bevor die Zukunft erreicht ist – ein Schicksal, das zum Beispiel Ampex erlitt (obwohl Ampex und Sony im Jahr 1959, als Ampex den Videorecorder erfand, in etwa gleich groß waren). JVC gewann zwar nur mit einem oder zwei Metern Vorsprung, aber von denjenigen, die nicht von Anfang an im Rennen gewesen waren, befand sich keiner auch nur annähernd in Sichtweite des Ziels, als der Wettlauf endete.

Die letzte Herausforderung bestand darin, im Kampf um Marktanteile (im Gegensatz zum Kampf um Normenanteile) mitzuhalten. Die Waffen in dieser Auseinandersetzung waren Kostensenkung und rasante Verbesserungen der Leistungsmerkmale. Sony und Philips wechselten schließlich ins VHS-Lager, aber Matsushitas anfänglicher Mengenvorteil gab ihm einen Vorsprung, der es ihm ermöglichte, Preis und Leistung stetig zu verbessern. Im Jahr 1993, mehr als 15 Jahre nach Einführung von VHS und mehr als 30 Jahre, nachdem Matsushita sich der Video-Chance zugewandt hatte, hielt das Unternehmen immer noch seine weltweite Führungsposition bei Videorecordern.

Ob es in einem Rennen nun darum geht, die Pharmaindustrie in Richtung gentechnisch hergestellte Medikamente zu bewegen, oder darum, den Kunden Einkäufe und Banktransaktionen über PC oder Fernsehen zu ermöglichen, oder darum, umweltfreundliche Autos zu bauen – der Wettlauf um die Zukunft spielt sich in drei verschiedenen, aber einander überschneidenden Phasen ab: Wettbewerb um industriellen Vorausblick und intellektuelle Führung, Wettbewerb um Verkürzung des Transformationsweges und Wettbewerb um Marktposition und Marktanteil. Wir werden diese Phasen nun kurz anschneiden, um dann an späterer Stelle auf sie zurückzukommen.

Wettbewerb um industriellen Vorausblick und intellektuelle Führung:
In diesem Wettbewerb geht es darum, Entwicklungslinien und Brüche (Diskontinuitäten) in Technologie, Demographie, Gesetzgebung oder Lebensgewohnheiten früher zu erkennen als die Konkurrenten und den besseren Einblick dazu zu nutzen, die Industriegrenzen zu verschieben und neuen Wettbewerbsraum zu erschließen. In diesem Wettbewerb geht es darum, sich frühzeitig ein Bild von der Größe und Gestalt der Chancen von morgen zu machen. Und es geht darum, völlig neue Arten von Kundennutzen zu erkennen oder ganz neue Wege zu finden, um existierenden Kundennutzen zu vermitteln. Kurz gesagt: In diesem Wettbewerb geht es darum, sich die Zukunft auszudenken.

Wettbewerb um Verkürzung des Transformationsweges:
Zwischen dem Kampf um die intellektuelle Führung und jenem um Marktanteile findet üblicherweise ein Kampf statt, in dem es darum geht, die Richtung der Industrieentwicklung zu beeinflussen (der Kampf um die Verkürzung des Transformationsweges). Von der Konzeption einer radikal gewandelten Industriezukunft bis zum Entstehen eines realen und substantiellen Marktes können viele Jahre verstreichen. Träume werden nicht über Nacht wahr, und der Weg von der heutigen Realität zu den Chancen von morgen ist häufig lang und beschwerlich.

In der zweiten Wettbewerbsphase findet ein Wettlauf statt, in dem es darum geht, die erforderlichen Kompetenzen anzuhäufen (und technische Hürden zu überwinden), alternative Produkt- und Dienstleistungskonzepte auszuprobieren (und schrittweise herauszufinden, was die Kunden wirklich wollen), Bündnispartner mit unerläßlichen ergänzenden Ressourcen zu gewinnen, die Infrastruktur zur Lieferung von Produkt oder Dienstleistung aufzubauen und, sofern erforderlich, eine Einigung über Standards zu erzielen. Geht es beim Wettbewerb in der ersten Phase darum, sich eine neue Chancenarena auszudenken, so geht es in der zweiten Wettbewerbsphase darum, das Entstehen dieser zukünftigen Industriestruktur im eigenen Interesse aktiv zu gestalten.

Wettbewerb um Marktposition und Marktanteil: Schließlich tritt man in die letzte Wettbewerbsphase ein. In dieser Phase ist der Wettbewerb zwischen alternativen technologischen Ansätzen, rivalisierenden Produkt- oder Dienstleistungskonzepten sowie Vertriebsstrategien weitgehend entschieden. Der Wettbewerb verlagert sich nun zu einer Auseinandersetzung um Marktanteile und Marktpositionen innerhalb einigermaßen klar definierter Parameter bezüglich Nutzen, Kosten, Preis und Service. Die Innovationsanstrengungen konzentrieren sich auf die Erweiterung der Produktlinien, Effizienzsteigerung und üblicherweise auf geringfügige weitere Gewinne durch Differenzierung von Produkt oder Dienstleistung. (Abbildung 2.3 faßt die drei Phasen des Wettbewerbs um die Zukunft zusammen.)

Der Wettbewerb um die Zukunft kann mit einer Schwangerschaft verglichen werden. Wie der Wettbewerb um die Zukunft hat die Schwangerschaft drei Phasen: Zeugung, Tragzeit, Geburtsvorgang. Diese drei Phasen entsprechen dem Wettbewerb um Vorausblick und intellektuelle Führung, dem Wettbewerb um die Abkürzung des Transformationsweges und dem Wettbewerb um Marktposition und Marktanteil. In den meisten Lehrbüchern zur Strategie sowie in den Strategieplanungsübungen wird der dritten Wettbewerbsphase die größte Aufmerksamkeit gewidmet. Üblicherweise wird davon ausgegangen, daß das Produkt- oder Dienstleistungskonzept bereits etabliert ist und die Grenzen der Industrie festgelegt sind. Aber die Konzentration auf die letzte Phase des marktbezogenen Wettbewerbs ohne entsprechende Berücksichti-

TABELLE 2.3: DIE DREI PHASEN DES WETTLAUFS UM DIE ZUKUNFT

Intellektuelle Führung	Management der Transformationsschritte	Wettbewerb um Marktanteile
Vorausblick auf die Zukunft der Industrie durch sorgfältige Erforschung der Antriebsfaktoren der Industrie	Präventiver Aufbau von Kernkompetenzen, Entwicklung alternativer Produktkonzepte und Neugestaltung der Kundenschnittstelle.	Aufbau eines weltweiten Zuliefernetzes.
Entwicklung einer kreativen Vorstellung hinsichtlich der möglichen Entwicklung von • Funktion • Kernkompetenzen • Kundenschnittstelle	Aufbau und Führung des notwendigen Bündnisses von Mitanbietern.	Ausarbeitung einer geeigneten Strategie zur Marktpositionierung.
Zusammenfassung dieser Vorstellung in einer „strategischen Architektur".	Abdrängen der Konkurrenten auf längere und teurere Transformationspfade.	Konkurrenten in entscheidenden Märkten zuvorkommen.
		Maximierung von Effizienz und Produktivität.
		Management der Wettbewerbsinteraktion.

gung jener Marktauseinandersetzung, die dem Wettbewerb vorausgeht, ist dem Versuch vergleichbar, den Geburtsvorgang begreifen zu wollen, ohne Zeugung und Tragzeit mit einzubeziehen.

An diesem Punkt müssen sich die Manager folgende Frage stellen: Welcher Phase widmen wir den größten Teil unserer Zeit und Aufmerksamkeit: Zeugung, Tragzeit oder Geburtsvorgang? Unserer Erfahrung nach verbringen die meisten Manager einen unverhältnismäßig großen Teil ihrer Zeit im Warteraum vor dem Kreißsaal und fiebern der Geburt entgegen. Aber wie wir alle wissen, wird es kaum zu einer Geburt kommen, wenn nicht neun Monate vorher ein wenig gearbeitet wurde. Wir müssen es noch einmal betonen: Wir sind davon überzeugt, daß die Manager zuviel Zeit mit dem Management der Gegenwart und zuwenig mit der Gestaltung der Zukunft verbringen. Aber um die Zukunft gestalten zu können, muß ein Unternehmen erst einmal in der Lage sein, einen Teil seiner Vergangenheit zu vergessen. Wie man vergessen lernt, damit beschäftigt sich das folgende Kapitel.

3

Vergessen lernen

Wie einst die Dinosaurier, die von umwälzenden Klimaveränderungen überfordert wurden, so sind Unternehmen oft nicht in der Lage, sich einer radikal veränderten Umwelt anzupassen. Die häufig ins Feld geführte Analogie mit den Dinosauriern trifft zum Glück nicht exakt auf die Geschäftswelt zu. Die Dinosaurier starben aus, weil sie sich den veränderten Bedingungen nicht schnell genug anpassen konnten. Die Evolution ist ein langsamer Prozeß, der auf kleinen, spontanen genetischen Mutationen beruht. Während die meisten dieser Mutationen in eine Sackgasse führen, verbessern einige schrittweise die Überlebenschancen der Spezies. Zum Glück für die Unternehmensdinosaurier gibt es eine Vielzahl von Möglichkeiten, den „genetischen Code" eines Unternehmens zu verändern. Aber jedes Unternehmen, dem es nicht gelingt, seinen genetischen Code von Zeit zu Zeit neu zusammenzusetzen, wird den Umwälzungen in seiner Umwelt so wie der Tyrannosaurus Rex zum Opfer fallen.

Was meinen wir nun, wenn wir von „Unternehmensgenetik" sprechen? Jeder Manager verfügt über eine Reihe von vorgefertigten Auffassungen, Meinungen und vorausgesetzten Prinzipien darüber, wie seine Industrie strukturiert ist, wie man in dieser Industrie Geld verdient, wie der Wettbewerb aussieht, wer die Kunden sind, was die Kunden wollen und was sie nicht wollen, welche Technologien vielversprechend sind und welche nicht und so weiter. Dieser genetische Code schließt auch Überzeugungen, Wertvorstellungen und Normen bezüglich dessen ein, wie man die Mitarbeiter am besten motiviert, wie das richtige Gleichgewicht zwischen brancheninterner Kooperation und Wettbewerb aussieht, welchen Stellenwert die Interessen von Aktionären, Kunden und Angestellten einnehmen sollen, welche Verhaltensweisen es zu fördern oder zu bekämpfen gilt. Diese Überzeugungen sind zumindest teilweise Produkte eines bestimmten geschäftlichen Umfelds. Verändert sich dieses Umfeld schnell und radikal, so können solche starren Überzeugungen existenzbedrohend werden.

DER VORSTELLUNGSRAHMEN DES MANAGERS

Die im „genetischen Code" eines Managers gespeicherte Information wird durch Wirtschaftsuniversitäten, andere Ausbildungserfahrungen sowie durch Berater und Managementgurus geprägt; sie wird ergänzt durch die Information von Kollegen und Wirtschaftspresse und gefestigt durch eigene Erfahrungen. Dieser „genetische Code" bestimmt nun die Bandbreite und die Wahrscheinlichkeit der Reaktionen, die der Manager in spezifischen Situationen zeigt. In diesem Sinn bildet er eine Grenze oder einen „Rahmen" für das strategische Denken einer Firma, für das verfügbare Repertoire an Wettbewerbstaktiken, für die Interessen, denen das leitende Management dient, für die Wahl der Instrumente zur Durchsetzung von politischen Leitlinien, für die idealen Organisationstypen und anderes. Der Managementrahmen, die firmenmäßige Entsprechung zum genetischen Code, beschränkt die Wahrnehmungsfähigkeit des Managements auf einen bestimmten Ausschnitt der Wirklichkeit. Die Manager leben in ihrem Rahmen und wissen im großen und ganzen nicht, was außerhalb dieses Rahmens liegt. Es gab eine Zeit, da die Vorstellung vom Sparer als Investor für die meisten

Banker eine ziemlich revolutionäre Idee darstellte. Vor zehn Jahren hätte der Gedanke, Videospiele könnten zu den wichtigsten Anwendungsbereichen für die Computergrafiktechnologie werden, noch nicht in den Vorstellungsrahmen der Computerhersteller gepaßt. Wir alle sind in unterschiedlichem Ausmaß Gefangene unseres Erfahrungshorizontes.

Es mag sein, daß die Weltbilder der einzelnen Manager in einem Unternehmen voneinander abweichen, aber die Managementrahmen in einer Organisation decken sich zu einem großen Teil. Je straffer das Anforderungsprofil, dem neue Mitarbeiter zu entsprechen haben, je ähnlicher der Ausbildungshintergrund, je sorgfältiger neue Mitarbeiter in ihre Aufgaben eingeführt werden, je umfassender und obligatorischer die Schulungsprogramme des Unternehmens sind, je stärker die Betreuung junger durch erfahrene Mitarbeiter formalisiert ist, je länger die Führungskräfte mit der Firma und mit der Industrie verbunden sind, je weniger Quereinsteiger Führungsposten übernehmen und je erfolgreicher das Unternehmen in der Vergangenheit gewesen ist, desto einheitlicher sind die Managementrahmen im gesamten Unternehmen. In jedem großen Unternehmen gibt es praktisch zwangsläufig einen dominierenden Managementrahmen, der die Spielregeln in der Organisation definiert.

Mit der Zeit wird dieser Managementrahmen so allesbeherrschend und einflußreich wie ein genetischer Code. Die Managementrahmen werden Teil des Organisationsgewebes, sie bilden die Grenzen für die administrative Struktur und den Verlauf der Prozesse innerhalb einer Firma. Die Definition der Grenzen von Geschäftseinheiten (in welchem Geschäft sind wir tätig), Investitionsrechnungssysteme (welche Analyseinstrumente werden verwendet und welches relative Gewicht wird den Evaluierungskriterien beigemessen), Belohnungssysteme (welche Verhaltensweisen werden gefördert, toleriert oder bekämpft), strategischer Planungsprozeß (welche Art von Information wird angefordert und welcher Zeithorizont ins Auge gefaßt), Ausbildungs- und Sozialisierungsprozeß (welche Fähigkeiten werden geschult, welche Mythen gepflegt, welche Werte vermittelt), Buchhaltungs- und Informationssysteme (welche Daten werden gesammelt, wie werden sie eingeordnet, wer verwendet sie und zu welchem Zweck), die Erforschung der Wettbewerbssituation (mit welchen Firmen und bezüglich welcher Faktoren soll ein Benchmarking erfolgen) – all diese Systeme fördern durchweg ganz bestimmte Standpunkte und starre Denkschemata, während sie andere hemmen oder ausschließen. Sie sind die Leisten, aus denen der Managementrahmen gezimmert wird.

Die tief im „genetischen Code" verankerten Lehren aus der Vergangenheit, von einer Managergeneration auf die nächste vererbt, bedeuten für das Unternehmen eine zweifache Gefahr: Erstens vergessen die Menschen möglicherweise mit der Zeit, warum sie glauben, was sie glauben. Zweitens kommen die Manager möglicherweise zu der Überzeugung, daß das, was sie nicht gelernt haben, auch nicht wert ist, gelernt zu werden. Viele Unternehmen leiden darunter, daß sie nicht in der Lage sind, die eingeschränkte Gültigkeit ihrer Glaubenssätze zu erkennen. Die „guten Ideen" von gestern werden die „politischen Richtlinien" von heute und die „Glaubensgrundsätze" von morgen. Branchenübereinkünfte und „allgemein anerkannte erfolgreiche Praktiken" entwickeln ein Eigenleben. An Dogmen wird nicht gerüttelt, und selten fragen sich Manager: Wie sind wir eigentlich gerade zu dieser Einschätzung unseres Unternehmens, unserer Strategie, des Wettbewerbs und der Industrie gelangt? Unter welchen Umfeldbedingungen entstanden sie? Worauf beruhen unsere Überzeugungen? Daß diese Fragen nicht gestellt werden, hat eine vollkommen unangebrachte Ehrfurcht vor dem Beispiel aus der Vergangenheit zur Folge. Mit diesem Problem wollen wir uns näher beschäftigen.

Ein Freund beschrieb uns einmal ein Experiment, in dem vier Affen in einen Raum gebracht wurden. In der Mitte des Raums befand sich ein hoher Pfahl, an dessen Spitze ein Bündel Bananen hing. Ein besonders hungriger Affe kletterte umgehend den Pfahl hinauf und versuchte, eine Banane zu ergattern. In dem Augenblick, als er nach der Banane griff, erhielt er von oben eine kalte Dusche. Mit einem Schreckensschrei ließ der durchnäßte Affe von der Banane ab und trat den Rückzug an. Der Reihe nach versuchten nun alle Affen, sich eine Banane zu holen. Der Reihe nach wurden sie mit kaltem Wasser übergossen, und alle mußten sie sich ohne Belohnung zurückziehen. Nach mehreren Duschen ließen die Affen schließlich ganz von den Bananen ab.

Als die Tiere derart konditioniert waren, wurde einer der vier Affen aus dem Raum geholt und durch einen anderen ersetzt. Kaum machte sich der neue, unschuldige Affe daran, den Pfahl hinaufzuklettern, als seine Gefährten nach ihm griffen und das verblüffte Tier wieder herunterzogen. Der Affe verstand die Botschaft: Klettere nicht auf diesen Pfahl hinauf! Nachdem einige Versuche des neuen Affen von den anderen Tieren unterbunden worden waren, gab auch dieses Tier das Unterfangen auf, ohne jedoch eine kalte Dusche erhalten zu haben. Nun wurden die ursprünglichen Affen nach und nach ersetzt. Jeder neue Affe erhielt dieselbe Lektion: Klettere nicht an diesem Pfahl hinauf! Keiner der neuen Affen schaffte es je bis zur Spitze des Pfahls; keiner von ihnen kam je so weit, daß er eine kalte Dusche erhalten hätte. Keines der Tiere verstand, warum es nicht auf den Pfahl durfte, aber alle respektierten sie das Modellverhalten. Selbst nachdem die Dusche abmontiert worden war, wagte sich kein Affe den Pfahl hinauf. – Wir behaupten nicht, Manager seien Affen! Wir behaupten lediglich, daß die in Handbüchern, Unternehmensprozessen und Schulungsprogrammen verankerten Modellfälle häufig den Industriekontext, in dem sie entstanden sind, überleben.

Die zweite und vielleicht noch größere Gefahr besteht darin, daß Einzelpersonen nicht wissen, was sie nicht wissen, und, was noch schlimmer ist, auch nicht wissen, daß sie es nicht wissen. Hier liegt eine große Herausforderung für jedes Unternehmen: Wie gelangen wir dahin, zu wissen, was wir nicht wissen? Wie können wir uns über die Grenzen unseres Wissens klarwerden, um sie dann zu überschreiten? Die vielbemühte Redewendung „Unwissenheit schützt vor Strafe nicht" trifft es genau. Was Xerox nicht über Canons Vorstellung vom Kopiergeschäft wußte, was Sears nicht über die Perspektiven von Diskonthändlern und Nischeneinzelhändlern wußte, was Detroit nicht über die Ziele der japanischen Autobauer wußte, untergrub den Erfolg dieser traditionsgebundenen Unternehmen. Nicht, daß das, was man hätte wissen müssen, in irgendeiner Hinsicht nicht zu erlernen gewesen wäre. Es war nur so, daß es jenseits der Grenzen des vorhandenen Managementrahmens lag.

Die Notwendigkeit von genetischer Vielfalt

Aus der Biologie wissen wir, daß die langfristige Gesundheit jeder Population von Organismen von einem Mindestmaß an genetischer Vielfalt abhängt. Das gilt auch für jene Population von Organismen, die wir ein Unternehmen nennen. Vor kurzem wandte sich einer der Autoren an die 20 Spitzenmanager eines der größten amerikanischen Konzerne. Diesen Führungskräften wurden vier Fragen gestellt: Erstens: „Wer von Ihnen hat sein gesamtes Berufsleben in dieser Industrie verbracht?" Alle Hände gingen in die Höhe. Zweitens: „Wer von Ihnen hat in seiner bisherigen Laufbahn ausschließlich für dieses Unternehmen gearbeitet?" Alle Hände gingen in die Höhe. Drittens: „Wer von Ihnen gelangte durch die Verkaufs- und Marketingfunktion an die Spitze dieses Unternehmens?" Bis auf zwei gingen alle Hände in die Höhe. Schließlich: „Wer von Ihnen hat nie länger als fünf Jahre ununterbrochen außerhalb der Vereinigten Staaten gearbeitet?" Auch hier gingen fast alle Hände in die Höhe. Wir kamen zu dem Schluß, daß dieses Unternehmen sich im Wettbewerb mit neuen, unkonventionellen Konkurrenten sehr schwer tun würde, sofern es nicht bald etwas unternahm, um seine genetische Vielfalt drastisch zu erhöhen.

Man kann zu allen Zeiten einen verblüffenden, ganze Industrien befallenden Mangel an genetischer Vielfalt beobachten. Beispiele sind die amerikanischen Fluglinien Ende der achtziger und zu Beginn der neunziger Jahre, die amerikanische Automobilindustrie der siebziger Jahre, die chemische Industrie Europas der frühen achtziger Jahre, das amerikanische Bankwesen der siebziger und die Wirtschaftshochschulen von den sechziger bis weit in die achtziger Jahre.

Greifen wir ein solches Beispiel genetischer Armut heraus: die großen amerikanischen Fluglinien. Anfang der neunziger Jahre wiesen American Airlines, United Airlines, Delta und Northwest eine augenfällige Ähnlichkeit der Konventionen auf: eine sternförmige Struktur der Flugrouten, einen dürftigen Bordservice, Stammkundenprogramme auf Kilometerbasis und Eigentümerschaft an den Reservierungssystemen. Betrachten Sie die einheitlich niedrigen Servicestandards der Fluglinien. Blättern Sie einmal ein paar Zeitungen und Wirtschaftsmagazine aus den frühen neunziger Jahren durch. Wie oft rühmte sich ein amerikanischer Carrier der Qualität des Services, den er den Flugreisenden auf Inlandsrouten bot? Üblicherweise warben die Fluggesellschaften nur mit der Größe ihres Flugnetzes und mit der Tatsache, daß ihre Flüge im allgemeinen pünktlich waren. Das ist so, als brüstete sich ein Automobilhersteller mit der Tatsache, daß seine Autos tatsächlich vier Räder haben und die Insassen zuverlässig von Punkt A nach B transportieren. Nur auf den internationalen Routen, wo Gesellschaften wie British Airways und Singapore Airlines durchweg einen hervorragenden Service boten, waren die amerikanischen Fluglinien gezwungen, den Service zu betonen, und auch dort hinkten sie in punkto Kundenzufriedenheit üblicherweise weit hinter ihren internationalen Konkurrenten nach.

Das Resultat war eine Abwärtsspirale der Kundenerwartungen, in der ein ständig sinkender Service zu ständig sinkenden Erwartungen und einer ständig steigenden Preissensibilität führte. In einem solchem Umfeld bleibt einer Fluglinie als einziges Lockmittel das Angebot von Gratiskilometern an die Passagiere (dieses Lockangebot entspricht den Rabatten für Autokäufer). Der Tiefpunkt in dieser Abwärtsspirale wurde damit erreicht, daß der Chef einer Fluglinie in einem Bordmagazin seelenruhig erklärte, die Gesellschaft habe sich dazu entschlossen, das Sahnehäubchen auf den

Früchtebechern wegzulassen, da die Passagiere nicht bereit seien, dafür zu bezahlen. In scharfem Kontrast dazu sind British Airways und Singapore Airlines, die sich unter den profitabelsten Fluglinien der Welt behaupten, ständig auf der Suche nach Möglichkeiten, ihren Kundenservice zu verbessern, denn diese Verbesserungen bringen mehr an Kundentreue und finanziellem Gewinn, als ihre Einführung kostet. Auch diese Gesellschaften bieten Kilometervergütungen für Vielflieger an, jedoch eher als Bonus denn als Lockmittel. Virgin Atlantic, ein anderer Regelbrecher, verwendete große Mühe darauf, innovativen und freundlichen Service mit einer aggressiven Preisgestaltung zu verbinden. Bereits Anfang des Jahres 1994 flog Virgin jeden Monat mehr Passagiere über den Atlantik als American oder United Airlines. Tatsächlich waren die finanziell erfolgreichsten Fluglinien zu Beginn der neunziger Jahre diejenigen, welche sich am weitesten von den althergebrachten Konventionen der großen US-Carrier entfernt hatten.

Ein Mangel an genetischer Vielfalt war verständlich und fast verzeihlich, solange der Wettbewerb in „geschlossenen Systemen" stattfand. Schließlich war es nicht Ford, das General Motors grundlegendste Managementüberzeugungen in Frage stellte. Es war nicht Unisys, das IBM in seinen Grundfesten erschütterte. Es war nicht Montgomery Ward, das Sears überraschte. Wenn sich alle eingesessenen Unternehmen im großen und ganzen an dieselben Industriekonventionen halten, werden ganze Industrien durch neue Regeln verwundbar. Eine Industrie, deren Protagonisten allesamt Klone sind, ist ein gefundenes Fressen für jedes Unternehmen, das nicht im vorherrschenden Managementrahmen gefangen ist. Will man sich einen Mangel an genetischer Vielfalt in einer Industrie zunutze machen und die Chancen dafür beurteilen, so sollte man sich folgende Fragen stellen:

- Ist die Industrie einigermaßen konzentriert, verfügen die eingesessenen Unternehmen über weitgehend stabile Marktanteile? (Das heißt, verbringen die eingesessenen Unternehmen den

Großteil ihrer Zeit damit, einander zu beäugen, und verlassen sie sich auf einen „gesitteten" Wettbewerb, um stabil hohe Margen aufrechtzuerhalten?)

- Oder ist die Industrie hochgradig fragmentiert? (Das heißt, hat noch niemand Möglichkeiten zur Ausnutzung von Größenvorteilen entdeckt?)
- Bekommt man im großen und ganzen dieselben Antworten, wenn man Manager fragt, welches die Erfolgsgeheimnisse in der Branche sind? (Das heißt, halten sich alle an dasselbe Gewinnrezept?)
- Haben die meisten Topmanagementteams ihre gesamte Karriere in der Branche verbracht? (Das heißt, hat die Inzucht die genetische Vielfalt verringert?)
- Übernimmt die Industrie neue Technologien langsamer als die meisten anderen? (Das heißt, besteht die Möglichkeit, mit Hilfe der Technologie die Spielregeln zu ändern?)
- Neigen die Führungskräfte im Bemühen um stabile Erträge dazu, sich auf hohe Eintrittshindernisse anstatt auf Produkt- und Prozeßinnovation zu verlassen? (Das heißt, konnten sich die Führungskräfte bisher auf ihren Lorbeeren ausruhen?)
- Hat das Grundkonzept des Produkts oder der Dienstleistung bereits seit geraumer Zeit keine Veränderung mehr erfahren? (Das heißt, gibt es feste Glaubenssätze bezüglich dessen, was die Kunden wollen und wie man ihre Bedürfnisse am besten erfüllt?)
- Beschäftigen sich die Spitzenmanager in der gesamten Branche mit den gesetzlichen Bestimmungen? (Das heißt, machen die Manager den Gesetzgeber für Probleme ihrer Industrie verantwortlich, anstatt nach kreativen Lösungen zu suchen?)

Für den Fisch ist das Festland ein Geheimnis, und hat ein Fisch einmal das Land entdeckt, so ist im allgemeinen sein Schicksal besiegelt – die arme Kreatur hängt an einem Haken. Einem Unternehmen kann es ähnlich ergehen wie dem Fisch – sein genetisches Programm behindert seine Fähigkeit, neue Chancen und nichttraditionelle Konkurrenten wahrzunehmen. Die aus einem Mangel an genetischer Vielfalt resultierenden Wahrnehmungsschranken sind häufig bei jenen Managern am höchsten und undurchdringlichsten, die über die größte politische Macht verfügen. (Dies ist eine hübsche Umschreibung für die Tatsache, daß sich der Flaschenhals normalerweise am oberen Ende der Flasche befindet.) Führungskräfte sind geneigt zu glauben, ihre Position sei ein Beweis dafür, daß sie mehr über die Industrie, die Kundenbedürfnisse, die Konkurrenten und die richtige Wettbewerbsstrategie des Unternehmens wissen als ihre Untergebenen. Nur ist das, worüber sie mehr wissen, allzu häufig die Vergangenheit. Denn während sie die Karriereleiter in ihrem Unternehmen emporkletterten, wurden ihnen Gesetzmäßigkeiten des Wettbewerbserfolgs eingeschärft, die heute möglicherweise nicht mehr gelten. Gelingt es nicht, diese Wahrnehmungsschranken, diese Barrieren gegen alles Unkonventionelle abzubauen, so kann ein Unternehmen nicht die Fähigkeit erlangen, seine Zukunft zu erfinden.

Der Manager muß sich einer bitteren Wahrheit stellen: Intellektuelles Kapital verliert stetig an Wert. Das, was Sie, werter Leser, über Ihre Branche wissen, ist jetzt bereits weniger wert als in dem Moment, da Sie mit der Lektüre dieses Buches begannen. Die Kundenbedürfnisse haben sich bereits verändert, es wurden technologische Fortschritte gemacht, und die Konkurrenten haben ihre Pläne weiterentwickelt, während Sie diese Seiten lesen. (Nein, hören Sie nicht auf zu lesen! Achten Sie nur darauf, daß Sie noch mehr Zeit darauf verwenden, darüber nachzudenken, wie sich Ihre Industrie verändert.) Hier ist unsere Definition eines Nachzüglers: Ein Nachzügler ist ein Unternehmen, dessen Topmanagement nicht imstande war, sein an Wert verlierendes intellektuelles Kapital schnell genug abzuschreiben und genügend in die Ansammlung neuen intellektuellen Kapitals zu investieren. Ein Nachzügler ist ein Unternehmen, dessen Spitzenmanager glauben, sie wüßten mehr über die Funktionsweise der Industrie, als sie tatsächlich wissen – wobei das, was sie wissen, nicht mehr zeitgemäß ist.

Der Erfolg wirkt sich hemmend auf die genetische Vielfalt aus. Da Erfolg die Strategie eines Unternehmens bestätigt („Wenn wir so reich sind, dann sind wir wohl auf dem richtigen Weg."), gelangen die Manager leicht zu der Überzeugung, in derselben Art weiterzumachen sei das sicherste Rezept für die Fortsetzung der Erfolge, und ein Konkurrent, der es anders mache, könne nicht besonders schlau sein. Verfügt der Konkurrent auch noch über relativ geringe Ressourcen, so ist das nur ein Grund mehr, den Emporkömmling zu ignorieren. Genau deshalb machte sich General Motors viel zu lange Gedanken über Ford statt über Toyota, aus diesem Grund belauerte die Nachrichtenabteilung von CBS den Sender CNN weniger als ABC, machte sich Xerox mehr Sorgen über den Vorstoß von Eastman Kodak und IBM ins Kopiergeräte-Geschäft als über den Aufstieg von Canon, beschäftigte sich IBM zu viel mit der von den japanischen Computerherstellern drohenden Gefahr und zu wenig mit Sun, Hewlett-Packard, EDS und Microsoft.

Den Managementrahmen erweitern

Wenn die Wettbewerbsumgebung komplexer und vielgestaltiger wird, wächst die Notwendigkeit genetischer Vielfalt – es bedarf eines weiter gefaßten Kataloges von Managementprinzipien und eines größeren Repertoires an Antworten. Jedes Unternehmen, das eine Überlebenschance haben will, muß intern eine genetische Vielfalt entwickeln, die jener der Industrie insgesamt entspricht. In der Natur entsteht die genetische Vielfalt durch spontane Mutationen. Im Leben eines Unternehmens entsprechen diese der Arbeit der F&E-Gruppen, den internen unternehmerischen Initiativen, den Nebenprodukten der Entwicklungstätigkeit und anderen Formen von Bottom-up-Innovation. Ebenso wie das Auftreten der biologischen Mutationen führt das Aufblitzen derartiger spontaner und schrittweiser Innovationen üblicherweise nicht zu großen oder unmittelbaren Fortschritten des Unternehmens. Und wie die Mutationen in der Natur führen die meisten dieser Entwicklungen nirgendwohin; zumeist handelt es sich um evolutionäre Sackgassen. Das ist kein Argument gegen die ungeplanten Unternehmensmutationen. Man sieht sich allerdings unweigerlich mit der Frage konfrontiert, was mit jener Mehrheit der Mitarbeiter und Manager geschehen soll, die sich nicht für die Zukunft eignen. Es bedarf also neben den Mutationen in kleinem Maßstab eines umfassenden genetischen Reengineerings auf breiter Basis.

Eine andere Methode zur Herstellung größerer genetischer Vielfalt in einer Population besteht darin, die vorhandenen Mitglieder der Gruppe mit neu hinzugekommenen zu kreuzen. Im Geschäftsleben entspricht der Kreuzung die Einstellung von unternehmensfremden Managern. Oft geschieht dies, indem ein neuer Unternehmensleiter geholt oder einem Konkurrenten ein wichtiger Abteilungsleiter abgeworben wird. In einer von Konventionen beherrschten Industrie dürfte das Stühlewechseln zwischen den eingesessenen Unternehmen nicht allzuviel zur Erhöhung der genetischen Vielfalt beitragen. Ein Außenseiter hingegen kann einiges bewegen. Als British Airways seinen Marketingansatz ändern wollte, stellte die Fluglinie einen Spitzenmanager von Mars, dem weltweit führenden Süßwarenhersteller, ein. Als Philips nach einem neuen F&E-Ansatz suchte, holte es sich den F&E-Leiter von Hewlett-Packard.

Allerdings sind den Möglichkeiten eines unkonventionellen Spitzenmanagers, den genetischen Code eines großen, starren Unternehmens zu verändern, Grenzen gesetzt. Bei der Einstellung eines Außenseiters herrscht die Hoffnung, daß er bei der „Einkreuzung" so viele Leute mit seinen Vorstellungen befruchten wird, daß die genetische Vielfalt des Unternehmens beträchtlich vergrößert werden kann. Die Einkreuzung ist jedoch eine Methode, die den genetischen Code einer großen Organisation nur sehr langsam verändert. Selbst unter den günstigsten Umständen kann ein neuer Unternehmensleiter nur eine beschränkte Anzahl von Personen in ihren Vorstellungen, Überzeugungen und Annahmen beeinflussen. „Management durch Umhergehen", Satellitenschaltungen und „Rathaus"-Meetings können helfen, den Wirkungskreis eines Newcomers zu erweitern, aber in einer großen Organisation wird der Einfluß des neuen Mannes trotzdem bei weitem nicht alle Ebenen durchdringen. Bestenfalls zeigt die Ernennung des Außenseiters deutlich, daß eine Auffrischung des genetischen Potentials seit langem überfällig war. Letztlich führt kein Weg daran vorbei, genetische Vielfalt in die Struktur des Unternehmens einzuweben, anstatt sie wie eine verrückte Tante im Keller einzusperren (F&E-Gruppen) oder dem Unternehmen wie Frankensteins Kopf aufzupfropfen (Berufung eines Außenseiters).

Was kann ein Unternehmen also tun, um seinen genetischen Code zu verändern? Zunächst sollte es sorgfältig darauf achten, die Schrauben, die den Managementrahmen zusammenhalten, nicht zu fest anzuziehen. In der Praxis kann dies bedeuten, in den administrativen Verfahren ein wenig Spielraum zu lassen (muß jedes Unternehmen dasselbe, bindend verpflichtende strategische Planungsformat verwenden?); es kann bedeuten, die Lehren aus der Vergangenheit ein wenig skeptischer zu betrachten, wenn es gilt, die Angestellten für die Zukunft zu schulen (es hilft wenig, eine Armee am Vorabend der Einführung der Muskete in der Verwendung von Speer oder Langbogen zu schulen); es kann bedeuten, bereitwilliger Personen einzustellen und zu befördern, die nicht „genau wie wir" sind (ein Management macht es sich allzu leicht, wenn es eine gravierende genetische Verarmung perpetuiert, indem es der Versuchung nachgibt, Einstellungen und Beförderungen nach seinem eigenen Bild vorzunehmen).

Allgemeiner ausgedrückt, muß die Unternehmensführung, die ein gewisses Maß an genetischer Vielfalt erhalten will, große Vorsicht walten lassen, wenn es um die Frage geht, welche ihrer Überzeugungen inwieweit in den administrativen Systemen des Unternehmens institutionalisiert werden sollen. Die Trennlinie zwischen dem anerkennenswerten Wunsch, die Aneignung von Wissen und erfolgreichen Praktiken zu institutionalisieren, und der Notwendigkeit, zu verhindern, daß die Managementrahmen sich verhärten und unflexibel werden, ist häufig sehr dünn. In diesem Sinn ist die Bürokratie nicht nur deshalb ein Problem, weil sie unnötige Overheadkosten verursacht, sondern auch deshalb, weil sie durch die von ihr kontrollierten administrativen Rituale einem bestimmten Managementrahmen zur totalen Herrschaft verhilft. Je mächtiger die Bürokraten, desto geringer die genetische Vielfalt. Ein typischer Fall dafür war IBM. Gut, das Motto von IBM mag gelautet haben: „Denkt!" Aber es hätte eines Zusatzes bedurft: „Denkt um Himmels willen nicht alle gleich."

Will man für das Überleben der genetischen Vielfalt in einem Unternehmen sorgen, so muß man sich unbedingt dazu entschließen, jenen Mitarbeitern, die genetisch „anders" sind, ein möglichst großes Mitspracherecht einzuräumen. Die Unternehmensführung muß lernen, von der Orthodoxie abweichende Vorstellungen aufzuspüren und zu belohnen. Der Chairman eines der erfolgreichsten Pharmakonzerne der Welt hat sich einen simplen Ansatz zu eigen gemacht. In dem Wissen, daß jedes Projekt, das den Board of Directors erreicht, bereits Dutzenden Überprüfungen und Verkaufsanalysen unterworfen und bis zu einem gewissen Grad bereits im voraus bewilligt wurde, verfolgt dieser Chairman regelmäßig Projekte zurück, die abgelehnt wurden, lange bevor sie auch nur in die Nähe des Board gelangten. Der Gedankengang ist einfach:

> Ich weiß, daß alles, was wir im Board zu sehen bekommen, weitgehend mit unserem bestehenden Unternehmensmodell übereinstimmt. Daher sehe ich mir jene Projekte an, die ein wenig abweichend sind, jene Projekte, die unser Unternehmensmodell verändern könnten.[1]

Es ist unbedingt nötig, zwischen genetischer und kultureller Vielfalt zu unterschieden. Viele der Nachzügler sind internationale Gesellschaften. Viele von ihnen weisen eine große kulturelle Vielfalt in ihren Rängen auf. Viele betrachten diese Vielfalt als eine Quelle für Kraft und Innovation. Ein Großteil des durch kulturelle Vielfalt entstehenden Kreativitätspotentials wird jedoch dem Hang nach Gleichförmigkeit, was die Einschätzung der Industrie und der Wettbewerbsstrategien angeht, geopfert. Einmal hielt einer der Autoren vor einer großen Gruppe junger Berater in einem der größten Consultingunternehmen der Welt einen Vortrag. Die Zuhörer kamen aus mehr als 70 Ländern. Allerdings hatten alle diese Berater dieselbe strikte Ausbildung erhalten, und alle waren sie mit etwa demselben Vorstellungsrahmen herausgekommen. Zwischen Sozialisierung und Gehirnwäsche verläuft nur eine dünne Trennlinie. Unternehmen, welche die kulturelle Vielfalt verfechten, dabei jedoch strukturbedingt oder routinemäßig eine Reihe orthodoxer Vorstellungen über Industrie und Management fördern, sind im Wettbewerb ebenso verwundbar wie jene, die kurzsichtig ethnozentrisch agieren.

Zur Erweiterung des Managementrahmens bedarf es vor allem einer ausgeprägten Neugier und großer Bescheidenheit. Nur ein Spitzenmanager, der diese Eigenschaften besitzt, ist bereit, auch jene Angestellten der unteren Ebenen zu tolerieren, die meinen, der Chef sei ein Neandertaler, und ihnen die nötige Geduld zuteil werden zu lassen, um die hierarchischen Barrieren zu überwinden, die das „stufenweise Lernen" behindern. Es ist die Bescheidenheit, die ein Managementteam an der Unternehmensspitze dazu bewegt, sich in die Gedanken der Konkurrenten zu versetzen, um sich über die Grenzen seines eigenen Managementrahmens klarzuwerden. Es ist interessant, daß die japanischen Manager, die doch in dem Ruf stehen, sich eng an die kulturellen Normen in bezug auf Benehmen, Kleidung, Ehrerbietung und Fleiß zu halten, beharrlich andere Managementkulturen studieren. Nehmen wir ein einfaches Beispiel. Den Japanern scheint es nichts auszumachen, daß ihre höchste Auszeichnung für Qualität den Namen eines Ausländers trägt, nämlich jenen von Dr. Deming. Hingegen fällt es schwer, sich vorstellen, wie der Präsident der Vereinigten Staaten einem Unternehmen einen Ishikawa-Preis für Qualität verleiht und damit ausdrückt, wieviel die westlichen Industrieländer dem japanischen Qualitätsguru verdanken.

Viele Unternehmen – leider vor allem US-Unternehmen – haben einen hohen Preis für ihren Urheberstolz bezahlen müssen. Qualität? Richtig, die Amerikaner haben sie erfunden. Auch das Value Engineering können wir uns an die Brust heften; wir haben es nur nicht besonders gut umgesetzt. Diese Einschätzung bekommt man in den Vorstandsetagen zwischen Manhattan und Long Beach immer wieder zu hören. Obwohl diese Auffassung einiges für sich hat, legt sie den falschen Schluß nahe, daß es nicht viel zu lernen gäbe, was wir nicht ohnehin schon wüßten. Ein japanischer Manager bringt es auf den Punkt: „Die amerikanischen Manager sind bessere Lehrer als Schüler." Einige wenige Unternehmen, unter ihnen Motorola und Ford, geben bereitwillig zu, von Japan zu lernen. Aber Japan hat auf Managementweisheiten ebensowenig ein Monopol wie die USA. Ebensowenig wie die Grenzen zwischen Erfolg und Mißerfolg zwischen Ländern verlaufen, sollten sie als Begrenzungslinien für bessere oder schlechtere Managementrahmen betrachtet werden. Sollten die japanischen Manager je zu der Ansicht gelangen, sie hätten der Welt mehr beizubringen, als sie von ihr lernen könnten, dann dürfen ihre Konkurrenten die Champagnerkorken knallen lassen. Die erfolgreichen japanischen Unternehmen dürfen die Lehren aus ihrer jüngsten Vergangenheit nicht vergessen: Nur indem man bescheiden die Verdienste anderer Managementrahmen würdigt, kann man den eigenen Horizont erweitern.

DIE VERGANGENHEIT VERLERNEN

Die Aufrechterhaltung eines gewissen Maßes an genetischer Vielfalt ist manchmal genug, um den Untergang abzuwenden. Was jedoch, wenn die Umgebung bereits in rasanter Veränderung begriffen ist? Was, wenn das Unternehmen bereits von nicht mehr zeitgemäßen „Klonen" überfüllt ist? In solchen Fällen bedarf es einer „Gentherapie". Gene, die im neuen Industriekontext als defekt bezeichnet werden müssen, sind durch gesunde zu ersetzen. In Unternehmensbegriffen kann man den Austausch defekter Gene am besten als „Verlernen" beschreiben.

Obwohl es groß in Mode ist, bedeutet die Umwandlung in eine „lernende Organisation" nur die halbe Lösung. Ebensowichtig ist die Schaffung einer „verlernenden Organisation". Warum lernen Kinder neue Fertigkeiten sehr viel schneller als Erwachsene? Zum Teil liegt es daran, daß sie weniger zu verlernen haben. Warum wird im Musikunterricht und im Sport so großer Wert auf die frühzeitige Entwicklung der „richtigen Automatismen" gelegt? Weil die Lehrer wissen, daß man leichter lernt als verlernt. (Fragen Sie nur einmal einen Golfautodidakten, wie schwer es ihm fällt, seinen unsauberen Schwung zu korrigieren!) Ein Unternehmen, das die Zukunft gestalten will, muß zumindest einen Teil seiner Vergangenheit verlernen. Wir alle sind mit der „Lernkurve" vertraut, aber wie steht es mit der „Vergessenskurve"? Inwieweit ist ein Unternehmen imstande, Automatismen zu verlernen, die es in der Zukunft am Erfolg hindern werden?

Je erfolgreicher ein Unternehmen bisher gewesen ist, desto flacher ist seine Vergessenskurve. Ein sehr erfolgreiches Unternehmen, das wir gut kennen, feierte vor kurzem den 25. Jahrestag seiner Gründung. Aus diesem Anlaß beauftragte man eine Reihe von Künstlern, 25 Bilder zu malen, welche die Elemente (Strategien, Märkte, Fähigkeiten und Verfahren) darstellen sollten, auf denen die beneidenswerte Erfolgsgeschichte der Firma gründete. Die Bilder wurden in der Firmenzentrale ausgestellt. Einer von uns schlug – nur halb im Scherz – vor, die Unternehmensleitung möge jedes Jahr zumindest eines der Bilder auf den Speicher räumen lassen, um der Tatsache Rechnung zu tragen, daß das Thema des Bildes mehr mit der Vergangenheit als mit der Zukunft der Firma zu tun habe. Was wir damit wirklich meinten, war, daß sich ein Unternehmen ebensosehr um das Vergessen wie um das Lernen bemühen muß.

An dieser Stelle ist ein wichtiger Hinweis für erfolgreiche Herausforderer angebracht: Bill Gates sollte nicht zu viele abfällige Aussagen über IBM wagen; Ted Turner sollte keine weiteren Scherze über die alteingesessenen Fernsehnetworks machen; Intel sollte sich nicht länger an der schlechten Lage seiner japanischen Konkurrenten ergötzen. Bevor neue Herausforderer zu überheblich werden, sollten sie einen Augenblick nachdenken. Den Herausforderern ist der dauerhafte Erfolg ebensowenig sicher wie den alteingesessenen Unternehmen, die sie verdrängt haben. Während sich die Herausforderer in ihrem Erfolg sonnen, scheinen viele von ihnen die Tatsache zu vergessen, daß die Platzhirsche, in deren Revier sie eingedrungen sind, selbst einmal freche Herausforderer waren. Microsoft und EDS werden als Modelle des neuen „computerlosen Computerunternehmens“ gefeiert. Ted Turner von CNN, Anita Roddick, Gründerin von The Body Shop, Andy Grove, scharfzüngiger Chef von Intel, Sir Colin Marshall, weltgewandter Vorsitzender von British Airways, und T. J. Rodgers, schulmeisterlicher Chef von Cypress Semiconductor – sie alle hat man zu Unternehmensvisionären erklärt. Aber sie blicken uns von den Titelseiten derselben Wirtschaftsmagazine an, die einst John Akers (IBM), Ken Olsen (DEC), Robert Stempel (General Motors) und David Kearns (Xerox) auf das Podest hoben. Mit überraschender Geschwindigkeit verwandeln sich die Häresien von gestern in die Dogmen von heute.

Im Erfolgsrausch vergessen die Herausforderer häufig die wichtigsten Regeln, die ein Unternehmen befolgen muß, um lebensfähig zu bleiben: Um einmal ein Herausforderer zu sein, genügt es, die orthodoxen Glaubenssätze der Machthaber in Frage zu stellen; um zweimal ein Herausforderer zu sein, muß ein Unternehmen fähig sein, seine eigene Orthodoxie in Frage zu stellen. Wie sehr ein Herausforderer auch an der Wall Street gefeiert wird, wie sehr sich die Konkurrenten mit ihm vergleichen, wie beflissen die Wirtschaftsstudenten seine Aktivitäten untersuchen, eines bleibt unumgänglich: Um seine Industrie ein zweites Mal neu zu erfinden, muß ein

Herausforderer seine Kernstrategien erneuern. Er muß seinen Markt neu definieren, die Grenzen des Unternehmens neu ziehen, seine Wertvorstellungen überprüfen, seine grundlegenden Annahmen über die Wettbewerbsmethode überdenken. Ron Summer, früherer Präsident von Sony America und heute bei Sony in Europa, bringt es auf den Punkt: „Wohin ein Unternehmen steuert, ist wichtiger, als woher es kommt. Wenn die Industriegrenzen wegradiert werden, sind die Geburtsurkunden der Unternehmen nicht mehr viel wert.“[2]

Um in die Zukunft zu gelangen, muß ein Unternehmen bereit sein, seine Vergangenheit zumindest teilweise über Bord zu werfen. Irgend jemand hat einmal gesagt: „Gott erschuf die Welt in sechs Tagen, aber er mußte auf keine Installationsbasis Rücksicht nehmen.“ Die meisten Unternehmen werden nicht durch eine unbewegliche Basis obsoleter Investitionsgüter davon abgehalten, die Zukunft zu schaffen (dies war der Fall in der amerikanischen Autoindustrie). Ebensowenig ist das Hindernis eine unbewegliche Basis von Endprodukten, die aufrechterhalten und aktualisiert werden muß (die Entschuldigung, die einige IBM-Spitzen dafür anführten, daß ein derart hoher Anteil der F&E-Ressourcen in das Mainframegeschäft gesteckt wurde); noch ist es eine ineffizient installierte Vertriebsinfrastruktur (eine Ausrede von Banken mit großen, nicht ausgelasteten Filialnetzen). Was die Unternehmen davon abhält, die Zukunft aufzubauen, ist eine unbewegliche Basis von Vorstellungen – unkritisch übernommene Konventionen, eine kurzsichtige Betrachtung der Chancen und Bedrohungen und nicht in Frage gestellte Beispiele aus der Vergangenheit, die den existierenden Rahmen der Managementvorstellungen beherrschen.

Ein Unternehmen muß keineswegs seine gesamte Vergangenheit abschütteln, um sich eine Zukunft zu schaffen. Tatsächlich lautet eine entscheidende Frage für jede Firma: Welchen Teil unserer Vergangenheit können wir als „Ausgangspunkt“ für unseren Marsch in die Zukunft nutzen, und welcher Teil unserer Vergangenheit ist eine überflüssige Bürde? Die Vergangenheit selektiv zu vergessen, fällt aus zwei Gründen schwer – der eine ist emotionaler, der andere wirtschaftlicher Natur. Die Spitzenmanager haben üblicherweise in der Vergangenheit sehr viel emotionales Kapital in das Unternehmen gesteckt. Man denke nur an all die Führungskräfte bei DEC, die damit anfingen, VAX-Computer an Firmenkunden zu verkaufen; an all die Spitzeningenieure bei Xerox, die ihr ganzes Leben damit verbrachten, immer größere und komplexere Kopierer zu konstruieren; an all die CBS-Manager, die von der Erinnerung an die Tage Edward R. Murrows und Walter Cronkites beseelt waren und hofften, die glorreichen Tage der Fernsehnachrichten würden niemals enden; an all die Banker, die nach der Regel 3–6–3 lebten (leihe Geld zu 3 %, verleihe es zu 6 %, und sei um 3 Uhr nachmittags auf dem Golfplatz). Es bereitet Managern verständlicherweise Bauchschmerzen, wenn sie mit der Tatsache konfrontiert werden, daß ihr im Lauf eines Lebens angehäuftes intellektuelles Kapital in einer radikal veränderten industriellen Umwelt keinen Wert mehr hat. Für diejenigen, welche die Vergangenheit aufbauten, kann die Versuchung allzu groß sein, diese Vergangenheit zu bewahren.

DIE NOTWENDIGKEIT EINES NEUAUFBAUS

Das Interesse eines Unternehmens an der Vergangenheit ist sowohl wirtschaftlicher als auch emotionaler Natur. Bei einer erfolgreichen Firma bilden die Definition des bedienten Marktes, der Kundennutzen, die Gewinnspannen und die Wertschöpfungsstruktur, die spezielle Zusammensetzung von Betriebsvermögen und Fähigkeiten, die für diese Gewinnspannen garantiert, sowie die unterstützenden administrativen Systeme in ihrer Gesamtheit einen funktionstüchtigen und gut eingestellten „Ertragsmotor" (siehe Abbildung 3.1). In einem gegebenen Industrieumfeld läuft dieser Ertragsmotor wunderbar rund, aber jedwede Veränderung dieses Umfelds stellt normalerweise eine Bedrohung für das Funktionie-

TABELLE 3.1: DIE KOMPONENTEN DES ERTRAGSMOTORS

Konzept des „bedienten Marktes“	Welches ist der grundlegende Nutzen, den wir anbieten? Wie haben wir den Markt segmentiert? Wer sind unsere Kunden? Wo sind unsere Kunden?
Ertrags- und Spannenstruktur	Wo im Geschäftssystem machen wir unsere Gewinne? Woher kommen unsere Gewinnspannen? Was bestimmt die Höhe unserer Spannen? Welches sind die Faktoren, die sich vor allem auf unsere Kosten und Preise auswirken?
Zusammensetzung von Betriebsvermögen und Kompetenzen	Was glauben wir, gut zu können? Auf welche physische Infrastruktur stützt sich unser Geschäft? Welches sind die herausragenden Fähigkeiten unseres Unternehmens? Wie sieht die Verlaufskurve unserer Entwicklungsausgaben aus?
Flexibilität und Anpassungsfähigkeit	Wie aufmerksam beobachten wir die Entwicklung neuer Kundennutzenmodelle? Wie leicht könnten Investitionsprogramme umdirigiert werden? Wie leicht könnte die Infrastruktur neuen Bedingungen angepaßt werden? Welche Interessengruppen würden sich am meisten gegen Veränderungen sträuben?

ren der Maschine dar. Eine optimale Einstellung des Motors auf bestimmte Bedingungen (z. B. Beschleunigungsrennen) macht ihn unter anderen Bedingungen (z. B. den 24 Stunden von Le Mans) möglicherweise nutzlos. Änderungen der gesetzlichen Bestimmungen im amerikanischen Finanzdienstleistungsbereich und das Auftauchen von „Nichtbanken“ im Wettbewerb um die Spareinlagen verringerten den Wirkungsgrad des Ertragsmotors vieler herkömmlicher Banken. Im Einzelhandel wurde Sears altmodischer Benzinmotor letztlich von Wal-Marts Düsentriebwerk überflügelt. Aber schließlich erkannte Sears, daß es seinen Ertragsmotor von Grund auf neu konstruieren mußte. Es gab den Katalogverkauf ebenso auf wie seine Politik, nur unter seinem eigenen Markennamen zu verkaufen, und schwenkte von Gebrauchsgütern auf den Textilienverkauf um.

Die Gefahr für den Ertragsmotor einer Firma kann in Verbesserungen liegen, die ein Konkurrent an einer bestimmten Komponente dieses Motors vorgenommen hat: Neudefinition der Grenzen des bedienten Marktes (das tat Canon bei den Kopierern); Unterbreitung eines neuen Wertarguments (das taten die Investmentfonds in den Vereinigten Staaten, als sie in den achtziger Jahren begannen, den Privatkunden nicht mehr einfach nur als Sparer, sondern als Investor zu betrachten); Entdeckung möglicher Gewinnspannen in einem anderen Bereich des Geschäftssystems (einen Spitzenpreis für eingebaute Qualität verlangen, anstatt auf Serviceeinnahmen zu vertrauen); Neuzusammensetzung von Betriebsvermögen und Fähigkeiten, um ein Produkt gleicher Qualität kostengünstiger herzustellen (das tat die Service Corp. International, als sie unabhängige Bestattungsinstitute aufkaufte und „Hinterzimmer“-Aktivitäten wie Einbalsamierung und Leichentransport konsolidierte, um Größenvorteile auszuschöpfen[3]). Der Ertragsmotor unterscheidet sich von der Wertschöpfungskette: Zu seinen Bestandteilen gehören tiefverwurzelte Überzeugungen darüber, in welchem Geschäft wir tätig sind, was wir den Kunden anbieten, wie man in unserem Geschäft Geld verdient, wer unsere Konkurrenten sind. Stellen Sie sich den Ertragsmotor einmal als etwas Reales vor und betrachten Sie den Managementrahmen als das Bedienungshandbuch des Besitzers für seinen spezifischen Motor. Das Unternehmen muß ein wachsames Auge auf alles haben, was die reibungslose Funktion seines Ertragsmotors beeinträchtigen könnte. Das Unternehmen muß sich laufend fragen, ob seine Definition des „bedienten Marktes" zu eng gefaßt ist, ob seine Spannenstruktur aufrechterhalten werden kann und ob es möglicherweise einen anderen, erfolgversprechenderen Weg gibt, ein bestimmtes Produkt zu liefern oder eine Dienstleistung zu erbringen (siehe Abbildung 3.2).

Im Lauf der Zeit machen effizientere Ertragsmotoren die älteren Maschinen überflüssig. Die Videolieferung per Telefonleitung wird mit großer Geschwindigkeit zu einem effizienteren Motor der Filmlieferung ins Haus als der Videoverleih. Für viele Leute stellt der telefonische Kauf von Computersoftware mit eintägiger Liefer-

TABELLE 3.2: FESTSTELLUNG DER LEISTUNGSGRENZEN DES VORHANDENEN ERTRAGSMOTORS

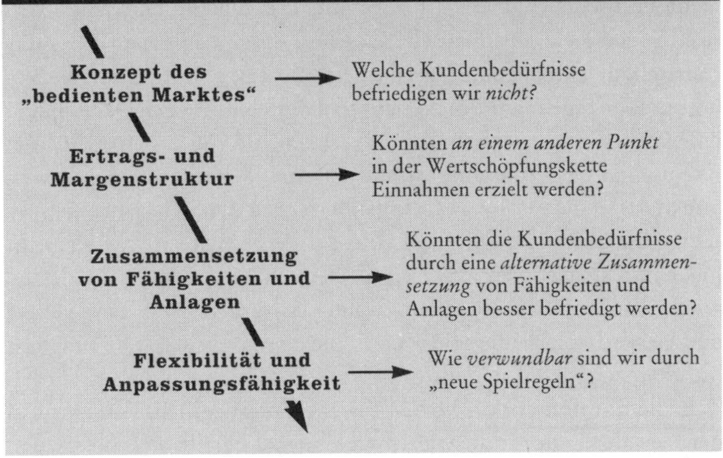

frist einen effizienteren Motor dar als der Gang zum nächsten Computergeschäft. Biz Mart, Office Max und ihresgleichen entwickelten einen wesentlich effizienteren Motor zur Lieferung von Büroausrüstung an kleine und mittelständische Betriebe. Charles Schwab erfand einen Motor für die Lieferung von Brokerservices, der effizienter war als jener von Merrill Lynch. Die Konstruktion eines Kompressormotors ist nicht genug, wenn ein Konkurrent ein Düsentriebwerk erfunden hat. Jedes Unternehmen muß sich früher oder später einen neuen Ertragsmotor konstruieren.

Wie ein ergrauter alter Mechaniker, der die Komplexität der modernen Autos bemängelt, zeigen eingesessene Unternehmen üblicherweise einen Hang dazu, den herkömmlichen Ertragsmotor zu erhalten. Im Extremfall kann dies dazu führen, daß sich diese Unternehmen weigern, sich der Industrieumwandlung anzupassen; und daran, diese aktiv zu gestalten, verschwenden sie überhaupt keinen Gedanken. Im Jahr 1991 erklärte ein leitender Manager von CBS vor einem Kongreßausschuß, das digitale Fernsehen verstoße gegen die Gesetze der Physik[4]. Mit Blick auf die Möglichkeit Hunderter statt Dutzender Fernsehkanäle erklärte der Präsident von CBS: „Meines Wissens gibt es keine Hinweise darauf, daß die Zuschauer sich nach mehr Fernsehen sehnen."[5] Es stimmt: Das digitale Fernsehen verstößt gegen viele physikalische Gesetze, wenn man versucht, es terrestrisch zu übertragen, aber es ist ein leichtes, es über Breitbandkabel zu übertragen. Und es ist richtig, daß sich nur wenige Zuschauer nach mehr Sendungen von der Art sehnen, die von den großen amerikanischen Networks ausgestrahlt werden (Wer will schon eine weitere bluttriefende Polizei-Realityshow?). Auf der anderen Seite ist es sehr wahrscheinlich, daß die Leute das Fernsehen in Zukunft nicht mehr nur als passiven Zeitvertreib betrachten werden; statt dessen wird es ihnen die Möglichkeit zu interaktivem Teleshopping geben, und es wird Telekonferenzen und Spiele ermöglichen. Die Frage ist nur, welchen Anteil an der Fernsehzukunft CBS wohl haben wird.

Es ist fast immer von Vorteil für ein Unternehmen, sich aktiv an der Gestaltung der Industrieentwicklung zu beteiligen, selbst wenn sich die Industrie in eine Richtung entwickelt, die der Effizienz des gegenwärtigen Ertragsmotors der Firma abträglich ist. Die aktive Beteiligung ist in jedem Fall besser, als anderen die Kontrolle über Geschwindigkeit und Richtung der Industrieumwandlung zu überlassen. Es überrascht nicht, daß die Xerox-Manager heute bereitwillig zugeben, sie hätten niemals zulassen dürfen, daß die japanischen Unternehmen die Initiative im Bereich der kleinen Kopierer übernahmen, auch wenn ein Erfolg von Xerox in diesem Industriesegment die eigenen Gewinnspannen beeinträchtigt hätte. Die Manager von Sears wünschen mittlerweile wohl, sie hätten das Potential des Diskonthandels mit Markenprodukten früher erkannt; die Fernsehmacher bei CBS, NBC und ABC müssen sich eigentlich selbst dafür ohrfeigen, daß sie CNN die Möglichkeit gaben, ihnen im globalen Nachrichtengeschäft zuvorzukommen; und die Automanager in Detroit bereuen wohl, daß sie in den siebziger Jahren den „unattraktiven" Kleinwagenbereich so bereitwillig den Japanern überließen. Selbst der majestätische Daimler-Benz-Konzern scheint mit der Ankündigung, die Kosten zu reduzieren und (wahrscheinlich außerhalb Deutschlands) ein Mercedes-„Einstiegsmodell" zu bauen, zu der Erkenntnis gelangt zu sein, daß im globalen Wettbewerb die einzige Verteidigung im entschlossenen Angriff besteht. Der beste Weg, um sicherzugehen, daß man nicht von erfindungsreicheren Konkurrenten an die Wand gedrängt wird, besteht darin, sich als erster über alternative Mechanismen der Erzeugung von Kundennutzen Gedanken zu machen. Man muß der erste sein, der die eigenen Produkte und Dienstleistungen attackiert, man muß der erste sein, der die Zukunft erreicht, selbst wenn diese Zukunft die Erfolge der Vergangenheit untergräbt. Andy Grove von Intel formuliert es so: „Man muß selbst sein härtester Konkurrent sein."

Die vielleicht am häufigsten für Untätigkeit ins Feld geführte Entschuldigung lautet, daß man, um die Zukunft aufbauen zu können, das eigene Basisgeschäft umbringen oder ihm Geld, technische Ressourcen oder Managementfertigkeiten entziehen muß. Zwar wird dieses Argument häufig überbetont, aber ein Unternehmen kann tatsächlich in eine bedrohliche Lage geraten, wenn die Industrieentwicklung eine völlig neue Richtung nimmt. Bis zu einem gewissen Grad war dies das Problem des von den Großrechnern abhängigen IBM sowie der großen amerikanischen Fernsehnetworks. Aus solch einer mißlichen Lage kann sich eine Firma nur befreien, indem sie die „Bedrohung“ früh genug erkennt, so daß der Austausch eines Ertragsmotors durch einen anderen geordnet vollzogen werden kann.

Vor einigen Jahren erschien in der Financial Times eine Karikatur, die einen IBM-Manager zeigte, der das massive Eingangstor eines Schlosses bewachte. Das Schloß allerdings war bereits von den Angreifern überrannt worden. Auf dem Tor stand „Offene Systeme“, aber anstatt durch das Tor einzudringen, hatte die angreifende Horde einen Bogen um den Wächter gemacht und die Mauern niedergerissen. Der IBM-Mann sagte mit der gebotenen Feierlichkeit: „Möge die Öffnung dieses Tores für den Beginn einer Ära der Offenheit stehen.“ Die Aussage war unmißverständlich: die Entwicklung hin zu offenen Systemen war bereits vollzogen, und die übrige Welt wartete nicht auf IBM, das sich mit Verspätung entschloß, von den speziell für den einzelnen Kunden entwickelten Systemen auf offene Betriebssysteme umzusteigen. Da IBM es verabsäumt hatte, sich frühzeitig für die offenen Systeme zu entscheiden, war der Gigant nicht in der Lage, die Entwicklung wesentlich zu beeinflussen, und hatte kaum Aussicht, von ihr zu profitieren.

In den Jahren, die aufgrund mangelhaften Gespürs für die Industrietrends und einer Neigung zur Verdrängung unangenehmer Wahrheiten verlorengehen, erleidet das Basisgeschäft einer Firma sehr oft schweren Schaden. Der Aderlaß kann so groß sein, daß zu dem Zeitpunkt, da die Veränderung nicht mehr hinausgeschoben werden kann, bereits ein Großteil des Geldes, der Humanressourcen und der intellektuellen Energie verschleudert worden ist, die für eine Erneuerung der Kernstrategien des Unternehmens so dringend benötigt würden. Daher müssen sich die Herausforderer von heute folgende Frage stellen: Können sie sich selbst und ihre Industrien rechtzeitig neu erfinden und damit das Blutbad vermeiden, das in so vielen Industrien von unverbrauchten Newcomern angerichtet wird?

Nur die wenigsten Unternehmen sind imstande, vollkommen neu zu definieren, was sie sind, in welcher Industrie sie tätig sind, wer ihre Kunden sind und was diese Kunden wollen. Aber es gibt Ausnahmen. Motorola erneuerte sich, indem es sich entschloß, in den Halbleiterbereich einzusteigen; es erneuerte sich ein weiteres Mal, indem es sich entschloß, sich auf Mobiltelefone zu konzentrieren; und es wagte den Sprung erneut, als es sich über die Büroelektronik hinausgehend auch als Hersteller von Unterhaltungselektronik definierte. J. P. Morgan erneuerte sich, indem es sich von einer Handelsbank in eine Investmentbank verwandelte. The Gap erneuerte sich, indem es den Diskonthandel mit Jeans durch den Verkauf von modischen Basics mit wertbestimmtem Preis ersetzte.

Um sich von den Fesseln der Vergangenheit befreien zu können, müssen die Manager erkennen, daß sich der zukünftige Erfolg keineswegs zwangsläufig einstellen wird. Kein Unternehmen wird sich von seiner Vergangenheit lösen, wenn es sich nicht bewußt macht, daß die bloße Wiederholung der Vergangenheit keinen Erfolg in der Zukunft garantiert. Um ihnen einen Anreiz zu bieten, sich schon heute auf das Morgen vorzubereiten, müssen die Führungskräfte zunächst davon überzeugt werden, daß der gegenwärtige Erfolg nicht von Dauer ist. Das auf diese Art bei ihnen geweckte Bewußtsein der Dringlichkeit bewegt sie dazu, die traditionellen Managementrahmen zu erweitern und mit der schmerzhaften Arbeit des genetischen Reengineering zu beginnen. Der Trick besteht natürlich darin, dieses Bewußtsein der Dringlichkeit schon zu einer Zeit zu wecken, da ein Unternehmen noch auf der Höhe seines Erfolgs ist.

Wie weckt man nun ein Gefühl der Dringlichkeit, bevor die Krise ausbricht, bevor die Umwelt einen feindseligen Charakter annimmt? Wie erreicht man, daß genug Leute die Notwendigkeit zu lernen erkennen, bevor es zu spät ist? Wenn die genetische Evolution nicht mehr mit den Umweltveränderungen Schritt halten kann, kann dies zum Untergang einer Spezies führen, wie das Beispiel der Dinosaurier zeigt. In der Unternehmenswelt entspricht diese Entwicklung Entlassungen in großem Stil und Umstrukturierungsbemühungen. Nur indem man frühzeitig beginnt, zu verlernen, kann man auf eine unblutige Revolution hoffen.

Es liegt auf der Hand, daß nur dann ein Anreiz zu selektivem Vergessen der Vergangenheit besteht, wenn Manager und Mitarbeiter sich darüber im klaren sind, daß eine Wiederholung der Vergangenheit keineswegs eine erfolgreiche Zukunft verspricht. Zwar dürfte jeder vernünftige Mensch dieser Überlegung theoretisch zustimmen, aber das Verlernen ist erst möglich, wenn er sich auch gefühlsmäßig dafür entscheidet. Managern und Mitarbeitern muß vor Augen gehalten werden, daß der Niedergang von Unternehmen ein unvermeidlicher Vorgang ist; es bedarf einer Verdeutlichung der noch versteckten Zeichen, die auf nahende Katastrophen hindeuten; alle Beteiligten müssen sich darüber klarwerden, an welchem Punkt und unter welchen Bedingungen der vorhandene Ertragsmotor ins Stocken geraten wird.

Durch Beobachtung von Industrietrends und potentiellen Brüchen, sei es auf technologischer, demographischer, gesetzlicher oder sozialer Ebene, kann man der Unternehmensgeschichte vorauseilen und sich ein Bild davon machen, was den Zusammenbruch des vorhandenen Ertragsmotors verursachen könnte. Um diese Gedankenübung darf sich kein Unternehmen drücken. Eine Unternehmensführung, die nicht in der Lage ist, jene fünf oder sechs Industrietrends, welche den dauerhaften Erfolg des eigenen Unternehmens am meisten bedrohen, deutlich beim Namen zu nennen, hat das Schicksal ihres Unternehmens nicht unter Kontrolle. Wir schlagen folgendes vor: Ein Unternehmen, das eine ernsthafte Ertragskrise vermeiden will, muß Jahre im voraus eine Beinahe-Krise heraufbeschwören.

Sehen wir uns ein Beispiel an. Die Gewinne eines der weltweit erfolgreichsten Dienstleistungsunternehmen stiegen in den achtziger Jahren von 1 Milliarde auf 5 Milliarden Dollar. Die Unternehmensführung war auf diese Ergebnisse mit Recht stolz. Ohne grundlegende Änderung der strategischen Ausrichtung würden die voraussichtlichen Erträge bis zur Jahrtausendwende auf rund 20 Milliarden Dollar steigen. Bei näherem Hinsehen jedoch war der zukünftige Erfolg alles andere als gewiß. Als die Ertragsmarke von 1 Milliarde erreicht war, hatte das Unternehmen 10.000 Mitarbeiter. Bei 5 Milliarden war die Beschäftigtenzahl bereits auf 55.000 gestiegen. War es das Ziel des Unternehmens, so unsere Frage an die Unternehmensführung, zu einem der größten Arbeitgeber in der Welt zu werden? Denn bei unveränderter Effizienz seines Ertragsmotors würde es bei Erreichen des Ertragszieles von 20 Milliarden genau dort enden (wenn man die Tatsache berücksichtigte, daß die meisten anderen Unternehmen ihre Beschäftigtenzahlen reduzierten). Nun zeigte es sich: Das Unternehmen hatte ein „wertloses" Wachstum verfolgt, denn tatsächlich war die Wertschöpfung pro Mitarbeiter inflationsbereinigt gesunken.

Aber es gab noch ein weiteres Gefahrensignal. Das immer wieder verkündete Ziel des Unternehmens bestand darin, zum „ersten" Dienstleistungsanbieter in seiner Branche zu werden. Aber bei Betrachtung der Liste jener großen Firmenkunden, die in den vergangenen Jahren eine Geschäftsverbindung mit dem Unternehmen eingegangen waren, mußte das Management erkennen, daß seine Kunden in ihren jeweiligen Branchen eher zu den Nachzüglern als zu den Vorreitern zählten. Wie konnte das Unternehmen zum ersten Anbieter in seiner Branche werden, fragten wir, wenn seine Kunden alles andere als die Ersten in ihren eigenen Industrien waren. Diese einfachen Beobachtungen, die Hunderten hochrangigen Managern vorgelegt wurden, genügten, um die Führungsebene davon zu überzeugen, daß es einer größeren Anstrengung bedurfte, um den Ertragsmotor des Unternehmens gerneralzuüberholen und neue Wege in die Zukunft zu finden.

Boeing hat unter großen Mühen dafür gesorgt, daß alle seine Mitarbeiter einsehen, daß die Zukunft unmöglich bewältigt werden kann, indem man die Vergangenheit wiederholt. Boeings weiter Blick in die Zukunft Ende der achtziger Jahre brachte das Unternehmen zu der Erkenntnis, daß die Fluggesellschaften um die Jahrtausendwende unter großen Gewinndruck geraten und daß die Nachfrage nach den neuen Boeing-Maschinen folglich rasant sinken würde. Boeing hatte erwartet, Anfang der neunziger Jahre würden von den Fluglinien weltweit rund 300 Maschinen pro Jahr aus dem Verkehr gezogen, tatsächlich waren es dann rund 100 Flugzeuge jährlich. Trotz der höheren Betriebskosten der älteren Maschinen fanden es viele Fluglinien billiger, alte, vollkommen abgeschriebene Flugzeuge in Betrieb zu halten, anstatt Millionen Dollar für modernere Maschinen auszugeben. Die einzige Lösung bestand darin, den Fluggesellschaften einen besseren Preis anzubieten, indem man die Kosten und den Zeitaufwand für die Produktion neuer Flugzeuge erheblich verringerte. Aber das Management stand vor der Frage: Wie können wir unsere Mitarbeiter davon überzeugen, daß solche anspruchsvollen Zielsetzungen notwendig sind? Wie können wir die intellektuelle und emotionale Energie freisetzen, die für den Erfolg nötig ist? Schließlich gab Boeing ein Video in Auftrag, in dem ein fiktiver Reporter in nicht allzu ferner Zukunft über den endgültigen Zusammenbruch des einstmals großen Unternehmens berichtete. Verbitterte Arbeiter gaben ihre Namenschilder ab und strömten aus der verrotteten Fabrikanlage, und ein Nachrichtensprecher verkündete das traurige Ende einer großen Ära in der Geschichte der Luftfahrt. Einigermaßen ernüchtert, erklärte der einst lethargische Branchenführer, man werde den Entwurf neuer Flugzeuge vollkommen automatisieren, die Bauzeit für neue Maschinen um nicht weniger als 50 Prozent verringern und noch größere Einschnitte bei den Lagerbeständen vornehmen – alles mit dem Ziel, die Produktionskosten eines Jets um 25 % zu senken. Sogar Boeings härtester Konkurrent Airbus war bereit einzugestehen, daß Boeing, wenn es seine Ziele erreiche, die Industrie völlig umkrempeln werde.[6]

Anfang der achtziger Jahre unternahm Motorola einen ähnlichen Vorstoß, um sich im Rennen um die Zukunft zu behaupten. Angesichts des Vordringens der Japaner in die Unterhaltungselektronik (seinen Fernsehbereich hatte Motorola bereits an einen japanischen Konkurrenten verkauft) begann sich das Unternehmen Sorgen darüber zu machen, daß die Büroelektronik eines Tages ebenso starkem Druck durch die fernöstliche Konkurrenz ausgesetzt sein könnte. Im Halbleiterbereich war dies bereits der Fall, und die asiatischen Konkurrenten waren Motorola in Geschäftsbereichen wie tragbaren Zweiweg-Mobilfunkgeräten, Mobiltelefonen und Pagern auf den Fersen. Dazu kam, daß die Trennlinie zwischen Büro- und Unterhaltungselektronik zunehmend an Schärfe verlor und daß die Japaner ihre legendären Fähigkeiten in der Massenproduktion und Massenvermarktung in Geschäftsbereichen wie jenem der Mobiltelefone auszuspielen begannen. In einem denkwürdigen Board-Meeting hatte ein Bereichsleiter sogar die Kühnheit, zu behaupten, die Qualität des Unternehmens „stinke". Motorola reagierte, indem man zunächst ein Programm zum Aufbau von Bewußtsein mit der Bezeichnung „Rise to the Challenge" („Die Herausforderung annehmen") ins Leben rief. Dieses Programm rief Tausenden Angestellten die frühen Warnsignale des Niedergangs ins Bewußtsein. Auch trieb die geweckte Aufmerksamkeit, verbunden mit einer Einstellung des „Wir werden es schaffen" das Unternehmen zu großartigen Betriebsverbesserungen und zu einer grundlegenden Neuausrichtung. Indem Motorola das Ineinanderfließen von Unterhaltungs- und Büroelektronik rechtzeitig erkannte und sich darauf vorbereitete, gelang es dem Konzern, den Ansturm der japanischen Konkurrenz zurückzudrängen – ein Kunststück, das nur wenigen Elektronikunternehmen gelang. Anfang der neunziger Jahre hielt Motorola weiterhin eine Führungsposition in allen seinen Kerngeschäften. Wie diese Beispiele zeigen, beginnt das Verlernen in dem Moment, da die Mitarbeiter damit konfrontiert werden, daß sich die Erfolgsrezepte der Vergangenheit möglicherweise nicht mehr für die Wettbewerbsherausforderungen der Zukunft eignen. Ein Unternehmen muß erst aus der Ruhe gebracht werden, damit es beginnen kann, zu verlernen.

Jedes Unternehmen, das bei der Fahrt in die Zukunft in den Rückspiegel schaut, wird früher oder später gegen eine Mauer prallen. Den Mitarbeitern diese Mauer vor Augen zu führen, soll nicht dazu dienen, sie in Angst zu versetzen. Angst lähmt. Ziel dieses Vorgehens ist es, ein Bewußtsein der Dringlichkeit zu wecken. Angst ist das Produkt jenes Gefühls von Hilflosigkeit, das entsteht, wenn jedermann erkennen muß, daß das Unternehmen das Lenkrad zu spät und nicht scharf genug herumreißt und daß ein schrecklicher Aufprall nicht mehr zu vermeiden ist. Ein Bewußtsein der Dringlichkeit entsteht, wenn jedermann erkennt, daß das Unternehmen auf eine Mauer zurast, daß diese Mauer jedoch noch weit genug entfernt ist, um das Lenkrad rechtzeitig herumzureißen und den Aufprall zu vermeiden. Aufgabe des Managements ist es, dafür zu sorgen, daß es stets so aussieht, als sei die Entfernung zu dieser Mauer ein klein wenig geringer, als sie tatsächlich ist.

Über jedes erfolgreiche Unternehmen kann gesagt werden, was ein hochrangiger Manager von Microsoft über seine Firma sagte: „[Wir] haben einen wohlverdienten Anteil an der Struktur der Industrie, wie sie heute besteht."[7] Doch jedes Unternehmen, dessen Anteil an der Vergangenheit oder der Gegenwart höher ist als sein Anteil an der Zukunft, läuft Gefahr, sich in einen Nachzügler zu verwandeln. Aber es ist unmöglich, sich einen Anteil an der Zukunft zu sichern, wenn man sich keine Vorstellung von dieser Zukunft machen kann. Aus diesem Grund hat Microsoft seine Advanced Technology Group ins Leben gerufen, deren Aufgabe darin besteht, möglichst viele neue Chancen für Microsoft entlang des Information Highway aufzuspüren und zu verfolgen.

Will man ein Unternehmen dazu bewegen, seine Vergangenheit abzuschütteln, so muß man ihm nicht nur ein Sensorium für die Vorboten des Niedergangs verleihen, sondern auch das Gefühl vermitteln, daß eine erfolgreiche Trennung vom Gestern möglich ist. So wenig erfreulich die gegenwärtige Situation eines Unternehmens auch sein mag, es wird die Vergangenheit kaum für die Zukunft aufgeben, solange es nicht über eine vielversprechende Vorstellung von den Chancen der Zukunft verfügt – über einen Chancenhorizont, der eine verlockende Alternative zur bloßen Wiederbelebung vergangener Erfolge darstellt. Bevor es den Spatzen in der Hand aufgibt, muß ein Unternehmen Dutzende Tauben auf dem Dach sehen. Die Zukunft muß ihm ebenso lebhaft und real vor Augen geführt werden wie die Gegenwart und die Vergangenheit. Das Spitzenmanagement muß die Organisation dabei unterstützen, eine intellektuell und emotional verlockende Vorstellung von der Zukunft zu entwickeln. Das Bemühen, einen Blick in die Zukunft der Industrie zu werfen, ist Thema des folgenden Kapitels.

4

Der Wettbewerb um Industrievorausblick

Im Wettbewerb um einen Vorausblick in die Zukunft der Industrie geht es zunächst einmal um etwas sehr Einfaches: nämlich darum, so treffende Annahmen wie möglich über die Zukunft zu gewinnen und auf dieser Grundlage jenen Vorausblick zu entwickeln, der nötig ist, um die Industrieentwicklung aktiv gestalten zu können. Im Wettbewerb um Industrievorausblick geht es im wesentlichen darum, dem eigenen Unternehmen eine intellektuelle Führungsposition zu verschaffen, was den Einfluß auf Richtung und Form der Industrieumwandlung anbelangt. Industrievorausblick gibt einem Unternehmen das Potential, als erstes die Zukunft zu erreichen und sich eine Führungsposition zu sichern. Industrievorausblick gibt dem Unternehmen Richtung; und er erlaubt es dem Unternehmen, die Kontrolle über die Evolution seiner Industrie und damit über sein eigenes Schicksal zu behalten. Der Trick besteht darin, die Zukunft zu sehen, bevor sie stattfindet.

DIE NOTWENDIGKEIT VON VORAUSBLICK

Industrievorausblick erleichtert den Managern die Beantwortung von drei entscheidenden Fragen. Erstens: Welchen neuen Kundennutzen sollten wir in fünf, zehn oder fünfzehn Jahren bieten können? Zweitens: Welche neuen Kompetenzen müssen wir uns aneignen, um den Kunden diesen Nutzen anbieten zu können? Drittens: Inwiefern müssen wir die Kundenschnittstelle in den kommenden Jahren umgestalten?

Eine Vorstellung von der Zukunft ist im wesentlichen eine Vorstellung von Kundennutzen, Kompetenzen und Kundenschnittstelle. Motorola hat eine solche Vorstellung. Motorola träumt von einer Welt, in der die Telefonnummern nicht länger Orten, sondern Menschen zugeordnet werden; in der kleine, tragbare Geräte den Menschen die Möglichkeit geben werden, miteinander in Kontakt zu bleiben, wo immer sie sich auch befinden; in der neue Geräte neben akustischen Signalen auch Videobilder und Daten übermitteln können. Motorola weiß, daß es seine Kompetenzen in den Bereichen Digitalkompression, Flachdisplays und Batterietechnologie erweitern muß, damit diese Welt Wirklichkeit werden kann. Motorola weiß auch, daß es seinen Namen bei den Kunden rund um den Erdball bekannter machen muß, wenn es sich einen signifikanten Anteil an dem entstehenden Markt sichern will.

Apple hat immer wieder großen Vorausblick bewiesen. In den siebziger Jahren lautete das Ziel des Unternehmens: „Ein Computer für jeden Mann, jede Frau und jedes Kind." Und das zu einer Zeit, als Computer zumeist noch in speziell dafür bestimmten Räumen in den Untergeschossen der Unternehmenszentralen versteckt waren und die Vorstellung eines vor einem Computer sitzenden Kindes lächerlich wirkte. Das Ergebnis dieses Vorausblicks war der Apple II, der im Jahr 1977, vier Jahre vor dem PC von IBM, eingeführt und zum ersten wirklich auf einem Massenmarkt erfolgreichen Computer wurde.

Wenige Jahre später – die Leute plagten sich gerade mit dem Erlernen der „Sprache des Computers" ab – bewies Apple erneut außergewöhnlichen Vorausblick (es muß allerdings hinzugefügt werden, mit Unterstützung der Pionierarbeit von Xerox). Die Apple-Ingenieure stellten sich die Frage: „Wenn der Computer so schlau ist, warum bringen wir ihm dann nicht die Sprache der Leute bei anstatt umgekehrt?“ Das Produkt dieses unkonventionellen Gedankenganges war zunächst der Lisa, dann der Macintosh – und die aufgeklärten Anwender weit und breit mußten sich nie wieder mit einem C> herumschlagen.

General Magic, ein Konsortium, dem unter anderen Apple, AT&T, Motorola und Philips angehören, verfügt über seine eigene Vorstellung von der Zukunft. Die Gründer von General Magic träumen von einer Welt, in der die Menschen sich eines Taschengerätes bedienen können, um durch die Straßen einer typischen „Altstadt“ zu schlendern oder das virtuelle Reisebüro, die virtuelle Bank oder Bibliothek aufzusuchen. Die Benutzer werden die Möglichkeit haben, „Informationsagenten“ loszuschicken, die in den „kybernetischen Raum“ ausschwärmen, um Flugtickets zu reservieren, einen Artikel aus einer Zeitschrift herauszusuchen, den Preis einer Aktie festzustellen oder die Speisekarte eines Restaurants durchzusehen. Wie es in einem Industrievorausblick meistens der Fall ist, basiert General Magics Zukunftsbild auf einem Bewußtsein von Bestimmung, gepaart mit einer profunden Kenntnis der technologischen Trends und einem lebhaften Traum davon, wie man das Leben besser gestalten könnte. Ob General Magic seinen Traum in die Realität wird umsetzen können, muß sich erst noch herausstellen. Vorausblick allein gewährleistet noch keine ertragreiche Reise in die Zukunft. Aber ohne Vorausblick wird die Reise nicht einmal beginnen können.

Wir glauben, daß kein einziges Unternehmen überleben kann, ohne über eine klare Vorstellung von den Chancen und Herausforderungen der Zukunft zu verfügen. In den letzten Jahren wurde hier und dort in Frage gestellt, ob ein Unternehmen überhaupt eine „Vision“ benötige. Anpassungsfähigkeit, solide Implementierung und grundlegende Abwehr- und Angriffstechniken werden zunehmend höher bewertet als eine Zukunftsperspektive.[1] Zahlreiche Führungspersönlichkeiten von Ex-Präsident George Bush bis Lou Gerstner von IBM haben ihr Unbehagen bekundet, wenn „die Sache mit der Vision“ zur Sprache gebracht wurde.

Allerdings ist das Objekt dieser Ablehnung nicht mit dem Industrievorausblick gleichzusetzen. Visionen, die so schlecht konzipiert wie grandios sind, verdienen ebenso Kritik wie die Unternehmen, die den Taten Worte vorziehen. Allzuoft ist „die Vision“ nichts anderes als ein Deckmantel für die ehrgeizigen Akquisitionspläne eines egozentrischen Unternehmensleiters. Die Entscheidung Chryslers, einen Flugzeugbauer und einen auf die Herstellung exotischer Sportwagen spezialisierten italienischen Autobauer zu kaufen, hatte ihren Ursprung eher im ausgeprägten Ego und in den Launen des damaligen Chairmans Lee Iacocca als in einer schlüssigen Vorstellung darüber, welche Anforderungen zehn Jahre später in der Automobilindustrie herrschen würden. Diese Akquisitionen waren einfach abwegig. Jede Vision, die nichts weiter ist als ein Auswuchs des Egos eines Unternehmensleiters, ist gefährlich. Auf der anderen Seite ist es eine ebenso gefährliche Vereinfachung, den Gedanken des Vorausblicks allein deshalb zurückzuweisen, weil irgendwelche Konzernchefs nicht zwischen Eitelkeit und Vision unterscheiden können.

Häufig wird die Vision eines Unternehmens zum Ziel gelehrter Kritik, obwohl das eigentliche Problem mangelhafte Führungsqualität ist. Apple zum Beispiel bewies mehr Vorausblick als die meisten Unternehmen in seiner Branche, aber es hat auch genug Managementschnitzer auf dem Gewissen. Das soll die Qualität von Apples Vorausblick nicht schmälern; es beweist lediglich, daß Vorausblick allein nicht genug ist. Industrievorausblick garantiert nicht den Erfolg im Wettbewerb. Die Firmen mit dem größten Weitblick sind nicht unbedingt auch die ertragreichsten. Aller Vorausblick ist von geringem Wert, wenn es an der Fähigkeit fehlt, ihn auch umzusetzen. Andererseits nützt auch das vollkommenste Management nichts, wenn es an industriellem Vorausblick mangelt.

Heutzutage scheinen viele Unternehmen überzeugt, der Vorausblick sei die einfachere Übung, während die eigentlichen Fallen in der Implementierung lägen. Wir sind der Überzeugung, daß Industrievorausblick und ausgezeichnete operative Leistungen gleichermaßen herausfordernde Aufgaben darstellen. Vielfach sind die vorgeblichen Implementierungsfehler von heute in Wirklichkeit nichts anderes als der in ein anderes Gewand gekleidete mangelnde Vorausblick von gestern. IBMs gewaltige Overheadkosten konnten unter Kontrolle gehalten werden, als man mit Computern noch so riesige Gewinnspannen wie mit illegalen Drogen erzielte; dieselben Overheadkosten drohten, das Unternehmen in den Ruin zu treiben, als die Computer sich in Waren verwandelten, deren Gewinnspannen jenen von Dosengemüse entsprachen. Ein IBM-Mann der frühen neunziger Jahre könnte durchaus die Auffassung vertreten haben, der Konzern brauche „keine Vision, sondern eine bessere Kostenstruktur und kürzere Entwicklungszeiten". Unsere Antwort darauf hätte gelautet: „Selbstverständlich müssen Sie die Kosten senken – aber warum haben Sie das Kostenproblem nicht schon vor zehn Jahren in Angriff genommen? Weshalb haben Sie nicht erkannt, daß offene Systeme, Emulationen und die Annäherung von Computertechnologie und Unterhaltungselektronik schon bald die Gewinnspannen verringern würden?" Viele der operativen Mißgriffe von IBM in den frühen neunziger Jahren konnten auf einen Mangel an Vorausblick in den achtziger Jahren zurückgeführt werden.

Der Qualitätsrückstand, der die amerikanischen Autobauer in den siebziger und achtziger Jahren so große Marktanteile kostete, beruhte nicht einfach nur auf „mangelnder Ausführung". Detroit ging nicht über Nacht die Luft aus, und die japanischen Autohersteller gingen nicht mit einem Qualitätsvorsprung ins Rennen. Die Japaner hatten Jahrzehnte zuvor erkannt, daß sie neue und durchschlagskräftige Waffen würden schmieden müssen, um die amerikanischen Automobilhersteller auf deren Heimmarkt zu schlagen. Die Bezeichnungen dieser neuen Waffen waren Qualität, Zykluszeit und Flexibilität. Zwanzig Jahre später hatte sich Toyotas Vorausblick bei General Motors als Implementierungsalptraum niedergeschlagen.

Aus einer Reihe von Gründen ziehen wir den Begriff Vorausblick dem Wort Vision vor. Mit dem Begriff Vision sind die Konnotationen „Traum“ und „Erscheinung“ verbunden, Industrievorausblick jedoch bedeutet mehr als nur ein kurzes Aufflackern der Erkenntnis. Industrievorausblick beruht auf tiefen Einsichten in die Entwicklungstrends von Technologie, Bevölkerungsstruktur, Gesetzgebung und Lebensgewohnheiten, auf Einsichten, die genutzt werden können, um die Spielregeln der Industrie umzuschreiben und neuen Wettbewerbsraum zu erschließen. Das Verständnis der potentiellen Implikationen solcher Trends erfordert zwar Kreativität und Vorstellungskraft, aber jede „Vision“, die nicht auf einem soliden sachlichen Fundament aufbaut, gehört wahrscheinlich ins Reich der Phantasie.

Wir sind auch auf der Hut vor „Visionären“. Zwar waren Akio Morita von Sony, Ray Smith von Bell Atlantic und Bill Gates von Microsoft allesamt erklärte Visionäre, aber ein allzu zielstrebiger Visionär kann sein Unternehmen ebensogut in eine Sackgasse wie in eine erfolgreiche Zukunft führen. Allzuoft reden sich Unternehmensführer ein, sie seien wahre Visionäre, ihr Blick nach vorn sei schärfer und reiche weiter als der irgendeines anderen Managers. Möglich, daß ein abenteuerlustiger Kapitalist bereit ist, einige Millionen Dollar auf einen Visionär zu setzen, aber es wäre sträflich dumm, die Zukunft eines milliardenschweren Konzerns von der Zukunftsvision irgendeines einzelnen Menschen abhängig zu machen. Wie wir noch sehen werden, beinhaltet Industrievorausblick die Visionen vieler Leute. Häufig verkaufen Journalisten Industrievorausblick oder schmeichlerische Mitarbeiter eine Vorstellung von der Zukunft, in der eigentlich die Perspektiven vieler einzelner zusammenfließen, als „Vision“ einer Person. Mr. Kobayashi mag große Verdienste um NECs visionäres Konzept „Computers and Communications“ („C&C“) haben, aber die Idee, die Annäherung zwischen den beiden Industrien auszunutzen, beruhte auf den Gedanken nicht eines einzelnen, sondern vieler kluger Köpfe bei NEC. Spitzenmanager sind nicht die einzigen, die über Industrievorausblick verfügen. Tatsächlich besteht ihre vorrangige Funktion darin, den in der gesamten Organisation vorhandenen Vorausblick zu bündeln und nutzbar zu machen. Es ist ihre Aufgabe, für die Entwicklung von Industrievorausblick zu sorgen, aber der Vorausblick ist nicht ihre alleinige Domäne.

DIE ENTWICKLUNG VON VORAUSBLICK

Zwischen den Führungsteams herrscht ein Wettbewerb um die Aneignung von Industrievorausblick. Zwischen den Führungsteams herrscht ein Wettbewerb um die Entwicklung eines vorausblickenden, soliden und kreativen Konzepts zukünftiger Chancen, das den präventiven Aufbau von Kompetenzen fördert, diesen Bemühungen ein Ziel gibt, dauerhafte Investitionen garantiert, als Richtschnur für die Entscheidungen über strategische Allianzen und Akquisitionen dient und keinen Platz läßt für Ziellosigkeit und Beliebigkeit. Jedes Spitzenteam, das nicht ausreichend in die Entwicklung von Industrievorausblick investiert, wird sich früher oder später Konkurrenten mit größerem Weitblick ausgeliefert sehen.

Ob sie es wußten oder nicht: Lou Gerstner und seine Mannschaft bei IBM kämpften Anfang der neunziger Jahre mit Michael Spindler und seinem Team bei Apple, die wiederum mit Lewis Platt und seinem Team bei Hewlett-Packard kämpften, die mit Les Alberthal und seinem Team bei EDS kämpften, die mit George Shaheen und seinem Team bei Andersen Consulting kämpften – und zwar ging es in diesem Kampf um die Entwicklung einer Vorstellung von der Zukunft der Informationstechnologie. Arthur Martinez und sein Team bei Sears kämpften mit David Glass und seinem Team bei Wal-Mart, die mit Joseph Antonini und seinem Team bei Kmart kämpften – und in diesem Kampf ging es um eine weitblickende Sicht der Zukunft des Masseneinzelhandels. Roy Vagelos und sein Team bei Merck kämpften mit Bob Bauman und seinem Team bei SmithKline Beecham, die mit Sir Paul Girolami und seinem Team bei Glaxo darum kämpften, wer die präziseste Vorstellung von einem neuen und dramatisch veränderten Gesundheitsbereich gewinnen und sich am besten darauf vorbereiten würde. Ray Smith und sein Team bei Bell Atlantic kämpften mit Bob Allen und seinem Team bei AT&T, die mit Richard McCormick und seinem Team bei US West um die Gestaltung der Zukunft im Bereich „Infotainment" kämpften. Robert Crandall und sein Team bei AMR kämpften mit Stephen Wolf bei United und Colin Marshall bei British Airways um den Aufbau der ersten wirklich globalen Fluglinie. Und alle diese Teams kämpften wiederum gegen unzählige Newcomer, die darauf drängten, den eingesessenen Unternehmen die Führerschaft in den radikal veränderten Industrien der Zukunft streitig zu machen. Auf dem Spiel standen Chancen im Wert von Milliarden, die Möglichkeit, das Leben vieler Menschen auf der Erde zu verbessern, und der Zutritt in die Gruppe jener Unternehmensleiter, die in der Geschichte den größten Weitblick bewiesen hatten.

Es sind uns wenige Führungsteams untergekommen, die es als ihre Pflicht ansahen, Industrievorausblick zu entwickeln, oder die zu begreifen schienen, daß sie kaum den zukünftigen Kampf um die Marktführerschaft gewinnen werden, wenn sie nicht zuerst den gegenwärtigen Kampf um die intellektuelle Führerschaft gewinnen. Wenn sie direkt darauf angesprochen werden, gestehen die Manager bereitwillig ein, daß der Erfolg von heute keine Gewähr für den Erfolg von morgen ist; aber ihr Verhalten scheint meist auf der unterschwelligen Annahme zu beruhen, daß die Zukunft im großen und ganzen ein Spiegelbild der Vergangenheit sein wird. Wie soll man sich sonst erklären, daß IBM im Jahr 1991 immer noch rund ein Drittel seines F&E-Budgets in den Mainframebereich steckte? Obwohl die Manager uns häufig darauf hinwiesen, wie sehr sich ihre Industrie im letzten Jahrzehnt verändert hat, scheinen nur wenige von ihnen auf die Möglichkeit gefaßt zu sein, daß ihre Industrie sich auch im kommenden Jahrzehnt derart grundlegend verändern könnte. Und kaum einer von ihnen hat eine grobe Vorstellung davon entwickelt, wie die Veränderungen aussehen könnten.

Um die Zukunft als erster zu erreichen, muß das Topmanagement entweder Chancen ausfindig machen, die andere Führungsteams noch nicht erkannt haben, oder es muß dank eines präventiven und umfassenden Aufbaus von Fähigkeiten in der Lage sein, Chancen zu nutzen, die andere Unternehmen nicht nutzen können. Auch was diesen Punkt anbelangt, finden wir wenige Führungsteams, die ein verlockendes Bild jenes neuen Industrieraums zu zeichnen vermögen, den ihr Unternehmen im Lauf des kommenden Jahrzehntes zu erobern hofft. Wir finden wenige Führungsteams, die einen klaren Plan für den Aufbau von Kompetenzen vorweisen können. Wir finden wenige Führungsteams, die dem Chancenmanagement genausoviel Zeit einräumen wie dem operativen Management.

Viele Unternehmen stützen sich bei ihren Erneuerungsbestrebungen auf große, kühne Akquisitionen und auf die unternehmerische Haltung ihrer Mitarbeiter. So nützlich diese Bemühungen auch sein mögen, weder Firmenübernahmen noch F&E-Gruppen können den Industrievorausblick ersetzen. Das Topmanagement betrachtet eine große Akquisition häufig als den einzigen Notausgang aus einem Geschäftsfeld, das hoffnungslos gesättigt ist. Es ist allgemein bekannt, daß kaum eine Firmenübernahme einen tatsächlichen Nutzen für die Aktionäre der übernehmenden Gesellschaft hat; aber Akquisitionen bieten sich vielfach als leichtes Alibi für Spitzenmanager an, die geistig zu träge sind, um die Zukunft der „Kerngeschäfte“ zu durchdenken, und die über zu wenig Vorstellungskraft verfügen, um neue Wege zur Entfaltung vorhandener Kompetenzen zu finden. So überließ Xerox, während es sich bemühte, sein Portfolio durch die Akquisition von Finanzdienstleistungsfirmen „ausgewogen zu gestalten“, unwissentlich das „Büro der Zukunft“ anderen, die das Potential der im Xerox-Forschungszentrum in Palo Alto erfundenen Technologie besser durchschauten.

Es ist durchaus richtig, daß F&E-Gruppen, Innovationsgeist und produktives Chaos oft unerwartete neue Produkterfolge hervorbringen, aber sie sind kein Ersatz für industriellen Vorausblick. Lassen Sie uns erklären, warum. Einer verbreiteten Auffassung zufolge ist es für große Unternehmen nahezu unmöglich, wirklich innovativ zu sein. Die Großkonzerne werden regelmäßig als „behäbige Riesen“ oder „Firmendinosaurier“ bezeichnet. Dieser Auffassung nach entsteht jedes neue Geschäft, das sich dem Würgegriff der Unternehmensbürokratie, des Beharrungsvermögens und des kurzfristig orientierten Denkens erfolgreich entzieht, nicht aufgrund, sondern trotz des Systems. Aber selbst die schärfsten Kritiker der phantasielosen Unternehmensriesen behaupten nur selten, um die Vorstellungskraft der Mitarbeiter dieser Unternehmen sei es schlechter bestellt als um den Ideenreichtum von Leuten, die für kleinere Firmen arbeiten. Es ist die Bürokratie, es sind die zahlreichen Genehmigungsebenen und der Mangel an persönlicher Freiheit, die der Innovation den Garaus machen.

Es hat eine Reihe von Versuchen gegeben, den ideenreichen Mitarbeiter vom Zwang der Unternehmensorthodoxie zu befreien: eigene Abteilungen fur Neuentwicklungen, F&E-Gruppen, Inkubatorprojekte, Belohnungen für Entwicklungsleistungen und so weiter. Obwohl solche Bemühungen durchaus Erfolge zeitigen – man denke nur an 3M –, werden sie häufig stiefmütterlich behandelt und völlig von den Ressourcen abgeschnitten, die für ihren Erfolg unverzichtbar wären. Xerox, Eastman Kodak und viele andere Gesellschaften haben mit der Förderung des internen Innovationsgeistes und mit den Programmen zur Entwicklung neuer Geschäftsfelder nur bescheidenen Erfolg gehabt.

Eine oft ins Feld geführte Ausnahme ist die Entwicklung des PC von IBM. Als Standort für sein PC-Projekt wählte IBM Boca Raton, einen Ort, der von der Zentrale im Staat New York nicht nur geographisch weit entfernt war. Das Projekt wurde als „unabhängige Geschäftseinheit“ eingerichtet und unterstand direkt dem Konzernchef. So erhielt die Entwicklungsmannschaft die Möglichkeit, sich der erstickenden Orthodoxie und der Konzernkontrolle zu entziehen. Das Ergebnis war die rasche Entwicklung eines Produkts, das fast jede IBM-Regel brach. Aber es gab auch eine Kehrseite – eine dunkle, gefährliche Kehrseite. Das PC-Team hatte keinen direkten Zugang zu den Kompetenzen von IBM in den Bereichen Betriebssysteme und Halbleiter. Da diese Fähigkeiten vom traditionellen und engstirnigen Großrechnerbereich des Konzerns als Geheimnis gehütet wurden, war das PC-Team gezwungen, sich an externe Partner zu wenden.

Microsoft und Intel profitierten in großem Stil von der Tatsache, daß IBM nicht imstande war, die in seinen festverankerten, traditionellen Geschäftsbereichen schlummernden entscheidenden Kompetenzen herauszulösen. Mittlerweile haben sich Microsoft und Intel von Partnern zu Konkurrenten des Riesen IBM gemausert. Die Unfähigkeit der F&E-Gruppe, sich die benötigten Fähigkeiten anzueignen, sie anzupassen und für ihre eigenen Ziele einzusetzen, zwang IBM dazu, einen Großteil seines Ertragspotentials aus der PC-Chance an seine Zulieferer abzutreten. Unglücklicherweise verlor der PC-Bereich mit seiner Wiedereingliederung in die traditionelle IBM-Struktur sehr viel von seiner Dynamik, denn dort war man von Managern umgeben, die PC-Systeme lediglich als „Einstiegssysteme" betrachteten (jedermann wird früher oder später einen Mainframe besitzen), anstatt ein völlig neues Informationsverarbeitungsparadigma in ihm zu erkennen. Obwohl also kleine Gruppen – etwa F&E-Einheiten oder Teams unternehmerisch denkender Mitarbeiter – einengende Managementrahmen mitunter durchbrechen können, müssen sie dafür insofern einen hohen Preis bezahlen, als ihnen die anderswo in der Organisation vorhandenen Fähigkeiten verschlossen bleiben. Und häufig werden sie im Endeffekt von Managern kontrolliert, die nicht besonders begierig sind, „entschlossen dorthin zu marschieren, wo zuvor noch niemand gewesen ist".

Viele Innovationsprogramme scheinen das Ziel zu verfolgen, ein Gewächshaus zu bauen, in dem 1000 Blumen blühen können. Aber wenn es im Unternehmen an der Entschlossenheit mangelt, diese Chancen zu verfolgen, und wenn die Manager der Innovationsprogramme nicht in der Lage sind, Zugang zu den weltweiten Kompetenzressourcen des Unternehmens zu finden, dann wird das Gewächshaus nicht mehr als zwanzig Zentimeter hoch werden. „Schmiergeldfonds“ für neue Produkte und zur Belohnung hartnäckiger Mitarbeiter mögen genug sein, um ein neues, herausragendes Produkt ins Leben zu rufen, aber dieser Ansatz dürfte kaum erfolgversprechend sein, wenn es gilt, einem Unternehmen ein Standbein in einem auf komplexen Systemen beruhenden Geschäftsfeld zu verschaffen, in dem die „Schwangerschaft“ ein Jahrzehnt oder länger dauern kann und wo die unverzichtbaren Ressourcen möglicherweise auf drei oder vier verschiedene Bereiche verteilt sind. Es scheint beinahe ein innerer Widerspruch zu bestehen zwischen der Notwendigkeit, Neuentwicklungen vor den Hütern der Orthodoxie im Unternehmen zu schützen, und der Erfordernis, gleichzeitig den Entwicklungsteams die Möglichkeit zu geben, zur Schaffung neuer Märkte in vollem Umfang auf die Kernkompetenzen der Firma zurückzugreifen. Doch die Fähigkeit, die Vorstellungskraft des Unternehmens mit dem Zugang zu den weltweiten Ressourcen zu verbinden und das gesamte Unternehmen auf Chancen einzuschwören, die in ihrer frühesten Entwicklungsphase kaum die Aufmerksamkeit des Spitzenmanagements zu verdienen scheinen, ist ausschlaggebend dafür, ob es dem Unternehmen gelingt, die Zukunft aufzubauen.

Um die Zukunft zu schaffen, muß das gesamte Unternehmen, nicht nur einige isolierte „Burschen aus der Forschung“, über Industrievorausblick verfügen. Das Topmanagement kann seine Verantwortung für die Entwicklung, Formulierung und Verfechtung eines Zukunftskonzepts nicht verleugnen. Gebraucht werden nicht nur F&E-Gruppen und einfallsreiche Einzelpersonen, sondern Spitzenmanager, die in der Lage sind, sich von den orthodoxen Glaubenssätzen des gegenwärtigen „Selbstbildes“ ihres Unternehmens zu lösen.

An dieser Stelle drängt sich die Frage auf, woher ein Industrievorausblick kommt. Wo eine Kristallkugel hernehmen, wenn ein ständiger Lieferengpaß besteht? Wie kann man Industrievorausblick entwickeln, wenn doch mehr und mehr Industrien in andauerndem Chaos gefangen scheinen? Wie kann man zwischen Vorausblick und Phantasie unterscheiden? Wie soll man einen Vorausblick in die Industriezukunft beurteilen, wenn die Zukunft doch noch nicht geschehen ist? Im Wettbewerb um Industrievorausblick besteht die Herausforderung darin, aus zukünftigen Erfahrungen schon im voraus Erkenntnisse zu gewinnen. Das klingt unmöglich, ist es aber nicht. Was die meisten Unternehmen davon abhält, sich ein Bild von der Zukunft zu machen, ist weniger die Tatsache, daß man die Zukunft nicht kennen kann – obwohl man das in vielerlei Hinsicht natürlich wirklich nicht kann. Vielmehr werden die Firmen dadurch an einem Blick in die Zukunft gehindert, daß diese sich von der Gegenwart unterscheidet. Allen Kay, der im Forschungszentrum von Xerox Pionierarbeit geleistet hat, formuliert es so: „Die Zukunft konnte vorhergesagt werden, aber kaum jemand sagte sie vorher." Die Hinweise, die schwachen Signale und die Entwicklungslinien, die darauf hindeuten, inwiefern sich die Zukunft von der Gegenwart unterscheiden könnte, sind für jedermann sichtbar. Jene Daten, die für die Entwicklung von Industrievorausblick wichtig sind, befinden sich in den seltensten Fällen in Händen eines einzigen Unternehmens.

Wie ist es dann möglich, daß so viele Unternehmen an dem Versuch scheitern, die Zukunft vorauszusagen? Was hielt DEC davon ab, die PC-Chance zu erkennen? Warum erkannte Canon und nicht Xerox die Chance, die sich bei den kleinen Kopiergeräten bot? Wie war es möglich, daß eine unbekannte finnische Gesellschaft namens Nokia zum weltweit zweitgrößten Lieferanten von Mobiltelefonen aufstieg, während europäische Giganten wie Philips, Siemens und Alcatel nur die Brosamen aufpicken durften?

Warum kamen die Leute bei Swatch und nicht die Denkfabriken von Seiko oder Citizen auf die Idee, Pop-art und Zeitmessung miteinander zu verbinden? Wie kommt es, daß unter denselben Umweltbedingungen und -entwicklungen einige Unternehmen imstande zu sein scheinen, sich ein phantasievolles, verlockendes und vorausblickendes Zukunftskonzept anzueignen, während andere nur orientierungslos zu sein scheinen.

Die Entwicklung von Industrievorausblick erfordert mehr als gute Szenarienplanung oder gute technologische Prognosen, obwohl Szenarien und Prognosen in der Entwicklung eines Vorausblicks häufig wertvolle Bausteine darstellen. Im Wettbewerb um Industrievorausblick besteht das Ziel nicht darin, Alternativpläne rund um einige „wahrscheinliche" Szenarien auszuarbeiten. In „unstrukturierten" Industrien ist die Zahl der zukünftigen Kombinationsmöglichkeiten so groß, daß eine herkömmliche Szenarienplanung kaum in der Lage wäre, die ganze Bandbreite an potentiellen Ergebnissen aufzuzeigen. Die Szenarienplanung mag hilfreich sein, wenn es gilt, die Konsequenzen eines Ölpreises von 50 Cent pro Barrel zu beurteilen, aber sie ist möglicherweise nicht von großem Nutzen, wenn die ersten fünf „umwerfenden Anwendungen" für das interaktive Fernsehen oder völlig neue Anwendungen für die Gentechnik gesucht werden. Szenarienplanung und Prognosetechniken gehen üblicherweise von dem aus, was ist, und prognostizieren auf dieser Basis, was geschehen könnte. Das Streben nach Industrievorausblick beginnt häufig mit der Überlegung, was sein könnte, um dann von einem Standort in der Zukunft aus rückblickend zu fragen, was geschehen muß, damit sich die angestrebte Entwicklung tatsächlich einstellt. Diese Art von Vorausblick ist es, von der sich Motorola im Engagement für den satellitengestützten Personal Communicator leiten läßt. Diese Art von Vorausblick ist es, die JVCs Entscheidung für die Videorecorder-Chance zugrunde lag. Diese Art von Vorausblick ist es, die Bell Atlantic zu der Vorstellung von einer Fülle an Informations-, Unterhaltungs- und Ausbildungsservices führt, die jedem Haushalt im Einzugsgebiet dieser Gesellschaft zur Verfügung gestellt werden sollen.

Industrievorausblick muß auf fundierte Einsichten in die Entwicklung von Lebensgewohnheiten, Technologie, Bevölkerungsstruktur und Geopolitik beruhen, aber er hängt ebensosehr von der Vorstellungsgabe wie von Vorhersagen ab. Um die Zukunft gestalten zu können, muß ein Unternehmen zuerst in der Lage sein, sich die Zukunft vorzustellen. Um die Zukunft gestalten zu können, muß ein Unternehmen zuerst eine überzeugende visuelle und begriffliche Darstellung zukünftiger Verhältnisse entwerfen. Um Wald Disney zu zitieren: Es bedarf des „Imagineering". Disney stellte sich dort, wo sich heruntergekommene Pferderanches befanden, eine experimentelle Stadt vor. Aus diesem Traum wurde EPCOT – ein Teil des weltweit beliebtesten Touristenziels. Es ist interessant, daß EDS, ein anderes vorausblickendes Unternehmen, Disney-Schüler einstellte, um ein Modell anzufertigen, das zeigt, wie die Revolution der Informationstechnologie unser Leben und unsere Arbeit im kommenden Jahrhundert verändern wird. Motorola schuf eine Videopräsentation, die seine Sicht der „drahtlosen" Zukunft veranschaulichte. The Daily Telegraph, Großbritanniens meistgelesene Zeitung, hat ein Video produziert, in dem die Zeitung der Zukunft vorgeführt wird.

Worin liegt das Geheimnis eines verfeinerten Sinnes für zukünftige Möglichkeiten? Unserer Erfahrung nach entspringt Industrievorausblick einer kindlich unschuldigen Annäherung an die Frage, was sein könnte und sein sollte, einer tiefen und ungehemmten Neugier seitens der leitenden Manager, einer Bereitschaft, Spekulationen über Fragen anzustellen, mit denen man bis dato noch wenig vertraut ist. Vorausblick ist das Produkt einer gezielten Auswahl unter den besten Möglichkeiten, eines freien Umgangs mit Analogien und Metaphern, eines inhärenten Widerspruchsgeistes, eines über bloße Kundenorientiertheit hinausgehenden Ansatzes, einer unmittelbaren Einfühlung in die menschlichen Bedürfnisse. Wir werden uns mit jedem einzelnen dieser Punkte beschäftigen, aber zunächst sollten wir darauf hinweisen, daß die Zukunft all jenen Firmen, die sich nicht von der kurzsichtigen Fixierung auf ihren gegenwärtigen „bedienten Markt“ und von ihren orthodoxen Produkt- oder Dienstleistungskonzepten und den bestehenden Preis-Leistungsverhältnissen lösen können, im wesentlichen verschlossen bleiben wird.

Abkehr von der kurzsichtigen Fixierung auf den bedienten Markt

Oft werden Unternehmen nicht dadurch, daß man sich kein Bild von der Zukunft machen könnte, davon abgehalten, sich die Zukunft auszudenken und neue Wettbewerbsräume zu entdecken, sondern dadurch, daß die Manager dazu neigen, die Zukunft durch die enge Blende ihrer gegenwärtig bedienten Märkte zu betrachten. So entdecken wir oft, daß die technische Phantasie in einem Unternehmen die Phantasie bei Produktneuheiten in den Schatten stellt, welche wiederum die Vorstellungskraft bezüglich neuer Geschäftsfelder in den Schatten stellt. Das Resultat ist eine mangelhafte Ausschöpfung der technischen und menschlichen Ressourcen.

Hätte sich SKF ausschließlich als Hersteller von Kugellager betrachtet, hätte AMR, der Vorgänger von American Airlines, sich nur als einen Fluglinienbetreiber betrachtet, hätte Canon nichts weiter von Kameras, Kopierer, Faxgeräten und Druckern in sich gesehen, hätte Motorola sich lediglich als Produzent von Mobiltelefonen, tragbaren Radios und Pagern betrachtet – ihre Sicht der zukünftigen Chancen und Bedrohungen wäre beträchtlich eingeengt gewesen.

Will ein Unternehmen im Wettbewerb um die Zukunft reüssieren, so muß es imstande sein, den eigenen Chancenhorizont zu erweitern. Das heißt, das Topmanagement muß das Unternehmen eher als Portfolio von Kernkompetenzen denn als Portfolio einzelner Geschäftseinheiten begreifen. Die Definition der Geschäftseinheiten geht üblicherweise von einem spezifischen Produktmarkt aus, während Kernkompetenzen anhand einer allgemeinen Beschreibung des Kundennutzens definiert werden (z. B. „Benutzerfreundlichkeit“ bei Apple, „Taschengröße“ bei Sony oder „ungebundene Kommunikation" bei Motorola). Canon hat ein Kamerageschäft, ein Druckergeschäft usw. Aber wenn Canon sich lediglich als eine Anhäufung von strategischen Geschäftseinheiten sieht, wird die Innovation zwangsläufig auf zahlenmäßig mehr Kameras, mehr Kopierer und mehr Drucker beschränkt bleiben. Jedes Unternehmen, das sich in bezug auf eine spezifische Konfiguration von Endproduktmärkten begreift, knüpft das eigene Schicksal an das Schicksal dieser Märkte. Märkte werden gesättigt, Kompetenzen hingegen entwickeln sich weiter. Obwohl Sony weltweit eines der ersten Unternehmen war, das die Festkörperelektronik bei Kurzwellenradios einsetzte, betrachtet der Konzern Radios heute nicht mehr als einen großen Wachstumsbereich. Andererseits ist Sonys Kompetenz im Bereich Miniaturisierung, die vorangetrieben wurde, als es darum ging, Transistoren für Taschenradios zu bauen, weiterhin eine Quelle für einen unerschöpflichen Strom innovativer Produktneuheiten. Obwohl Honda im Motorradgeschäft groß wurde, fesselte es seine Zukunft nicht an diesen spezifischen Geschäftsbereich. Statt dessen begriff Honda sich als weltweiten Führer im Bereich Motoren und Kraftübertragung und nutzte diese Kompetenz beim Bau von Autos, Rasenmähern, Gartentraktoren, Bootsmotoren und Generatoren.

Wenn man ein Unternehmen als ein Kompetenzportfolio auffaßt, eröffnet sich meist eine ganze Reihe völlig neuer Chancen. Wir verwenden den Begriff weiße Flecken, um Chancen zu beschreiben, die zwischen und im Umkreis von vorhandenen produktbezogenen Geschäftsdefinitionen zu finden sind. Ein Beispiel fur einen solchen weißen Fleck war das Video-Zeichensystem, das Sony für Kinder entwickelte. Dabei handelt es sich im wesentlichen um eine Workstation mit Zeichenstift. Mit diesem Stift können Kinder das Fernsehen als virtuelles Malbuch verwenden. Canon gelang es dank „Weißer-Fleck"-Chancen, weit über sein Kamera-Kerngeschäft hinauszugehen. Das Canon-Handbook schreibt den Erfolg der Tatsache zu, daß sich das Unternehmen auf Kernkompetenzen konzentriert. Der Erfolg, heißt es da, beruht auf einem „synergistischen Management sämtlicher ... Fähigkeiten des Unternehmens, wobei das gesamte Know-how von Canon in den Bereichen Feinoptik, Präzisionsmechanik, Elektronik und Feinchemie gebündelt wird". Diesem Ansatz verdankt es Canon, daß es bei seiner Suche nach neuen Chancen, in denen es seine Kernkompetenzen und seine ausgeprägte Markenidentität optimal nutzen kann, nicht durch vorhandene Geschäftsdefinitionen eingeengt wird.

Die Grenzen und Definitionen der Geschäftseinheiten eines Unternehmens stellen eine administrative Durchsetzung des Bildes dar, das sich die Firma gegenwärtig von ihrer Industrie macht. Aber die zukünftigen Chancen werden sich kaum genau mit den Geschäftsdefinitionen von heute decken. Wenn ein Instrument zur klaren Chancenerkennung fehlt, besteht die Gefahr, daß die Manager der Geschäftseinheiten die Grenze ihres speziellen „Produktmarktreviers" mit den viel weiteren Grenzen des Chancenhorizonts verwechseln.

Die meisten Unternehmen geben sich große Mühe, die Besitzrechte am vorhandenen Markt Segment für Segment abzustecken. Aber sollte nicht ebensoviel Aufmerksamkeit darauf verwendet werden, die Zuständigkeiten für die weißen Flecken zu bestimmen? Allzuoft bleiben die weißen Flecken herrenlos. Eastman Kodak erweiterte seinen Chancenhorizont, als es die traditionellen Scheuklappen entfernte und sich auf die Suche nach Märkten begab, die zwischen seinen herkömmlichen Kompetenzbereichen chemische Bildverarbeitung (Film) und elektronische Darstellung (Kopierer usw.) lagen, oder die sich, um es genauer zu sagen, über die Grenzen der beiden Bereiche hinweg erstreckten. Eine der Chancen auf einem weißen Flecken, die sich aus diesem Ansatz ergaben, war das, was Kodakleute als „elektronischen Schuhkarton" bezeichneten. Die Erkenntnis, daß zahlreiche Familienfotografien in Schuhkartons verstauben, brachte Kodaks Chemiker und Elektroingenieure auf die Idee, daß man ein Medium entwickeln sollte, mit dem man Fotos leicht und sicher speichern, sie sich auf einem normalen Fernsehgerät ansehen und nach Belieben abrufen und bearbeiten konnte. (Natürlich war es möglich, daß die Leute, wenn sie mehr Zeit mit einer unterhaltsameren Betrachtung ihrer Fotos verbrachten, auch mehr Filme kaufen würden!) Das Resultat war ein über den Fotohandel vertriebenes Verfahren, mit dem sich Filmbilder in elektronische Bilder umwandeln lassen. Diese elektronischen Bilder können mittels eines an das Fernsehgerät angeschlossenen Video-CD-Players betrachtet werden – die „Foto-CD" von Kodak. Der Erfolg dieses Produktes ist weniger bedeutsam als das, was die Manager lernten: Durch Verknüpfung der Fähigkeiten scheinbar nicht zusammenpassender Geschäftsbereiche gelang es, neuen Wettbewerbsraum zu schaffen.

Einige Unternehmen, unter ihnen Sharp und Sony, verfügen über hochentwickelte Methoden zur Erschließung weißer Flecken und bemühen sich sehr erfolgreich, ihren Chancenhorizont stetig zu erweitern. Sie unternehmen große Anstrengungen, um zu gewährleisten, daß sowohl die Ingenieure als auch die Marketingleute mit sämtlichen Kompetenzen des Unternehmens vertraut sind. Jeder Mitarbeiter, der eine neue Geschäftsidee hat, ob es sich nun um den Pocket Organizer von Sharp oder CD-Datenabspielgeräte wie den Bookman von Sony handelt, kann diese Idee vorbringen und um Zugang zu den Kompetenzressourcen der Firma ersuchen. Ist das Topmanagement von dem neuen Produkt überzeugt, so wird ein bereichsübergreifendes Team eingesetzt, um den Konzern weltweit nach den geeigneten Ressourcen (z. B. Techniker) abzusuchen.

Der kurzsichtigen Konzentration auf das gegenwärtige Produktkonzept entkommen

Um freien Blick auf die Zukunft zu erhalten, muß ein Unternehmen in der Lage sein, sich von einer engen und orthodoxen Sichtweise seiner Geschäftsfelder, seiner Produkte oder Dienstleistungen zu lösen. So wie es nötig ist, sich vom Konzept der Geschäftseinheiten zu lösen und sich der abstrakteren Abgrenzung nach Kernkompetenzen zuzuwenden, bedarf es auch einer Lösung von den traditionellen Produkt- und Dienstleistungsdefinitionen. An ihre Stelle muß eine Konzentration auf die zugrundeliegenden Funktionen treten.

Sehen wir uns verschiedene Beispiele für funktionsbezogenes Denken an. Stellen Sie sich vor, wir schreiben das Jahr 1980. Der Vertreter eines Kopiererherstellers besucht einen Kunden – den Leiter der Kopierabteilung eines großen Unternehmens. Da sitzt der Vertreter nun kurz vor fünf Uhr abends in der Kopierzentrale des Unternehmens und sieht, daß zahlreiche Mitarbeiter in einer langen Schlange stehen und darauf warten, daß das einzige große Kopiergerät, das für die individuelle Benutzung bereitsteht, frei wird. Die meisten der Leute haben nur eine oder zwei Kopien zu machen und hoffen, das hinter sich zu bringen, bevor das Kopierzentrum schließt. Wie deutet der Vertreter das „Problem" der ungeduldig wartenden Angestellten? Betrachtet er die Warteschlange durch die Linse des herkömmlichen Produktkonzeptes – ein teures, zentral plaziertes Gerät, das sehr schnell arbeitet –, so wird er wahrscheinlich zu dem Schluß kommen, daß der Kunde ein noch schnelleres Gerät oder vielleicht einen zweiten Kopierer braucht. Wenn er eine orthodoxe Auffassung von seinem Produkt hat, dürfte es dem Vertreter nie in den Sinn kommen, daß hier in Wirklichkeit ein Kleinkopierer für den Privatbedarf gebraucht wird. Was unser fiktiver Vertreter aus dem Gespräch mit seinem Kunden weiß, ist, daß rund 25 % der Leute in der Warteschlange stehen, um „schwarze" Kopien anzufertigen – Kopien von ihrem Deckungsanspruch an die Haftpflichtversicherung, von ihrer Geburtsurkunde, von einem Hundestammbaum, von irgendwelchen privaten Papieren. Da er ausgesprochen kundenorientiert ist, berichtet der Vertreter der Zentrale, daß eine zuverlässige Sicherung in die Geräte eingebaut werden muß, um den Manager in seinem Bemühen zu unterstützen, schwarze Kopien zu unterbinden. Also führt das Unternehmen Kopierer mit „Schlüsseln" und „Codes" ein, aber dank der orthodoxen Auffassung von seinem Produkt (etwas, das im Keller steht und 20.000 Dollar kostet), geht es blind an der größeren Chance vorbei – am Kleinkopierer für den Privatbedarf.

Worin besteht die Funktion einer Tafel oder Flipchart? Darin, einer kleinen Gruppe von Personen zur gleichen Zeit Informationen zu vermitteln. Aber es ist schwierig, die auf einer Tafel oder Flipchart dargestellte Information zu transportieren. Beide können nicht in einen Kopierer gelegt oder in eine Aktentasche gesteckt werden. Was ist die Lösung für dieses Problem? Wenn man das Produkt funktionsbezogen betrachtet, ist die naheliegende Antwort eine elektronische Tafel mit eingebautem Scanner und Kopiersystem. Es waren nicht die Hersteller von Tafeln, die auf diese Idee kamen, sondern die japanische Firma Oki. Ein ähnliches Bild zeigt sich im Musikgeschäft: Während viele amerikanische und europäische Klavierbauer einen langsamen Tod starben (mit Sega und Nintendo um die Aufmerksamkeit Neunjähriger zu kämpfen, ist nicht leicht), begriff Yamaha das Klavier neu: als Keyboard, das in den verschiedensten Größen gebaut und mit peppiger Elektronik kombiniert werden konnte. Das Resultat war eine Art Staatsstreich im Klaviergeschäft.

Jedes Produkt und jede Dienstleistung muß in die einzelnen Funktionselemente zerlegt werden. Denken Sie an den Plattenladen. (Dort werden keine Platten mehr verkauft, sondern Musikkassetten, CDs und Videos.) Stellen Sie sich die Frage, was der Unterschied zwischen einem guten und einem weniger guten Plattengeschäft ist. Die Antwort wirft ein Licht auf die Funktionselemente des Geschäfts. In einem guten Geschäft arbeiten gutinformierte Mitarbeiter, die Ihnen zeigen können, was gerade „in" ist. Vielleicht lassen die Verkäufer Sie sogar ein wenig in die CD oder die Kassette hineinhören, bevor Sie diese kaufen. Der Laden verfügt über eine große Auswahl, so daß Sie finden, was Sie wünschen. Die Bereiche werden deutlich gegliedert sein, damit Sie nicht bei der Oper landen, wenn sie Rhythm and Blues suchen. Der Preis wird angemessen sein, und das Geschäft wird sich in Ihrer Nähe befinden.

Stellen Sie sich nun eine Welt vor, in der Ihr Haushalt direkt von Zweiweg-Breitbandkommunikation erreicht wird. Sie können am Bildschirm die Top 1000 oder Top 10.000 unter den Musikstücken aufrufen – Song für Song, Symphonie für Symphonie, Arie für Arie. Sie können nachlesen, wie die Musikkritiker die jeweilige Aufnahme bewertet haben, und sie können sich ein Sample von anderthalb Minuten anhören, um sich zu vergewissern, daß die Aufnahme Ihrem Geschmack entspricht. Sofern Sie zufrieden sind, werden die von Ihnen ausgewählten Titel auf eine digitale Aufnahmevorrichtung geladen. Am Monatsende erhalten Sie eine Rechnung. Wenn Sie einen Schritt weiter gehen, können Sie sich sogar eine „Home Jukebox" vorstellen, mittels derer Sie sich – selbstverständlich auf Ihre persönlichen Vorlieben zugeschnitten – die Musikbegleitung für eine Rock-and-Roll-Party, für ein romantisches Dinner zu zweit oder ein Grillfest im Garten bestellen können. Das Signal ist chiffriert, so daß es nicht aufgenommen werden kann, und Sie bezahlen einfach für das Zuhören. Und nun überlegen Sie sich, was mit unserem Plattengeschäft geschehen wird: Schwupp, weg ist es!

Ein letztes Beispiel: Es ist durchaus möglich, daß der PC, so wie wir ihn kennen, in zehn oder fünfzehn Jahren ein Relikt ist. Einen Computer zu Hause stehen zu haben, bedeutet ständigen Ärger. Jeder, dessen Festplatte schon einmal den Geist aufgegeben hat, der schon einmal die Botschaft erhalten hat, der Computer verfüge nicht über genügend Speicherkapazität für eine bestimmte Aufgabe, der sich schon einmal mit dem unverständlichen Installationsverfahren einer neuen Software oder Erweiterungskarte herumgeschlagen oder sich schon einmal Gedanken darüber gemacht hat, was wäre, wenn sich mitten in der Nacht ein Dieb mit der gesamten Anlage aus dem Staub machte – jeder, der derartigen Sorgen schon einmal begegnet ist, weiß, daß ein PC gewisse Nachteile hat. Was wäre hingegen, wenn es ein „Informationsgerät" gäbe? Anstatt einen elektronischen Organizer oder ein Mobiltelefon mit sich herumzutragen, würde man stets einen „InfoPort" bei sich haben: ein kleines Gerät mit Bildschirm, Telefonanschluß und Dateneingabevorrichtung (Stift, Tastatur oder Mikrofon). Der InfoPort würde unserem glücklichen Anwender seinen eigenen kleinen Winkel in der AT&T-Welt, der British-Telecom-Welt oder der Bell-Atlantic-

Welt sichern. In diesem kleinen Winkel wären alle Dateien des Anwenders untergebracht, einigermaßen geschützt vor dem in der Nachbarschaft umherstreichenden Einbrecher, vor Stromausfällen und anderen Gefahren. Wann immer eine bestimmte Anwendungssoftware benötigt würde, könnte man umgehend darauf zugreifen. Die Speicherkapazität der Festplatte ist erschöpft? Kein Problem, sie wird sofort erweitert. Statt eines anfälligen Computers mit begrenzter Lebensdauer hat man Zugang zu einer fast unbegrenzt nutzbaren und sehr viel weniger störungsanfälligen Informationseinrichtung. Das Beispiel mag weit hergeholt sein, aber ein Unternehmen, das seine Märkte – die existierenden wie die potentiellen – nicht in bezug auf die Funktion begreifen kann, wird kaum die Zukunft gestalten können.

Eine Möglichkeit, die Zukunft aufzubauen, besteht darin, eine herkömmliche Funktion in einem grundlegend veränderten „Vehikel" zu verpacken. Ein Beispiel für ein solches Vorgehen ist Yamahas Disklavier, eine digitale Neukonzeption der alten Walzenklaviere, die Möchtegern-Rubinsteins die Möglichkeit gibt, die Interpretation eines großen Pianisten Note für Note und Nuance für Nuance abzuhören. Andere bekannte Funktionen, die in ein neues Produktgewand gekleidet wurden, sind die elektronischen Organizer und Kassenautomaten von Sharp. Auch kann man einem abgenutzten Produktkonzept neues Leben einhauchen, indem man ihm eine neue Funktion hinzufügt. Toto, ein japanisches Unternehmen, ergänzte die herkömmliche Toilette durch Biosensoren und Microprozessoren. Das Ergebnis war eine „intelligente" Toilette, welche die Sitzschale wärmt, den Benutzer reinigt und trocknet, medizinische Information liefert, Aufzeichnungen über Stuhlgewohnheiten und Gesundheit des Benutzers führt und sogar eine Nachricht an den Doktor formulieren kann, wenn es einen Hinweis auf eine ernsthafte Erkrankung gibt. Schließlich wird neuer Raum erschlossen, wenn über ein ganz neues Produktkonzept eine völlig neue Funktion angeboten wird – als Beispiel seien die Videospiele genannt.

Es ist die Verknüpfung von Kernkompetenz und funktionsbezogenem Denken, die einem Unternehmen den Weg in unerschlossene Wettbewerbsräume weist. Kernkompetenz und funktionsbezogenes Denken sind es, die einem Unternehmen die Möglichkeit geben, hinauszugehen über das, was ist, und sich um das zu bemühen, was sein könnte.

Herausfordernde Preis-Leistungs-Annahmen

Eine andere Möglichkeit, sich von orthodoxen Vorstellungen zu lösen, besteht darin, die in der Industrie vorherrschenden Annahmen über die Preis-Leistung-Verhältnisse in Frage zu stellen. Eine dramatische Preissenkung kann über Nacht einen Massenmarkt schaffen. Im Jahr 1979 steckte sich Canon das Ziel, ein Kopiergerät zum Preis von 1000 Dollar zu produzieren. Zu jener Zeit kostete das billigste Modell von Xerox Tausende mehr. Ein 200 Personen starkes Entwicklungsteam machte sich an diese Herausforderung. Das Ergebnis war der überwältigende Erfolg des Kleinkopierers für den Privatbedarf von Canon.

In den meisten Unternehmen hätte das Topmanagement niemals den Mut aufgebracht, sich ein derart ehrgeiziges Ziel zu setzen. Statt dessen wären die Entwicklungsexperten aufgefordert worden, eine „Kostenreduktion“ am gegenwärtigen Produktkonzept vorzunehmen. Bei Canon ermutigte das kühne Preisziel die Techniker, das Produkt neu zu begreifen. Das Ergebnis war Canons revolutionäres, kassettengestütztes Tonersystem, ein System, das die Kosten und die Komplexität der Kopiererproduktion dramatisch senkte. Es ist eine reizvolle Frage, zu welchem Ergebnis die Canon-Ingenieure gelangt wären, wenn man sie lediglich aufgefordert hätte, am bestehenden Kopiererdesign eine Kostensenkung vorzunehmen. Mit viel Glück hätten sie es womöglich geschafft, den Preis um 15 oder 20 Prozent zu senken, aber das wäre nicht genug gewesen, um den potentiell riesigen Markt für Kleinkopierer zu erschließen. Andere Beispiele für eine erfolgreiche Infragestellung der orthodoxen Einschätzung von Preis-Leistungs-Verhältnissen sind die Entwicklung von Wegwerf-Kleinbildkameras, die Einführung von Investitionsvehikeln für einen Massenmarkt durch Fidelity Investments sowie die Erste-Klasse-Sitze zu Business-Class-Preisen bei Virgin Atlantics.

Das Topmanagement sollte sich fragen: „Wie würden sich Gestalt und Größe unserer Märkte ändern, wenn wir im wesentlichen dieselbe Funktion 50 oder sogar 90 Prozent billiger als derzeit anböten?“ Die JVC-Ingenieure hatten das 50.000 Dollar teure Videogerät von Ampex vor Augen – und sahen die Möglichkeit, einen Videorecorder für den privaten Gebrauch zu bauen. Toyota setzte sich bei der Entwicklung des Lexus unverschämt ehrgeizige Ziele. Die amerikanischen Autobauer schienen selten daran interessiert, „das beste Auto der Welt“ zu produzieren. Ihre Frage könnte gelautet haben: „Wenn uns schon Mittelmäßigkeit 3 Milliarden Dollar pro Modell kostet, was würde uns dann ein Welthit kosten?“ Mercedes wählte einen anderen Ansatz und versuchte, das beste Auto der Welt zu bauen – die S-Klasse-Limousine –, brachte es allerdings zuwege, ein Fahrzeug zu bauen, das sich nur ein Millionär leisten konnte. Toyota wählte den dritten Weg. Es steckte sich ein spezifisches Preisziel, das es ihm ermöglichen würde, die Preise der deutschen Luxusautos zu unterbieten. Dann machte man sich daran, von diesem Punkt ausgehend, das Luxusauto völlig neu zu erfinden.

Wenn ihr nicht werdet wie Kinder ...

Kinder sind naiv. Sie wissen nicht, was möglich ist und was unmöglich ist. Daher stellen sie unschuldige Fragen („Warum kannst du nicht nach den Sternen greifen?“) und hoffen auf Unmögliches („Warum kann Lernen keinen Spaß machen?“). Erwachsene sind klug. Sie wissen, was möglich und was unmöglich ist. Und sie wimmeln Kinder, die merkwürdig fragen, mit einem „Das ist eben so“ ab. Aber wer wirklich glaubt, „daß es eben so ist“, wer zu träge ist zu fragen: „Könnte es nicht anders sein?“, der wird nie in der Lage sein, die Zukunft zu sehen. Es ist allgemein bekannt, daß die Kreativität eines Menschen mit steigendem Alter nachläßt. Mit nachlassender Kreativität verfestigen sich orthodoxe Auffassungen. Am abruptesten läßt die Unvoreingenommenheit nach, wenn ein Kind in die Schule kommt. (Jeder erfährt, daß man bei dummen Fragen ausgelacht wird.) Doch gelegentlich hebt eine dumme Frage den Vorhang der Orthodoxie gerade so lange hoch, daß ein Lichtstrahl aus der Zukunft hereinfällt.

Die dreijährige Tochter von Dr. Edward Land sah, wie ihr Vater ein Foto machte, und fragte, ob sie das Bild jetzt gleich sehen könne. Diese unschuldige Frage regte Land an, sich an der Entwicklung einer Sofortbildkamera zu versuchen. Jahre später, Land war längst bei Polaroid, vertrat er die Auffassung, daß „wir in Wirklichkeit keine neuen Produkte erfinden ..., die besten sind bereits da, allerdings unsichtbar, und warten darauf, entdeckt zu werden".

Erwachsene könnten ebensogut fragen: Warum kann man nicht in einem landesweiten Videoregister nach zum Verkauf stehenden Häusern suchen, wenn man über einen Umzug nachdenkt? Warum kann man die Person, mit der man am Telefon spricht, nicht sehen? Warum können künstlich erzeugte Materialien nicht dieselbe Stärke, Leichtigkeit und Flexibilität aufweisen wie Stoffe aus dem Reich der Natur? Warum kann man ein defektes, krankheitsverursachendes Gen im menschlichen Körper nicht einfach austauschen? Dumme Fragen wie diese sind die Schlüssel, welche die Tore zu neuen Wettbewerbsräumen öffnen.

Nicolas Hayek, ein Technikberater aus der Schweiz, stellte eine dumme Frage: Warum sollten die Schweizer Uhrmacher mit einer der teuersten Uhrenproduktionen der Welt nicht das untere Marktsegment von den japanischen Konkurrenten wie Seiko und Citizen zurückerobern? Anfang der achtziger Jahre hatten die Schweizer den Japanern diesen Bereich des Uhrengeschäfts praktisch zur Gänze überlassen. Schweizer Unternehmen produzierten 0 Prozent der Einstiegsmodelle, 3 Prozent der Uhren im mittleren Preissegment und 97 Prozent der Luxusuhren. Im Grunde bedeutete das, daß sie in einen kleinen Winkel der Branche mit niedrigem Wachstumspotential abgedrängt worden waren.

Im Jahr 1985 kaufte Nicolas Hayek eine Mehrheitsbeteiligung an der Schweizer Mikroelektronik- und Uhrengesellschaft SMH. Die Gesellschaft war zwei Jahre zuvor auf Anraten von Hayek durch eine Fusion zwischen zwei der größten Schweizer Uhrenhersteller entstanden, die zum damaligen Zeitpunkt beide insolvent waren. Die Idee der Swatch beruhte nicht auf einer sorgfältigen Finanzanalyse, sondern sie entsprang dem Wunsch, die Schweizer Uhrenindustrie wieder auf die Füße zu stellen; dieses Ziel war gewiß für jeden Schweizer Bürger gefühlsmäßig verlockend. Diese Zielsetzung verlangte es, daß man eine billige Uhr rund um etwas baute, was die Konkurrenten in Fernost nicht leicht kopieren konnten – und dieses Etwas war der europäische Sinn für Stil und Lebensart. Anfangs sträubten sich die Banken, dem neuen Unternehmen Geld zu leihen, denn sie hielten es für unmöglich, daß eine Schweizer Gesellschaft, die in einem Hochlohnland arbeiten mußte, erfolgreich mit den japanischen Rivalen und deren Produktionsmöglichkeiten in asiatischen Billiglohnländern konkurrieren könnte. Aber Nicolas Hayek hatte einen Traum:

> Überall glauben die Kinder an Träume. Und überall stellen sie dieselbe Frage: Warum? Warum funktioniert etwas auf eine bestimmte Art und Weise? Warum verhalten wir uns auf eine bestimmte Art und Weise? Wir stellen uns solche Fragen jeden Tag.
> Die Leute werden vielleicht lachen – der Leiter eines Schweizer Großunternehmens spricht über Phantasie. Aber die Phantasie ist das eigentliche Geheimnis dessen, was wir getan haben.
> Vor zehn Jahren stellten die Leute im ursprünglichen Swatch-Team eine verrückte Frage: Warum können wir nicht zu niedrigen Kosten eine auffällige, qualitativ wertvolle Uhr entwerfen und in der Schweiz bauen? Die Banken waren skeptisch. Einige Zulieferer weigerten sich, uns Teile zu verkaufen. Sie meinten, mit diesem verrückten Produkt würden wir die Industrie ruinieren.[2]

Hayeks dumme Frage („Warum können wir nicht mit den Japanern mithalten?“) machte eine sehr kluge Antwort erforderlich. Wollte man eine modische Uhr produzieren und sie zu einem durchschnittlichen Preis von 40 Dollar verkaufen, so bedurfte es grundlegender Innovationen in Design, Fertigung und Vertrieb. Durch einen extrem innovativen Fertigungsprozeß drückte Swatch die Arbeitskosten auf weniger als 10 Prozent der Fertigungskosten und nur rund 1 Prozent des Einzelhandelspreises. Hayek verkündete, die Swatch werde selbst dann noch gesunde Gewinne abwerfen, wenn die japanischen Arbeiter ihre Zeit gratis opferten. Die Swatch war nicht nur eine Marketing-Innovation; sie ging mit einer Neukonzeption der gesamten Schweizer Uhrenindustrie einher. Das Ergebnis: Im Jahr 1992 wurden 25 Millionen Uhren produziert, die Schweizer Uhrenindustrie erwachte zu neuem Leben, und es wurde der eindeutige Beweis erbracht, daß die hohen europäischen Lohnniveaus nicht zwangsläufig einem Todesurteil gleichkommen. Die Beispiele von Polaroid und Swatch legen den Schluß nahe, daß, wenn es um die Schaffung der Zukunft geht, ein einziger Naiver mit offenen Augen so viel wert sein kann wie zehn der besten Szenarienplaner.

Die Aneignung einer tiefen und grenzenlosen Neugierde

Die Vorwegnahme der Zukunft wird nicht dadurch erschwert, daß die Zukunft ihrem Wesen nach unergründbar ist, sondern vielmehr dadurch, daß die für die Gestaltung der Zukunft maßgeblichen Kräfte oft weit außerhalb des Gesichtskreises der Unternehmensführung liegen. Um die Zukunft ihrer Industrie aufbauen zu können, müssen die Telekommunikationsmanager etwas über die Funktionsweise von Hollywood lernen. Um die Zukunft der Kosmetikindustrie aufbauen zu können, müssen sich deren Führungskräfte größeres Wissen über Pharmakologie aneignen. Um die Zukunft der Videoverleihbranche aufbauen zu können, müssen deren Manager etwas über die geheimnisvolle Wissenschaft der Videokompression lernen. Um die Zukunft des Verlagswesens aufbauen zu können, müssen die Führungskräfte sich damit vertraut machen, wie die Menschen computergestützte Informationssysteme benutzen. Um die Zukunft der Bauindustrie aufbauen zu können, müssen die Unternehmen lernen, mit Virtual Reality umzugehen. Weitblickende Unternehmensleiter stellen nicht unbedingt bessere Prognosen als kurzsichtigere Manager, aber sie sind auf jeden Fall neugieriger.

In einem IT-Unternehmen, mit dem wir zusammenarbeiten, richteten wir Arbeitsgruppen ein, die jene zehn oder mehr „Diskontinuitäten“ feststellen mußten, in denen das Potential steckte, die Industriegrenzen völlig neu zu definieren, die Kundenerwartungen, Preis-Leistungs-Verhältnisse, Bereitstellungsmethoden, Wertschöpfungsketten usw. grundlegend zu verändern. Zu den Diskontinuitäten, die entdeckt wurden, gehörte die Rolle der Kinder in der Entwicklung der Informationsservices der Zukunft. Zuerst war das Topmanagement in diesem strikt nach Geschäftsbereichen gegliederten, konservativ ausgerichteten Unternehmen von dem Vorschlag, es solle auf die Meinung von Kindern hören, verwirrt. Aber bei näherer Betrachtung wurde klar, daß die Nintendo/MTV-Generation wirklich grundlegend andere Vorstellungen von Informationspräsentation besitzt als ihre Eltern, daß sie anders darüber denkt, wie handlich und unterhaltsam Information sein und wie leicht es sein sollte, die eigene Informationsumwelt zu gestalten. Im Unterschied zu ihren Eltern werden diese Kids wahrscheinlich keinen Gefallen an Information finden, die in Form eines Schwarzweißtextes angeboten wird. Und natürlich könnten sie durch das Vordringen der Informationsdienste in die Haushalte und eine mögliche Koppelung von privatem und schulischem Informationssystem eines Tages eine wichtige Kundengruppe werden. Diese Erkenntnis bewegte den Konzern zu einer konzertierten Aktion, deren Ziel es war, das Verständnis der neuentstehenden Erwartungshaltungen der nächsten Kundengeneration zu vertiefen. Hier geht es um einen wesentlichen Punkt: Um die Zukunft als erster zu sehen, bedarf es möglicherweise eher eines Weitwinkelobjektives als einer Kristallkugel. In unserem Fall wurde das Objektiv weiter geöffnet, um die Kinder zu erfassen.

Industrievorausblick erfordert eine ebenso tiefe wie ungehemmte Neugierde. Will ein Unternehmen potentielle Diskontinuitäten tiefgehend genug ergründen, um anhand dieser Erkenntnisse tatsächlich entscheiden zu können, was zu tun ist – welche Bündnisse geschlossen, wieviel investiert, welche Art von Leuten eingestellt werden muß –, so bedarf es beträchtlichen intellektuellen Einsatzes des leitenden Managements. Die halbtägigen oder ganztägigen Planungsmeetings, in denen die Zukunft üblicherweise abgehandelt wird, sind vollkommen ungenügend, wenn es darum geht, zu grundlegenden Annahmen über die Zukunft zu gelangen, zu Annahmen, die vorausblickender und schlüssiger als jene der Konkurrenz sind.

Vor kurzem verbrachte einer von uns einen Tag mit Spitzenmanagern eines bekannten amerikanischen Unternehmens. Den Managern wurde folgende einfache Frage gestellt: Sind in dieser Industrie bereits Kräfte am Werk, die eine tiefgreifende Verwandlung der Industriestruktur bewirken könnten? Es entbrannte eine heiße Diskussion, in deren Rahmen ein Dutzend Diskontinuitäten aufgezeigt wurden. Wir wählten einen der potentiellen Antriebsfaktoren nach dem Zufallsprinzip aus, und die nächste Frage an die Führungskräfte lautete: „Könnten Sie in dieser Gruppe einen ganzen Tag darüber debattieren, was dieser Trend für Ihr Unternehmen und die Industrie bedeutet? Sind Sie sich darüber im klaren, mit welcher Geschwindigkeit sich dieser Trend in verschiedenen Märkten rund um den Erdball fortsetzt, welche spezifischen Technologien ihn vorantreiben, für welche Technologien sich Ihre Konkurrenten entscheiden, welche Unternehmen in der Entwicklung am weitesten sind, wer am meisten zu gewinnen und wer am meisten zu verlieren hat, wie vielfältig die Möglichkeiten der Beeinflussung von Kundenforderungen und -bedürfnissen durch diesen Trend sind?“ Die Spitzenmanager gestanden ein, daß sie einfach nicht genug über diesen wichtigen Antriebsfaktor wußten, um die Fragen zu beantworten, und daß sie gewiß keinen ganzen Tag lang eingehend und sachkundig über diesen Punkt diskutieren könnten. Einige der Manager warfen sogar ein, diese Fragen seien eigentlich unfair.

Als nächstes wurden sie gefragt: „Könnten Sie acht Stunden lang darüber diskutieren, wie Sie die Overheadkosten des Konzerns zurechnen, wie sie Verkaufsziele festsetzen und wie Sie die Transferpreise managen?“ Dies nun war eine faire Frage. „Damit könnten wir ohne weiteres acht Tage verbringen“, erklärte ein hochrangiger Manager. Plötzlich ging ihnen ein Licht auf: Diese Managergruppe hatte das Schicksal des Unternehmens nicht im Griff. Sie hatten die Entscheidung über sein Schicksal jenen Konkurrenten überlassen, die bereit waren, die erforderliche Zeit und die intellektuelle Energie zu opfern, um jene Kräfte, welche die Zukunft der Industrie prägen würden, zu verstehen und zu beeinflussen. Die Reaktion des Generaldirektors auf diese bittere Erkenntnis war typisch: „Ich werde einige Tage festlegen, an denen alle meine Bereichsleiter zu mir kommen und mir ihr Zukunftskonzept darlegen können.“ Wir betonten noch einmal: Es dauert länger als zwei Tage, einen Industrievorausblick zu entwickeln; Vorausblick entsteht nicht durch „vorstoßen“ und „revidieren“, sondern durch Erforschen und Lernen. Um die Zukunft wirklich zu begreifen und den Mut aufzubringen, dafür auch einzustehen, muß das Topmanagement mehr kennen als nur einen flüchtigen Schimmer dieser Zukunft. Der erforderliche Zeitaufwand wird nicht in Stunden und Tagen, sondern in Wochen und Monaten gemessen.

Diese zweite bittere Erkenntnis führte dazu, daß rund ein Dutzend „Stichwort“-Teams gebildet wurden, die mehrere Monate daran arbeiteten, die ursprüngliche, von den leitenden Managern angefertigte Liste der Antriebsfaktoren der Industrieentwicklung zu erweitern und im Detail auszuarbeiten. Dann gingen diese Teams daran, jede Diskontinuität eingehend zu untersuchen. Sie suchten Antworten auf eine Vielzahl von Fragen: Inwiefern wird dieser Trend möglicherweise unsere gegenwärtigen Kunden beeinflussen? Wie könnte er sich auf unseren gegenwärtigen „Ertragsmotor“ auswirken? Welche Dynamik hat dieser Trend – wie schnell schreitet die Entwicklung voran und welches sind die Faktoren, die den Trend möglicherweise beschleunigen oder bremsen werden?

Wer macht Anstalten, diesen Trend auszunützen oder löst ihn aus – wer sitzt hinter dem Lenkrad, wer ist Passagier, und wer steht am Straßenrand? Wer hat durch diese Diskontinuität am meisten zu verlieren, wer am meisten zu gewinnen? Welche neuen Chancen – Produkte oder Dienstleistungen – könnten aufgrund dieser Diskontinuität entstehen? Welche Möglichkeiten haben wir, um tiefere Einblicke in diese Entwicklung zu gewinnen, um ihre Richtung oder Geschwindigkeit zu beeinflussen oder sie sogar zu unterbrechen? Erste Antworten auf diese Fragen wurden von Konzernvorständen und Bereichsleitern in Marathonsitzungen diskutiert. Am Ende der Übung war das Management überzeugt, in der gesamten Branche die genauesten Vorstellungen von der Zukunft entwickelt zu haben. Wollen sie die Zukunft als erste sehen, so müssen die Führungsetagen eine ebenso tiefe wie umfassende Neugierde entwickeln.

Bescheiden genug sein, um zu spekulieren

Um Industrievorausblick zu entwickeln, müssen die Führungskräfte entschlossen sein, Fragen zu behandeln, die weit über ihren Fachbereich hinausgehen. Sie müssen zugeben, daß die Zeit, über die sie am meisten wissen, die Vergangenheit ist. Sie müssen bereit sein, an Diskussionen über die Zukunft nicht als allwissende Richter, sondern als gleichgestellte Gesprächspartner teilzunehmen. Sie müssen bereit sein, auf abweichende, auf weniger „erfahrene" Stimmen zu hören, die Fragen aufwerfen, auf die es keine fertigen Antworten gibt. Ungeduldige, „ergebnisorientierte" Spitzenmanager müssen bereit sein, wieder und wieder auf Fragen zurückzukommen, die komplex sind und scheinbar niemals endgültig zu beantworten; sie müssen Geduld beweisen, wenn die Diskussionen nicht enden wollen, keine schnellen Antworten hervorziehen und keine sofortigen Entscheidungen herbeiführen. Sie müssen anerkennen, daß die Entwicklung von Industrievorausblick zumindest anfangs ebensoviel mit Entdecken wie mit Entscheiden zu tun hat.

Sehen wir uns ein Thema an, das nach intelligenter Spekulation verlangt: die Wirkung von Virtual Reality (VR). Virtual Reality ist eine Technologie, die sich auf fast alle Industrien nachhaltig auswirkt. Bei VR geht es nicht um Videospiele oder Cybersex, sondern um die Fähigkeit, praktisch alles zu simulieren und im Modell darzustellen. VR ist ein wertvolles Instrument der Wahrnehmung. Matsushita setzt virtuelle Realität ein, um Leuten, die ihre Traumküche planen, die Möglichkeit zu geben, in verschiedenen Entwürfen „umherzuspazieren". NEC hat mit einer „virtuellen Skipiste" experimentiert, auf der Anfänger den Sport ausprobieren können. Virtual Reality wird von Physikern und Chemikern verwendet, um in komplexen Molekülstrukturen umherzuklettern. Boeing setzt Virtual-Reality-Modelle in der Entwicklung neuer Flugzeuge ein. Ungeachtet des möglicherweise extrem weitreichenden Einflusses von Virtual Reality haben sich bisher nur wenige Führungscrews irgendwelche Gedanken darüber gemacht, inwiefern sich VR auf ihre Geschäfte auswirken könnte. Wir waren hocherfreut, als die Leitung eines Unternehmens, mit dem wir zusammenarbeiten, einwilligte, sich von einem genial begabten jungen Mann knapp über zwanzig durch eine Reihe intellektuell anspruchsvolle Sitzungen führen zu lassen, in denen die Implikationen von Virtual Reality eingehend diskutiert wurden. Die Unternehmensführung kam zu dem Schluß, sie müsse mehr über virtuelle Realität lernen und richtete einen internen Beobachterstab ein, der sie über die weitere Entwicklung von VR auf dem laufenden halten und neue Wege vorschlagen sollte, die aufstrebende Technologie zu nutzen.

Wertschätzung für den Eklektizismus

Die Zukunft liegt in den einander überschneidenden Veränderungen in Technologie, Lebensgewohnheiten, Gesetzgebung, Bevölkerungsstruktur und Geopolitik. Beispielsweise liegt die Chance für den „Personal Communicator" (auch als „Taschenbüro" bezeichnet), an dem Apple, AT&T, Motorola und eine Reihe anderer Unternehmen arbeiten, an der Schnittstelle von Veränderungen der

Lebensgewohnheiten (ununterbrochenes Reisen), technologischen Veränderungen (Miniaturisierung, Digitalisierung und digitale Kompression) und Veränderungen der Gesetzgebung (die Zulassung zusätzlicher Bandbreiten). Aber es war Sharp, das mit seinem Wizard im Bereich der Pocket Organizer früh in Führung ging. Ein Topmanager von Sharp erinnert sich: „Wir sahen, daß das Leben immer geschäftiger wurde. Die Leute hatten immer größere Informationsmengen zu bewältigen.“ Mit dem im Jahr 1988 eingeführten und von den Konkurrenten als Spielzeug abgelehnten Pocket Organizer wurden bis zum Jahr 1991 400 Millionen Dollar Umsatz gemacht.[3] Die von CNN erkannte Chance für globales Fernsehen rund um die Uhr beruhte auf Veränderungen der Lebensgewohnheiten (immer längere und immer schwerer planbare Arbeitszeiten), auf technologischen Veränderungen (tragbare Kameras und koffergroße Geräte für die Satellitenübertragung) und auf Veränderungen der gesetzlichen Regelungen (Zulassung und Wachstum der Kabelfernsehgesellschaften).
Will man die Zukunft als erster erkennen, so muß man sich nicht nur ein weiteres Objektiv, sondern eine Vielzahl von Objektiven zulegen. Jede Gruppe, die mit der Suche nach der Zukunft beschäftigt ist, muß also eine eklektische Mischung aus individuellen Aussichten hervorbringen. Nicht eine einzelne funktionale Gruppe, nicht eine einzelne geografische Einheit und nicht eine einzelne Geschäftseinheit wird isoliert die Zukunft entdecken. Jede dieser Einheiten ist teilweise blind. Unsere Erfahrung legt den Schluß nahe, daß die Unternehmen, die über außergewöhnlichen Vorausblick verfügen, üblicherweise Unternehmen sind, die in der Lage sind, interfunktionalen und internationalen Dialog herzustellen. Die Zukunft kommt dann in Sicht, wenn die Technologen über Marketingphantasie verfügen und die Marketingleute Einblick in die technologischen Entwicklungen haben. Die Zukunft kommt dann in Sicht, wenn die Mitarbeiter der in einem Winkel der Welt untergebrachten Produktentwicklung vollkommen verstehen, wie sich die Lebensgewohnheiten auf der anderen Seite des Erdballs ent-

wickeln. Sie kommt dann in Sicht, wenn die Manager, die professionelle Märkte betreuen, mit den Erfordernissen der Konsummärkte vertraut werden.

In funktionale und geografische Gruppen zerfallene Unternehmen sind kaum in der Lage, die Zukunft zu entdecken. Denn das Ziel muß nicht nur lauten, multifunktionale und multinationale Teams zusammenzustellen, sondern auch, allen Angestellten eine Wahl zwischen verschiedenen Perspektiven zu ermöglichen, ihnen eine Reihe austauschbarer Objektive in die Hand zu geben. Sony entwickelte als erstes Unternehmen in Japan einen Palmtop-Computer, der handgeschriebene Schriftzeichen erkennen konnte. Woher stammte diese Idee? Ein junger Sony-Ingenieur hatte auf einer Dienstreise nach Großbritannien mit Bewunderung beobachtet, in wie vielfältiger Art und Weise die britischen Sekretärinnen ihren Chefs halfen, die Zeit zu planen, die Arbeit einzuteilen, Sitzungen zu arrangieren und entscheidende Informationen aufzuspüren. Der Ingenieur dachte über die Tatsache nach, daß persönliche Sekretärinnen in seinem eigenen und anderen japanischen Unternehmen viel seltener zu finden waren. Da kam ihm die Idee eines „Hilfsgehirns" (eine alles in allem vielleicht gar nicht unschmeichelhafte Definition der Sektretärin). Auf diese Art entstand Sonys Palmtop-Computer und Organizer inklusive Handschriftenerkennungssoftware, die es dem gehetzten Manager erlaubt, mit einem Stift direkt auf dem Bildschirm zu schreiben (in Kanji).[4] Die Einsicht, die zur Entwicklung dieses Produktes führte, verdankte der junge Ingenieur seiner eklektischen Erfahrungsgrundlage: ein Japaner, der in Großbritannien arbeitet, ein Techniker, der ein Problem mit den Augen des Kunden betrachtet.

Die Suche nach Metaphern und Analogien

Die Zukunft entwickelt sich in verschiedenen Industrien mit unterschiedlicher Geschwindigkeit und auf verschiedene Art und Weise. Einigen Branchen (z. B. Versicherungen) scheint eine geringere Innovationsfähigkeit inhärent zu sein als anderen (z. B. dem Wertpapierhandel). Aus diesem Grund kann man häufig einfach dadurch einen Vorsprung gegenüber seinen Konkurrenten erlangen, daß man nach verwertbaren Analogien in anderen Industrien sucht. Nehmen wir das Beispiel einer Analogie, die wir einer Gruppe von Führungskräften aus dem Lebensmittelhandel anboten. Viele Leute erhalten täglich eine Zeitung ins Haus geliefert. Dieser persönliche Service kostet in den meisten amerikanischen Städten weniger als einen Dollar pro Tag. In fast jeder amerikanischen Stadt, gleich welcher Größe, kann man sich per Telefonanruf eine dampfendheiße Pizza ins Haus holen. Wer irgendeine Software für seinen PC benötigt, muß lediglich eine Nummer anrufen und erhält die Bestellung am nächsten Morgen ins Haus geliefert. Mehr und mehr Dienstleistungen können direkt von zu Hause aus bezogen werden. Für 20 Dollar kann man ein Paket über Nacht ans andere Ende des Landes schicken. Warum, fragten wir die Lebensmittelhändler, müssen wir immer noch ins Auto steigen, uns durch den Verkehr quälen, scheinbar endlose Regalreihen entlangmarschieren, uns in einer Schlange anstellen und uns wieder durch die verstopften Straßen nach Hause durchkämpfen, um einige Brote, eine Tüte Milch und ein paar kalorienarme Mikrowellengerichte mitzubringen?

Die durchschnittliche amerikanische Familie gibt monatlich zwischen 400 und 500 Dollar für Lebensmittel aus. Sämtliche anderen Gebrauchsgüter, die ähnlich hohe Ausgaben verursachen, kann sich der Konsument nach Hause liefern lassen. Warum sollten die Kunden nicht durch einen monatlich auf CD verschickten virtuellen Supermarkt gehen – so, wie sie in einem Videospiel durch ein Geisterhaus schleichen können? Warum können sich die Kunden nicht die gewünschten Produkte aussuchen und ihre Bestellung in den Computer des Supermarkts schicken – so, wie sie Flugtickets über Compuserve bestellen können? Warum können die Kunden nicht wählen, wann die Nahrungsmittel geliefert werden sollen – so, wie sie im Hotel entscheiden können, wann das Frühstück aufs Zimmer geschickt werden soll? Und wo wir schon dabei sind: Warum kann unser elektronischer Supermarkt nicht ein Menü vorschlagen (für die Mahlzeiten der Kinder in dieser Woche, für ein Geburtstagsessen, für eine Diät)? Warum kann er nicht eine Liste der Zutaten ausspucken, damit man genau das bestellen kann, was benötigt wird? Warum kann der verdammte Kasten nicht auch einen passenden Wein empfehlen? Ein Supermarktmanager definiert den Begriff „kundenfreundlich" so: 24 Stunden Öffnungszeit und Schnellkassa. – Wir stellen uns unter Kundenfreundlichkeit etwas anderes vor!

Dieses Beispiel stellt Analogien zu verschiedenen Branchen her. Es ist wirklich nicht allzu schwierig, sich den „Supermarkt" der Zukunft vorzustellen, wo so viele andere Branchen den Supermärkten schon so viel voraushaben, wenn es darum geht, dem Kunden das Leben leichter zu machen. Natürlich muß man, um den Supermarkt der Zukunft zu erschaffen, dem eigentlichen Begriff des Supermarktes eine völlig neue Bedeutung geben. Für einen auf Hauslieferung ausgerichteten Supermarkt würden andere Anlagen, eine andere IT-Infrastruktur, anders geschultes Personal, ein anderer Standort usw. benötigt. Wir glauben nicht, daß die Hauslieferung den uns bekannten Supermarkt überflüssig machen wird, aber wir gehen jede Wette ein, daß irgendeine innovative Einzelhandelskette sehr viel Geld damit verdienen wird, „den Schinken ins Haus zu bringen".

General Magic, das die Entwicklung eines Personal Communicators voller intelligenter Informations„agenten" anstrebt, verwendet das Telefon als Metapher, um seine Ziele zu beschreiben. Bill Atkinson, einer der Gründer von General Magic, formuliert es so:

> Stellen Sie sich vor, Sie würden heute aufgefordert, auf die Benutzung des Telefons zu verzichten – nie wieder einen Telefonanruf zu machen. Das ist ernüchternd, denn das Telefon ist wahrscheinlich wichtiger als alle anderen Geräte, die Sie besitzen, einschließlich Ihres PCs. Daran wird also unser Erfolg gemessen werden: Was geschieht, wenn ich Sie in zehn Jahren auffordere, Ihren Personal Communicator nicht mehr zu benutzen? Wir stellen uns vor, daß Sie sagen werden: „Dieses Gerät ist in meinem Leben unverzichtbar."[5]

In einem ganz anderen Kontext sind die Führungskräfte der Versicherungsbranche gezwungen, einen Blick auf andere Bereiche der Finanzdienstleistungen zu werfen, um sich über die Herausforderungen klarzuwerden, die im Lauf der nächsten zehn Jahre auf sie zukommen. Sie müssen versuchen, in Erfahrung zu bringen, wie andere Finanzdienstleister mit den Faktoren Konsumentenverhalten, Deregulierung, Ausschaltung von Mittlerfunktionen und „Vergüterung" umgehen. Führungskräfte, die aufmerksam auf Chancen achten, die sie bei anderen Industrien abschauen können, und nach nützlichen Analogien suchen, gehen häufig mit einem Vorsprung ins Rennen um die Zukunft. Eine der größten Schwierigkeiten bei dem Versuch, sich ein Bild von der Zukunft zu machen, besteht häufig darin, dieses Bild adäquat zu beschreiben. Eine auf etwas Greifbarem und Vertrautem beruhende Metapher kann dabei helfen, etwas zu beschreiben, das nicht greifbar und nicht vertraut ist. „Wissensnavigator" und „persönlicher digitaler Assistent" sind Metaphern. Sie verwenden vertraute Begriffe – Navigation, persönlicher Assistent –, um nicht vertraute Produktkonzepte zu beschreiben. Nicht alle Menschen können gleich gut in Analogien und Metaphern denken, aber die meisten Leute können sich, wenn man ihnen einige Beispiele anbietet, eine Vorstellung machen, die ihnen hilft, die Kluft zwischen dem, was ist, und dem, was sein könnte, zu überwinden.

Widerspruchsgeist

Unternehmen, welche die Zukunft erschaffen, sind Rebellen. Sie sind subversiv. Sie brechen die Regeln. Ihre Reihen sind voller Leute, die prinzipiell widersprechen, nur um eine Debatte auszulösen. Tatsächlich sind diese Unternehmen wahrscheinlich voller Leute, die nichts dagegen haben, ab und zu ins Büro des Chefs zitiert zu werden. Häufig beruht Vorausblick nicht darauf, daß man der bessere Prognostiker ist, sondern darauf, daß man weniger engstirnig ist. Ted Turner war stets ein Querdenker: Wir brauchen keine Nachrichten-„Superstars" mit Supergehältern. Anita Roddick,

Gründerin von The Body Shop, war stets eine Querdenkerin. Im Gegensatz zu großen Teilen der Kosmetikbranche war sie überzeugt, daß man die Intelligenz der Frauen beleidigte, wenn man sie zum Kauf von übertrieben beworbenen, überteuerten Kosmetika in übertriebener Verpackung verführen wollte. Nicolas Hayek war ein Querdenker – man braucht keinen Standort in Asien, um eine erschwingliche Armbanduhr produzieren zu können.

Führungskräfte kultivieren häufig die Überzeugung, ihre Industrie sei kompliziert und einzigartig. Wir hingegen sagen den Spitzenmanagern stets: Geben Sie uns ein paar Tage Zeit, um Ihre Branche zu durchforschen, und wir werden die fünf oder sechs Grundregeln herausarbeiten, nach denen diese Branche funktioniert. Viele Jahre lang hielten sich fast sämtliche Pharmaunternehmen an die Konvention, Medikamentenhersteller könnten ohne gigantische Gewinnspannen keine innovative Forschung finanzieren. Im Bereich der Flugreisen ging das konventionelle Denken davon aus, eine sternförmige Routenstruktur sei einem Punkt-zu-Punkt-Netz bei weitem überlegen. Im Bankwesen herrschte die konventionelle Überzeugung, die Kunden seien keine Investoren, sondern Sparer. Hat man die Konventionen einmal entdeckt, so können sie in Frage gestellt werden. Beispielsweise wurde Southwest Airlines die ertragreichste Fluglinie in den Vereinigten Staaten, indem sie das Konzept der sternförmigen Routenanordnung über Bord warf. Widerspruchsgeister und Querdenker finden diese Konventionen und setzen sie als Waffen gegen die der Orthodoxie verhafteten eingesessenen Unternehmen ein. Um die Zukunft zu erkennen, muß man nicht unbedingt ein Seher sein. Aber man muß unbedingt unkonventionell sein.

Jenseits der „Kundenorientiertheit“

Es ist sehr modern, kundenorientiert zu sein. Von ihren hohen Kanzeln aus, die heute eher die Form weltweiter Satellitenschaltungen haben, teilen die Geschäftsführer den Truppen mit, daß „alles beim Kunden beginnt“. Die Unternehmen rühmen sich, daß sie mit ihrem Prozeßreengineering vom Kunden ausgehen. Belohnungen und Incentives sind direkt an die Kundenzufriedenheit gekoppelt. Und es ist fast unmöglich, von einem Hotel abzureisen, ein Essen im Restaurant zu bezahlen oder ein Auto zu mieten, ohne aufgefordert zu werden, den Kundenservice des Dienstleisters zu bewerten. Es überrascht uns zwar etwas, daß manche Unternehmensmanager die Idee, den Kunden an die erste Stelle zu rücken, für neuartig halten, aber wir begrüßen diese Einstellung an sich und empfehlen die entsprechenden Implementierungsschritte. Andererseits kann ein Unternehmen, das es sich zum Ziel gesetzt hat, die Zukunft als erstes zu erreichen, nicht einfach nur die Marktanteile in existierenden Geschäftsfeldern verteidigen, sondern muß über bloße Kundenorientiertheit hinausgehen.

Die Kunden zeichnen sich durch einen notorischen Mangel an Vorausblick aus. Wie viele von uns verlangten vor 10 oder 15 Jahren nach Mobiltelefonen, Faxgeräten und Kopierern für den Hausgebrauch, nach Brokingservices rund um die Uhr, nach Mehrventilmotoren, Videowählton, CD-Playern, Autos mit eingebauten Navigationssystemen, tragbaren Satellitenempfangsgeräten, Kassenautomaten, MTV oder Homeshopping? Akio Morita, Sonys visionäre Führungspersönlichkeit, sagt es so:

> Unser Plan ist es, die Verbraucher zu neuen Produkten zu führen, anstatt sie zu fragen, welche Art von Produkten sie wollen. Die Verbraucher wissen nicht, was möglich ist; wir hingegen wissen es. Anstatt also in großem Stil Marktforschung zu betreiben, modifizieren wir unsere Vorstellung von einem Produkt und seinem Verwendungszweck und versuchen, einen Markt dafür zu schaffen, indem wir die Verbraucher erziehen und mit ihnen sprechen.

Der Gründer und Ehrenvorsitzende des Unternehmens, Masaru Ibuka, ergänzt: „Wir haben uns stets darauf konzentriert, aus nichts etwas zu machen.“[6] Ein amerikanischer Autokonzern führte im Jahr 1991 einen neuen Kompaktwagen ein, der fünf Jahre in Entwicklung gewesen war. Design und Spezifikationen des Modells waren das Ergebnis der intensivsten Kundenbefragungen, die das Unternehmen je durchgeführt hatte. Aber als das Auto eingeführt wurde, stellte sich heraus, daß es sich perfekt dafür eignete, mit den drei Jahre alten Modellen der japanischen Rivalen zu konkurrieren. Das amerikanische Unternehmen hatte seinen Kunden sehr gut zugehört, aber diese hatten auf das gehört, was ihnen die einfallsreicheren japanischen Konkurrenten geraten hatten. Im Gegensatz dazu führte Honda Anfang der neunziger Jahre seinen Sportwagen NSX ein, einen Wagen, der in der Leistung einem Ferrari sehr nahe kam, allerdings nur den Bruchteil eines solchen kostete. In den Werbeanzeigen erklärte Honda, der NSX sei „nicht der Traum eines Autokäufers – kein Autokäufer hätte sich dieses Auto erträumen können“. Statt dessen, frohlockte Honda, sei der NSX „der Traum eines Autobauers“, mit dem sich das Unternehmen seinen langgehegten Wunsch erfülle, ein Auto zu bauen, das exotisch und einfach zugleich sei. Nachdem dieses Ziel nun erreicht ist, stellt sich die Frage, mit wem Honda sich jetzt vergleichen will. Man hat den Eindruck, daß Honda eher daran interessiert ist, die Konkurrenten abzuhängen, als sich an ihnen zu messen.

Es gibt drei Arten von Unternehmen: solche, die versuchen, die Kunden dorthin zu führen, wo diese nicht hin wollen (das sind die Unternehmen, welche die Idee, kundenorientiert zu werden, als eine Erkenntnis feiern); solche, die den Kunden zuhören und auf die geäußerten Bedürfnisse reagieren (Bedürfnisse, die wahrscheinlich von vorausblickenderen Konkurrenten geweckt wurden); und solche, die ihre Kunden dorthin führen, wohin diese wollen, ohne allerdings schon zu wissen, daß sie dorthin wollen. Unternehmen, welche die Zukunft erschaffen, stellen ihre Kunden nicht nur zufrieden. Sie verblüffen sie ständig. All das soll nicht bedeuten, daß die vorhandenen oder potentiellen Kunden einem Unternehmen nicht entscheidend dabei helfen können, die Grenzen seines gegenwärtigen Chancenhorizonts auszudehnen. Dennoch sind die Fragen, welche die Marktforscher den Kunden stellen – „Was ziehen Sie vor: Hosenknöpfe mit vier oder mit zwei Löchern?“ –, häufig zu eng gefaßt, um die herkömmlichen Produktkonzepte grundlegend zu hinterfragen oder um eine echte kompetitive Differenzierung zu ermöglichen. Marktforschung kann hilfreich sein, wenn es gilt, allgemein bekannte Produktkonzepte einer Feinabstimmung zu unterziehen und dadurch den Wünschen einer bestimmten Kundengruppe anzupassen (z. B. versuchten die Marktforscher mit Blick auf das für den europäischen Markt bestimmte Erfrischungsgetränk Pepsi Max herauszufinden, welche Diät-Cola-Formel den europäischen Kunden zusagte). Aber Marktforschung bringt nur selten völlig neue Produktkonzepte auf den Weg (etwa IDVs Aqua-Libra, das in Großbritannien eine völlig neue Kategorie von „Gesundheits"-Getränken für Erwachsene schuf). Hören wir uns an, was Hal Sperlich zu sagen hat, jener Mann, der den Minivan erfand und das Konzept von Ford zu Chrysler brachte, als Ford sich weigerte, es zu verwirklichen:

> [Ford] glaubte nicht daran, daß ein Markt dafür vorhanden war, da das Produkt noch nicht existierte. Die Autoindustrie legt großen Wert auf historische Untersuchungen der Marktsegmente. Nun, wir konnten nicht beweisen, daß es einen Markt für den Minivan gab, da wir kein historisches Segment vorweisen konnten.
> In Detroit fließt in der Produktentwicklung das meiste Geld in bescheidene Verbesserungen an vorhandenen Produkten, und in der Marktforschung wird das meiste Geld dafür ausgegeben, zu untersuchen, was die Kunden an den verfügbaren Produkten mögen. In den zehn Jahren, in denen wir den Minivan entwickelten, erhielten wir nicht einen einzigen Brief, in dem uns eine Hausfrau aufgefordert hätte, einen Minivan zu erfinden. Die Skeptiker betrachteten das als Beweis dafür, daß es keinen Markt für das Produkt gäbe.[7]

Erkenntnisse über neue Produktchancen können auf vielen Wegen gewonnen werden, die alle über die herkömmlichen Arten von Marktforschung hinausführen. Toshiba hat ein Institut zur Erforschung von Lebensgewohnheiten; Sony betreibt die „Erforschung des Menschen" mit ebensogroßer Leidenschaft wie die Jagd nach der technologischen Führung im audiovisuellen Bereich. Die gewonnenen Einblicke erlauben es diesen Firmen, zwei zentrale Fragen zu beantworten: Welchen Nutzen werden die Kunden an den Produkten von morgen schätzen? Und: Wie können wir durch Innovation unseren Konkurrenten in dem Bemühen zuvorkommen, dem Markt diesen Kundennutzen anzubieten? Yamaha gewann Einblick in die noch nicht artikulierten Wünsche der Musikfreunde, indem es in London ein Musikzentrum einrichtete, das bis unter die Decke mit den jüngsten Errungenschaften der Musiktechnologie gefüllt war. Die Einrichtung bot einigen der talentiertesten Musikern Europas die Chance, mit der Musik der Zukunft zu experimentieren. Das Feedback half Yamaha, die Grenzen des von ihm abgesteckten Wettbewerbsraums im Musikgeschäft kontinuierlich auszudehnen. Yamahas Erfahrung wirft ein Licht auf einen wichtigen Punkt: Will man die Grenzen der gegenwärtigen Produktkonzepte erweitern, so muß man die fortschrittlichste Technologie am besten direkt in die Hände der weltweit anspruchsvollsten Kunden legen. So entstand Yamahas Londoner Marktlaboratorium – denn noch ist Japan nicht das Weltzentrum der Popmusik.

Kundenorientierung bringt nicht nur die Gefahr mit sich, daß man ein ewiger Mitläufer bleibt. Um kundenorientiert sein zu können, muß ich zunächst die Frage beantworten können, wer eigentlich meine Kunden sind. Wie IBM, DEC, Xerox und andere Unternehmen erfahren mußten, sind die Kunden von heute nicht notwendigerweise auch jene von morgen. Die Leute, die Buick Roadmasters und Oldsmobile Einundneunziger kaufen, mögen mit der Qualität und dem Service von General Motors vollkommen zufrieden sein, aber wenn GM kein Auto bauen kann, das die Mercedes-Besitzer um die Dreißig anspricht, gibt es damit seine Zukunft auf. In Anbetracht dieser Tatsache hat GM zahlreiche selbsternannte „Importkiller“ auf den Markt gebracht, deren letzter, der Oldsmobile Aurora, sich möglicherweise endlich als würdiger Gegner für die Importe herausstellen wird. Natürlich muß ich meine Kunden fragen, wie zufrieden sie sind, aber es ist ebensowichtig zu fragen, welche Kunden ich überhaupt nicht bediene. Genau diese Frage bewog Sony dazu, eine auf Vorschüler zielende Produktlinie einzuführen. Die unter dem Markennamen „My First Sony“ vertriebenen, einfach zu bedienenden, in leuchtenden Farben gehaltenen Radios, Walkietalkies, Kassettenspieler und Video-Zeichensysteme erweiterten Sonys Kundenreservoir um eine ganz neue Kategorie.

Stellen Sie sich eine einfache Matrix vor (Abbildung 4.1). Die eine Achse repräsentiert die Bedürfnisse – jene Bedürfnisse, welche die Kunden artikulieren können, und jene, welche sie noch nicht artikulieren können. Auf der anderen Achse befinden sich die Kunden – jene, die das Unternehmen derzeit betreut, und jene, die es nicht betreut. Gleichgültig, wie gut ein Unternehmen die artikulierten Bedürfnisse der gegenwärtigen Kunden befriedigt, es befindet sich in großer Gefahr, wenn es nicht jene Bedürfnisse im Auge hat, welche die Kunden noch nicht artikulieren können, über deren Befriedigung sie sich jedoch freuen würden. Und wie zufrieden die gegenwärtigen Kunden eines Unternehmens auch sein mögen, dieses Unternehmen könnte eines Tages einen Wachstumseinbruch erleiden, wenn es nicht in der Lage ist, völlig neue Kundengruppen anzusprechen. Ein Unternehmen, das nur auf die artikulierten Bedürfnisse bestehender Kunden reagieren kann, wird rasch zu einem Nachzügler werden.

Sich in die Bedürfnisse der Menschen einfühlen

Industrievorausblick entsteht dann, wenn die Führungskräfte eines Unternehmens imstande sind, sich in die grundlegenden Bedürfnisse der Menschen einzufühlen. Als Raymond Smith, Chairman von Bell Atlantic, einer Vorführung von computergestützten Lerninstrumenten beiwohnte, fragte er sich, warum diese Instrumente nicht jedem Kind in jedem amerikanischen Klassenzimmer zugänglich gemacht werden konnten. Möglicherweise wird Bell Atlantic zu einer Antwort auf diese Frage beitragen. Cargill, eine weltweit führende Getreidehandelsgesellschaft, fragt sich ständig, was sie tun kann, um den weltweiten Nahrungserfordernissen besser gerecht zu werden. Unternehmen, welche die Zukunft aufbauen, sind

TABELLE 4.1: JENSEITS DER „KUNDENORIENTIERTHEIT

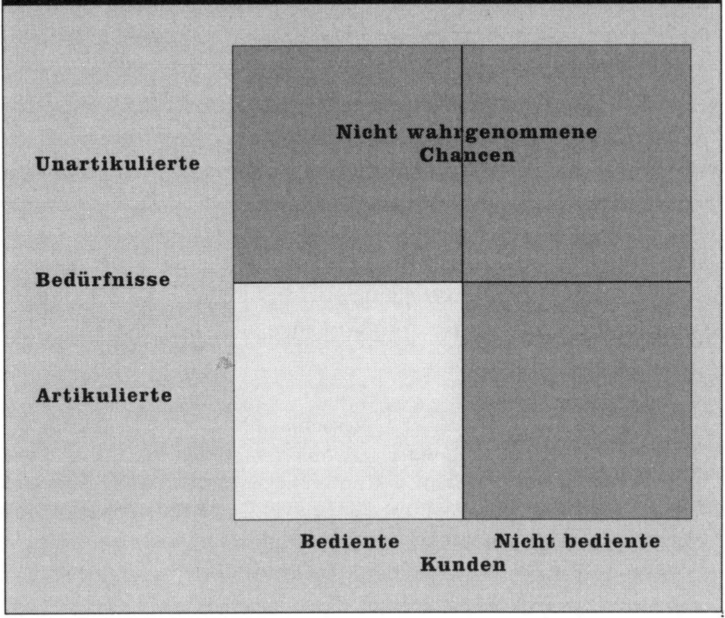

ständig bemüht, die Lebensbedingungen der Menschen zu verbessern. Wie hoch ihr Rang auch sein mag, wie großzügig die Gehälter auch sein mögen: Unternehmensleiter dürfen nie die Fähigkeit verlieren, sich mit dem individuellen Kunden zu identifizieren, der mit einem defekten Auto zurückgeblieben ist, der es zu eilig hat, um in einer langen Schlange zu warten, der nicht in der Lage ist, von einem weitentfernten Ort im Ausland „nach Hause zu telefonieren", oder der versucht, mit einem knappen Budget eine Familie zu ernähren und zu kleiden. Wenn die leitenden Manager nicht imstande sind, sich in die Bedürfnisse des „gewöhnlichen" Kunden einzufühlen, so werden sie auch nicht imstande sein, diese Bedürfnisse vor ihren Konkurrenten zu erfüllen.

Um dafür zu sorgen, daß die Mitarbeiter seiner Produktentwicklung sich so weit wie möglich in ihre potentiellen Kunden einfühlen, paßt Honda das Alter seiner Entwicklungsteams dem Alter der Zielgruppe für das zu entwickelnde Modell an. Die jüngsten Autodesigner von Honda arbeiten an Modellen, die für junge Käufer bestimmt sind. Mit steigendem Alter schreiten die Designer zu Autos fort, die ältere Käufer ansprechen sollen. Mit größtem Einsatz bemüht sich Honda, sicherzustellen, daß die mit der Entwicklung eines Produktes betrauten Leute wirklich mit den Kunden fühlen, denen sie dienen sollen, und Einblick in deren Bedürfnisse haben. Robert Shook, Autor eines Buches über Hondas Erfolg in Amerika[8], berichtet über einige Vorgänge, die zur Illustration dieses Punktes dienen können:

> Ende der sechziger Jahre, das Unternehmen hatte vor kurzem mit der Fertigung von Autos begonnen, gab Soichiro Honda bekannt, er wolle ein „Weltauto" bauen. Um das zu erreichen, ließ das Unternehmen zwei Ingenieursteams rund um den Erdball Daten über Produkte und Lebensgewohnheiten von Menschen in anderen Ländern sammeln. In Zusammenhang damit schickte die F&E-Abteilung von Honda Ingenieure nach Europa, die dort ein ganzes Jahr lang nichts anderes zu tun hatten, als den Umgang der Menschen mit ihren Autos zu beobachten. Die Ingenieure studierten alles – vom Straßenzustand bis zu den Fahrgewohnheiten. Dann kehrten sie nach Japan zurück, um über ihre Erkenntnisse zu berichten. Die gewonnenen Informationen trugen zur Entwicklung des ersten Civic bei.
> Ein Honda-Designteam in den USA, das in der Frage des Kofferraumdesigns an einem toten Punkt angelangt war, verbrachte einen Nachmittag auf einem Parkplatz in Disneyland, um zu beobachten, was die Leute in den Kofferraum legten und herausholten und welche Bewegungen sie dabei machten ... Honda beauftragte keine externe Marktforschungsfirma damit, Daten über die Verwendung des Kofferraums zu sammeln. Die Japaner wählten einen direkteren Ansatz und brachten schließlich ein neues Design auf den Markt.

Man darf raten, welche Erkenntnisse die Autodesigner in Detroit über die Fahrgewohnheiten der japanischen Konsumenten sammelten und wie viele von ihnen einen Nachmittag im Disneyland in Tokio verbrachten, um vor Ort Kundenstudien zu betreiben. Fest steht, daß der beste Vorausblick häufig auf tiefen Einblicken in das Verhalten der Konsumenten beruht – auf Einblicken, die nicht Marktstudien aus zweiter Hand, sondern dem direkten Kontakt mit den Kunden entspringen.

Von zumindest einem Vorstandsvorsitzenden eines europäischen Autoherstellers ist verbürgt, daß er in seinem ganzen Leben noch nie ein Auto gekauft hat. Dieser Spitzenmanager, der in jungen Jahren in das Unternehmen kam, mußte nie mit einem Händler feilschen oder ein Auto zum Service bringen.[9] Es ist kaum wahrscheinlich, daß sich dieser Manager wirklich in einen Käufer einfühlen kann, der sich mit schlechtgeschulten und wenig motivierten Verkäufern herumschlagen muß. General Magics Ambition für den Personal Communicator ist von Einfühlungsvermögen in die menschlichen Bedürfnisse durchdrungen:

> Unser Traum ist es, Millionen Menschen das Leben zu erleichtern, indem wir ihnen kleine, persönliche Unterstützungssysteme anbieten, die sie überallhin mitnehmen können. Diese Systeme werden den Leuten helfen, ihr Leben zu organisieren, mit anderen Leuten zu kommunizieren und sich alle erdenklichen Informationen zu verschaffen. Die Geräte werden einfach zu benutzen sein und in verschiedensten Modellen angeboten werden, um den verschiedenen Geldbörsen, Bedürfnissen und Geschmäckern zu entsprechen. Sie werden die Lebensweise der Menschen und ihre Art, miteinander zu kommunizieren, verändern.[10]

Vorausblick entsteht vor allem aus dem aufrichtigen Wunsch, wirklich etwas im Leben der Menschen zu verändern. Obwohl sie durchaus hilfreich sein können, führen Technologieprognosen, Marktforschung, Szenarienplanung und Wettbewerbsanalysen nicht notwendigerweise zu Industrievorausblick. Keines dieser Instrumente zwingt das leitende Management dazu, den Konzern und die Branchen, in denen er um Marktanteile kämpft, neu zu begreifen. Man kann die Zukunft nur vorwegnehmen, indem man das Objektiv wechselt, durch das der Konzern betrachtet wird (Kernkompetenzen versus strategische Geschäftseinheiten), indem man das Objektiv wechselt, durch das die Märkte betrachtet werden (Funktionen versus Produkte), indem man den Winkel des Objektivs vergrößert (indem man neugieriger wird), indem man den Staub entfernt, der sich auf dem Objektiv abgelagert hat (indem man mit den Augen eines Kindes sieht), indem man alles durch eine Vielzahl von Objektiven betrachtet (Eklektizismus), indem man gelegentlich dem mißtraut, was man tatsächlich sieht (indem man Preis-Leistungs-Verhältnisse in Frage stellt, indem man ein Widerspruchsgeist ist).

Nach Industrievorausblick zu streben bedeutet, danach zu streben, sichtbar zu machen, was noch nicht existiert. Der Ausgangspunkt ist nicht der gegenwärtig bediente Markt, sondern das, was Bob Galvin, früherer Chairman von Motorola, als „vollkommen vorstellbaren Markt" zu bezeichnen pflegte. Hat ein Unternehmen sich die Zukunft ausgedacht, so muß es einen Weg finden, der von der Gegenwart in die Zukunft führt. Davon, wie man diesen Weg findet und auf einer Karte einzeichnet, handelt das nächste Kapitel.

5

Die Gestaltung der strategischen Architektur

Die Zukunft muß nicht nur erdacht, sie muß auch erbaut werden; daher der Begriff „strategische Architektur". Ein Architekt muß in der Lage sein, von Dingen zu träumen, die noch nicht geschaffen sind – er muß sich dort, wo bisher nur ein staubiger Platz ist, eine Kathedrale denken können. Er muß sich über einem bisher noch nie überwundenen Abgrund eine elegante Brücke vorstellen können. Aber ein Architekt muß auch in der Lage sein, einen Plan dafür zu zeichnen, wie dieser Traum verwirklicht werden kann. Ein Architekt ist beides: ein Träumer und ein Gestalter. Ein Architekt verbindet Kunst und Gestaltung der Struktur.

Jedes Unternehmen verfügt über eine Informationsarchitektur (sowohl „Hardware" – die Infrastruktur der Informationstechnologie – als auch „Software" – die vorherrschenden Muster der Kommunikation zwischen Personen und Einheiten). Bevor ein Unternehmen eine Informationsarchitektur entwerfen kann, muß es sich darüber klarwerden, wer mit wem wie und wie oft über welche Angelegenheiten sprechen sollte. Jedes Unternehmen weist eine soziale Architektur auf (allgemein anerkannte Verhaltensnormen und eine unausgesprochene Wertehierarchie). Um eine soziale Architektur gestalten zu können, muß das leitende Management eine Vorstellung davon besitzen, welche Werte im Vordergrund stehen sollten; es muß eine Vorstellung davon haben, welche Verhaltensweisen gefördert werden und welche Art von Leuten sich in der Firma wohlfühlen sollte. Jedes Unternehmen verfügt über eine Finanzarchitektur (eine bestimmte Struktur der Bilanz, ein Jahresberichts- und ein Budgetierungssystem). Um eine Finanzarchitektur aufzubauen, muß das Spitzenmanagement eine Vorstellung der idealen Ausgewogenheit von Fremd- und Eigenkapital, der Finanzierung von Akquisitionen und Veräußerungen, der Kriterien für Kapitalzuteilungen usw. haben.

Wir glauben außerdem, daß jedes Unternehmen auch eine strategische Architektur benötigt. Um eine strategische Architektur aufbauen zu können, muß die Unternehmensführung eine Vorstellung davon haben, welche neuen Vorteile oder „Funktionen“ den Kunden im Lauf der nächsten zehn Jahre angeboten werden sollen, welche neuen Kernkompetenzen erforderlich sein werden, um diesen Kundennutzen zu schaffen, und welche Veränderung die Kundenschnittstelle erfahren muß, um den Kunden den Zugang zu den neuen Vorteilen zu erleichtern.

Die strategische Architektur ist im Grunde ein detaillierter Plan für die Entwicklung neuer Funktionen, für die Aneignung neuer oder die Transformation existierender Kompetenzen sowie für die Neugestaltung der Kundenschnittstelle. Beispielsweise könnte ein Schulbuchverleger, der die technologischen Entwicklungen aufmerksam verfolgt und phantasievoll genug ist, um sich ihre potentiellen Auswirkungen vorzustellen, von einem „elektronischen Lehrbuch“ träumen, welches es den Lehrern eines Tages erlauben könnte, ihr Unterrichtsmaterial mit Blick auf die speziellen Interessen und Fähigkeiten ihrer Schüler maßzuschneidern. Um diesen Traum zu verwirklichen, muß der Verleger festlegen, zu welchen Kompetenzen er Zugang suchen, welche er sich aneignen und welche er stärken muß, um die „maßgeschneiderte“ Funktion liefern zu können. Zu diesem Zweck muß der Verleger möglicherweise mehr über Multimedia-Technologie lernen; er muß automatische Gestaltungsinstrumente für die Lehrer entwickeln und in neue

Kommunikationstechnologien investieren. Möglicherweise muß der Verleger auch überdenken, wie er die Lehrbücher auf dem Markt anbietet: Wird der Käufer ein anderer sein (Schulbehörde oder Schule oder einzelner Lehrer)? Welche Art von Verkaufsinstrumenten wird benötigt werden? Welche Art von Schulung werden die Lehrer brauchen? Wird der Verleger eine physische oder nur eine elektronische Vertriebsstruktur benötigen?

Auch Länder können strategische Architekturen entwickeln. Singapurs Economic Development Board hat eine strategische Architektur entworfen, in der er die zu entwickelnden nationalen Kompetenzen festgelegt hat, die Singapur auf die nächste Stufe der industriellen Entwicklung heben sollen. Ein hochrangiger EDB-Vertreter beschrieb die Zielvorstellung seines Landes als „US = 2010" – das heißt, bis zum Jahr 2010 soll das Pro-Kopf-Einkommen Singapurs jenem der Vereinigten Staaten angeglichen sein.

Eine strategische Architektur ist kein detaillierter Plan. Sie legt fest, welche wichtigen Fähigkeiten erworben werden sollen, aber sie spezifiziert nicht genau, wie diese Fähigkeiten erworben werden sollen. Sie zeigt, wie die wichtigsten tragenden Wände angeordnet sein sollen, nicht jedoch, wo die einzelnen Steckdosen und Türgriffe anzubringen sind. Um eine Analogie aus der Kartographie zu verwenden: Die strategische Architektur ist eine Karte des nationalen Autobahnnetzes, nicht jedoch ein detaillierter Stadtplan. Sie ist genau genug, um die allgemeine Richtung anzugeben, verzeichnet aber nicht jede Nebenstraße entlang der Hauptroute. Stellen Sie sich eine Gruppe von Wirtschaftsstudenten vor, die im Sommerurlaub mit dem Auto von London nach Paris fahren. Sie möchten 14 Tage in der Stadt der Lichter verbringen. Sie beginnen ihre Reise ohne eine detaillierte Straßenkarte ihres Zielortes; sie werden einen Plan von Paris kaufen, wenn sie dort ankommen. Zunächst einmal genügt es zu wissen, daß sie in südwestlicher Richtung nach Dover fahren müssen. Sie wissen, daß die Autobahn M 23 nach Dover führt, also fahren sie los. (Natürlich müssen sie den genauen Weg von ihrer Wohnung im Zentrum von London bis zur Autobahn feststellen.) Sie wissen, daß sie in Calais von der Fähre fahren, aber den genauen Weg vom Hafen durch die Straßen von Calais zur Autobahn nach Paris können sie noch nicht kennen. Dieser wird ausgeschildert sein, wenn sie einmal in Calais sind. Unsere frankophilen Studenten wissen auch, daß sie nicht mit einer Tankfüllung bis Paris kommen werden, aber natürlich fahren sie los, ohne den genauen Standort jeder Tankstelle zwischen London und Paris zu kennen. Die Tankstellen werden sie auf dem Weg ausfindig machen müssen.

Es ist unmöglich, einen detaillierten Plan für eine auf zehn oder fünfzehn Jahre ausgelegte Wettbewerbsanstrengung zu erstellen. Planung erfordert einen Exaktheitsgrad (welche Gewinnmaximierungspreise, welche Kanäle, welche Zulieferquellen, welche Absatzstrategie, welche exakten Produktmerkmale), der nicht zu erreichen ist, wenn man über die nächsten zwei oder drei Jahre hinausblickt. Beharrt man darauf, eine solche Exaktheit sei die Vorbedingung für eine Neuausrichtung der Strategie, so verurteilt man sich zu Unbeweglichkeit und einer Politik der Anpassung. Zum Glück ist es möglich, die allgemeinen Erfordernisse in den Bereichen Funktionsentwicklung und Kompetenzaneignung zu skizzieren.

Der japanische Baumaschinenhersteller Komatsu verfolgte lange Zeit das Ziel, seinen amerikanischen Konkurrenten Caterpillar zu „umzingeln". Mitte der sechziger Jahre, als Caterpillar in Komatsus Heimmarkt eindrang, hätte Komatsu die Möglichkeit gehabt, sich über die größten Hürden klarzuwerden, die es auf dem Weg zur Erreichung seines ehrgeizigen Ziels zu überwinden galt. Der erste Schritt mußte eindeutig sein, die Qualität seiner kleinen Bulldozer zu verbessern. Diese Produkte bildeten das Fundament für die Produktlinie des Unternehmens in Japan, und wenn es Komatsu nicht gelänge, sein Grundgeschäft gegen Caterpillars Vordringen zu schützen, so würden sämtliche weiterreichenden Ambitionen wahrscheinlich wie Seifenblasen zerplatzen. Des weiteren lag auf der Hand, daß Komatsu Caterpillar technologisch überholen mußte. Lizenzabkommen mit Caterpillars Konkurrenten stellten eine Abkürzung auf dem Weg dorthin dar. Komatsu hätte auch frühzeitig daraufkommen können, daß es, wenn es sich nicht einen signifikanten Anteil an den Exportmärkten sicherte, nie über das erforderliche Volumen verfügen würde, um Caterpillars Größenvorteile in der Fertigung wettzumachen und mit den F&E-Investitionen des Konkurrenten mitzuhalten. Ebenso hätte Komatsu sich darüber im klaren sein müssen, daß eine verfrühte offene Herausforderung von Caterpillar auf anspruchsvollen Exportmärkten wie Europa und Australien selbstmörderisch wäre. Komatsu hätte also erkennen können, daß es zunächst in solchen Märkten Volumen anstreben mußte, in denen Caterpillar nicht so gefährlich war, etwa in China und den damaligen Ostblockländern. Selbstverständlich bestand Komatsus Endziel weiterhin darin, einen Anteil am amerikanischen und an den europäischen Märkten zu erobern. Um das zu erreichen, würde Komatsu ein Händlernetz benötigen. Um Händler zu gewinnen, würde Komatsu eine breite Produktlinie anbieten müssen, womit die Produktentwicklung zur nächsten großen Herausforderung wurde. Die Hebung der Qualität, die zunächst der Sicherung der Heimmärkte diente, der Einsatz der amerikanischen Konkurrenten von Caterpillar, um dessen technologischen Vorsprung wettzumachen, der Aufbau großer Volumina in Märkten, die Caterpillar als „peripher" ansah, und die Ausweitung der Produktlinie in Vorbereitung einer Attacke auf anspruchsvollere Märkte waren größere Meilensteine, die Komatsu Jahre im voraus ausmachen konnte. Nicht nur, daß Komatsu in groben Zügen voraussehen konnte, welche Kompetenzbildung erforderlich war, um Caterpillar Konkurrenz zu machen: Die Japaner konnten sich auch ein vernünftiges Urteil darüber bilden, in welcher Reihenfolge diese Kompetenzen aufgebaut werden sollten.

Wir stoßen immer wieder auf Unternehmen, die sich ehrgeizige langfristige Ziele gesteckt haben – etwa, Einnahmen und Gewinne im Lauf von fünf Jahren zu verdoppeln, oder, den Anteil der Einnahmen aus neuen Geschäftsbereichen beträchtlich zu erhöhen –, die sich jedoch kaum bemüht haben, das zur Erreichung solcher Ziele erforderliche mittelfristige Programm zum Aufbau von Fähigkeiten zu durchdenken. In zu vielen Unternehmen steht ein großartiges und allzu unbestimmtes langfristiges Ziel („Laßt uns in Urlaub fahren" statt „Laßt uns nach Paris fahren") detaillierten kurzfristigen Budgets und Jahresplänen gegenüber („Welchen Weg nach Hause sollte ich angesichts des enormen Staus auf meiner üblichen Strecke heute abend nehmen?"), wobei es keinerlei Bindeglied zwischen beiden Planungshorizonten gibt („Ich muß mir ein wenig freinehmen und mein Reisebüro anrufen, und ich muß ein paar Reiseführer lesen."). In vielen Unternehmen scheint die unausgesprochene Annahme zu bestehen, daß langfristiger und kurzfristiger Zeitraum nicht miteinander verzahnt sind, sondern an irgendeinem Punkt aneinanderstoßen. Aber der langfristige Zeitraum beginnt nicht im Jahr fünf des gegenwärtigen strategischen Plans. Er beginnt genau jetzt! Zwar werden noch viele Jahre vergehen, bis jeder Mann, jede Frau und jedes Kind einen Personal Communicator mit sich herumtragen, aber ein Unternehmen, das sich nicht Mühe gibt, seine Radio-, Digital-, Miniaturisierungs-, Display- und Batteriekompetenzen zu erweitern, wird an dieser speziellen Zukunft keinen großen Anteil haben. Ein Unternehmen, das sagt: „Wir werden uns aus dieser Sache heraushalten, bis sich ein wesentlicher Markt dafür herauskristallisiert", ist dazu verdammt, eines Tages im Kielwasser weiter vorausblickender Konkurrenten zu schwimmen.

Eine strategische Architektur legt fest, „was wir heute tun müssen", um die Zukunft vorwegzunehmen. Eine strategische Architektur ist das wesentliche Bindeglied zwischen Heute und Morgen, zwischen kurzfristigem und langfristigem Zeithorizont. Sie zeigt der Organisation, welche Kompetenzen sie in Vorwegnahme der Zukunft bereits heute entwickeln muß, welche neuen Kanäle sie heute bauen sollte, welche Entwicklungsprioritäten sie heute verfolgen sollte. Eine strategische Architektur ist ein allgemeiner Plan für die Annäherungsweise an die Chancen von morgen. Eine strategische Architektur beschäftigt sich nicht mit der Frage, was man tun muß, um die Einnahmen oder den Anteil an einem Produktmarkt zu maximieren. Vielmehr dient sie der Beantwortung der Frage: Was müssen wir bezüglich der Kompetenzaneignung heute tun, um vorbereitet zu sein, uns einen wesentlichen Anteil an den zukünftigen Einnahmen in einer in Entstehung begriffenen Chancenarena zu sichern?

Eines unserer bevorzugten Beispiele für eine strategische Architektur stammt aus dem japanischen Elektronikkonzern NEC. Zwar wurde NEC in letzter Zeit von den Umwälzungen in der weltweiten Computer- und Telekommunikationstechnologie gehörig durcheinandergerüttelt, aber eine Anfang der siebziger Jahre von der Firma entworfene strategische Architektur trug dazu bei, NEC in ein weltweit führendes Technologieunternehmen zu verwandeln. Früher lieferte NEC Telekommunikationseinrichtungen an NTT (das japanische Äquivalent zu AT&T). Aber Ende der sechziger Jahre begann die NEC-Spitze unter der Führung von Präsident Kobayashi zu spüren, daß Kommunikationsindustrie und Computerindustrie sich in einigen wichtigen Bereichen aufeinander zu bewegten. Die Telekommunikation, die seit jeher ein „Systemgeschäft" war (die Telefone sind rund um den Erdball miteinander verbunden), wurde auch zu einem „digitalen" Geschäft (die Fernsprechvermittlungssysteme, die sich zunehmend auf Halbleiter und komplexe Softwaresysteme stützten, nahmen langsam die Form von Großcomputern an). Zur selben Zeit verwandelte sich der Computerbereich, der seit jeher digital war, in einen Bereich komplexer Systeme (die Unternehmen wollten ihre Computer, die in Büros und Fabriken rund um den Erdball standen, zu geschlossenen Datennetworks verbinden).

Ausgehend von der Einsicht in diese beiden Industriediskontinuitäten – Tendenz zur Systembildung und Digitalisierung – entwarf NEC eine strategische Architektur, welche die Kompetenzen identifizierte, die nötig waren, um die aus dem Ineinanderfließen von Computer- und Kommunikationsindustrie erwachsenden

Chancen nutzen zu können (siehe Abbildung 5.1). NECs strategische Architektur identifizierte drei miteinander verwobene Stränge von Technologie- und Marktentwicklung: Im Computerbereich würden die Großrechner durch verteilte Verarbeitung (heute als „Client/Server" bezeichnet), bei den Komponenten würden einfache ICs durch riesige ICs, und in der Kommunikation würde das mechanische Koordinatenschaltersystem durch komplexe digitale Systeme ersetzt werden. Bei einer solchen Entwicklung, so dachte man bei NEC, würden sich die Computer-, Kommunikation- und Komponenten-Branchen in wichtigen Bereichen überlappen (z. B. müßten private Konzernnetworks in der Lage sein, gleichzeitig telefonische, Daten- und Bildübermittlung zu bewältigen). NECs trachtete nun, im Bereich „C&C" (Computer and Communications) eine Führungsposition zu erringen.

Während man heute versucht sein mag zu fragen, was denn an C&C neu sei, erforderte dieses Konzept im Jahr 1977, als NEC seine strategische Architektur erstmals der Öffentlichkeit vorstellte, großen Vorausblick.[1] Andere Unternehmen, die in den frühen siebziger Jahren eine ebenso gute Position wie NEC innehatten, etwa GTE in den Vereinigten Staaten oder die britische General Electric Co., verfügten nicht über derartigen Vorausblick und verpaßten die Chance, eine Führungsposition im C&C-Geschäft zu erobern. Aber warum veröffentlichte NEC seine Vorstellung von der Zukunft in seinem Jahresbericht – sollte eine strategische Architektur nicht geheim bleiben? Eine strategische Architektur hat nicht viel Sinn, wenn sie nicht firmenintern einer eingehenden Diskussion unterzogen und von allen Mitarbeitern verstanden wurde. Daher läßt sie sich gar nicht geheimhalten. Was im Jahresbericht erscheint, stellt nur einen Bruchteil jener Überlegungen dar, auf denen die Architektur basiert. Die umfassende strategische Architektur vermittelt nicht die spezifischen Inhalte, die NEC mit den der Karte zugrundeliegenden Begriffen und Konzepten verband, noch läßt sie Rückschlüsse auf Ausmaß und Intensität des innerorganisatorischen Konsenses rund um das C&C-Konzept zu. Der wirkliche

ABBILDUNG 5.1: NECs C&C

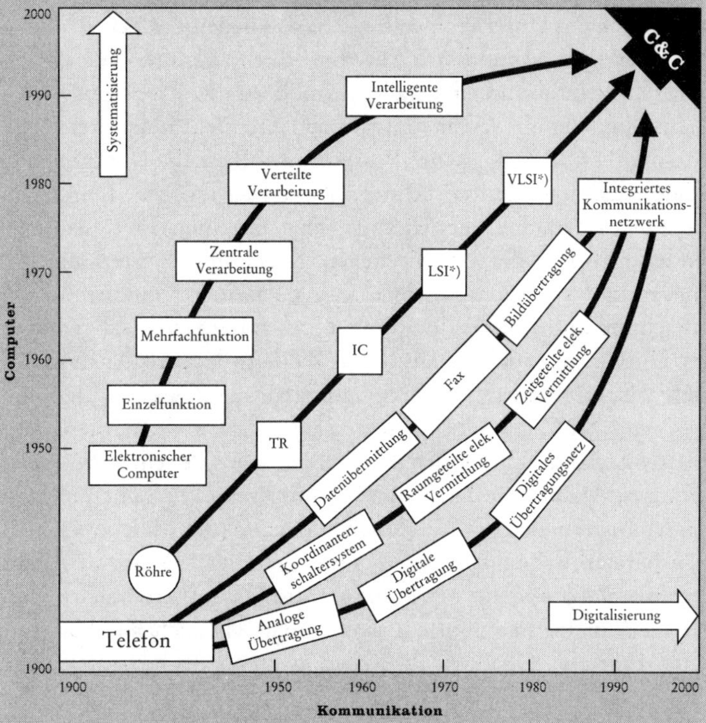

Quelle: Koji Kobayashi, Computers and Communications: A Vision of C&C (Cambridge, Mass.: MIT Press, 1986), S.45. Copyright an dieser Übersetzung: Massachusetts Institute of Technology. Erstmals veröffentlicht in Japan von Simul Press, Inc., Tokio, unter dem Titel: C&C Modern Communications: Development of Global Information Media, Copyright 1985 Koji Kobayashi
*) LSI: large-scale integration = hoher Integrationsgrad
*) VSLI: very large-scale integration = sehr hoher Integrationsgrad

Wert der strategischen Architektur lag nicht in der Einmaligkeit der Kompetenzaneignungskarte, sondern in dem tiefen und gefestigten Verständnis, das ihr in der Organisation zugrunde lag. Außenstehenden gewährte die strategische Architektur von NEC kaum Einblicke in die einzigartige Bedeutung, die C&C für die Arbeit jedes einzelnen NEC-Mitarbeiters hatte. Erst wenn man die Angestellten quer durch das Unternehmen fragte: „Was bedeutet C&C?“ und eine schlüssige und fundierte Antwort erhielt, erkannte man, daß es dort um mehr als um ein gefällig formuliertes Konzept ging.

Im Einklang mit seiner strategischen Architektur arbeitete NEC unermüdlich daran, seine Position im Bereich Komponenten (Halbleiter) und Zentralrechnereinheiten zu festigen. Durch Gemeinschaftsprojekte vervielfältigte man die internen Ressourcen, wodurch NEC die erforderlichen Kernkompetenzen sammeln konnte und trotzdem weniger als die meisten Konkurrenten in Forschung und Entwicklung investieren mußte (sowohl gemessen am Umsatz als auch in absoluten Zahlen). Unsere Analyse von mehr als 100 derartigen Vereinbarungen, die zwischen 1965 und 1987 von NEC geschlossen wurden, zeigte eine bemerkenswerte Übereinstimmung zwischen den Zielsetzungen der einzelnen Jointventures, Allianzen oder Lizenzabkommen und den übergeordneten Anforderungen der strategischen Architektur. Im Kommunikationsbereich, in dem das Unternehmen stark war, zielten die Allianzen in erster Linie auf Marktzugang. Im Computerbereich zielten NECs Allianzen sowohl auf Technologie als auch auf Marktzugang. Fast alle Allianzen im Komponentenbereich dienten dazu, Zugang zu technologischem Know-how zu erhalten. NECs Eifer, von seinen Partnern zu lernen, führte teilweise zu Spannungen und Rechtsstreitigkeiten, etwa mit Intel. Wenn die Partner gewußt hätten, wie entschlossen NEC sein Ziel C&C verfolgte und wenn sie erkannt hätten, wie zielstrebig es an seinem Kompetenzaufbau arbeitete, so wären einige von ihnen den Japanern wohl nicht so bereitwillig zu Hilfe geeilt.

Anfangs lediglich ein Anbieter von Telekommunikationsausrüstung, hatte NEC im Jahr 1980 einen Umsatz von 3,8 Milliarden Dollar erreicht, verglichen mit 26,2 Milliarden von IBM. Bis zum Jahr 1992 hatte sich NEC weltweit mit einem Umsatz von 30,6 Milliarden an die Spitze katapultiert. Selbst in der Rezession Anfang der neunziger Jahre und in der Phase der Desintegration der Computerindustrie konnte NEC immer noch für sich in Anspruch nehmen, zu den erfolgreichsten fünf Unternehmen in den Bereichen Computer, Halbleiter und Telekommunikation zu gehören.

DIE SCHAFFUNG EINER STRATEGISCHEN ARCHITEKTUR

Eine strategische Architektur währt nicht ewig. Früher oder später wird das „Morgen“ zum „Heute“, und der Vorausblick von gestern verwandelt sich in das konventionelle Wissen von heute. Damit NEC in den neunziger Jahren und darüber hinaus prosperieren kann, muß es von neuem in die Entwicklung einer vorausschauenden Vorstellung von der Zukunft investieren. Zu den Unternehmen, denen das bereits gelungen ist, gehört Hewlett-Packard. Interessanterweise beruht seine strategische Architektur auf NECs C&C-Konzept.

Hewlett-Packard gehört seit langem zu den angesehensten US-Unternehmen. HP ist eine unternehmerische Gesellschaft, in der die einzelnen Geschäftsbereiche seit jeher beträchtliche Freiheit genießen und die Bereichsmanager eifersüchtig über ihre Unabhängigkeit wachen. Und es ist ein Unternehmen, das über großen Vorausblick verfügt. HP war eines der ersten Unternehmen, die sich zur RISC-Architektur bekannten, einem radikal veränderten Paradigma für das Mikroprozessordesign, das HPs Umsätze mit Workstations vervielfachte. Da es die rasante Ausbreitung der Personal Computer voraussah, machte es sich HP Anfang der achtziger Jahre zum Ziel, Marktführer bei Computerdruckern zu werden. Im Jahr 1993 erreichte es einen Jahresertrag von nahezu 5 Milliarden Dollar. Daher war HP in der Lage, die schmerzhaften Umstrukturierungen und Schrumpfungen, zu denen seine weniger vorausschauenden Konkurrenten verurteilt waren, großteils zu vermeiden.

Dennoch begannen sich einige Spitzenmanager von HP Anfang der neunziger Jahre Sorgen darüber zu machen, daß viele der neuen Chancen in der Digitalindustrie von seinen drei autonomen Bereichen – Computersysteme, Computerprodukte, Tests und Messung – möglicherweise nicht erfaßt würden. Noch schlimmer war, daß einige wichtige Kompetenzen in spezifischen Geschäftsbereichen eingeschlossen waren, weshalb der Konzern Chancen zur Schaffung völlig neuer Märkte insbesondere im Bereich Telekommunikation versäumte. Vor allem Joel S. Birnbaum, der Leiter der HP-Laboratorien, war sich darüber im klaren, daß HP sich folgende Frage stellen mußte: „Was können wir in Anbetracht unseres einmaligen Konzernportfolios an Kompetenzen besser als sonst jemand in der Welt?" Kein anderes Unternehmen in der Welt verfügte über eine vergleichbare Mischung von Computer-, Kommunikations- und Messungskompetenzen. Also forderte Birnbaum seine Kollegen mit der Frage heraus: „Welche neuen Chancen liegen in der Verbindung dieser drei Kompetenzen?"

Langsam begann Hewlett-Packard, seine Identität neu zu begreifen. Das Unternehmen brachte sie auf die Formel $HP = MC^2$, wobei M für Messung und die zwei Cs für Computing und Communication standen. Zu Beginn des Jahres 1993 gründete Hewlett-Packards Geschäftsführer Lewis E. Platt einen $HP = MC^2$-Beirat, in dem die besten Techniker und Marketingleute aus dem gesamten Konzern versammelt wurden. Das Ziel: neue Chancen im Wert von vielen Milliarden Dollar aufzuspüren, mit denen HP die gesamte Bandbreite seiner Kompetenzen ausnutzen und, wie Platt es ausdrückte, „die Märkte auf den Kopf stellen" könnte.[2] Bis dato hat diese Initiative eine beträchtliche Anzahl von Produkten hervorgebracht, die neue Märkte erschließen. Eines davon ist die medizinische Ferndiagnose. HP verschmilzt seine Erfahrungen auf dem Gebiet der medizinischen Instrumente mit seinen Computerkenntnissen und steuert eine Zukunft an, in der die Patienten in ihrer Wohnung von einem kilometerweit entfernten Arzt überwacht werden können. Eine weitere Idee ist ein Videodrucker für den Hausgebrauch, der es Mattscheibenfreaks erlauben soll, jedes Videobild – seien es Babys erste Schritte oder eine Produktinformation in einem Homeshopping-Kanal – mit dem Camcorder festzuhalten.

Hewlett-Packards erste Schritte in die Zukunft von MC^2 waren klein, aber entschlossen. Man unterzog eines der ältesten Unternehmen innerhalb des Konzerns, einen Hersteller von Mikrowellenkomponenten, einer Generalüberholung und gab ihm den Namen Video Communications Division. Diese Video Communications Division akquirierte einen Auftrag von Ford über die Lieferung von Diagnosesystemen, in denen ein innovativer „Flugschreiber" zur Analyse von Autoproblemen eingesetzt wird. Man begann mit der Fertigung von externen TV-Steuerungen für ein Unternehmen, das mit interaktivem Fernsehen experimentiert, und dann mit der Lieferung von 300-Dollar-Farbdruckern für ein weiteres experimentelles Fernsehprojekt. Jedes dieser Projekte hat die Grenzen der Geschäftsbereiche überschritten, über die HP früher auch bei der Suche nach neuen Chancen nicht hinausblicken konnte. Auch richtete der Konzern ein sektorenüberschreitendes Telekommunikationskomitee ein, das die bereichsübergreifenden Entwicklungschancen für innovative neue Produkte für Telekommunikationskunden koordinieren soll. Ein hochrangiger Manager drückte es so aus: „In zehn Jahren wird HP ein ganz anderes Unternehmen sein."[3]

Ein anderes Unternehmen, das sich sehr bemüht, seine Industrie neu zu erfinden und seine Strategie zu erneuern, ist die in Dallas, Texas angesiedelte Firma Electronic Data Systems (EDS).[4] EDS gehört einer neuen Art von IT- Unternehmen an, welche die amerikanische IT-Industrie wiederbelebt haben. Das Unternehmen, das im Jahr 1992 einen Umsatz von 8,2 Milliarden Dollar erreicht hat, hilft Großkonzernen, ihre enorm komplexen Daten- und Sprachübertragungsnetze zu managen. Für viele seiner Kunden ist EDS das Aspirin gewesen, das die Topmanager von ihren Datenverarbeitungskopfschmerzen befreit. Um sein Geschäft auszuweiten, errichtete EDS ein weltumspannendes Netz großrechnergestützter

Informationsverarbeitungszentren. Dieses Network erlebte einen entscheidenden Wachstumsschub, als General Motors EDS kaufte und das Unternehmen aufforderte, den Betrieb seiner weltweiten Computer- und Telekommunikationseinrichtungen zu übernehmen. Im Jahr 1993 hatte das Unternehmen 70.000 Angestellte, die mehr als 8000 Kunden in 31 Ländern betreuten. EDS besaß und betrieb das größte private Network in der Welt, das eine Computerleistung von mehr als 8500 Mips (Millionen Instruktionen pro Sekunde) aufwies und 350.000 Desktop Computer und 240.000 Telefone umfaßte. Jeden Tag wickelte EDS mehr als 42,8 Millionen Computertransaktionen für seine weitverstreuten Kunden ab.

1992 verzeichnete EDS im dreizehnten Jahr in Folge Rekordeinnahmen. Mit Blick auf die ständig steigende Nachfrage nach fremdbeschafften Computerdiensten rechnete EDS damit, bis zum Jahr 2000 zumindest 25 Milliarden Dollar schwer zu sein. In den Augen der meisten Branchenkenner war die Position von EDS nicht zu erschüttern. Dennoch hatte EDS im Jahr 1991 in aller Stille einen großangelegten Plan eingeleitet, um sich selbst und seine Branche neu zu erfinden. Aufgrund seiner beneidenswerten Erfolgsbilanz schien EDS kaum ein Kandidat für eine Unternehmenserneuerung zu sein. Aber es war gerade dieser Erfolg, der den besonnenen EDS-Chairman Les Alberthal nervös machte. Er war sich vollkommen klar darüber, daß der zukünftige Erfolg eines Unternehmens keineswegs selbstverständlich ist, gleich welche Triumphe es in der Vergangenheit gefeiert hat. So gab er einem seiner Mitarbeiter den Auftrag, auszurechnen, wie viele jener Unternehmen, die im Jahr 1970 zu den Fortune 500 gehört hatten, sich auch 1991 noch zu dem illustren Kreis zählen durften. Das Ergebnis – es waren weniger als 40% – gab ihm Anlaß zur Sorge. Im Jahr 1990 bat Mr. Alberthal einen von uns, vor den in London zu Besuch weilenden leitenden Managern des Unternehmens, die im sogenannten „Leadership Council“ zusammengefaßt waren, zu sprechen. Das Thema des Vortrags lautete: „Warum herausragende Unternehmen die Führung einbüßen.“ Die Topmanager wurden aufgefordert, über jene Faktoren nachzudenken, die den Erfolg von Branchenführern untergraben. Als die EDS-Manager in Ruhe die Ursachen des Scheiterns erwogen hatten (Abbildung 5.2), kamen sie zu dem Schluß, daß EDS nicht besser gegen die „Krankheit der herausragenden Unternehmen“ gefeit war als irgendeine andere erfolgreiche Firma. Sie verpflichteten sich, die Führungsposition in ihrer Industrie für die neunziger Jahre und darüber hinaus auf eine neue Grundlage zu stellen.

Zwar machte EDS im Jahr 1992 Gewinne, aber auf der Instrumentenanzeige seines Cockpits blinkten bereits einige Warnlichter auf. Die Margen im Fremdbelieferungsgeschäft litten unter starkem Konkurrenzdruck. Sämtliche großen Computerkonzerne, von IBM über DEC bis Unisys, kämpften, getrieben von der Sorge, das beste Geschäft an EDS zu verlieren, erbittert um Zugang zum Fremdbelieferungsgeschäft. Unkonventionelle Wettbewerber wie Andersen Consulting wetteiferten mit wachsendem Erfolg mit EDS um große Systemintegrationsverträge, obwohl keiner dieser Konkurrenten mit der weltweiten Informationsinfrastruktur von EDS mithalten konnte. Einige dieser neuen Konkurrenten setzten hochentwickelte Kenntnisse in der Strategieberatung ein, um die Kunden bei der Festlegung ihrer zukünftigen IT-Erfordernisse zu unterstützen – und solche Kenntnisse waren bei EDS nur in geringem Maß vorhanden. Auch wuchsen die Ansprüche der Kunden beim Einsatz von Informationstechnologie. Sie wußten, daß die Computerpreise rapide sanken, und verlangten in den letzten Jahren langfristiger Serviceverträge kräftige Preisnachlässe. Es wurde teurer für EDS, Verträge zu gewinnen. Und es wurde schwerer, Kunden unter den führenden IT-Anwendern in den USA zu finden. Unternehmen wie AMR (Vorläufer von American Airlines), Federal Express und Wal-Mart wußten, daß die Informationstechnologie im Kampf um Wettbewerbsvorteile in ihren Branchen eine entscheidende Rolle spielte, und sie waren nicht bereit, die Kontrolle einem Außenstehenden zu überlassen. Tatsächlich gründeten viele dieser Unternehmen Tochtergesellschaften, um ihr eigenes

TABELLE 5.2: WARUM SCHEITERN HERAUSRAGENDE UNTERNEHMEN

Beispiellose Erfolgsbilanz	Anhäufung riesiger Ressourcen	Optimiertes Geschäftssystem	Erfolg bestätigt die Strategie
Keine Lücke zwischen Erwartungen und Leistungen	Überzeugung, daß Ressourcen immer entscheidend sein werden	Feststehende Rezepte	Eigendynamik ersetzt Führung
Zufriedenheit mit gegenwärtiger Leistung	Ressourcen ersetzen Kreativität	Verwundbarkeit durch neue Regeln	Mißlungene „Neuerfindung" der Führung
Unfähigkeit, sich von der Vergangenheit zu lösen!		Unfähigkeit, die Zukunft zu erfinden!	

Fachwissen auf dem Gebiet der Informationstechnologie zu verkaufen. Und es kam noch ein Problem hinzu: Während in der Vergangenheit der Großteil der Rechenleistung in zentralen, auf Großrechner gestützten EDV-Einrichtungen untergebracht war (in diesem Umfeld kannte EDS sich aus), wurde immer klarer, daß die Zukunft der Computertechnologie im Desktop lag. Ein Blick in die fernere Zukunft zeigte, daß ein Großteil der Computertechnik und viele der aufregenden neuen Informationsnetzwerkdienste ihren Platz in den privaten Haushalten finden würden.

Im Jahr 1990 war EDS ein strikt nach Geschäftsbereichen unterteiltes Unternehmen, das weitgehend von der Mainframe-Technologie abhing, sich kaum mit Konsumentenanwendungen von Informationstechnologie beschäftigte und nicht allzu interessiert daran war, über das nächste Riesengeschäft hinauszudenken. Seine großen Geschäftseinheiten waren in bezug auf die von ihnen bedienten Branchen definiert, weshalb das Unternehmen in dem Ruf stand, sehr gut auf die Bedürfnisse seiner Kunden einzugehen. Allerdings hingen seine Entwicklungsprioritäten eher von den artikulierten Bedürfnissen seiner gegenwärtigen Kunden ab als von irgendeinem speziellen Vorausblick in die Zukunft der Informationstechnologie. In Anbetracht der sich am Horizont abzeichnenden aufregenden Vielfalt an informationsintensiven Industrien fragten sich einige Leute bei EDS, ob die Selbstdefinition des Unternehmens nicht zu eng sei, um diese neuen Chancen einzubeziehen.

Einige Führungskräfte von EDS waren auch durch die Tatsache beunruhigt, daß die Erträge pro Angestellten (ein grober Maßstab der Wertschöpfung), die mehrere Jahrzehnte stetig gestiegen waren, in letzter Zeit stagnierten und inflationsbereinigt sogar leicht rückläufig waren. Zwar würde der Ertragsmotor von EDS noch viele Meilen tadellos laufen, aber es war klar, daß dieser Motor in der Zukunft kaum so reibungslos wie in der Vergangenheit Gewinne einfahren würde. Ein Spitzenmann bei EDS formulierte es so: „Manchmal ist der Versuch, den alten Motor aufzufrisieren, so sinnvoll wie der, ein Schwein mit Lippenstift zu schminken!“ Das alles bedeutete nicht, daß EDS ein krankes Unternehmen war. Tatsächlich ist die Geschichte an dieser Stelle nur deshalb von Interesse, weil EDS, während es noch auf dem Höhepunkt seiner Prosperität war, erkannte, daß es seine Kernstrategien erneuern mußte. Diese Überzeugung entsprang ebenso dem Gefühl, vor einer großen Chance zu stehen, wie sie einem Gefühl der Sorge entsprang.

Nach Absolvierung eines kurzen Managementlehrgangs an der London Business School schlossen sich einige EDS-Manager, von denen noch kein einziger zur Führungsspitze des Konzerns gehörte, zu einem „Konzernveränderungsteam“ zusammen und veranstalteten regelmäßige Treffen. Eine offizielle Definition der Aufgaben fehlte zwar, aber die Arbeit des Teams wurde von der Überzeugung getragen, daß der Konzern seine Zielvorstellungen überdenken, seine Qualitätsansprüche heben und eine strategische Architektur entwickeln müsse. Zunächst dachte das Team, ähnlich wie das „Leadership Council“, daran, sich für einige Tage zusammenzusetzen und die neue Unternehmensperspektive für die Zukunft zu konzipieren. Aber bald kam man darauf, daß hier nicht das Produkt „einiger großer Köpfe in einem kleinen Raum“ nötig war, sondern eine alle Ebenen erfassende Hinterfragung dessen, was das Unternehmen darüber dachte, „wer wir sind und was wir tun“. Auch wurde man sich darüber klar, daß die Aufgabe, sich eine umfassende, tiefe und vorausblickende Vorstellung von der Zukunft des Unternehmens anzueignen, sehr viel größeren Einsatz – sowohl intellektuell als auch den Zeitaufwand betreffend – erfordern würde, als ein einzelnes kleines Team aufbringen konnte. Also begann man, einer größeren Gruppe von Kollegen jenes Gefühl der Dringlichkeit zu vermitteln, von dem das Team erfüllt war.

Nach ausgiebigen Debatten und Gesprächen mit dem Leadership Council einigte sich das Konzernveränderungsteam auf einen Ansatz für die Erneuerung des Unternehmens. 150 EDS-Manager aus allen Konzernbereichen überall in der Welt wurden ausgewählt und trafen einander jeweils in Gruppen von 30 Personen in Dallas, um die Zukunft in Angriff zu nehmen. Einbezogen wurden die wichtigsten „Ressourcenträger“ des Konzerns sowie Vertreter des mittleren Managements, die als kritisch, intelligent und unkonventionell bekannt waren. Der erste Schritt bestand darin, diesen Managern die intellektuellen Werkzeuge in die Hand zu geben, die sie benötigten, um über die Zukunft nachzudenken (welches sind die Kernkompetenzen, welche Basis ist für vorteilhaften Ressourceneinsatz erforderlich, wie kann man die nicht artikulierten Bedürfnisse der Kunden feststellen usw.). Ziel war es, zu zeigen, daß derjenige, der die Zukunft als erster erreicht, eher Vorausblick und Beharrlichkeit braucht als „geduldiges“ Geld und Risikobereitschaft. Der Reihe nach band man die Managergruppen in den Prozeß ein und forderte ihre Mitglieder auf, sowohl die Bedrohungen für den vorhandenen Ertragsmotor als auch die von der „digitalen Revolution“ eröffneten Chancen eingehend zu analysieren. Das Ziel bestand darin, bei diesen Managern dieselbe Mischung aus Sorge und Hoffnung zu wecken, von der das Veränderungsteam vorangetrieben wurde.

Jede Gruppe erhielt einen „Entdeckungsauftrag“. Die erste Gruppe beschäftigte sich eingehend mit jenen Diskontinuitäten, die EDS möglicherweise als Hebel zur Veränderung der Gestalt seiner Industrie ausnutzen konnte. Die zweite und dritte Gruppe versuchten, eine von den bestehenden Definitionen der „bedienten Märkte“ gelöste Einschätzung der Firmenkompetenzen zu gewinnen. Diese Kompetenzen wurden dann mit jenen der besten „Kompetenzkonkurrenten“ von EDS verglichen. Auch unterzogen diese Gruppen die Arbeit der ersten Gruppe einer sorgfältigen Analyse: Welche neuen Kompetenzen würde EDS möglicherweise entwickeln müssen, und wie würde es die vorhandenen Kompetenzen möglicherweise neu zusammenstellen müssen, um Kontrolle über die Industrieveränderung zu gewinnen. Aufbauend auf der Arbeit der vorigen Gruppen erweiterte Gruppe Nr. 4 den Chancenhorizont des Unternehmens. Welche „Weißer-Fleck“-Chancen lagen zwischen den vorhandenen Geschäftseinheiten? Welches waren die neuen, informationsintensiven Industrien, an denen sich das Unternehmen möglicherweise beteiligen wollte? Gruppe Nr. 5 untersuchte, wie die Ressourcen des Unternehmens einzusetzen waren, um der Kompetenzbildung und dem Chancenmanagement mehr Dynamik zu verleihen.

Die Gruppenteilnehmer banden ihre direkten Untergebenen in den Entdeckungsprozeß ein. Jede Gruppe ernannte einige „Verbindungsleute“, welche die Arbeit der eigenen Gruppe mit jener der anderen verknüpfen sollte. Die Mitglieder des Veränderungsteams betreuten die verschiedenen Gruppen. Die Ergebnisse jeder Gruppe wurden von den anderen Gruppen und vom Leadership Council eingehend diskutiert. Schließlich siebte ein aus einigen „konvergent Denkenden“ gebildetes, gruppenübergreifendes „Integrationsteam“ das Wesentliche aus der Arbeit heraus und entwarf eine Skizze der strategischen Architektur, die dann im gesamten Konzern diskutiert wurde.

Der Entdeckungsprozeß war geprägt von Enttäuschungen, Überraschungen, unerwarteten Einsichten, überzogenen Fristen. Der Prozeß verlief rekursiv: Antworten wurden durch fortschreitende Annäherung gefunden. Am Ende hatte man mehr als 2000 Personen in die Gestaltung der neuen strategischen Architektur eingebunden. Quer durch das Unternehmen wurden diesem wirklich engagierten, dramatischen Versuch fast 30.000 Mannstunden gewidmet. (Mehr als ein Drittel der Zeit wurde außerhalb der normalen Arbeitszeiten aufgewendet.) Das Wichtigste allerdings war, daß EDS dadurch eine Einschätzung der Industrie und seiner selbst gewann, die umfassender, kreativer und vorausschauender war als 12 Monate zuvor. Und diese Einschätzung hatten sich nicht nur einige wenige technische „Gurus“ oder „Visionäre“ im Unternehmen zu eigen gemacht. Sämtliche Topmanager teilten sie und waren entschlossen, die Zukunft entsprechend zu gestalten. Tatsächlich meinten diejenigen, die am Prozeß beteiligt waren, er habe zur Weiterentwicklung der Führungsmethode ebensoviel beigetragen wie zur Entwicklung der Strategie.

Für einen Außenstehenden sieht die strategische Architektur von EDS lächerlich einfach aus. Sie läßt sich in drei Worten zusammenfassen: Globalisierung, „Informationalisierung“ und Individualisierung. Aber diese Strategie ist mehr als ein Slogan. Die Leute von EDS sind überzeugt davon, daß diese drei Worte die „Grenzlinien“ ihres „Industriekonzepts“ darstellen. Globalisierung bedeutet die Fähigkeit, geografische, kulturelle und organisatorische Grenzen mit Hilfe der Informationstechnologie zu überschreiten. Informationalisierung bedeutet die Fähigkeit, dem Kunden dabei zu helfen, Daten in Information, Information in Wissen und Wissen in wirksame Maßnahmen zu verwandeln. Individualisierung bezieht sich auf den Massenkonsum von Informationsdienstleistungen und -produkten durch und für den einzelnen. Die Leute von EDS sind überzeugt, daß jenes Unternehmen, das die Grenzen seines Industriekonzepts schneller als seine Konkurrenten erweitert, wahrscheinlich die zukünftige Gestalt der Industrie definieren wird.

EDS hat eine Vorstellung davon, welche neuen Kompetenzen erforderlich sein werden, um die Industriegrenzen in bezug auf diese drei Dimensionen zu erweitern. Auch geht das Unternehmen davon aus, daß die neuen Möglichkeiten in den Lücken und Nischen von Globalisierung, Individualisierung und Informationalisierung zu finden sein werden. EDS hat beträchtliche Fortschritte bei der Neuanordnung seines „genetischen“ Codes gemacht; nun strebt es eine Neuordnung der Industrie an, wobei es eine Reihe von Versuchsprojekten, Gemeinschaftsunternehmen und Experimenten ins Auge gefaßt hat, die noch vor einigen Jahren nicht vorstellbar gewesen wären. Ein typisches Beispiel ist die Zusammenarbeit mit Spectradyne. EDS wird dem Unternehmen, das Filme an Hotels liefert, beim Umstieg auf ein digitales System helfen, das den Bezug der Filme über Satellit ermöglichen wird. Gemeinsam mit US West und France Telecom untersucht EDS das Potential für interaktives Homebanking. Und in einem Gemeinschaftsprojekt mit Apple sollen Kataloge auf CD-ROM gespeichert werden, in dem die Kunden bei Bedarf schmökern können, um dann über ein Computernetwork bei den einzelnen Handelshäusern Bestellungen aufzugeben.[5] Wenn zwischen diesen Geschäften auch für einen Außenseiter keine Beziehung zu bestehen scheint und wenn die Investitionen und die unmittelbaren Erträge auch gering sind, so deuten Insider diese Deals doch als den Anfang eines neuen EDS. Wenn EDS seiner strategischen Architektur treu bleibt, wird es in zehn Jahren ein ganz anderes Unternehmen sein.

Ob ein Unternehmen eine strategische Architektur besitzt, erkennt man letztlich nicht an dicken Notizbüchern voller Grafiken und Matrizen. Viel eher erkennt man es, indem man 25 wahllos ausgesuchten Führungskräften die Frage stellt: „Was wird an der Zukunft Ihrer Industrie anders sein?" und die Antworten miteinander vergleicht. Versuchen Sie das einmal in Ihrem eigenen Unternehmen. Fordern Sie ein paar Dutzend leitende Manager auf, die wichtigsten Veränderungen auf einem Blatt Papier zusammenzufassen. Geben Sie ihnen eine Woche oder einen Monat Zeit, um ihre Antworten zu formulieren. Sagen Sie ihnen nicht, was Sie unter „Industrie" verstehen und welchen Zeitraum Sie mit „Zukunft" meinen.

Sammeln Sie die Antworten und führen Sie eine kleine Analyse durch. Erstens: Wie interpretierten die Manager den Begriff Zukunft? Bedeutet „Zukunft" das nächste Jahr, das Jahr fünf des Plans oder heute in zehn Jahren? Mit anderen Worten: Wie weit leuchten die Scheinwerfer des Managements in Ihrem Unternehmen? Über wieviel Vorausblick verfügt es tatsächlich? Zweitens: Wie umfassend ist die Vorstellung der Manager von der Zukunft? Wie umfassend ist der Begriff, den sie sich von der Industrie und von den Kräften machen, die ihr möglicherweise eine andere Gestalt verleihen werden? Ist das Management in einer kurzsichtigen Betrachtung der gegenwärtig bedienten Märkte gefangen, oder sieht es ein breites Spektrum neuer Möglichkeiten? Drittens: Wie einmalig ist seine Vorstellung von der Zukunft verglichen mit den Vorstellungen der Konkurrenten? Würde diese Vorstellung die Konkurrenz überraschen oder ihr nur ein Gähnen entlocken? Viertens: Welches

Maß an Konsens besteht darüber, was an der Zukunft anders sein könnte? Mangelt es an Konsens, so wird leicht für alles und jedes Geld ausgegeben, ohne sich zu irgend etwas wirklich zu bekennen. Und fünftens: Wurden die Auswirkungen potentieller Veränderungen in der Industrie eingehend genug analysiert, so daß die kurzfristig erforderlichen Maßnahmen klar ersichtlich sind? Besteht Einigkeit darüber, was genau dieses Jahr zu tun ist, um sich auf die Zukunft vorzubereiten? Gibt es Strategien zur Kompetenzaneignung und Strategien zur Annäherung an die Chancen? Vorausblick, Bandbreite, Einmaligkeit, Konsens und Durchführbarkeit: Dies sind die Kriterien, anhand derer wir beurteilen, ob ein Unternehmen wirklich über eine strategische Architektur verfügt – ob es sein Schicksal wirklich im Griff hat.

EIN BEKENNTNIS ZUR ZUKUNFT

EDS ist entschlossen, die Kräfte von Globalisierung, Wissensaufbau und Kundenorientiertheit einzusetzen, um seinen gegenwärtigen und zukünftigen Kunden Nutzen anbieten zu können. NEC bekannte sich zur Annäherung von Computer- und Kommunikationsbranche. Aber ein Bekenntnis zu einer Chance bedeutet nicht notwendigerweise, daß man riesige Investitionen tätigen und das Schicksal des Unternehmens auf eine Karte setzen muß. IBM machte mit seinem fehlgeschlagenen Einstiegsversuch in die satellitengestützten Geschäftssysteme Ende der siebziger Jahre riesige Verluste und erlitt das gleiche Schicksal noch einmal, als es Ende der achtziger Jahre Rolm übernahm, nur um es Anfang der neunziger wieder verkaufen zu müssen. AT&T verlor Millionen bei seinem Versuch, in das Computergeschäft einzusteigen, bis es dieses Unterfangen aufgab und NCR kaufte. NEC, dessen Ausgangslage sehr viel schlechter war als jene von AT&T oder IBM, kam bei der Ausnutzung der Annäherung von Computer- und Kommunikationsgeschäft besser voran und gab weniger aus. Dies verdeutlicht eine wichtige Tatsache über den Wettkampf um die Zukunft: Je weiter man vorausschaut, desto sorgfältiger sollte man sich die Entscheidung zum irreversiblen Einsatz großer Ressourcen überlegen. Während die ungefähre Richtung der zukünftigen Entwicklung einer Industrie vorhersagbar sein mag, kann die genaue Route der Evolution von Technologie, Normen, spezifischen Produkten und Dienstleistungen nicht exakt vorweggenommen werden.

In die Zukunft gelangt man durch schrittweise Annäherung. So wie es sehr riskant ist, die Zukunft nicht genau zu spezifizieren – ein Unternehmen, das sich mit einer vagen und unausgefeilten Vorstellung von Größe und Gestalt der entstehenden Chancenarenen zufriedengibt, wird irgendwann erkennen müssen, daß ihm Konkurrenten mit mehr Scharfblick zuvorgekommen sind –, ist es auch ausgesprochen riskant, die Zukunft zu genau zu spezifizieren. Ein Unternehmen, das sich der Grenzen der Vorhersagbarkeit nicht bewußt ist, schwebt in großer Gefahr, in die falsche Richtung loszulaufen.

Stellen Sie sich vor, Sie hätten je einen Fuß auf zwei nebeneinander stehenden Leitern. Die eine Leiter heißt Investition, die andere Industrievorausblick. Im Wettbewerb um die Zukunft muß man darauf achten, daß der eine Fuß niemals mehr als eine Sprosse höher steigt als der andere. In dem Moment, da zusätzliche Erkenntnisse darüber gewonnen werden, welches die beste Strecke zu der erkannten Möglichkeit ist, werden die Investitionen hinaufgeschraubt. Wird der Fuß auf der Investitionsleiter auf die zehnte Sprosse gestellt, während sich der Fuß auf der Vorausblickleiter noch auf der dritten Sprosse befindet, so kommt es mit großer Wahrscheinlichkeit zu einem Sturz (fehlgeleitete Investition); dasselbe gilt für den Fall, daß der Fuß auf der Einsichtenleiter dem Fuß auf der Investitionsleiter zu weit vorauseilt (ein Konkurrent kommt zuvor).

Zu viele Unternehmen wagen in ihrer anfänglichen Begeisterung einen weiten Sprung in unbekannte Gewässer – und schlagen auf einer Klippe auf. Da überrascht es nicht, daß die Manager, die sich einmal bei einem bösen Sturz verletzt haben, nicht mehr mit allzugroßem Enthusiasmus an die Zukunftschancen herangehen. So erzeugt übertriebenes Engagement paradoxerweise häufig im Endeffekt ungenügendes Engagement.

Das Risiko ist der Feind der Beständigkeit. Ebenso wie es verheerend sein kann, einen möglichen Weg in die Zukunft zu früh zu verlassen, kann es auch katastrophale Folgen haben, sich verfrüht für eine bestimmte Strecke zu entscheiden. RCA, das in den sechziger und siebziger Jahren mit zahlreichen Videoaufzeichnungs- und Abspieltechnologien experimentierte, erkannte nicht, wie wichtig den Kunden die „Zeitverschiebung" war, und gab daher verfrüht seine Arbeit am Magnetband auf, um sich ausschließlich auf Abspieltechnologien zu konzentrieren.

Wir haben bereits mehrfach betont, daß es wichtig ist, als erster in die Zukunft zu gelangen. Jetzt klingt es vielleicht so, als sagten wir: „Warten Sie ab, bis jemand anderer in die falsche Richtung gelaufen ist." Das sagen wir nicht. Wir sind überzeugt, daß jede Firma mit aller gebotenen Eile in die Zukunft aufbrechen sollte. Aber die Geschwindigkeit auf der Reise in die Zukunft wird nicht daran gemessen, wie frühzeitig sich ein Unternehmen mit großen finanziellen Ressourcen engagiert, sondern daran, wie schnell es weiterführende Erkenntnisse über die schnellste Route in die Zukunft gewinnt – welche Technologien sind am ehesten praktikabel, welche Produkt- oder Dienstleistungskonzepte entsprechen den Kundenbedürfnissen am besten, welche Vertriebskanäle sollten benutzt werden, welche genauen Produktmerkmale wünschen die Kunden, wo liegt die eigentliche Quelle der Nachfrage? Im Wettbewerb um die Zukunft besteht ein zentrales Ziel darin, umfangreiche Investitionen durch effizienteres Lernen zu ersetzen. Ein methodischer Ansatz zur Entwicklung von Industrievorausblick kann einem Unternehmen die Grundrichtung zeigen und ihm helfen, wichtige Meilensteine festzulegen. Aber den genauen Weg in die Zukunft (welche Produktkonzepte, welche spezifischen Technologien, welche Vertriebskanäle usw.) findet ein Unternehmen, indem es auf der

Reise dazulernt – indem es sich mit kleinen Schritten in neue Märkte vortastet, indem es sorgsam ins Auge gefaßte Akquisitionen vornimmt, indem es Allianzen schließt usw. Die Frage, die sich jedes Managementteam stellen sollte, lautet: „Wie können wir schneller als unsere Konkurrenten etwas über die Zukunft lernen, während wir weniger und kleinere unwiderrufliche Investitionsentscheidungen fällen?"

Man muß nicht unbedingt große Investitionsrisiken eingehen, um die Zukunft als erster zu erreichen. Denken Sie daran, welche Prügel IBM bezog, als es versuchte, mit Xerox im Kopiergeschäft zu konkurrieren. Canon hingegen forderte Xerox erfolgreich heraus und ging dabei geringere Risiken ein. Canon drang in das Kopiergeschäft ein, indem es über Lizenzen Technologie von ausländischen Partnern erwarb. Es vertrieb sein erstes Produkt, einen Kunstdruckpapierkopierer, in den Vereinigten Staaten mittels eines Vertriebsabkommens mit der Scott Paper Company. Indem sich Canon geliehener Technologie und geliehener Vertriebsnetze bediente, gelang es ihm mit geringen Kosten, alles über jenen Teil des Kopiermarktes zu lernen, den Xerox nicht bediente. Als Canon schließlich seine alternative Technologie zur Xerographie entwickelt hatte, vergab es die neue Technologie sofort in Lizenz an zahlreiche Konkurrenten von Xerox. Die Lizenzgebühren halfen Canon, seine eigenen F&E-Ausgaben aufzufangen, und das Feedback von den Lizenznehmern half den Japanern, ihre Entwicklungsanstrengungen gezielter auszurichten. Das Ziel im Wettbewerb um die Zukunft sollte nicht sein, enorme Risiken einzugehen, sondern vielmehr, daran zu arbeiten, die eigenen Ambitionen weniger riskant zu machen.

Wir behaupten nicht, daß man darauf wetten sollte, mit welcher Wahrscheinlichkeit sich eine Zukunftschance tatsächlich einstellen wird. Auch wenn das „Wann" und das „Wie" im wesentlichen unbestimmbar sein mögen – das „Was" sollte klar spezifiziert sein. Es steht außer Zweifel, daß Unterhaltungselektronik und Computerbranche in einigen sehr wichtigen Bereichen ineinanderfließen werden. Es steht außer Zweifel, daß die meisten von uns eines Tages drahtlose Kommunikationsgeräte verwenden werden. Es steht außer Zweifel, daß die Gentechnik die Behandlung von Krankheiten völlig verändern wird. Es steht außer Zweifel, daß die meisten von uns ihre Bankangelegenheiten zukünftig eher per Telefon als am Schalter erledigen werden. Es steht außer Zweifel, daß der Großteil der weltweiten Information in elektronischer Form in den privaten Haushalten zugänglich sein wird.

JVC war sich möglicherweise nicht sicher, wie sechsstündige Aufnahmen in eine zwanzig Zentimeter große Kassette gequetscht werden sollten, aber es war sich ganz sicher, daß die „Zeitverschiebung" eine echte Chance für ein Unternehmen darstellte, das bereit war, sich seinen Weg durch das Dickicht von unterentwickelten und miteinander konkurrierenden technologischen Optionen freizukämpfen. In dem Wissen, daß die meisten leitenden Manager davon überzeugt sind, es bestehe eine beträchtliche Lücke zwischen den Ausgaben ihrer Unternehmen für Informationstechnologie und dem tatsächlichen Nutzen dieser Ausgaben, erkannte Andersen Consulting Anfang der sechziger Jahre die Chance, beim Schließen dieser Lücke zu helfen. Zu jener Zeit konnte Andersen allerdings unmöglich alle potentiellen Routen kennen, die zu seinen Zielen führten (bessere Schulung der internen Mitarbeiter, Reengineering der Prozesse, Fremdbelieferung der Datenverarbeitung, Einführung automatisierter Softwareentwicklungsinstrumente usw.), und wäre schlecht beraten gewesen, sich unwiderruflich für einen bestimmten Weg in die Zukunft zu entscheiden.

Während eine strategische Architektur in großen Zügen festlegt, welche Kompetenzen entwickelt werden müssen – die potentiellen Autobahnen in die Zukunft –, stellt sich der relative Wert bestimmter Routen erst auf dem Weg heraus. Man wettet darauf, wie man die Zukunft erreicht, nicht auf die Attraktivität des Ziels. Man muß alternative Servicekonzepte, alternative Vertriebskanäle und Liefermechanismen sowie alternative Technologien untersuchen. Um es noch einmal zu betonen, man soll sich nicht verfrüht für eine bestimmte Route in die Zukunft entscheiden. Ein Beispiel: Obwohl die Führungsetage von Microsoft davon überzeugt ist, daß es einen Boom bei den Informationsdiensten in den privaten Haushalten geben wird, wissen die Manager, daß es unmöglich ist, mittelfristig vorherzusagen, ob diese Dienstleistungen in erster Linie über den PC oder per Fernsehen geliefert werden. Microsoft hat damit begonnen, in der Entwicklung von Softwarestandards für die Lieferung fernsehgestützter Informationsdienste die Option einer Partnerschaft mit Kabelfernsehgesellschaften wie Time Warner und TCI zu prüfen.

Letztlich bedarf es natürlich gezielter Investitionen in Kompetenzen, Vertriebskanäle, Marken und Produktentwicklung, um eine sich entfaltende Chance nutzen zu können. Mit allem zu experimentieren und sich für nichts zu entscheiden, ist ein ebenso sicherer Weg, um die Zukunft zu verfehlen, wie die Hände in den Schoß zu legen oder alles auf einen einzigen Wurf zu setzen. Zu spät zu wenig zu investieren, ist ebenso unklug wie zu früh zu viel zu investieren. Wir wollen einfach festhalten, daß eine phantasievolle und unvoreingenommene Beurteilung der Industrietrends und der Antriebsfaktoren zwar dazu beitragen kann, ein Unternehmen auf neue Chancen auszurichten und wahrscheinliche Routen in die Zukunft aufzuzeigen, daß jedoch immer ein beträchtliches Maß an Unsicherheit bestehen bleiben dürfte. (Wir sind der Meinung, daß die verbleibende Unsicherheit bei den meisten Unternehmen aufgrund eines Mangels an fundierten, anspruchsvollen Überlegungen über die Zukunft weitaus größer ist, als sie sein müßte.) Diese verbleibende Unsicherheit kann nur verringert werden, wenn das Unternehmen weitergehende Einsichten in den Umfang und die Gestalt der Chance gewinnt.

Nachdem die Möglichkeiten zur Analyse der Zukunft ausgeschöpft sind, muß ein Unternehmen lernen, indem es handelt: Es muß Allianzen mit führenden Kunden schließen, Prototypen Markttests unterziehen, gemeinsame Entwicklungsanstrengungen mit potentiellen Konkurrenten unternehmen, miteinander konkurrierende Technologien untersuchen usw. In diesem Sinn muß die strategische Architektur als offenes System betrachtet werden. Wenn man sich vorwärtsbewegt und Erkenntnisse über die attraktivsten Technologien, die besten Bereitstellungsvehikel und die genaue Natur der Kundenbedürfnisse gewinnt, kristallisieren sich die Investitionsprioritäten deutlicher heraus. Dann ergänzt man die grobe strategische Architektur durch Schaltpläne, Installationen, Ziegel und Mörtel sowie die Innenausstattung.

Das Topmanagement bemüht sich um einen Blick in die Zukunft, indem es den Industrievorausblick erweitert und eine strategische Architektur entwickelt. Aber um die Zukunft als erster zu erreichen, bedarf es mehr als einer sorgfältig konzipierten strategischen Architektur. Die strategische Architektur ist die Karte. Aber was ist mit dem Treibstoff? Wie wir im folgenden sehen werden, besteht der Treibstoff nicht nur aus Geld. Viele an Ressourcen reiche Unternehmen haben die Zukunft ärmeren Rivalen überlassen müssen. Letztlich ist es die emotionale und intellektuelle Energie der Mitarbeiter, die das Unternehmen bei seiner Reise in die Zukunft antreibt. Was nottut, ist die Fähigkeit, jedes im Unternehmen vorhandene Gramm emotionaler und kreativer Energie freizusetzen. Mit diesem Themenkreis beschäftigen sich die folgenden beiden Kapitel.

6

Strategie als Dehnung

Nicht das Geld liefert den Treibstoff für die Reise in die Zukunft, sondern die emotionale und intellektuelle Energie jedes einzelnen Mitarbeiters. Diese Ansicht scheint Ihnen ein wenig weit hergeholt? Nun gut, denken Sie über folgendes Beispiel nach. Stellen Sie sich vor, sie wären ein Investor, und versetzen Sie sich zehn oder zwanzig Jahre in die Vergangenheit: Nehmen wir an, Sie werden aufgefordert, aus den unten angeführten Firmenpaaren jeweils jenes Unternehmen auszuwählen, das ihnen für eine langfristige Investition besser geeignet erscheint:[1]

Volkswagen	oder	Honda
Upjohn	oder	Glaxo
CBS	oder	CNN
Xerox	oder	Canon
RCA	oder	Sony
Westinghouse	oder	Hitachi
Pan Am	oder	British Airways
IBM	oder	Compaq
Firestone	oder	Bridgestone
Sears	oder	Wal-Mart

Wo würden Sie Ihr Geld anlegen? Ohne den Vorteil der rückblickenden Analyse wären die meisten Investoren wahrscheinlich versucht, in die Firmen in der linken Spalte zu investieren. Warum? Damals hatten diese Firmen eine ausgezeichnete Reputation, technologische Reichtümer und prall gefüllte Taschen. Sie konnten die begabtesten Leute in ihrer Branche verpflichten, hatten stabile Marktanteile und waren zumeist weltweit stark im Vertrieb. Kurz gesagt, sie hatten Ressourcen. Dennoch mußten sie ihre Führungspositionen an Firmen mit sehr viel weniger beeindruckender Ressourcenausstattung abtreten.

Den Investoren kann man verzeihen, daß sie nicht in der Lage waren, den Erfolg der Herausforderer vorauszuahnen. Aber was ist mit den eingesessenen Branchenführern? Welche Entschuldigung haben sie dafür, daß sie sich in so vielen Fällen von den vitaleren und aggressiveren Firmen in der rechten Spalte eine unangenehme Überraschung bereiten ließen? Zu welchem Ergebnis wären die Spitzenmanager von Volkswagen gekommen, wenn sie im Jahr 1970 nach Japan gepilgert wären, um sich Honda aus der Nähe anzusehen? Hondas erster Versuch, ein Auto zu bauen, war eher mitleiderregend – mit Sicherheit erreichte es nicht die Standards der deutschen Ingenieurskunst –, und die Volkswagen-Manager hätten für die Bemühungen der Japaner wohl nur ein spöttisches Lächeln gehabt. Und wie war es mit RCA und Sony? RCA hatte fast im Alleingang die Farbfernsehbranche in den Vereinigten Staaten aufgebaut, und alle Konkurrenten waren von RCA-Patenten abhängig, die aus einem der weltweit besten Forschungslaboratorien stammten. Wie war es möglich, daß Sony die Pioniere der amerikanischen Unterhaltungselektronik mit seinen Innovationen verdrängte?

Die Platzhirsche neigen dazu, Rivalen mit geringeren Ressourcen zu mißachten. Wenn die Herausforderer überhaupt auf den Radarschirmen der Marktführer auftauchen, so erzeugen sie dort nur ein kleines Pünktchen, das leicht zu übersehen ist. Aber wenn es einen Schluß gibt, den man aus der unaufhörlichen Verschiebung der Wettbewerbsvorherrschaft ziehen kann, so ist es dieser: Das Ressourcenpotential am Start ist für die Prognosen hinsichtlich einer zukünftigen Führungsposition in der Industrie wenig aussagekräftig. Ein Unternehmen kann auf Bergen von Geld sitzen und Legionen von talentierten Leuten in die Schlacht werfen – und dennoch seinen Spitzenrang verlieren. Umgekehrt kann sich ein Unternehmen manchmal ungeachtet gewaltiger Ressourcenhandicaps erfolgreich zur Marktführerschaft emporschwingen.

Oft werden die Konkurrenten nach ihrem Ressourcenbestand und nicht nach ihrem Ressourcenvermögen beurteilt. Aus einem solchen Mißverständnis heraus versahen die Medienexperten Manhattans Ted Turner mit dem Prädikat „Großmaul aus dem Süden", und das zu einer Zeit, als der Unruhestifter aus Atlanta bereits die Fackel entzündet hatte, um das behagliche Haus der Network-Nachrichten in Brand zu stecken. Ob man die Zukunft als erster erreicht, hängt vor allem von dem Vermögen ab, Ressourcen zu schaffen, und weniger von den Ressourcen, die man besitzt. Ressourcenvermögen entsteht nicht aus einer elegant angelegten strategischen Architektur, sondern aus einem tiefen Bekenntnis zu einem Ziel, aus einem gemeinsamen Traum, aus einer wirklich verlockenden Vorstellung von der Chance, welche die Zukunft bietet.

Komatsu träumte in den frühen sechziger Jahren von „maru-C" – von der Umzingelung Caterpillars durch Vorstöße in Produkt- und Marktsegmente, in denen die Amerikaner kaum vertreten waren. Das Ziel lautete, zu Caterpillars erstem Herausforderer in der weltbewegenden Maschinenindustrie zu werden. Canon träumte jahrelang nur von einem: „Xerox schlagen". Mitte der achtziger Jahre hatte sich Canon in den weltweit größten Produzenten von Kopierern verwandelt. Davor hatte Canon den Traum geträumt, den berühmten deutschen Kameraproduzenten Leica zu schlagen. Ähnlich verhielt sich jener japanische Autoproduzent, der seinen Vorstoß in das Geschäft mit Luxuswagen mit dem Kampfschrei „Benz schlagen" begleitete. Weniger als ein Jahrzehnt später übertrafen die aus dieser Initiative entstandenen Autos die Verkäufe sowohl von Mercedes als auch von BMW auf dem amerikanischen Schlüsselmarkt.

Zumeist allerdings ist der Traum, der einem Unternehmen Dynamik verleiht, um einiges anspruchsvoller und positiver als ein einfacher Kampfschrei. British Airways verkündete kurz nach der Privatisierung Anfang 1987 seinen Traum, „die beste Fluglinie der Welt“ zu werden. Da British Airways nicht gerade in dem Ruf stand, einen glanzvollen Service zu bieten (wohl ein Stück britischen Understatements), konnte man es den Kunden nicht übelnehmen, daß sie diesem Bestreben mit Skepsis begegneten. Aber bereits im Jahr 1992 war es soweit, daß Business Traveler British Airways den Titel des besten Transatlantik-Carriers verlieh; bessere Noten für den weltweiten Service erhielt nur Singapore Airlines. Wenn auch nicht „die“ weltbeste Fluglinie, so war British Airways doch eine jener seltenen Airlines geworden, denen die Passagiere tatsächlich aufgrund ihres exzellenten Services den Vorzug vor anderen Anbietern gaben.

Wir bezeichnen einen solchen anspornenden Traum als strategische Intention. Die strategische Intention ist die Krönung der strategischen Architektur. Eine strategische Architektur kann den Weg in die Zukunft weisen, aber die emotionale und intellektuelle Energie für die Reise bezieht das Unternehmen aus einer ambitiösen und unwiderstehlichen strategischen Intention. Die strategische Architektur ist das Gehirn, die strategische Intention das Herz. Die strategische Intention verlangt eine beträchtliche Dehnbarkeit von der Organisation. Die vorhandenen Fähigkeiten und Ressourcen sind eindeutig unzureichend für die Bewältigung der Aufgabe. Während sich die Strategie nach traditioneller Auffassung auf die „Harmonisierung“ von vorhandenen Ressourcen und entstehenden Chancen konzentriert, gehört es zum Wesen der strategischen Intention, für Disharmonie zwischen Ressourcen und Bestrebungen zu sorgen.

Als destillierte Essenz der strategischen Architektur eines Unternehmens beinhaltet die strategische Intention auch eine bestimmte

Vorstellung von der langfristigen Markt- oder Wettbewerbsposition, die das Unternehmen im Lauf des kommenden Jahrzehnts oder darüber hinaus zu erreichen hofft. Die strategische Intention gibt also Richtung. Sie wirkt differenzierend; sie beinhaltet eine im Wettbewerb einzigartige Vorstellung von der Zukunft. Sie verspricht den Mitarbeitern die Entdeckung neuer Wettbewerbsterritorien. Damit vermittelt sie das Gefühl, an einer Entdeckung beteiligt zu sein. Die strategische Intention hat auch ein emotionales Element; sie ist ein Ziel, welches die Mitarbeiter als inhärent wertvoll wahrnehmen. Damit vermittelt sie ein Gefühl der Bestimmung. Richtung, Entdeckung, Bestimmung – dies sind die Merkmale der strategischen Intention.

Die Vermittlung von Richtung

Fragen Sie einen Mitarbeiter der dritten oder vierten Ebene in Ihrem Unternehmen: „Was streben wir als Unternehmen an?" Unserer Erfahrung nach wird kaum ein Mitarbeiter in der Lage sein, mehr zu nennen als irgendwelche vagen Ideale („marktorientiert zu werden") oder kurzfristige operative Ziele („die Ertragslage zu verbessern", „die Kosten zu senken" oder „kürzere Zykluszeiten zu erreichen"). In den meisten Unternehmen besitzen die Mitarbeiter keine über die unmittelbare Leistung ihrer Einheit hinausreichende gemeinsame Zielvorstellung. Da man ihren Bemühungen keine Richtung gegeben hat, empfinden sie keine Verantwortung für die Wettbewerbsfähigkeit des Unternehmens. Kaum einer von ihnen wird dieses zusätzliche Stück Weges auf sich nehmen, solange sie nicht wissen, in welche Richtung es geht.

Wir alle kennen, in der einen oder anderen Form, die übliche Klage des mittleren Managements: „Wir könnten um vieles erfolgreicher sein, wenn sich die Zentrale nur heraushielte und uns unsere Arbeit machen ließe." Zu dieser Klage gehört noch ein Refrain: „Wir könnten um vieles erfolgreicher sein, wenn man unserer Arbeit bloß Richtung geben würde. Wir scheinen einfach keine klare Zielvorstellung zu haben."

Wie können wir diese anscheinend widersprüchlichen Forderungen in Einklang bringen? Was wollen die Manager der mittleren Ebene nun wirklich vom Topmanagement? Wir denken, es ist ganz einfach: In den meisten Unternehmen wird zuviel gemanagt und zuwenig geführt. Man kann ohne weiteres sagen, daß in den meisten Konzernzentralen sehr viel mehr Energie in die Kontrollausübung als in die Richtungweisung investiert wird. Die einzelnen Direktoren und ihre Untergebenen sträuben sich gegen die lähmenden Eingriffe der Unternehmensbürokratie und sind frustriert, weil sie Entscheidungen treffen müssen, ohne zu wissen, worauf dieselben abzielen sollen.

Ein hochrangiger Manager bei Nissan erklärte im Jahr 1992, General Motors sei „ein starkes Unternehmen, aber sie lenken ihre Energie nicht in eine bestimmte Richtung. Wenn einige nach links und andere nach rechts gehen, kann sich das Unternehmen nicht vorwärtsbewegen." Nicht, daß Nissan selbst keine Probleme gehabt hätte, aber dieser Manager hatte recht, wenn er sagte, daß General Motors zwar über große Ressourcen verfügte, daß die individuellen Bemühungen einander jedoch in Ermangelung einer gemeinsamen Vorstellung von der Richtung kaum ergänzten. Ein Mangel an Richtung garantiert fast dafür, daß die verschiedenen Einheiten gegeneinander arbeiten, daß die Prioritäten willkürlich gesetzt werden und daß die Beständigkeit nur allzuoft auf dem Altar der Zweckmäßigkeit geopfert wird. Kein Wunder, daß die einzelnen Führungskräfte frustriert sind.

Die Kontrolle der Bürokratie über Kapitalausgaben, Belohnungen und Anreize, Planung, Verfahrensrichtlinien und Organisationsgestaltung dient dazu, die Leute davon abzuhalten, sich erst nach rechts und dann nach links zu wenden. Dieses Kontrollsystem soll die einzelnen Mitarbeiter davon abhalten, eigenwillige und einander zuwiderlaufende Maßnahmen zu setzen. Wenn es jedoch keine klare Vorstellung darüber gibt, in welche Richtung das Unternehmen geht, kann die Bürokratie kaum mehr sein als eine Hüterin der Unternehmensorthodoxie. Die Freiheit der einzelnen Mitarbeiter und der Einheiten wird durch ein finanzorientiertes Denken eingegrenzt, das blind für anspruchsvolle Ziele ist; und sie wird von Betriebstraditionen eingegrenzt, die blind für die Möglichkeit umwälzender Veränderungen in der Industrie sind. In der Realität erfüllt die Bürokratie kaum den Zweck, die Leute vom Ausscheren abzuhalten; sie sorgt lediglich dafür, daß jeder, der das versucht, durch den Morast stapfen muß, um irgendwie voranzukommen.

Die Bürokratie unterdrückt Initiative und Kreativität. Sie schränkt die Bandbreite verfügbarer Taktiken ein, läßt die Frage nach den Endzielen jedoch im allgemeinen offen. Daher werden in vielen Unternehmen eher die Mittel als die Zielvorstellungen eingeschränkt. Ohne eine bestimmte Vorstellung von der langfristigen Ausrichtung des Unternehmens ändert sich die Definition der „Kerngeschäfte" alle paar Jahre; Akquisitionen und Verkäufe orientieren sich lediglich an der kurzfristigen finanziellen Zweckmäßigkeit; und die Bemühungen zur Markt- und Produktentwicklung leiden häufig unter einem Mangel an Konstanz. Gleichzeitig engen die orthodoxen Vorstellungen über die Gestaltung des Vertriebsnetzes und des Produktkonzeptes sowie darüber, wo in der Wertschöpfungskette die Gewinne abgeschöpft werden sollten, den taktischen Spielraum ein. Die Kombination von Richtungslosigkeit und orthodoxem Taktieren stellt häufig eine ernsthafte Bedrohung für die Zukunft des Unternehmens dar: „Wir wissen nicht, wohin wir gehen, aber wir werden nicht vom gewohnten Pfad abweichen."

Die Unternehmensführungen haben in jüngster Vergangenheit durchaus ein offenes Ohr für die vom mittleren Management und den Belegschaften vorgetragene Bitte um mehr Handlungsspielraum bewiesen. Die Dezentralisierung ist in Mode. „Delegieren, delegieren!" erschallt es wie ein Mantra aus den Sitzungssälen in den Führungsetagen. Entbürokratisierung, Delegierung und Empowerment beherrschen den aktuellen Managerjargon. Es ist ganz in Ordnung, wenn diese Zielsetzungen Anerkennung finden. Delegierung und Empowerment sind nicht einfach nur leere Worthülsen, sondern unverzichtbare Gegenpole zu jener elitären Abgeschlossenheit der Führungsetagen, die zahlreiche Unternehmen von enorm viel intellektuellem Potential abschneidet. So wurden also die Stabsgruppen, die Wächter der Konformität, dezimiert. Den Führungskräften des Konzerns wurde beigebracht, sie seien „Betreuer" und sollten das „Spielen" den Managern der einzelnen Einheiten überlassen. Die Autorität wurde nach unten verlagert, die Limits für Kapitalausgaben wurden angehoben, die Zahl der Revisionen gekürzt und die Rituale von Planung und Kapitalzuteilung vereinfacht. Den einzelnen Managern wurde beigebracht, sich so zu verhalten, als gehöre die Firma ihnen.

Obwohl das Prinzip, die Verantwortung für die strategischen Entscheidungen jenen zu überlassen, die den Kunden und Konkurrenten am nächsten sind, eine gute Medizin darstellt, kann eine Überdosis davon wie bei jedem anderen Wundermittel giftig sein. Indem man die Bürokratie abbaut, ohne dem Unternehmen eine eindeutige und vielversprechende Richtung zu geben, öffnet man dem Chaos Tür und Tor. Empowerment ohne Richtung bedeutet Anarchie.

Individuelle Bevollmächtigung und Delegierung ziehen oft unerwartete Erfolge nach sich, aber sie reichen nicht aus, um dem Unternehmen eine gute Ausgangsposition in Chancenarenen zu sichern, in denen es um komplexe Systeme geht – seien es interaktive Unterhaltungssysteme für Privathaushalte (Time Warners Traum), die Entwicklung des Superjumbo (in der Boeing die Führung in einem internationalen Konsortium von Flugzeugbauern anstrebt) oder die Entwicklung des Elektroautos (bei der Ford und General Motors zusammenarbeiten). Der Zeitrahmen für die Verwirklichung dieser Chancen beträgt 10 bis 20 Jahre; Bestrebungen in derartigen Chancenarenen erfordern die Verschmelzung komplexer Fähigkeiten, die sowohl im als auch außerhalb des Unternehmens zu suchen sind. Isolierte und nicht zielorientierte Innovationsteams werden dabei kaum eine große Rolle spielen.

Unkoordinierte Bewegung führt nur zu geringen Fortschritten. Erfolgversprechender ist unserer Meinung nach die kreative Umsetzung einer klar formulierten strategischen Intention. Die Kreativität sollte nicht eingesperrt, aber gelenkt werden. Die strategische Intention definiert den Zweck genauer als die Mittel. Sie gewährleistet Beständigkeit in der Ausrichtung. Da auf dem Weg in die Zukunft nicht jede Senke und jeder kleine Hügel vorausgesehen werden können, muß die strategische Intention Raum für Experimente lassen, mit deren Hilfe man herausfinden kann, wie das Ziel am besten zu erreichen ist. Die strategische Intention zieht einen breiten Rahmen um das „Wohin", nicht jedoch um das „Wie".

Entdeckergeist

In jedem Menschen schlägt das Herz eines Entdeckers. Die Lust an der Entdeckung kann in einem neuen Kochbuch, in einem Katalog über exotische Reiseziele, in den Plänen eines Architekten für ein auf die Kundenwünsche zugeschnittenes Haus, in der Wanderung zu einem abgelegenen Bach voller Forellen, in der ersten Abfahrt auf einer von Neuschnee bedeckten Skipiste oder in der Geburt eines Kindes liegen. Für jeden von uns ist die Möglichkeit, etwas Unbekanntes zu entdecken, eine Verlockung. Es kann nicht überraschen, daß die Mitarbeiter eines Unternehmens, dessen Zukunftsperspektive sich kaum von der seiner Konkurrenten unterscheidet, selten von überschäumender Begeisterung vorangetrieben werden.

Vor kurzem hielt einer der Autoren einen Vortrag vor den 15 Spitzenmanagern eines großen multinationalen Konzerns. Den Managern wurde das Mission Statement ihres Unternehmens präsentiert. Während der Präsentation kam keinerlei Protest. Ja, so sah ihr Mission Statement aus. Nur war das, was wir dort auf den Bildschirm projiziert hatten, nicht das Mission Statement ihres Unternehmens, sondern das ihres Hauptkonkurrenten.

Was für einen Wert hat ein Mission Statement, so unsere Frage, wenn es sich überhaupt nicht von dem des Konkurrenten unterscheidet? Was für einen Sinn hat es, eine eigenständige und sichere Position in einem bereits übervollen Markt zu erobern? Würden wir heute die Mission Statements von 100 großen Industrieunternehmen entwenden, sie über Nacht, während alles schläft, vermischen und wahllos wieder in den Firmenzentralen verteilen – würde dann irgend jemand morgen früh aufwachen und schreien: „O Gott, wo ist unser Mission Statement hingekommen?"

Warum sollten sich die Mitarbeiter um ein Allerwelts-Mission-Statement kümmern? Eine strategische Intention sollte den Mitarbeitern ein verlockendes neues Ziel vor Augen führen (wie der Anspruch von Bell Atlantic, seinen Kunden eine Reihe völlig neuer Informationsdienste anzubieten) oder ihnen zumindest neue Routen zu bekannten Zielen vorschlagen (wie bei Toyota mit seinem Vorstoß in die Kategorie der Luxuswagen).

Ein Gefühl der Bestimmung

Die strategische Intention muß ein Ziel vermitteln, das den Respekt und die Gefolgschaft jedes einzelnen Mitarbeiters verdient. Der Bestimmungsort muß sich nicht nur von anderen unterscheiden, er muß auch eine anstrengende Reise wert sein. Die Intention des Apollo-Programms und Komatsus Angriff auf Caterpillar waren wettbewerbsorientiert, aber sie waren auch ein emotionaler Anreiz. Als John F. Kennedy das Ziel formulierte, bis zum Ende der sechziger Jahre den Mond zu erobern, erinnerte er die Amerikaner an ihre Bestimmung, zu neuen Grenzen aufzubrechen. In Anbetracht der langen sprachlichen und geografischen Isolation Japans ist die emotionale Motivation, die hinter den Bemühungen dieses Landes steckt, zur Überwindung von Sprachbarrieren ein Übersetzungstelefon zu entwickeln, nicht geringer zu schätzen. Bis Ende 1992 hatten japanische Unternehmen in Zusammenarbeit mit der Regierung in sieben Jahren mehr als 130 Millionen Dollar in diese Entwicklung investiert.[2]

Eine der vielleicht ehrgeizigsten und emotional verlockendsten strategischen Intentionen, die je artikuliert wurden, war der Befehl, den Jesus der kleinen und ärmlichen Schar seiner Jünger erteilte: „Darum geht zu allen Völkern und macht alle Menschen zu meinen

Jüngern ...“[3] Normalerweise werden strategische Intentionen kaum derart erhabene Ideale verkünden, aber wir sind der Überzeugung, daß jede strategische Intention Pathos und Leidenschaft beinhalten muß. Zu viele Mission Statements sind überhaupt nicht imstande, den Mitarbeitern auch nur das geringste Gefühl einer Mission zu vermitteln. Aus diesem Grund bevorzugen wir Zielsetzungen, die wirklich darauf zielen, dem Kunden das Leben leichter zu machen. Apples Bestreben, wirklich anwenderfreundliche Computer zu entwickeln, ist ein Beispiel für eine solche strategische Intention. Viele der Leute, die so unermüdlich daran gearbeitet haben, zuerst den Lisa und dann den Macintosh auf den Markt zu bringen, werden diese Anstrengungen zweifellos als die schönsten Jahre ihres Berufslebens in Erinnerung behalten.

In diesem Sinn geht es bei der Formulierung einer strategischen Intention ebensosehr darum, den Mitarbeitern einen Sinn zu vermitteln, wie darum, eine Richtung anzugeben. Wir stellen Managern häufig folgende Frage: Wenn wir uns 15 Jahre in die Zukunft versetzen, welche kollektiven Leistungen würden Sie gerne als Beleg dafür anführen, daß die letzten 15 Jahre Ihres Arbeitslebens die aufregendsten, erfülltesten und sinnvollsten ihrer ganzen Karriere waren? Mit anderen Worten: Welches Vermächtnis wollen Sie hinterlassen? Wir glauben, daß jeder Mitarbeiter das Recht hat, an einem Vermächtnis mitzuwirken – an etwas, das von größerem und bleibenderem Wert ist als alles, was man auf sich allein gestellt erreichen könnte. Viele Unternehmen beginnen zu erkennen, daß ihre Mitarbeiter einen Verstand besitzen. Wir fragen uns: Wie viele Unternehmen erkennen, daß ihre Mitarbeiter auch Empfindungen haben? Nach seiner Arbeit gefragt, antwortet ein am Bau der Londoner St. Paul's Cathedral beschäftigter Steinmetz: „Ich baue Kathedralen.“ Wie viele Konzernsteinmetze der Gegenwart arbeiten mit dem Gefühl, Kathedralen zu bauen?

Vor einigen Jahren beriet einer von uns die Unternehmensführung eines amerikanischen Elektronikproduzenten und besuchte dessen Fertigungsanlage „im tiefsten Texas“. Da die Besichtigung mit dem Schichtwechsel zusammenfiel, bot sich Gelegenheit, mit den Mitarbeitern über ihre Arbeit und ihr Unternehmen zu plaudern. Wir befragten eine Gruppe von etwa 30 Arbeitern, wer ihrer Meinung nach ihre größten Konkurrenten seien. Es überraschte uns, daß kaum einer von ihnen den Namen ihres weltweit wichtigsten Konkurrenten im Bereich ihrer spezifischen Produktlinie kannte. Die Frage, in welchen Bereichen sie gegenüber diesem Rivalen Wettbewerbsvorteile beziehungsweise -nachteile hätten, überforderte sie vollkommen. Diese Reaktionen gaben uns die Möglichkeit, mit diesen Arbeitern über dieselben Wettbewerbsdaten (Marktanteil, Wachstumszahlen, Kosten, Innovation, Produktivität u. ä.) zu sprechen, über die wir kurz zuvor mit der Firmenleitung diskutiert hatten. Wir sprachen auch darüber, welche Konsequenzen es habe, an Wettbewerbsfähigkeit zu verlieren, das heißt, welche Nachteile ihre Kunden haben würden, wenn sie gezwungen wären, dieselben Komponenten von stärker vertikal integrierten japanischen Lieferanten/Konkurrenten zu kaufen. Am Ende unseres Gesprächs bemerkte ein großer und mürrisch dreinblickender Arbeiter mit gedämpfter Stimme:

> Ich arbeite hier seit acht Jahren. Der Druck zur Ertragsverbesserung, zur Qualitätsverbesserung, zur Kostenverbesserung läßt niemals nach. Aber ich habe nie das Gefühl gehabt, Teil eines weltweiten Teams zu sein oder einen weltweiten Kampf zu führen. Und ich habe nie wirklich gewußt, welche Konsequenzen das Gewinnen oder Verlieren hat.

Es stimmte uns traurig, das zu hören. Diese Mitarbeiter waren ständig angetrieben worden, mehr zu leisten, sich mehr zu bemühen, schneller zu laufen und mehr Tore zu schießen – aber sie sahen nie ein Ergebnis auf der Anzeigetafel, das ihnen gezeigt hätte, wofür sie spielten. Und die Anzeigetafel des Topmanagements – Aktionärserträge – dürfte wohl nur sehr geringe Wirkung auf einen Mitarbeiter haben, der viele Ebenen unter der Person arbeitet, die sich vor den Aktionären verantwortet.

Die meisten Humanressourcenmanager können Angaben darüber machen, ob die Mitarbeiter zufrieden sind. In vielen Unternehmen wird irgendeine Form von Index verwendet, um die Zufriedenheit der Mitarbeiter mit dem Gehalt und den Arbeitsbedingungen zu messen. Die strategische Intention zielt jedoch darauf, nicht nur Zufriedenheit, sondern Begeisterung bei den Mitarbeitern zu wecken. Wenn ein Mitarbeiter begeistert bei der Sache ist, werden Bezahlung und Arbeitsbedingungen nicht länger die einzigen Maßstäbe sein, an denen die Zufriedenheit gemessen werden kann. In von großer Spannung erfüllten und von hohen Ansprüchen vorangetriebenen Unternehmen, etwa in dem in „The Soul of a New Machine“ beschriebenen Data General der frühen Jahre, rast die Begeisterung oft in wildem Galopp über die Zufriedenheit dahin.[4] Bosse, die unmögliche Fristen setzen, 80-Stunden-Wochen verlangen und nicht versuchen, ihren Mitarbeitern gute Arbeitsbedingungen zu bieten, werden kaum je wirkliche Größe erlangen.

Die Pflicht des Mitarbeiters, mit ganzem Eifer für den Erfolg der Firma zu arbeiten, dieser Eckstein jedes Beschäftigungsvertrages, hat ein Gegenstück. Das leitende Management hat die Pflicht, der Arbeit einen höheren Sinn als einen Gehaltsscheck zu verleihen. Will man das Gefühl ebenso ansprechen wie den Verstand, so muß man mehr in Aussicht stellen als bloßen finanziellen Verdienst. Es gibt kein finanzielles Kompensationssystem, das ausgefeilt genug wäre, um zu verhindern, daß das persönliche Gewinnstreben langfristig dem Erfolg des Unternehmens schadet. Wenn eine verbindende strategische Intention fehlt, kann es unerwartete und beträchtliche schädliche Nebeneffekte haben, jede Abteilung individuell als Kostenstelle zur Verantwortung zu ziehen und jeden einzelnen Mitarbeiter leistungsbezogen zu bezahlen: einen Wettbewerb zwischen den Abteilungen, in dem die Vorteile der Zusammenarbeit nicht mehr gesehen werden; nutzlose Debatten über die Aufteilung der Erträge, über Transferpreise und Zurechnung der Overheadkosten; und ein Hang zur schnellen und zweckmäßigen Lösung. Eine emotional verlockende und von allen getragene strategische Intention stellt ein Gegengewicht zu derartigen Tendenzen dar.

Auch die bloße Zielsetzung, der Größte zu werden oder eine bestimmte Größe zu erreichen, ist kaum geeignet, die Phantasie der Mitarbeiter zu beflügeln. Die Zielsetzung, ein 25-Milliarden-Dollar-Unternehmen oder, wie im Fall von IBM, ein 100-Milliarden-Dollar-Unternehmen zu werden, darf nicht mit einer strategischen Intention verwechselt werden, denn diese Zielsetzung vermittelt keine bestimmte Richtung. Das Streben nach Wachstum um des Wachstums willen endet mit einiger Wahrscheinlichkeit damit, daß Unternehmen ohne Beziehung zum Stammgeschäft übernommen werden, daß unter großen Kosten Anteile an inhärent unattraktiven Märkten gewonnen werden, oder daß übermäßig viel Geld in die Forschung und Entwicklung in einen Geschäftsbereich gesteckt wird, der sich in stetigem Niedergang befindet. Zwar ist das Streben nach Wachstum ein Bestandteil fast jeder strategischen Intention, aber die wirkliche, emotional getragene Motivation entsteht erst dann, wenn ein Unternehmen artikulieren kann, auf was es hinwächst. Die Erschließung neuen Wettbewerbsraumes, die Herausforderung und Bezwingung des Besten oder die Schaffung bisher unbekannten Kundennutzens – all diese strategischen Intentionen üben größere Anziehungskraft aus als das bloße Erreichen zahlenmäßiger Meilensteine. Vielleicht klingt es wie eine Binsenweisheit, aber nur außergewöhnliche Ziele bewegen zu außergewöhnlichen Leistungen.

HERAUSFORDERUNG DES UNTERNEHMENS

Richtung, Entdeckung und Bestimmung sind die Begriffe, an denen jede strategische Intention gemessen wird. Damit eine strategische Intention in die Tat umgesetzt werden kann, muß jeder Mitarbeiter genau verstehen, inwiefern sein Beitrag für die Verwirklichung dieser Intention unverzichtbar ist. Nicht nur muß jedermann im Unternehmen die Zielsetzung emotional verlockend finden, sondern jeder Mitarbeiter muß verstehen, was seine persönliche Tätigkeit zur Erreichung des Ziels beiträgt. Kurz gesagt: Die strategische Intention muß für jeden Mitarbeiter personalisiert werden. Um die strategische Intention zu personalisieren, müssen zunächst klare Unternehmensherausforderungen festgelegt werden, welche die Aufmerksamkeit aller Mitarbeiter auf den nächsten Hauptvorteil oder die nächste wesentliche Schlüsselfähigkeit lenken, die es zu entwickeln gilt. Die genaue Natur dieser Herausforderungen wird in der strategischen Architektur des Unternehmens festgelegt.

Aufgabe des Topmanagements ist es, die Aufmerksamkeit der Organisation jeweils auf die nächste Herausforderung zu lenken. Die erste Herausforderung könnte beispielsweise Qualität heißen, die nächste Zykluszeit, wieder die nächste Eintritt in die asiatischen Märkte, die folgende Beherrschung einer bestimmten Technologie usw. Indem das leitende Management den Zeitplan für den Kompetenzaufbau festlegt, vermittelt es den Mitarbeitern eine klare Vorstellung vom nächsten Vorteil, den es anzustreben gilt. Bei Komatsu geschah dies in Form von „Management by policy". Alljährlich verkündete der Präsident nach ausgiebiger unternehmensinterner Debatte die nächste zentrale Herausforderung. In einem Jahr war dies Qualitätsverbesserung, im folgenden drastische Kostensenkung, dann internationale Expansion und als nächstes eine Entwicklung der Produktlinie (siehe Tabelle 6.1). Herausforderungen sind die Meilensteine auf dem Weg vom Heute zum Morgen; sie sind die großen tragenden Teile in der strategischen Architektur.

Unternehmensherausforderungen sind das Mittel, um die Aneignung neuer Wettbewerbsvorteile innerhalb des Unternehmens durchzusetzen. Unternehmensherausforderungen legen den kurz- bis mittelfristigen Brennpunkt des Aufbaus von Fähigkeiten fest. Wie wir noch sehen werden, sind die Herausforderungen das Mittel, um emotionale und intellektuelle Energie gezielt nutzbar zu machen, Energien, die der Begeisterung für die strategische Intention des Unternehmens entspringen. Wir sind der Überzeugung, daß

TABELLE 6.1: DER AUFBAU VON WETTBEWERBSVORTEILEN BEI

Unternehmensherausforderung	Verteidigung von Komatsus Heimmarkt gegen Caterpillar		Kostensenkung bei gleichbleibender Qualität	
Programme	Anf. 60er Jahre	Lizenzabkommen mit Cummins Engine, International Harvester und Bucyrus-Erie zwecks Erwerb von Technologie und Schaffung von Vergleichsmöglichkeiten	1965	C D Programm (Cost Down)
	1961	Project A (für As), um die Produktqualität von Komatsus kleinen und mittleren Bulldozern über jene der Maschinen von Caterpillar zu heben	1966	Total C D Programm
	1962	Unternehmensweite Qualitätszirkel zur Schulung sämtlicher Mitarbeiter		

KOMATSU

Umwandlung Komatsus in einen internationalen Konzern und Aufbau von Exportmärkten

- **Anf. 60er Jahre** Entwicklung der Ostblockmärkte
- **1967** Gründung der Vermarktungsfirma Komatsu Europe
- **1970** Gründung von Komatsu America
- **1972** Project B zur Hebung der Lebensdauer, zur Verbesserung der Zuverlässigkeit und zur Senkung der Kosten großer Bulldozer
- **1972** Project C zur Erhöhung der Nutzlast
- **1972** Project D zur Verbesserung der hydraulischen Bagger
- **1974** Einrichtung einer Abteilung für Absatzvorbereitung und Service zur Unterstützung von Entwicklungsländern bei Bauprojekten

Reaktion auf externe Erschütterungen der Märkte

- **1975** V-10-Programm zwecks zehnprozentiger Kostensenkung bei gleichbleibender Qualität; Reduzierung der Teile um 20 %; Rationalisierung des Fertigungssystems
- **1977** Yen-180-Programm zwecks unternehmensweiter Budgetierung zum Kurs von 180 Yen für den Dollar, als der Wechselkurs bei 240 Yen für den Dollar lag
- **1979** Project E zur Bildung von Teams zwecks Verdoppelung der Kosten- und Qualitätsanstrengung in Reaktion auf die Ölkrise

Schaffung neuer Produkte und Märkte

- **Ende 70er Jahre** Beschleunigung der Produktentwicklung zur Erweiterung der Produktlinie
- **1979** Future-and-Frontiers-Programm zur Identifizierung neuer Geschäftsfelder ausgehend von gesellschaftlichen Bedürfnissen und Know-how des Unternehmens
- **1981** EPOCHS-Programm zur Versöhnung von größerer Produktvielfalt mit verbesserter Produktionseffizienz

Quelle: Gary Hamel und C. K. Prahalad, „Strategic Intent". In: Harvard Business Review (Mai-Juni 1989) S.68. Copyright 1989 by the President and Fellows of Harvard College. Alle Rechte vorbehalten. Mit Genehmigung der Herausgeber abgedruckt.

die Bündelung der intellektuellen und emotionalen Energie eine ebenso wichtige Aufgabe des Topmanagements darstellt wie die Zuteilung finanzieller Mittel. So lange sich nicht jeder einzelne Mitarbeiter für den Erfolg des Unternehmens verantwortlich fühlt und genau weiß, auf welchem Weg er dazu beitragen kann, so lange wird eine weltweite Spitzenposition unerreichbar bleiben. Wir kennen kein einziges Unternehmen, in dem das Kapital die entscheidende Hürde zwischen den Firmenzielen und deren Verwirklichung gewesen wäre.

Wenn ein Unternehmen als Nachzügler in einigen Bereichen ins Rennen geht, werden sich die anfänglichen Herausforderungen darauf konzentrieren, aufzuholen, anstatt in Führung zu gehen. Aber so wie die strategische Intention sagen auch die Herausforderungen mehr über den Zweck (z. B. Verkürzung der Entwicklungszeit auf 24 Monate) als über die Mittel aus. Es liegt an den Mitarbeitern, dahinterzukommen, welches spezifische „Wie“ dem Unternehmen dazu verhilft, seine Verbesserungsziele zu erreichen. Des weiteren beschäftigen sich die Herausforderungen, so wie die strategische Intention, weniger mit der Frage, was offensichtlich erreichbar, sondern vor allem mit der Frage, was erstrebenswert ist.

Als Komatsu sich das Ziel setzte, Caterpillars weltweit vorbildliche Qualität zu erreichen, war die Qualität seiner eigenen Produkte nur halb so gut wie die des großen Vorbildes. Möglicherweise wäre es eine realistischere Zielvorgabe gewesen, die eigene Qualität jährlich um 20 Prozent zu verbessern. Aber damit wäre Komatsu bei weitem nicht an die Qualität herangekommen, die erforderlich war, um Caterpillar Marktanteile auf den Exportmärkten abspenstig zu machen. Komatsu erreichte Weltniveau in der Qualität und gewann nur drei Jahre nach Bekanntgabe seines Qualitätsanspruchs den Deming-Preis. Die enorme Anspannung, die solchen Verbesserungszielen innewohnt, zwingt ein Unternehmen, sein herkömmliches Wissen hinter sich zu lassen. Es liegt auf der Hand, daß die Herausforderung nicht einfach dadurch bewältigt werden kann, daß man mehr besser und schneller tut. Sie kann nur bewältigt werden, indem man es anders macht – indem man Prozesse, Funktionen und Verantwortlichkeiten grundsätzlich überdenkt.

Jeder Mitarbeiter muß über eine persönliche Bewertungsliste verfügen, die seine Tätigkeit in einem exakt definierten Zeitrahmen in direkte Beziehung zur Herausforderung setzt. Dabei kann es sich um einen Qualitätsmaßstab, um Aufzeichnungen über seine Pünktlichkeit oder um eine Produktivitätszahl handeln. Es steht außer Zweifel, daß man sich nicht verbessern kann, wenn man die Verbesserung nicht messen kann. Aber wie viele Mitarbeiter verfügen über einen spezifischen Maßstab für ihre Leistung, der eine Verbindung zwischen den individuellen Ergebnissen und der umfassenden strategischen Intention des Unternehmens herstellt? Unserer Erfahrung nach sind es zu wenige.

Ford versuchte es in den ersten Jahren seiner Qualitätskampagne mit folgendem Ansatz: Es wurden Elemente des Fertigungsprozesses bei Fords japanischem Partnerunternehmen Mazda auf Video aufgezeichnet und den Ford-Arbeitern in Europa und den Vereinigten Staaten vorgeführt. Eine Einstellung zeigte, wie ein einzelner Mazda-Arbeiter bei der Installation der Verkleidung im Innendach des Wagens die Komponente in weniger als einer Minute einbaute. In einer typischen Ford-Fabrik in Europa benötigten vier Arbeiter sechs Minuten, um dieselbe Tätigkeit zu verrichten. Es war offensichtlich, daß dieser Produktivitätsunterschied von 24 zu 1 untragbar war. Ebenso offensichtlich war jedoch, daß der Unterschied nicht nur zu Lasten der Fließbandarbeiter ging. Mazda hatte nur zwei verschiedene Typen von Dachverkleidungen, Ford hingegen eine ganze Reihe; die Reihenfolge, in der die Verkleidungen von Mazda am Produktionsstandort ankamen, paßte exakt zu den produzierten Wagentypen; die Mazda-Verkleidung schnappte in der richtigen Position ein, während jene von Ford einen umständlichen Klebevorgang erzwang; die Aufzählung ließe sich noch lange fortführen. Die Botschaft an die Arbeiter war direkt und unausweichlich: „Ihr müßt uns helfen, uns in diesem Bereich zu verbessern, wenn wir unsere Wettbewerbsfähigkeit zurückgewinnen sollen.“ Und: „Es gibt nur einen gültigen Standard, und das ist der Weltstandard." Dies ist ein besonders schönes Beispiel dafür, wie eine allgemeine strategische Intention („Qualität immer wie beim ersten Mal") den einzelnen Mitarbeitern persönlich mitgeteilt werden kann.

Vergleiche mit Konkurrenten und Kunden sind möglicherweise die am meisten vernachlässigten Motivationsinstrumente im administrativen Werkzeugkasten der Manager. Als wir einmal einem britischen Manager dazu rieten, allen Mitarbeitern den Vergleich mit der Konkurrenz zu ermöglichen, antwortete er: „Uns in Großbritannien ist dieses Konkurrenzdenken einfach fremd. Der Killerinstinkt ist hier ein wenig aus der Mode." Jeder, der einmal ein Rugbyspiel England gegen Frankreich gesehen hat, weiß, daß der Wettbewerbsgeist in England genau wie im übrigen Europa durchaus lebendig ist. Konkurrenzdenken und Erfolgsstreben sind nicht den Japanern oder Amerikanern vorbehalten. Aber diese Eigenschaften werden sich kaum überall in einem Unternehmen manifestieren, solange nicht jeder Mitarbeiter jeden Morgen aufwacht und weiß, welches Niveau es in seinem Job zu erreichen gilt. Wir sind nie irgendwelchen Mitarbeitern begegnet, gleich auf welcher Ebene, die nicht gewinnen wollten. Aber um ihr Erfolgsstreben zu wecken, muß das Führungsteam ihnen zuerst ein Ziel vermitteln („Laßt uns die Meisterschaft gewinnen!"), die zentralen Herausforderungen zum Aufbau von Fähigkeiten zu identifizieren („Wir müssen an unserem Paßspiel arbeiten."), und dann jedem einzelnen seine Rolle im Kampf um den Sieg klarmachen (sei es jene des Liberos, des Manndeckers oder der hängenden Spitze).

Wenn keine klar definierten Herausforderungen angeboten werden, haben die Mitarbeiter kaum eine Chance, einen Beitrag zum Wettbewerbserfolg zu leisten. Als Einzelpersonen mögen sie unermüdlich arbeiten, aber um Vorteile aufzubauen, bedarf es einer beharrlichen, unternehmensweiten Anstrengung. Und ohne externe Vergleichsmöglichkeiten gelangen die Mitarbeiter leicht zu der Überzeugung, der Verbesserungsdruck gehe nicht von der Wettbewerbswirklichkeit, sondern nur vom Topmanagement aus.

Wir kennen einen multinationalen Konzern, der jahrelang zusehen mußte, wie sein Marktanteil von effizienteren und flinkeren japanischen Konkurrenten abgetragen wurde. Den Konzernmitarbeitern wurden regelmäßig Videobänder vorgespielt, in denen die leitenden Manager sie für schlechte Leistungen rügten und sie ermahnten, mehr zu leisten. Aber nur wenige Mitarbeiter und Manager der mittleren Ebene erhielten irgendwelche Hinweise auf die genaue Natur des Wettbewerbsdefizits, so daß sie einen Bezug zu ihrer eigenen Tätigkeit hätten herstellen können. Tatsächlich herrschte allgemein die Auffassung, daß die Kosten der Firma ein wenig aufgeblasen seien und daß die Produktentwicklungszeiten wahrscheinlich ein wenig verkürzt werden könnten; aber ohne genaue Daten entstand kein Gefühl der Dringlichkeit, was Verbesserungen anbelangte.

Das Topmanagement seinerseits sträubte sich zunächst dagegen, das tatsächliche Ausmaß des Wettbewerbsproblems einzugestehen. Kaum ein Bereichsmanager oder ein Mitglied des Konzernstabs war unverfroren genug, dem Topmanagement schmerzhafte und eindeutige Daten vorzulegen, die den Verlust der Wettbewerbsfähigkeit dokumentierten. Wie konnte der Leiter der F&E-Abteilung des Konzerns zugeben, daß sein Unternehmen zweieinhalbmal mehr als der wichtigste japanische Konkurrent für die Entwicklung ausgab und dennoch sehr viel weniger erfolgreiche Produkte auf den Markt brachte, oder daß seine Firma mehr Entwicklungsingenieure beschäftigte und trotzdem doppelt so lang brauchte, um neue Produktideen zur Marktreife zu führen? Wie konnte der Leiter der zentralen Fertigungsabteilung zugeben, daß die eigene Defektrate zwölfmal so hoch lag wie der weltweite Durchschnitt oder daß ein japanischer Konkurrent in Europa in kleiner Stückzahl billiger produzierte als die Fabrik in Taiwan, die seiner Firma zulieferte? Wie konnte der Leiter der Abteilung Verkauf und Marketing zugeben, daß die Verkaufsausgaben pro Dollar Ertrag um die Hälfte höher waren als jene von Konkurrenten mit halb so hohen Erträgen?

Wenn solche beunruhigenden Daten auf den Tischen der Topmanager landeten, wurden sie mit der „Tatsache“ wegdiskutiert, daß die japanischen Rivalen augenscheinlich einige außerordentliche Vorteile hatten, die unter europäischen Bedingungen nicht wettgemacht werden konnten. Doch selbst als diese Ausflucht zunehmend an Plausibilität verlor (da japanische Konkurrenten sich aus europäischen Fabriken versorgten und amerikanische Firmen wie Hewlett-Packard und Motorola ihre Reviere erfolgreich gegen die japanischen Widersacher verteidigten), konnte sich die Unternehmensspitze kaum zu dem Eingeständnis durchringen, daß die eigene Firma, gemessen an zahlreichen Wettbewerbsparametern, derart weit zurückgefallen war. Niemand an der Spitze wollte der erste sein, der aufstand, um sich an die Brust zu klopfen.

Dennoch konnten Mitarbeiter, gleich welcher Ebene, leicht beobachten, wie in den Regalen des örtlichen Supermarktes der von den Produkten der Firma eingenommene Platz schwand. Als die Zeichen für den Niedergang nicht länger zu übersehen waren, schwand im gesamten Unternehmen das Vertrauen in das Topmanagement. „Warum tut das Topmanagement nichts?!“ lautete der kollektive Aufschrei der Organisation. Das Topmanagement wußte zwar, daß es dieses Problem selbst nicht lösen konnte, war jedoch zu stolz, um die Mitarbeiter um Hilfe zu bitten. Also mauerte es.

Ein Weg aus der Sackgasse eröffnete sich erst, als der Chairman ohne große Umstände in die Wüste geschickt, eine neue Führungsmannschaft eingesetzt und eine eingehende Untersuchung der Wettbewerbsprobleme der Firma eingeleitet wurde. Mit den Daten aus dieser Untersuchung in der Hand war die neue Unternehmensführung in der Lage, präzise Verbesserungsherausforderungen für das Unternehmen zu formulieren. Unter großem Aufwand wurde für jeden einzelnen Mitarbeiter ein persönliches Verbesserungsziel festgelegt. Das Unternehmen atmete erleichtert auf und machte sich daran, zu einstiger Größe zurückzufinden. Aber die Verdrängung der Probleme und die verlorene Zeit hatten Zehntausende Mitarbeiter ihren Lebensunterhalt gekostet.

Aus all dem geht hervor, daß Führungskräfte, wenn sie Unternehmensherausforderungen formulieren, ein hohes Maß an Ehrlichkeit und Bescheidenheit an den Tag legen müssen: Ehrlichkeit ist notwendig, wenn es den Umfang der zu bewältigenden Aufgabe darzustellen gilt, Bescheidenheit, wenn das Management zugeben muß, daß es einen Teil der Verantwortung für schlechte Ergebnisse sich selbst zuzuschreiben hat. Motorola ist ein Beispiel für offene Selbstkritik: Die Resultate bestätigen diesen Konzern in seiner Weigerung, sich jemals mit etwas zufriedenzugeben, das „gut genug" ist. Unglücklicherweise führt aufrichtige Kritik, insbesondere wenn sie von Untergebenen geäußert wird, in manchen Unternehmen eher zu einer Zurechtweisung, als daß sie eine Verbesserung anregt.

Unternehmensherausforderungen dürften eher zu Enttäuschung als zu neuen Ideen führen, wenn die Mitarbeiter nicht das Recht erhalten, in ihrem Streben nach besserer Leistung die Unternehmensorthodoxie in Frage zu stellen. Wir finden es paradox, daß den Mitarbeitern gerade jene Art von Empowerment am häufigsten verweigert wird, die am meisten zählt – die Freiheit, die üblichen Betriebsverfahren, die Gestaltung des Arbeitsflusses und die bürokratischen Verfahren in Frage zu stellen. Es ist eine Sache, einem Mitarbeiter in der Produktion das Recht einzuräumen, bei Auftreten eines Defekts das Fließband abzuschalten. Es ist eine ganz andere Sache, dem Fabrikarbeiter ein wesentliches Mitspracherecht bei der Gestaltung seiner Tätigkeit und des Fabriklayouts einzuräumen. Mancherorts herrscht die Auffassung, das Streben nach Total Quality sei der Schlüssel zur Managementinnovation. Für Außenstehende muß dies wirklich seltsam klingen: Was hat Qualität mit Innovation im Bereich der Managementmethoden zu tun? Der Bezug ist einfach. Ein Qualitätsprogramm gründet auf der Bereitschaft, jedes Qualitätsproblem bis zu seiner Wurzel zurückzuverfolgen. Tatsächlich erstrecken sich diese Wurzeln im Normalfall weit über den unmittelbaren Umkreis des Problems hinaus in Bereiche wie Lieferantenbeziehungen, Prozeßgestaltung, Informationssysteme, Anlageninfrastruktur und ähnliches. Und es sind jene, die den Qualitätsproblemen am nächsten sind, die sich in der besten Position befinden, um wirkliche Erkenntnisse darüber liefern zu können, wie die Betriebsabläufe und -systeme verbessert werden könnten. Eine geringfügige Erweiterung des Handlungsspielraums eines Produktionsmitarbeiters ist nicht genug; jedem Mitarbeiter muß die Freiheit eingeräumt werden, alles in Frage zu stellen, was der strategischen Intention des Unternehmens zuwiderläuft.

Zu den nützlichen Wirkungen von Unternehmensherausforderungen zählt, daß sie sämtliche Ebenen der Organisation zwingen, sich gemeinsam auf die Entwicklung bestimmter Fähigkeiten zu konzentrieren. Keine allein arbeitende Organisationsebene kann einen neuen Vorteil aufbauen oder ein Wettbewerbsdefizit beseitigen. Vorteile wie Qualität, Durchlaufzeit, Kundenbetreuung und flexible Fertigung werden erreicht, indem sich sämtliche Funktionen auf sämtlichen Ebenen darum bemühen. Weder die Leiter der Geschäftsbereiche noch die Produktionsmitarbeiter können, auf sich allein gestellt, einen Wettbewerbsvorteil aufbauen. Jede Ebene und jede Funktion muß sich des organisationsumspannenden Charakters der Herausforderung, der Interdependenz der verschiedenen Funktionen und der Dimensionen ihrer eigenen Verantwortung bewußt werden.

Es ist unwahrscheinlich, daß die Mitarbeiter eine bestimmte Herausforderung annehmen werden, sofern sie nicht überzeugt sind, daß sie proportional am Erfolg der Firma beteiligt sind. Damit Herausforderungen auf breiter Ebene angenommen werden, müssen die Mitarbeiter das Gefühl haben, das Motto ihres Unternehmens laute „Geteiltes Leid, geteilte Freud“. Es ist nicht leicht, eine solche Atmosphäre zu schaffen, wenn die Spitzenmanager sich selbst 75- bis 100mal mehr zahlen als den Mitarbeitern in der Produktion. Man mag den Mitarbeitern erzählen, sie seien „der wichtigste Besitz des Unternehmens“ oder „verantwortlich für unsere Wettbewerbsfähigkeit“, aber die Gehälter sprechen eine andere und deutlichere Sprache. Man kann sich leicht vorstellen, daß sich ein

Mitarbeiter auf einer unteren Ebene denkt: „Wenn die Kerle an der Spitze so gut bezahlt werden, dann sollten sie verdammt noch mal auch die richtigen Antworten kennen."

Wir sind überzeugt, daß den Arbeitern in vielen Unternehmen ein unverhältnismäßig hoher Anteil der Schuld für das Versagen ihrer Firmen zugeschoben wurde. So berieten wir ein Unternehmen, in dem das Topmanagement die Arbeiter anflehte, ihre Lohnforderungen zu senken, um zur Verringerung der Lohn-Kosten-Schere beizutragen, die im Vergleich zu einem ausländischen Konkurrenten bestand. Bei näherer Betrachtung stellte sich heraus, daß die Löhne des ausländischen Konkurrenten sogar höher waren, daß er jedoch mit einer ähnlich großen Belegschaft mehr produzierte. Der Produktivitätsvorteil des Rivalen beruhte fast ausschließlich auf von den Arbeitern angeregten Prozeßverbesserungen. Man kann sich vorstellen, wie begierig die übel behandelten Mitarbeiter unseres Unternehmens darauf waren, ähnliche Leistungen zu erbringen, nachdem sie schließlich einem Lohnstop zugestimmt hatten. Vergleichen Sie diese Situation mit dem, was häufig geschieht, wenn ein japanisches Spitzenunternehmen in unerwartete finanzielle Schwierigkeiten gerät: Das Topmanagement nimmt die höchsten Gehaltseinbußen auf sich, die Mitarbeiter in der Produktion die geringsten. Dieser Ansatz spiegelt eher wider, wer die größte Schuld dafür trägt, daß es nicht gelungen ist, veränderte Umstände frühzeitig zu erkennen und zu reagieren.

Schließlich müssen allen Mitarbeitern die Instrumente in die Hand gegeben werden, die sie benötigen, um zum Aufbau von Vorteilen beitragen zu können. Zu diesen Instrumenten gehören statistische Analysen, allgemeine Problemlösungstechniken, Benchmarking-Methoden, Systemmodelle und Teamarbeitsmethoden. Motorola schuf so etwas wie eine Konzernuniversität, um seiner Belegschaft diese Fähigkeiten zu vermitteln. Das Unternehmen erkannte, daß es wenig Sinn hatte, die Mitarbeiter aufzufordern, mit bloßen Händen neue Vorteile aufzubauen. Empowerment mit bloßen Händen ist in Wirklichkeit überhaupt kein Empowerment.

Die Unternehmensherausforderungen sind also Trittsteine zwischen der gegenwärtigen Position der Firma und ihrer strategischen Intention. Jede Herausforderung verlangt von den Mitarbeitern, mehr zu leisten, als sie für möglich gehalten hatten. Jede Herausforderung ist in gewissem Sinn eine kleine strategische Intention. Wie schnell die Zukunft geschaffen werden kann, hängt davon ab, inwieweit es gelingt, die Aufmerksamkeit einer ganzen Organisation auf die zentralen Herausforderungen zu lenken. Ob man die Zukunft als erster erreicht, hängt nicht allein davon ab, ob man eine strategische Intention besitzt, sondern auch davon, ob es gelingt, neue Fähigkeiten schneller als die Rivalen zu entwickeln. Dies ist der größte Wettbewerbsvorteil. Gleichgültig, wie der einzelne Trittstein aussieht, das Management der Unternehmensherausforderungen stützt sich stets auf dieselben Elemente: Formulierung der Herausforderung im Kontext der strategischen Intention (z. B.: Warum ist dies der nächste logische Schritt in unserem Streben nach der Führungsposition?); von Ehrlichkeit und Bescheidenheit geprägte Beschreibung von Art und Ausmaß der Herausforderung; genaue Spezifizierung jener Verbesserung, die in einem gegebenen Zeitrahmen angestrebt werden soll; Festlegung von Maßstäben zwecks Verbindung der Beiträge der einzelnen Mitarbeiter mit der übergeordneten Herausforderung; Garantie, daß die Mitarbeiter Beiträge leisten können, die weit über die Grenzen ihrer Funktionen oder ihres hierarchischen Status hinausreichen.

DEHNUNG STATT HARMONISIERUNG

Die strategische Architektur und die allgemeine strategische Intention eines Unternehmens müssen in einer fundierten Kenntnis der potentiellen Diskontinuitäten, der Intentionen der Konkurrenten und der neu entstehenden Kundenbedürfnisse wurzeln. Allerdings sollte die strategische Intention einer Firma eine Ambition widerspiegeln, die sich weit über die gegenwärtigen Ressourcen und

Fähigkeiten des Unternehmens hinausdehnt. Unglücklicherweise hindert das Zusammenwirken von Planungs- und Budgetierungskriterien das Unternehmen häufig daran, sich zu einem Ziel zu bekennen, das die gegenwärtig verfügbaren Ressourcen übersteigt. Das augenblicklich Machbare verdrängt das letztlich Wünschbare. Wir wollen versuchen, das zu erklären.

Strategische Planung ist in der Praxis ein „Machbarkeitssieb". Sie ist ein Instrument, das dazu dient, sicherzustellen, daß Fragen der Machbarkeit umfassend erörtert werden. Haben wir die nötigen Ressourcen? Ist der Markt bereit? Ist der Gegenwartswert positiv? Diese Fragen muß die strategische Planung klären. Strategische Planung und Kapitalbudgetierung dienen im Grunde dazu, Ziele abzulehnen, wenn die Mittel zur Erreichung dieser Ziele nicht zur Hand sind. Sie verlangen von den Managern, „realistisch zu sein" – was keine schlechte Sache ist! Diese Fragen sind legitim – es gibt keine Entschuldigung für undurchdachte, an den Haaren herbeigezogene Strategien –, aber was geschieht, wenn eine Firma versucht, eine ambitionierte, auf zehn Jahre ausgelegte strategische Intention durch das Sieb zu drücken? Sie wird einfach nicht hindurchgehen.

Wären die JVC-Ingenieure Anfang der sechziger Jahre „realistisch" gewesen, so hätten sie niemals den modernen Videorecorder entwickelt. Wäre John F. Kennedy „realistisch" gewesen, so hätte er nie entschieden, die Vereinigten Staaten sollten einen Menschen zum Mond schicken. Wäre Torakuso Yamaha zur Jahrhundertwende realistisch gewesen, so hätte er nie davon geträumt, aus Yamaha den weltweit führenden Hersteller von Klavierflügeln und anderen Musikinstrumenten zu machen.

Wenn das Machbare das Wünschbare aus dem Blickfeld verdrängt, wird eine ehrgeizige strategische Intention unmöglich. Politik mag die Kunst des Möglichen sein, aber Führung ist die Kunst, das Unmögliche wahrzumachen. Mahatma Ghandi, Martin Luther King und Abraham Lincoln waren in erster Linie Führer, dann erst Politiker. Es bedarf eines Primats der strategischen Intention über die Realpolitik der Planung. Wenn die strategische Planung auch als ein Weg zu größerer Zukunftsorientierung gilt, so geben die meisten Manager doch zu, daß ihre strategischen Pläne mehr über die heutigen Probleme als über die Chancen von morgen aussagen. Pläne leisten selten mehr, als die Gegenwart schrittweise in die Zukunft zu projizieren. Das Ziel der strategischen Intention, die implizite Aufgabe der Entwicklung einer strategischen Architektur, besteht hingegen darin, die Zukunft in die Gegenwart herüberzuholen. Die strategische Intention zwingt die Organisation, sich zu fragen: „Was müssen wir heute anders machen, wenn wir diese spezielle Zukunft verwirklichen wollen – wenn wir dieses spezielle Zukunftsziel erreichen wollen?"

Obwohl die strategische Intention ans Unglaubhafte grenzt, ist sie kein absurdes Unterfangen. Ted Turner wollte ein globales Nachrichten-Network aufbauen, nicht das amerikanische Budgetdefizit beseitigen. Eine strategische Intention ist ein erreichbares Ziel; sie ist ein Bestimmungsort, der beschrieben werden kann. Erinnern wir uns daran: Die strategische Intention eines Unternehmens muß auf einem tiefen und kreativen Wissen um Industriediskontinuitäten, Unternehmenskompetenzen und potentiellen neuen Kundenbedürfnissen beruhen. Industrievorausblick bedarf eines soliden Fundaments. Das Unternehmen muß in jene Richtung geführt werden, in der echte Chancen liegen. Gleichzeitig darf keine willkürliche Grenze dafür gezogen werden, wie weit und wie schnell das Unternehmen auf der Straße in die Zukunft reisen soll. Nur wenn das leitende Management bereit ist, sich zu einem Ziel zu bekennen, das jenseits des Planungshorizonts liegt, kann eine strategische Intention entstehen. Andernfalls wird die Zukunft von jemand anderem entdeckt werden.

Wir sind überzeugt, daß es für das Topmanagement unverzichtbar ist, einen Anspruch zu erheben, der per definitionem eine Kluft zwischen Ambition und Ressourcen erzeugt. Die explizite Betonung der „Harmonie" und die Einbettung des Harmoniekonzepts in die Strategiewerkzeuge lenkt die Manager häufig von der enorm wichtigen Aufgabe ab, gerade eine Disharmonie zwischen Ressourcen und Ambitionen herbeizuführen. Kurzfristige Ziele und greifbare Ressourcen müssen selbstverständlich stets weitgehend miteinander harmonieren. Aber selbst hier sollte die harmonische Anpassung beider Faktoren nicht zu eng sein. Mittelfristige Herausforderungen sollten mehr von der Organisation verlangen, als sie derzeit für möglich hält. Perfekte Harmonie garantiert für Atrophie und Stagnation. Aus diesem Grund müssen wir Strategie nicht nur als Harmonie, sondern auch als Dehnung betrachten.

Die bereits angesprochene Betrachtung der Strategie als Dehnung vermittelt zwischen jenen, die Strategie als „von großen Geistern erdachten großartigen Plan“ betrachten, und jenen, die Strategie als Muster für schrittweise Entscheidungen sehen. Strategie als Dehnung ist insofern planmäßige Strategie, als das Topmanagement eine relativ klare Vorstellung vom zielführenden Weg hat und weiß, welche Kompetenzen auf der Reise in die Zukunft erworben werden müssen. Strategie als Dehnung ist aber auch schrittweise Weiterentwicklung, und zwar insofern, als das Topmanagement nicht jeden einzelnen Schritt auf der Reise in die Zukunft im voraus festlegen kann. Strategie als Dehnung ist sich des grundlegenden Widerspruchs bewußt, daß einerseits das Erreichen einer Führungsposition nicht vollkommen geplant werden kann, daß diese Führungsposition andererseits nicht erreicht werden wird, wenn keine klar formulierte und von allen Beteiligten mitgetragene Bestrebung vorhanden ist.

Dort, wo perfekte Harmonie einfach dadurch erreicht wird, daß man die Ambitionen herunterschraubt, entsteht kein Anreiz für Kreativität, und ein Großteil des Potentials der Firma bleibt brachliegen. Die Bestrebungen sollten nicht zu früh mit Blick auf Realität und Machbarkeit überprüft werden. Dehnung und die von ihr geförderte Kreativität sind der Motor und der Treibstoff für Wachstum und Vitalität des Unternehmens. Aus diesem Grund muß der Strategieprozeß von einer bewußt herbeigeführten mangelnden Harmonie zwischen der gegenwärtigen und der angestrebten Position der Firma ausgehen.

Letztlich muß man einen Weg finden, um die von der strategischen Intention aufgerissene Lücke zwischen Ressourcen und Bestrebungen zu schließen. Es liegt auf der Hand, daß wir nicht der Meinung sind, diese Lücke sollte geschlossen werden, indem man die Ansprüche senkt. Hingegen sollte man sie schließen, indem man die Ressourcen besser einsetzt, indem man bei geringstmöglichem Treibstoffeinsatz die größtmögliche Strecke des Weges zur Führerschaft zurücklegt. Das Ziel lautet, die Manager zu einfallsreicherem Vorgehen zu bewegen, wenn es gilt, die Unternehmensressourcen zu vermehren und ihren Wirkungsgrad zu erhöhen. Dies ist das Thema des nächsten Kapitels.

7

Strategie als Ressourcen-Leverage

Die Abbildungen 7.1 bis 7.5 erzählen gemeinsam eine Geschichte. Abbildung 7.1 zeigt die enormen Produktivitätsgewinne der japanischen Produzenten. Diese Tatsache ist allgemein bekannt. Nun sehen wir uns Abbildung 7.2 an. Hier erkennen wir, daß die japanischen Produzenten nicht nur dank der hohen Produktivität ihrer Arbeitskräfte im Vorteil sind, sondern daß bei ihnen auch der Anteil der Overheadkosten an den Gesamtkosten geringer ist als in den Vereinigten Staaten oder den deutschsprachigen Ländern. Hier geht es nicht um die Produktivität der Arbeitskräfte, sondern um die Produktivität von Management und System. Aus den Abbildungen 7.3 bis 7.5 geht hervor, daß oft eine nur geringe direkte Korrelation zwischen F&E-Ausgaben und F&E-Output besteht.[1] Wie ist es zu erklären, daß General Motors mehr als viermal so viel für F&E ausgibt wie Honda und heute trotzdem nicht die unbestrittene Führungsposition bei Kraftübertragungs- und Fahrgestelltechnologie innehat – zumindest, was die Kunden anbelangt? Wo ist der Beweis, daß das Forschungsbudget von Philips, das in manchen Jahren weit höher war als das von Sony, einen verhältnismäßig höheren Anteil an Produktsiegern hervorbrachte? Diese Zahlen sind ein Indikator für die Forschungsproduktivität. Was ist die Quintessenz von all dem? Da gibt es eine Gruppe von Firmen, die

ABBILDUNG 7.1: MITARBEITERPRODUKTIVITÄT IN DER FERTIGUNG (PRO STUNDE)

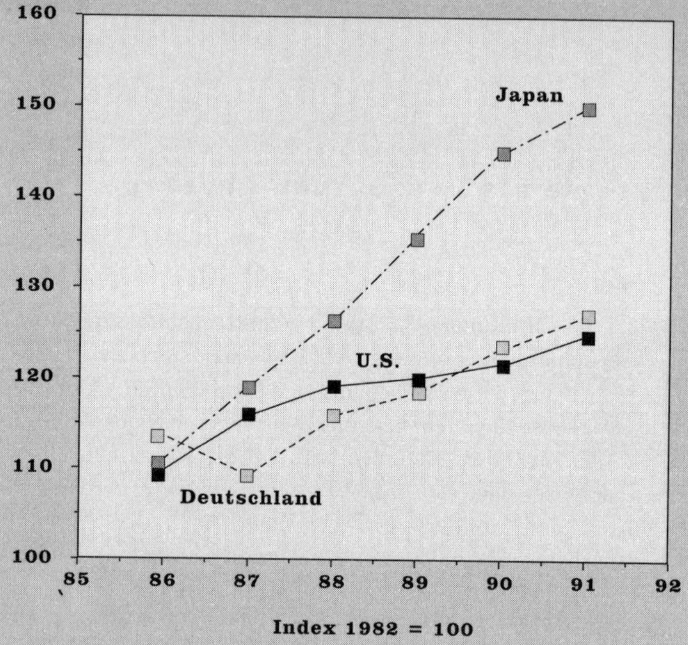

Quelle: Monthly Labor Review, U.S. Department of Labor, Dezember 1993.

führenden japanischen Hersteller, die gezeigt haben, daß es möglich ist, mit weniger mehr zu erreichen. Das ist es, was im wesentlichen den optimalen Einsatz der Ressourcen ausmacht. Diese Errungenschaft ist nicht der heiligen japanischen Erde entsprungen, sondern einem Erfolgswillen, der sich über Ressourcenbeschränkungen hinwegsetzt. Das ist nicht einfach nur schlanke Produktion, das ist Schlankheit durch und durch!

ABBILDUNG 7.2: GEMEINKOSTEN

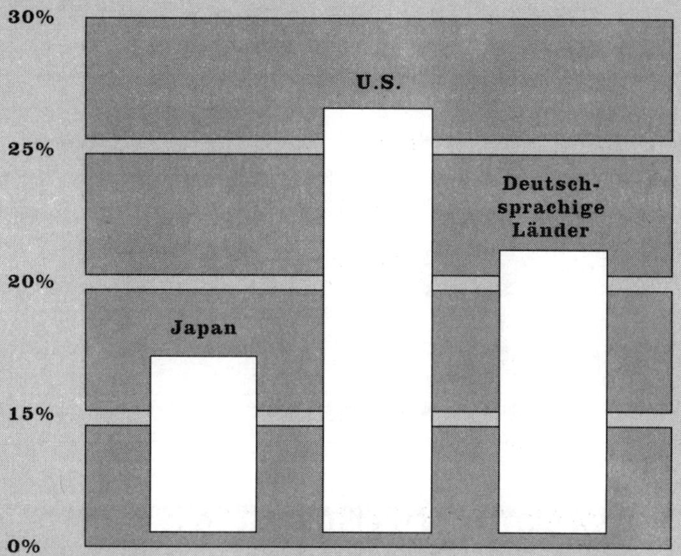

Quelle: Daten von Jeffrey Miller, Benchmarking Global Manufacturing: Understanding International Suppliers, Customers, and Competitors (Homewood, Ill.: Business One Irwin, 1992), S.210-211

Dehnung und Ressourcen-Leverage sind eng miteinander verwandt. Zu Beginn dieses Kapitels wollen wir dem Verhältnis zwischen Dehnung und Ressourcen-Leverage anhand eines gar nicht so hypothetischen Beispiels auf den Grund gehen. Stellen Sie sich zwei konkurrierende Unternehmen vor: Die Firma Alpha verfügt über eine Fülle an Ressourcen aller Art – Mitarbeitertalent, technische Fähigkeiten, Zugang zu Vertriebskanälen, Markennamen, Produktionseinrichtungen und Cash Flow. Diese Ressourcen, die über Jahrzehnte hinweg angesammelt wurden, sind die Belohnung für

TABELLE 7.3: EIN VERGLEICH DER F&E-AUSGABEN IN ABSOLUTEN ZAHLEN (MIO $, 1993)

Siemens	5322	Philips	2079
Hitachi	3907	Sony	1809
G.M.*	5917	Xerox	922
Honda	1447	Canon	794
AT&T	2911	IBM	5083
NTT	2157	NEC	2274

Quelle: „R&D Scoreboard", Business Week International, 28. Juni 1993, S.54–57. Ergänzt durch Unternehmensberichte.

* Schließt Engineering-Ausgaben ein.

TABELLE 7.4: VERGLEICH DER ANTEILSMÄSSIGEN F&E-AUSGABEN (F&E ALS PROZENTSATZ DES UMSATZES, GESCHÄFTSJAHR 1993)

Siemens	10,0	Hitachi	6,7
ABB	8,1	Mitsubishi	4,6
Thomson	8,3	Sharp	6,5
Philips	6,8	Sony	6,1
IBM	7,9	Matsushita	5,6
NTT	11,1	NEC	8,0
Bayer	7,5	Toray	3,4
Kodak	7,9	Fuji	6,6
Xerox	5,4	Canon	5,2

Quelle: „F&E Scoreboard", Business Week International, 28. Juni 1993, S.54–57, und Unternehmensberichte.

TABELLE 7.5: JAPANISCHE UNTERNEHMEN, DIE IM SIEBENTEN JAHR IN FOLGE BEI DEN US-PATENTEN AN DER SPITZE LIEGEN
1. Canon
2. Toshiba
3. Mitsubishi
4. Hitachi
Quelle: Amerikanisches Patentamt.

frühere und gegenwärtige Marktführerschaft und garantieren nicht für eine zukünftige Führungsposition. Alphas einziger Ehrgeiz besteht darin, sich in seiner derzeitigen Position zu halten. Dieses Ziel wird von Führungskräften bei Alpha so definiert: „So schnell wachsen wie die Industrie.“ Man kann also Alphas Ressourcen als beträchtlich und seine Ambitionen als bescheiden bezeichnen.

Die Firma Beta ist viel kleiner als Alpha und verfügt über weit weniger materielle Ressourcen. Sie hat keine andere Wahl, als mit weniger Mitarbeitern, einem kleineren Budget, bescheideneren Einrichtungen und einem Bruchteil von Alphas F&E-Ausgaben auszukommen. Aber Beta ist von einer Ambition besessen, die seine magere Ressourcenbasis vergessen läßt. Beta hat sich das ehrgeizige Ziel gesteckt, Alpha vom Siegerpodest zu stoßen, obwohl Alpha für jede derartige Ambition nur ein geringschätziges Lächeln übrig hat. Den Managern von Beta ist bewußt, daß sie, um ihr Ziel zu erreichen, mehr und bessere Produkte entwickeln müssen als Alpha. Wenn sie Alpha vom ersten Platz verdrängen wollen, müssen sie letztlich auf allen großen Märkten der Welt präsent sein, auf globaler Basis eine glaubwürdige, exklusive Markenposition aufbauen und dergleichen mehr. Beta verhält sich gegensätzlich zu Alpha: Beta ist arm an Ressourcen, aber reich an Ehrgeiz und Ambition.

Die Lücke zwischen den Ressourcen von Alpha und seinen Ambitionen läßt sich als „Schlaffheit“ beschreiben, jene zwischen den Ressourcen und Ambitionen von Beta als „Dehnung“. Allein aufgrund dieses Wissens kann man relativ zuverlässig vorhersagen, daß die beiden Firmen völlig verschiedene Ansätze hinsichtlich ihrer Wettbewerbsstrategie verfolgen werden, und daß sie ein unterschiedliches Maß an Kreativität an den Tag legen werden, wenn es um den bestmöglichen Einsatz ihrer Ressourcen geht.

Zweifellos befindet sich Alpha in einer weit besseren Position als Beta, um „strategisch“ vorzugehen, das heißt, um Beta bei der Schaffung neuer Anlagenkapazitäten zuvorzukommen, um mehr für F&E auszugeben als Beta, um durch aggressive Preisgestaltung Marktanteile zu erringen, um eine größere Vertriebsorganisation ins Rennen zu schicken als Beta usw. Tatsächlich wird Alpha aufgrund der Schlaffheit seines Ressourcen/Ambitionen-Verhältnisses den Konkurrenzkampf gegen Beta genau so in Angriff nehmen. Die Manager von Alpha werden der Versuchung kaum widerstehen, ihre Wettbewerbsstrategie an einem aus dem Ersten Weltkrieg entlehnten Grabenkampfmotto auszurichten: „Wir haben mehr Kanonen als der Feind Soldaten.“ Alpha wird im Konkurrenzkrieg den Gegner durch das geballte Gewicht seiner Ressourcen zu erdrücken versuchen – so ineffizient diese Ressourcen auch sein mögen.

Beta verfügt nicht über derartigen Luxus. Im Kampf gegen einen reichen Rivalen ist es gezwungen, sich eine Guerillataktik zu eigen zu machen, in der Hoffnung, aus den eingefahrenen Abläufen und der behäbigen Zufriedenheit der übermächtigen Armee des Feindes Nutzen schlagen zu können. Beta muß den Feind ausmanövrieren, anstatt ihn mit Stärke zu überwältigen. Das war die simple Erkenntnis, zu der die Nordvietnamesen in ihrer Konfrontation mit der US-Armee gelangten. Es kursiert eine Geschichte darüber, wie ein in die Jahre gekommener amerikanischer General anläßlich eines Besuches in Hanoi einem betagten vietnamesischen General eine Frage stellte, die ihn seit langem quälte. Wie war es möglich gewesen, daß die Nordvietnamesen Menschen und Material ungehindert über die Flüsse transportieren konnten, obwohl das amerikanische Militär mit allen Mitteln versucht hatte, alle ihre Brücken zu finden und sie zu sprengen? Die einfache Antwort war, daß die Nordvietnamesen ihre Brücken ganz knapp unter dem Wasserspiegel gebaut hatten, dort, wo sie für Aufklärungsflugzeuge praktisch unsichtbar, für Menschen und Maschinen jedoch passierbar waren. Man fragt sich, wie eine ressourcenreiche Armee auf die Herausforderung reagiert hätte, der sich die Vietnamesen im Kampf gegen die Amerikaner gegenübergesehen hatten – wahrscheinlich, indem sie noch mehr Truppen für die Verteidigung der Brücken abgestellt, Ersatzbrücken gebaut, eine noch größere Zahl von Technikern eingebunden, noch mehr Bauausrüstung bereitgestellt und eine noch schlagkräftigere Fliegerabwehr eingesetzt hätte. Durchdrungen von einem klaren, wenn auch utopisch anmutenden Ziel versteckten sich die nordvietnamesischen Soldaten in Tunnels, sabotierten Einrichtungen des Feindes, bezogen Zivilisten mit ein, legten Fallen und griffen die feindlichen Soldaten mit mehr Elan und Entschlossenheit aus dem Hinterhalt an, als dies die amerikanischen Truppen verkraften konnten.

So schmerzlich dieses Lehrbeispiel auch sein mag – die Erfahrung, welche die Amerikaner in ihrem Konflikt mit den Nordvietnamesen machten, liefert ein besonders überzeugendes Fallbeispiel für Ressourcen-Leverage. So wie Not erfinderisch macht, bewirkt Dehnung einen besseren Einsatz der Ressourcen. Es besteht kein Grund zu der Annahme, daß dieses Prinzip in Wettbewerbsschlachten weniger Gültigkeit hat als in blutigen Schlachten. Taktische Kreativität ist das Produkt von Ressourcenknappheit. Man kann zwar nicht erwarten, daß starker Ehrgeiz und unkonventionelle Überlegungen zum Ressourceneinsatz ausreichen, um jedweden Ressourcenmangel auszugleichen, doch zeigen die Annalen der Militärgeschichte, daß dies gar nicht so selten der Fall ist.[2]

Obwohl eine Überfülle an Ressourcen – also Schlaffheit – ein Unternehmen in die Lage versetzt, bei Investitionen nach strategischen Gesichtspunkten vorzugehen, bedingt ein solcher Ressourcenreichtum nicht unbedingt kluge Entscheidungen. Im Gegenteil, Ressourcenreichtum und die damit einhergehende Fähigkeit, auf vielen Hochzeiten zu tanzen und sogar mehrfache Fehlschläge zu überwinden, stehen einem zielgerichteten und kreativen Denken oft im Wege. Auch nachdem General Motors Verluste in Höhe von zig Milliarden Dollar geschrieben hat, kann niemand dem Unternehmen vorwerfen, bei der Werksautomatisierung nicht strategisch vorgegangen zu sein, wenn mit „strategisch" die Bereitschaft gemeint ist, mutige, vorgreifende Investitionen zu tätigen. Statt dessen könnte man wie viele GM-Mitarbeiter im Werk von Hamtrack argumentieren, daß GM sogar zu strategisch vorging, und zwar insofern, als die Kapazität des Unternehmens, strategische Investitionen zu tätigen, seine Fähigkeit, neue Technologien zu übernehmen, die Mitarbeiter zu halten, ein Reengineering der Prozesse durchzuführen, die Beziehung zu seinen Lieferanten neu zu gestalten und orthodoxe Vorstellungen des Managements zu überwinden, bei weitem überstieg. Wenn es an der Fähigkeit zum Ressourcen-Leverage fehlt, wenn ein Unternehmen nicht gelernt hat, aus weniger mehr zu machen, wenn, anders ausgedrückt, die Risiken „strategischen" Vorgehens den potentiellen Belohnungen völlig angemessen oder mehr als angemessen sind, dann bietet ein strategisches Vorgehen keine Vorteile. Ein höherer Einsatz bringt oft höhere Gewinne, aber ebenso wahrscheinlich ist es, daß er größere Katastrophen nach sich zieht. Wenn eine Ambition, welche die Ressourcen eines Unternehmens übersteigt, und die Möglichkeit des Ressourcen-Leverage fehlen, dann ist Ressourcenreichtum wenig mehr als ein Freibrief für Nachlässigkeit bei der strategischen Entscheidungsfindung.

Welche strategischen Entscheidungen würden im Gegensatz dazu bei Beta getroffen werden, dessen Ambitionen seine Ressourcen bei weitem übersteigen? Erstens würde Beta mit einem „John-Wayne"-Ansatz an die strategische Entscheidungsfindung herangehen. Es würde die Chance nutzen und die Spielregeln ändern, anstatt nach den Regeln der alteingesessenen Marktteilnehmer zu spielen.

Es würde nach Schwachstellen in den Verteidigungsmechanismen von Alpha suchen, anstatt sich seinem Konkurrenten in den von diesem gut verteidigten Marktsegmenten zum offenen Kampf zu stellen. Die Investitionen würden sich auf eine relativ kleine Zahl von Kernkompetenzen konzentrieren, bei denen die Firma meint, das Potential für eine internationale Führungsrolle zu haben. Beta würde in Anbetracht seines Prinzips, mit weniger mehr zu erreichen, schlanke Fertigungsverfahren zu entwickeln versuchen. Da das Unternehmen mit einer geringeren Zahl von Produktentwicklern auskommen müßte als seine Konkurrenz, würde es sich gezwungen sehen, die für die Entwicklung einer vollständigen Produktlinie benötigte Zeit radikal zu verkürzen und auf diese Weise eine drastische Kostensenkung zu erzielen. Die Notwendigkeit, die Produktentwicklung zu beschleunigen, würde die funktions- und bereichsüberschreitende Kommunikation fördern. Die Entwicklung einer schlagkräftigen und fähigen Lieferantenbasis würde gefördert werden, und die Lieferanten müßten einen erheblichen Teil der Innovationslast übernehmen. Es liegt auf der Hand, daß Beta nicht in der Lage wäre, irgendwelche überflüssigen Konzernoverheads mit sich herumzuschleppen oder überzählige Managementschichten zu finanzieren. In Anbetracht seiner kleinen Personalbasis müßte Beta die Beiträge jedes einzelnen Mitarbeiters als wertvoll betrachten. Um alle Energien in eine Richtung zu lenken, würde das Topmanagement von Beta einen tiefgreifenden Konsens bei strategischen Zielen suchen.

Eine Auffassung des Wettbewerbs als ein Einkreisen statt einer direkten Konfrontation, das Streben nach einer Beschleunigung des Produktentwicklungszyklus, dicht vernetzte, funktionsübergreifende Teams, die Konzentration auf Kernkompetenzen, enge Beziehungen zu den Lieferanten, Programme zur Einbindung der Mitarbeiter usw. sind Elemente eines Managementansatzes, der allgemein als „japanisch" bezeichnet wird. Und doch läßt sich jedes dieser Elemente in logischer Weise ableiten, wenn man Strategie als „Dehnung" betrachtet. Das sogenannte japanische Management, wie es in der Vergangenheit von Unternehmen wie Honda, Canon, Sony und Sharp praktiziert wurde, ist möglicherweise weniger das Produkt von Gruppendenken, Unterordnung des einzelnen unter das Gemeinschaftsinteresse und Streben nach *wa* als vielmehr das Ergebnis der Dehnung.

Diese Dehnung – das Phänomen, daß die Ambition die Ressourcenkapazitäten ständig übersteigt – ist es, die den Antriebsmotor für die Schaffung von Vorteilen in Gang hält. Eine Firma mit einem Überfluß an Ehrgeiz und Ambition und einem Mangel an Ressourcen wird bald erkennen, daß sie die Vorteile und Stärken ihrer reicheren Konkurrenten nicht einfach nachahmen kann; sie kann mit ihren Ausgaben nicht mithalten; sie kann sich nicht dieselben Einstiegskosten leisten; sie kann nicht dasselbe Maß an Ineffizienz und Schlendrian dulden, und sie kann nicht riskieren, nach den Spielregeln des Branchenführers zu spielen. Aus all diesen Gründen sahen sich einige japanische Unternehmen gezwungen, völlig neue Formen von Wettbewerbsvorteilen zu entwickeln (Lean Manufacturing und Time-Compression-Management) und darüber nachzudenken, wie sie die vorhandenen Vorteile der Konkurrenten durch einen effizienteren Einsatz ihrer Ressourcen wettmachen konnten (zum Beispiel, indem sie sich anfangs mehr der Vertriebskanäle Dritter bedienten, als mit direktem Vertrieb zu arbeiten).

Wir sind davon überzeugt, daß sich Unternehmen wie NEC, Charles Schwab, CNN, Sony, Glaxo, Canon und Honda weniger in ihrem kulturellen oder institutionellen Erbe ähnelten. Was sie verband, waren vielmehr ehrgeizige Bestrebungen und die Kreativität, mit der sie aus einem Minimum ein Maximum herausholten. Wenn Sie weitere Beweise wollen, dann sehen Sie sich doch einmal die nicht gerade glanzvollen Leistungen der größten japanischen Banken und Brokerhäuser auf den Weltmärkten an. Bei ihrem Eintritt in die Weltmärkte hatten diese Firmen mit ihrem immensen Ressourcenreichtum eine nahezu einzigartige Stellung unter den japanischen Multis inne. Und trotzdem erwiesen sich die materiellen Vorteile als schwacher Ersatz für die strategische Kreativität, die durch Ressourcenknappheit entsteht. Übrigens ist die Tatsache, daß die Seifenblase der spekulativen japanischen Wirtschaft Anfang der achtziger Jahre platzte, ein Beweis dafür, daß die japanischen Unternehmen gegen die durch überwältigende Erfolge ausgelöste strategische Disziplinlosigkeit nicht besser gefeit sind als die reichen Unternehmen des Westens.

Strategie als Dehnung aufzufassen, trägt zur Entmythologisierung des Erfolgs jener japanischen Unternehmen bei, die trotz ursprünglicher Ressourcenhandicaps internationale Führungspositionen erobern konnten. Wenn man eine Erklärung für den Erfolg von Sony, Toyota oder Yamaha sucht, wäre es ehrlicher, über das Wesen des Ressourcen-Leverage anstatt über die Eigenschaften japanischer Manager zu sprechen. Die westlichen Manager können daraus die Lehre ziehen, daß sie sich nicht auf das Studium der japanischen Kultur stürzen, sondern eher dafür sorgen sollten, daß in ihren eigenen Firmen eine Dehnung erzeugt wird, die ausreicht, um eine unablässige Suche nach Möglichkeiten zum besseren Ressourcen-Leverage auszulösen.

Einer der Autoren versuchte, den Führungskräften eines großen amerikanischen Multis den Gedanken der Dehnung vor Augen zu führen. In den siebziger und achtziger Jahren hatte sich dieses Unternehmen in dauerhaftem Erfolg gesonnt. „Sie müssen natürlich bedenken“, warf einer der Manager ein, „daß wir die Nummer eins in unserer Branche sind. Das Dehnungskonzept funktioniert nur, wenn man die Nummer zwei ist.“ Daraufhin wurde er gebeten, ein einziges Kriterium außer Gewinn, Marktanteil oder Investitionen zu nennen, bei dem seine Firma immer noch die Nummer eins in der Branche sei. Hier zeigte es sich: Diese Firma lebte vom Schwung der Vergangenheit – die intellektuelle Führung in ihrer Industrie hatte sie an hungrigere, ambitioniertere Rivalen abgegeben. Was diesem Unternehmen die Dehnung so schwer machte, war nicht, daß es das größte seiner Branche war, sondern daß es für seine Führungsrolle keine neue Definition gefunden hatte, die der in rasanter Veränderung begriffenen Branche besser entsprochen hätte, und es daher verabsäumt hatte, seinen Mitarbeitern ein neues, Dehnung erforderndes Ziel anzubieten.

Wenn es Beta gelingt, seine hochgesteckten Ziele zu erreichen, so gibt es keinerlei Gewähr dafür, daß Beta nicht in dieselbe satte Selbstzufriedenheit verfallen wird, die Alpha daran hinderte, seine Chancen zu einem besseren Ressourcen-Leverage aggressiver zu nützen. Der Erfolg trägt den Keim des Mißerfolgs in sich. Ein Überfluß an Ressourcen wird Beta wahrscheinlich ebenso unkreativ machen wie Alpha. Das Problem entsteht nicht, weil ein Unternehmen der Branchenführer ist, sondern weil die Mitarbeiter es dafür halten. Die Arroganz des Spitzenreiters und der Hang zur Verschwendung lassen sich nur dadurch vermeiden, daß von Zeit zu Zeit die gemeinsamen Ambitionen angefacht oder die Kriterien für die Führungsposition einer Neubewertung unterzogen werden. Das einzige Erfolgsrezept besteht darin, das Gefühl der Dehnung permanent zu erneuern. Die Branchenführerschaft ist ein Ziel, das immer angestrebt werden muß: Weder Portier noch Repräsentant noch Generaldirektor sollten sich jemals in der Sicherheit wiegen, sie sei erreicht.

Dehnung erzeugt Motivation zu Ressourcen-Leverage. Trotzdem bedarf es sorgfältiger Pflege, um diesen neugeborenen Wunsch in eine ausgeprägte Fähigkeit zum Ressourcen-Leverage zu verwandeln. Um jede Chance des Ressourcen-Leverage ergreifen zu können, bedarf es großer Kreativität und Hartnäckigkeit. Ein Unternehmen, das über hochfliegende Ambitionen, aber nur über eine unterentwickelte Fähigkeit zum Ressourcen-Leverage verfügt, wird aus seinen Träumen brutal in eine traurige Wirklichkeit zurückgeholt werden. Andererseits wird ein Unternehmen, das gerade dabei ist, die Fähigkeit zum Ressourcen-Leverage zu entwickeln (d. h. wenn es sich erfolgreich strategischer Allianzen bedient, fähig ist, Know-how über die Grenzen der Geschäftseinheiten hin- und herzuschieben, einen kreativen Ansatz der Wettbewerbstaktik besitzt), aber über keine anspornende Ambition verfügt, zum „Siebenschläfer“. Ein Unternehmen, in dem es sowohl an

Ambitionen als auch an der Fähigkeit zum Ressourcen-Leverage fehlt, ist ein „Verlierer". Die „Gewinner" werden jene sein, die über beides verfügen.

DIE PRÄMISSEN

Bevor wir uns den verschiedenen Möglichkeiten des Ressourcen-Leverage zuwenden, die einem Unternehmen zur Verfügung stehen, sollten wir unsere Prämissen überprüfen. Die erste dieser Prämissen lautet, daß ein Unternehmen nicht nur als Portfolio von Produkten oder marktorientierten Geschäftseinheiten, sondern auch als Portfolio von Ressourcen (technische, finanzielle, menschliche und so weiter) betrachtet werden kann. Akademische Forschung und schriftliche Arbeiten gehen zunehmend von einer solchen „ressourcenbezogenen Unternehmenssicht"[3] aus.

Die zweite Prämisse lautet, daß knappe Ressourcen nicht notwendigerweise ein Hindernis für die Erreichung einer globalen Führungsposition darstellen, und daß üppige Ressourcen keine Garantie für eine dauerhafte Spitzenstellung sind. Wäre es anders, wären wir nicht Zeugen jener dramatischen Verschiebungen der Wettbewerbsposition geworden, die immer wieder unbesiegbar scheinende Riesen wie GM, Volkswagen, Westinghouse, IBM, Xerox und Texas Instruments in die Defensive drängen.

Die dritte Prämisse lautet, daß die Marktteilnehmer mit ihrem jeweiligen Maß an Ressourcen sehr unterschiedlichen Einfluß auf den Wettbewerb auszuüben imstande sind. Honda konnte in seinen Kernkompetenzgebieten Motoren und Kraftübertragung die Führungsposition erobern, obwohl sein F&E-Budget viel kleiner war als jenes von General Motors. NEC gelang es, Siemens (Telekommunikationsausrüstung), Texas Instruments (Halbleiter) und IBM (Computer) Marktanteile abzutrotzen, und dies obwohl das Unternehmen über ein weitaus geringeres F&E-Budget verfügte als seine Rivalen. Chrysler entwickelte seinen Kleinwagen, den Neon, mit einem Bruchteil jener Ressourcen, die Detroit normalerweise zur Verfügung stehen. IBM mußte beim Angriff auf Xerox im Kopiersektor eine Niederlage hinnehmen, während Canon, das Mitte der siebziger Jahre nur ein Zehntel der Größe von Xerox hatte, dieses schließlich als größter Kopiergerätehersteller der Welt verdrängte. CNN gelang es in seiner Anfangszeit, mit einem Budget, das etwa ein Fünftel der Mittel ausmachte, die CBS für eine Stunde Abendnachrichten zur Verfügung standen, 24 Stunden am Tag Nachrichten zu senden. Solche Unterschiede sind tatsächlich erklärungsbedürftig.

Die vierte Prämisse lautet, daß auf Ressourcen-Leverage basierende Effizienzzuwächse hauptsächlich auf der Erhöhung des Zählers in Produktivitätsverhältnissen (Ertrag und Reingewinn) und nicht auf der Verringerung des Nenners (Investitionen und Beschäftigtenzahl) beruhen. Da nennerorientierte Umstrukturierungsprogramme das Ziel verfolgen, mit reduziertem Einsatz gleichbleibende Ergebnisse zu erzielen, anstatt mit gleichbleibendem Einsatz bessere Ergebnisse zu erzielen, geht es bei diesen Programmen eher um Ressourcenkürzung als um Ressourcen-Leverage. Ein ineffizientes Unternehmen, das sich „gesundschrumpft", ohne seine Fähigkeit zum Ressourcen-Leverage zu erhöhen, wird die Erfahrung machen, daß sich seine Produktivität verbessert – eine Zeitlang. Technologische Führungsposition, Markentreue, Vertriebsreichweite und Kundenservice werden sich nicht sofort verschlechtern, aber wenn eine Firma keine neuen Zugänge zum Ressourcen-Leverage findet (d. h. Wege zur Aufrechterhaltung ihrer technologischen Führungsposition mit einem kleineren F&E-Budget, zum Aufbau von Markentreue mit geringeren Werbemitteln, zur Schaffung eines umfassenderen und kosteneffektiveren Vertriebsnetzes und zur Verbesserung des Kundenservice mit geringen zusätzlichen Ressourcen), wird sie nach einigen Monaten oder Jahren zu der Erkenntnis gelangen, daß der Zähler geschrumpft ist und es einer neuen Runde ungezielter chirurgischer Eingriffe bedarf. In solchen Fällen wird eine Firma ihre Ressourcenbasis so lange weiter verkleinern, bis die Investoren einen neuen Eigentümer aufgespürt haben, der etwas von Ressourcen-Leverage versteht.

Dies legt des weiteren den Schluß nahe, daß die Ressourcenkürzung kein wirklich kreatives Vorgehen darstellt, das Ressourcen-Leverage hingegen sehr wohl. Hier geht es nämlich um die kontinuierliche Suche nach neuen, weniger ressourcenintensiven Instrumenten zur Erreichung strategischer Ziele. Reduzierung der Belegschaft und Kürzung der Investitionen sind für das Topmanagement intellektuell weniger anspruchsvoll als die Suche nach Wegen, um die Leistung mit einer gleichbleibenden oder nur langsam wachsenden Ressourcenbasis zu verbessern. Den Einsatz zu verringern, ist einfacher, als mit gleichbleibendem Einsatz bessere Ergebnisse zu erzielen; daher ziehen Unternehmen die erste Option der zweiten vor. Management und Unternehmensberater müssen sich die Frage stellen, inwieweit sie das Effizienzproblem überhaupt in Angriff nehmen. Wenn ihr Verständnis von „Effizienz" nur den Nenner umfaßt und wenn ihre Auffassung von Ressourcen-Leverage den Zähler nicht einschließt, haben sie höchstens eine fünfzigprozentige Chance, höchste Effizienz zu erreichen und aufrechtzuerhalten.

Unsere fünfte Prämisse besagt, daß das Topmanagement bisher die Aufgabe des Ressourcen-Leverage gegenüber der Aufgabe der Ressourcenzuteilung vernachlässigt hat. Während zahlreiche Lehrbücher, Kurse und Beratungsfirmen versuchen, Wege zur Erhöhung der Allokationseffizienz (Einsatz der richtigen Ressourcen bei den meistversprechenden Chancen mit Hilfe von Portfolioplanung und Kapitalbudgetierung) aufzuzeigen, wird der Aufgabe des Managements, die Ressourcen eines Unternehmens zu sammeln und zu orchestrieren, zu wenig Bedeutung beigemessen, insbesondere wenn sich die Aufmerksamkeit von den finanziellen auf andere Ressourcen verlagert. Wenn das Topmanagement bei der Zuteilung der Ressourcen größeren Wert auf die Beurteilung der strategischen Machbarkeit der Projekte legt als auf die Aufgabe, die Ressourcenwirkung zu vervielfältigen, muß seine Wertschöpfung zwangsläufig bescheiden bleiben.

Ungeachtet der anfänglichen Ressourcenvorteile der etablierten Unternehmen und der Effizienz der Ressourcenzuteilung wird sich in jeder Branche die Auseinandersetzung früher oder später eher auf die Fähigkeit des Unternehmens zum Ressourcen-Leverage konzentrieren als darauf, ob es mehr ausgeben kann als seine Konkurrenten. Einen groben Maßstab für die Fähigkeit eines Unternehmens zum Ressourcen-Leverage bietet das Verhältnis zwischen seinen jeweiligen Marktanteilzuwächsen (oder Verlusten) und seinem Investitions- oder Ressourcenanteil. Der Anstieg der Erträge im Vergleich zu den Ressourcen böte sich als weiterer Indikator an. Das bedeutet, daß IBM und General Motors trotz ihrer Fähigkeit oder sogar Entschlossenheit, strategische Investitionen zu tätigen (wobei der „strategische" Wert einer Investition an der Zahl der Nullen gemessen wird) nicht besser abschneiden als „arme" Unternehmen, wenn es um das Leverage der Ressourcen geht. Philips tätigte im Lauf seiner Geschichte so viele strategische Investitionen und schnitt beim Ressourcen-Leverage so schlecht ab, daß das Unternehmen trotz seiner üppigen Ressourcen an den Rand des finanziellen Abgrunds geriet.

Das führt uns zur sechsten und letzten Prämisse: Die Fähigkeit des Ressourcen-Leverage ist der entscheidende Selektionsmechanismus, der in den langwierigen Kämpfen um die Branchenvorherrschaft die Sieger von den Verlierern scheidet. Denn, wie wir oben schon sagten, es genügt nicht, als erster in der Zukunft anzukommen, man muß auch zu geringeren Kosten dort ankommen.

WIE RESSOURCEN-LEVERAGE BEWERKSTELLIGT WIRD

Es gibt fünf grundlegende Methoden, um ein Leverage der Ressourcen zu erreichen: die effektivere Konzentration der Ressourcen auf die strategischen Hauptziele, die effizientere Akkumulierung der Ressourcen, die Ergänzung von Ressourcen eines Typs durch andere Ressourcen, um höherwertigen Nutzen zu schaffen, die Einsparung von Ressourcen, wo immer dies möglich ist, und die rasche Amortisierung der Ressourcen durch Minimierung der Zeit zwischen Ausgabe und Gewinn. Sehen wir uns nun einige der spezifischen Komponenten des Ressourcen-Leverage in diesen Grundkategorien an.

Konzentration der Ressourcen

Konvergenz: Wenn ein Unternehmen über einen langen Zeitraum hinweg eine einzige strategische Intention verfolgt, so ist gewährleistet, daß sich die Bemühungen der einzelnen Mitarbeiter, der funktionalen Abteilungen und der gesamten Geschäftseinheiten auf dasselbe Ziel konzentrieren. In vielen Unternehmen, die wir kennengelernt haben, gab es keine solche Konvergenz langfristiger Ziele. Wir bitten die Manager oft, sich die letzten sechs oder sieben strategischen Jahrespläne in Erinnerung zu rufen und sie im Hinblick auf langfristige Konsistenz zu überprüfen. Die Manager gelangen dann häufig zu der Erkenntnis, daß die Entwicklungsbahnen, die Definition des bedienten Marktes, die Investitionsprogramme und selbst die Definition der Kernkompetenzen der Firma öfter wechseln, als es durch die sich verändernden Wettbewerbsbedingungen gerechtfertigt wäre. Die strategische Intention soll sicherstellen, daß bei den monatlich und jährlich zu treffenden Entscheidungen ein gewisses Maß an „Kumulation" stattfindet.

Beinahe ebenso schlimm wie das Fehlen eines klaren, ambitioniert verfolgten Ziels sind mehrere einander widersprechende Ziele. Verfügt ein Unternehmen nicht über unternehmensweite, gemeinsame Prioritäten für das Wachstum und die Entwicklung neuer Geschäftsmöglichkeiten, so kommt es sehr wahrscheinlich zu einer Aufsplitterung und mangelhaften Ausschöpfung der Ressourcen. Das soll nicht heißen, daß jeder Konzern mit vielen Unternehmensbereichen eine das gesamte Unternehmen umspannende Ambition haben kann oder haben sollte. Aber sogar bei Konzernen, die mit auf einzelne Branchen spezialisierten Unternehmen konkurrieren, haben die Leiter der einzelnen Geschäftseinheiten völlig unterschiedliche und manchmal sogar widersprüchliche Auffassungen von der zukünftigen Industriestruktur und der angemessenen strategischen Intention des Konzerns. Allzuoft scheinen die Bereichsleiter eher für sich selbst kämpfen zu wollen als mit ihren Kollegen zu einem gemeinsamen Standpunkt zu gelangen. Die Manager vertreten dann jene Ansicht über die zukünftige Entwicklung der Branche, die für die weitere Finanzierung ihres jeweiligen Geschäftsbereichs die geringste Gefahr darstellt. Unter solchen Umständen ist es nicht überraschend, daß die Bestrebungen des Managements der mittleren und unteren Ebene unkoordiniert sind und oft entgegengesetzten Zielen dienen.

Konvergenz bedarf einer klaren Vorstellung davon, wie sich sämtliche Ressourcen des Unternehmens so ausrichten lassen, daß ein anspannendes Ziel erreicht werden kann – ein Ziel, das Firmen mit stärker divergierenden Auffassungen über die Unternehmensprioritäten nicht zu erreichen hoffen dürfen. Ein Leverage der Ressourcen ist nur dann möglich, wenn die Anstrengungen der einzelnen Mitarbeiter und Teams sowie der Funktions- und Geschäftsbereiche sowohl über die Organisationsgrenzen als auch über die Zeit hinweg zusammenfließen – oder akkumulieren. Das Prinzip ist ganz einfach: Man erreicht kein Ressourcen-Leverage, wenn man sich im Kreis bewegt.

Dieser Umstand läßt auch vermuten, daß durch die Jobrotation der Führungskräfte alle zwei oder drei Jahre versteckte Kosten entstehen. In den meisten Fällen werden strategische Veränderungen in großen Unternehmen nicht durch neue Konkurrenten, neue Technologien oder Veränderungen des gesetzlichen Umfelds ausgelöst, sondern durch einen Wechsel der Personen in der Führungsetage. Es ist für rasch wechselnde Führungskräfte nur allzuleicht, das Unternehmensruder in die eine oder andere Richtung herumzureißen, die Mitarbeiter bezüglich der Richtung des Unternehmens zu verwirren und die Fortentwicklung zu bremsen. Von den uns bekannten Unternehmen, in denen die Führungskräfte in den

Schlüsselpositionen einander alle zwei Jahre die Klinke in die Hand geben, ist es keinem einzigen gelungen, eine auf zehn oder fünfzehn Jahre ausgelegte strategische Intention zu verwirklichen. Wenn es um das Leverage der Ressourcen geht, zählt Beständigkeit. In einer Führungsetage, in der es zugeht wie in einem Taubenschlag, kommt es nicht zur kontinuierlichen Ansammlung von Erkenntnissen darüber, wo die Zukunft eigentlich liegt. Natürlich empfiehlt es sich nicht, das Management beizubehalten, wenn die Leute an der Spitze eingeschlafen sind, aber sofern ein Unternehmen in den Aufbau von Vorausblick investiert hat und beabsichtigt, die Tür zur Zukunft als erstes aufzustoßen, muß es unbedingt dafür sorgen, daß die Manager in Schlüsselpositionen über einen angemessenen Zeitraum hinweg im Sattel bleiben.

Fokussierung: Wenn Konvergenz davor schützt, daß die Ziele im Lauf der Zeit auseinanderdriften, so schützt Fokussierung davor, daß die Ressourcen irgendwann verwässert werden. Unserer Einschätzung nach versuchen zu viele Firmen, die erkannt haben, daß sie bei Kosten, Qualität, Zykluszeit, Kundenservice und anderen Parametern ins Hintertreffen geraten sind, alles zugleich zurechtzurücken, und fragen sich dann, warum die Fortschritte so unerträglich lang auf sich warten lassen. Kein einzelnes Unternehmen, kein einzelnes funktionales Team oder keine Abteilung können sich all diesen Verbesserungszielen gleichzeitig widmen, vor allem dann nicht, wenn in allen Bereichen beträchtliche Lücken klaffen. Als Faustregel gilt, daß keine Mitarbeitergruppe imstande ist, mehr als zwei wichtige operative Verbesserungsziele gleichzeitig in Angriff zu nehmen.

Es bedarf einer gigantischen Anstrengung, um qualitätsbezogene Disziplin einzuführen und tief verwurzelte, der Qualität im Weg stehende Gewohnheiten, Verfahren und Managementeinstellungen zu verändern. Dasselbe gilt für die Anstrengung, die notwendig ist, um Just-in-Time-Fertigung einzuführen, da dies verlangt, Arbeitsfluß, Logistik und Informationssysteme völlig neu zu überdenken, den Werksgrundriß sowie die Ausbildung von Mitarbeitern und Lieferanten zu modifizieren. Dazu kommt, daß es unmöglich ist, sich die Vorteile von Just-in-Time-Fertigung zunutze zu machen, wenn man nicht auf einer soliden Grundlage von Total-Quality-Management aufbauen kann. Eine Senkung der Produktentwicklungszeiten um 50 % oder mehr oder eine Steigerung der Kundenzufriedenheit um das Fünf- oder Zehnfache sind ähnlich heroische Vorhaben. Wird die Aufmerksamkeit nicht jeweils auf einige wenige operative Hauptziele konzentriert, so muß man damit rechnen, daß die Verbesserungsbemühungen derart stark verwässert werden, daß das Unternehmen in allen wichtigen Leistungsbereichen für alle Zeiten zum Nachzügler wird.

Kehren wir noch einmal zur Qualitätsbestrebung von Komatsu zurück. Viele Unternehmen bemühen sich schon ein ganzes Jahrzehnt oder länger um Qualität und haben immer noch nicht Weltniveau erreicht; Komatsu kam aus dem Nichts und gewann innerhalb von drei Jahren den Deming-Preis. Was machte Komatsu anders als andere? Als Komatsu sein TQM-Programm einleitete, erhielt jeder einzelne Manager genaue Instruktionen: Wenn Sie sich zwischen Kosten und Qualität entscheiden müssen, wählen Sie die Qualität. Am Ende mag Qualität kostenlos sein, aber die Manager von Komatsu wußten, daß dies kurzfristig niemals der Fall ist. Das Streben nach Qualität bedingt Maschinenstillstände, Investitionen in bessere Produktionsausrüstung, Schulungsausgaben und dergleichen mehr. So konzentrierte man sich bei Komatsu eine Zeitlang fast ausschließlich auf Qualität; dann, als man Weltniveau erreicht hatte, hielt man an der Qualität fest, wandte sich jedoch der Reihe nach den Bereichen Engineering, Produktionsrationalisierung, Produktentwicklungsgeschwindigkeit und dem Aufbau einer vielfältigen Produktpalette zu niedrigen Kosten zu. Ein Vorteil baute auf dem anderen auf.

Fokussierung darf nicht als Entschuldigung dienen, um alles andere zu ignorieren – das wäre naiv und gefährlich. Statt dessen legt das Management, indem es einen operativen Fokus vorgibt, lediglich die Abwägungsentscheidungen fest, die es von den Mitarbeitern erwartet, wenn der unvermeidliche Fall eintritt, daß knappe Zeit und knappe Ressourcen verteilt werden müssen. Die Fokussierung hat Motorola einen ebenso durchschlagenden Erfolg beschert wie Komatsu. Im Jahr 1987 etablierte Motorola Six Sigma Quality (3,4 Produktionsfehler pro Million Einheiten) als das Unternehmensziel – alles andere war zweitrangig. Mittlerweile ist die Zahl der Produktionsfehler von 6.000 pro Million auf 40 pro Million gesunken, und das Unternehmen geht davon aus, in wenigen Jahren Six Sigma zu erreichen.

Als strategische Vorteile ergänzen Kostensenkung und Qualität einander; als operative Verbesserungsziele wetteifern Kostensenkung und Qualitätsverbesserung miteinander um knappe Managementzeit und Aufmerksamkeit der Mitarbeiter. Früher ging man davon aus, Produktvielfalt und Kostenführerschaft schlössen einander aus. Das tun sie nicht: Hat man einmal wirklich verstanden, worin die Kostenantriebsfaktoren bestehen, so kann man kosteneffektive Wege zur Schaffung einer größeren Produktvielfalt finden. Dennoch muß ein Unternehmen, das weit von der Führerschaft bei Kosten oder Produktvielfalt entfernt ist, die Fähigkeiten der Reihe nach aufbauen.

Magere Ressourcen auf breitgestreute mittelfristige Betriebsziele aufzuteilen, ist ein Rezept für durchgängige Mittelmäßigkeit. Nehmen wir ein einfaches Beispiel: Stellen Sie sich vor, daß jemand, der drei Meter von Ihnen entfernt steht, plötzlich fünf Golfbälle nach Ihrem Kopf wirft. Was ist Ihre unmittelbare Reaktion? Wenn Sie kein Weltklassejongleur sind, befiehlt Ihnen Ihr erster Instinkt, sich zu ducken. So reagieren auch die Manager der mittleren Ebene, wenn das Topmanagement versucht, fünf oder sechs wichtige Verbesserungsziele durchzudrücken, ohne Prioritäten zu setzen. Jetzt stellen Sie sich vor, daß Ihnen jemand nur einen Golfball zuwirft, einen Augenblick wartet, bis Sie diesen gefangen haben, um den zweiten und dann den dritten Ball zu werfen. Sie werden innerhalb einer halben Minute alle Bälle erfolgreich gefangen haben.

Den Managern der mittleren Ebene wird häufig vorgeworfen, die Initiativen des Topmanagements nicht sofort eifrig in die Tat umzusetzen. Andererseits findet sich das mittlere Management oft in der Situation wieder, daß es selbst versuchen muß, jene Prioritäten für betriebliche Verbesserungen zu setzen, die vom Topmanagement nicht vorgegeben wurden. Vermischte Botschaften und widersprüchliche Signale bewirken, daß sich in bezug auf die einzelnen Verbesserungsprojekte kein Elan entwickeln kann. Es ist natürlich richtig, daß sich Unternehmen, sobald sie sich bei den meisten betrieblichen Schlüsselparametern dem Weltniveau angenähert und die Interaktion von Kosten, Qualität, Produktvielfalt, Zykluszeit und anderen Faktoren verstanden haben, auf allen Fronten vorwärtsbewegen. Trotzdem erfordert eine Herausforderung auf einem vollkommen neuen Gebiet ein klar fokussiertes Vorgehen, im voraus definierte Abwägungen und eine „kritische Masse" an Anstrengung. Einfach ausgedrückt: Je umfangreicher das Verbesserungsprojekt und je kleiner die Ressourcenbasis, desto wichtiger ist es, fokussiert vorzugehen.

Eine Fokussierung ist in den Bereichen Forschung und Produktentwicklung ebenso wichtig wie bei der Festlegung betrieblicher Verbesserungsziele. In vielen Unternehmen wird der Dünger der Konzernunterstützung so kärglich aufgebracht, daß das Wachstum in neuen Geschäftsbereichen vorzeitig zum Stillstand kommt. 3M mit seinen mehr als 60.000 einzelnen Produkten rühmte sich lange Zeit der breiten Palette seiner innovativen Aktivitäten. Als das Unternehmen schließlich erkennen mußte, daß große Chancen ohne Fokussierung oft kleine Projekte bleiben, wurde ein „Pacing program" initiiert, bei dem sich jedes einzelne Unternehmen ein oder zwei Produkte herausgreift, die 3M seiner Meinung nach die Chance für einen großen Erfolg eröffnen. Das Ergebnis dieser Initiative wird, so hofft 3M, in einem Menü von fünfzig zentralen Zukunftsprojekten bestehen, die als Magneten für die F&E-Ressourcen fungieren sollen.[4] Einer ähnlichen Logik folgend, senkte der britische Pharmagigant SmithKline Beecham die Zahl der Arzneimittel in seiner Forschungspipeline um 26 Prozent und die Zahl der Zielkrankheiten von 100 auf 58.[5]

Wo Konvergenz und fokussiertes Vorgehen vorhanden sind, können mittelmäßige Leistungen einzelner in der Summe kollektive Brillanz ergeben. Wo beides nicht vorhanden ist, kann individuelle Brillanz leicht in kollektive Mittelmäßigkeit münden.

Zielausrichtung: Das Ziel besteht nicht nur darin, sich jeweils nur auf einige wenige Dinge zu konzentrieren, sondern auch darin, dafür zu sorgen, daß es die richtigen Dinge sind. Es besteht somit in einer gezielten Auswahl jener Aktivitäten, die den größten Zusatznutzen für die Kunden bewirken. Hier geht es darum, jene Bereiche ausfindig zu machen, in denen der vom Kunden wahrgenommene Nutzen im Verhältnis zu den Kosten für die Schaffung dieses Nutzens so hoch wie möglich ist. Microsoft konzentrierte seine Ressourcen auf jene Dinge, welche die größten Auswirkungen auf den Nutzen haben, den jemand aus seinem PC zieht (d. h. Betriebssystem, Benutzerschnittstelle und Kernanwendungen). British Airways versuchte, seine Gewinnspannen aufrechtzuerhalten und Diskonttarife zu vermeiden, indem es sich auf jene Aspekte des Flugerlebnisses konzentrierte, welche auf langen, interkontinentalen Flügen die größten Auswirkungen auf den wahrgenommenen Kundennutzen haben. Eine der Innovationen von British Airways bestand in der Errichtung einer eleganten Ankunftshalle am Londoner Flughafen Heathrow, wo Passagiere, die Nachtflüge hinter sich haben, duschen, ihre Kleidung bügeln lassen und ein schnelles Frühstück zu sich nehmen können, bevor sie sich auf den Weg zu wichtigen Terminen machen. Jedem, der schon einmal nach einem Atlantikflug aus der Maschine gestiegen und noch ganz schlaftrunken und verknittert direkt zu einer wichtigen Sitzung getaumelt ist, muß diese Ankunftshalle wie das Paradies erscheinen. Einfach ausgedrückt, läßt sich ein Ressourcen-Leverage bewirken, wenn die Ressourcen zielgerichtet in jenen Bereichen eingesetzt werden, in denen der größte Kundennutzen erzielt wird.

Akkumulierung von Ressourcen

Zutagefördern: Ein Unternehmen verkörpert ein Reservoir an Erfahrungen. Jeden Tag kommen die Mitarbeiter in Kontakt mit neuen Kunden, lernen mehr über die Konkurrenz, ersinnen neue Problemlösungen. Was die Unternehmen voneinander unterscheidet, ist vielleicht weniger die Qualität oder Tiefe der angesammelten Erfahrung, sondern ihre jeweilige Fähigkeit, aus dieser angesammelten Erfahrung zu lernen und Lehren zu ziehen. Einfach ausgedrückt, könnte man sagen, daß manche Firmen einfach effizienter sind als andere, wenn es darum geht zu lernen. Die Fähigkeit, aus jeder einzelnen neuen Erfahrung Ideen für Verbesserung und Innovation zu schöpfen, ist von entscheidender Bedeutung für das erfolgreiche Ressourcen-Leverage.

Honda zum Beispiel brachte nur einen Bruchteil der neuen Automodelle von Ford oder GM auf den Markt. Wie erklärt sich dann die Tatsache, daß es Honda trotz seiner relativ geringen Erfahrungsbasis anscheinend oft gelungen ist, seine neuen Automodelle in einem Bruchteil der Zeit und zu einem Bruchteil der Kosten von Ford oder GM herzustellen? Honda straft die Erfahrungskurve Lügen. Es gibt keine feste Korrelation zwischen akkumuliertem Volumen und Produktverbesserung. Je kleiner die Erfahrungsbasis eines Unternehmens, desto systematischer muß es versuchen, seine Erfahrungen nach einem Hinweis darauf zu durchforsten, wo und wie Verbesserungen vorgenommen werden können. Die Japaner sagen, daß ein erkanntes Problem insofern ein Segen ist, als es eine Chance zur Verbesserung bietet. Das ist eine andere Einstellung als jene vieler Unternehmen, wo Probleme entweder vertuscht oder jemand anderem zugeschoben werden. Die Quintessenz all dessen ist, daß jede neue Erfahrung, jeder Erfolg und jeder Mißerfolg als Chance zum Lernen betrachtet werden müssen.

Sehen wir uns einige harte Fakten an. Hermann Simon, ein deutscher Managementprofessor, berichtete über eine Studie des Deutschen Wirtschaftsforschungsinstituts, in der die Beiträge japanischer und deutscher Arbeitskräfte zur Produktivitätsverbesserung verglichen wurden[6]. Professor Simon untersuchte, wie viele Vorschläge zu ihrer Arbeit deutsche beziehungsweise japanische Arbeiter machten und welche Auswirkungen diese Vorschläge hatten. Dabei kam er zu dem Urteil, daß die Qualität der Vorschläge der japanischen Arbeiter 514mal so hoch war wie die Qualität der Vorschläge ihrer deutschen Kollegen. Bei einem Unternehmen mit der Größe von Siemens könnte sich eine solche Differenz jährlich in Form entgangener Einsparungen durch Effizienzsteigerung in Höhe von 2,2 Milliarden DM niederschlagen. Ein solcher Produktivitätsansatz ist zählerbezogen – indem er die Zahl der Ideen pro Arbeiter hebt –, anstatt nennerbezogen die Zahl der Arbeiter zu reduzieren.

Die Fähigkeit, aus Erfahrung zu lernen, hängt von vielen Faktoren ab: von Mitarbeitern, die gut geschult sind in der Kunst der Problemlösung, von einem Forum, in dem die Mitarbeiter häufige Probleme zur Sprache bringen und gemeinsam nach übergeordneten Lösungen suchen können, von der Bereitschaft, nach Lösungen zu suchen, bevor ein Schaden entstanden ist, und sich kontinuierlich an den weltweit erfolgreichsten Praktiken zu messen.[7] Oft muß man etwas verlernen, bevor man neu zu lernen beginnen kann. Ausschlaggebend für die Fähigkeit eines Unternehmens, aus Erfahrung zu lernen, ist – im selben Maß wie die anderen Faktoren – die Krümmung seiner Vergessenskurve. Auf der Suche nach dem Wettbewerbsvorteil ist das Potential zur Nutzung der Erfahrungen der einzelnen Mitarbeiter nur dort gegeben, wo das Topmanagement dem starren Festhalten an Präzedenzfällen und orthodoxen Denkstrukturen den Kampf ansagt.

Ausleihen: Das „Ausleihen“ der Ressourcen anderer Firmen ist eine weitere Methode, um ein Leverage der eigenen Ressourcen zu erreichen. Durch Allianzen, Joint-ventures, Lizenzverträge und den Einsatz von Subunternehmern kann sich ein Unternehmen externe Fähigkeiten und Ressourcen aneignen. Im besten Fall verschafft man sich durch das Leihen nicht nur Zugang zu den Fähigkeiten eines Partners, sondern verinnerlicht diese Fähigkeiten, indem man sie vom Partner erlernt. Eine solche Verinnerlichung ist oft eine effizientere Methode, sich neue Fähigkeiten anzueignen, als ein ganzes Unternehmen zu kaufen. Bei einer Akquisition bezahlt der Käufer oft nicht nur für die wesentlichen Fähigkeiten, die er sich aneignen möchte, sondern auch für solche, über die er bereits verfügt oder die von geringerem strategischem Wert für ihn sind. Auch kulturelle Integration und politische Harmonisierung sind bei Akquisitionen viel problematischer als bei Allianzen.

Ein Spitzenmanager eines japanischen Unternehmens formulierte das Prinzip des Leihens so: „Westliche Unternehmen", erklärte er, „fällen die Bäume, und wir bauen die Häuser." Mit anderen Worten: Unsere Partner leisten die schwierige, ressourcenintensive Arbeit der wissenschaftlichen Forschung, und wir nutzen die Forschungsergebnisse, um neue Märkte zu erschließen. Man sollte sich in Erinnerung rufen, daß es Sony war, das den Transistor und das Ladungsspeicherelement, beides Entwicklungen von Bell Labs, als erstes Unternehmen kommerziell verwertete. Die Technologie wird zunehmend staatenlos: Sie bewegt sich in Form wissenschaftlicher Arbeiten, durch ausländische Hochschul-Sponsoren, durch grenzüberschreitende Kapitalbeteiligungen neugegründeter High-Tech-Unternehmen, durch internationale wissenschaftliche Konferenzen usw. rasch über die Grenzen hin und her. Das Anzapfen des globalen Technologiemarktes ist eine potentiell wichtige Quelle des Ressourcen-Leverage. Bei der Untersuchung von 74 kleinen kalifornischen High-Tech-Unternehmen mit ausländischer Beteiligung zeigte sich, daß die ausländischen Investoren in 58 % der Fälle Japaner waren.[8] Jene Technologiesaat zu ernten, die in einem anderen Land gesät wurde, ist eine Methode zum Ressourcen-Leverage.

Auf das Leihen kann man in jedem Stadium der Wertschöpfungskette zum Ressourcen-Leverage zurückgreifen. Firmen wie Canon, Matsushita und Sharp verkaufen Teile und Fertigprodukte auf OEM-Basis an Hewlett-Packard, Eastman Kodak, Philips und andere, um ihre bahnbrechenden Forschungsarbeiten in den Bereichen Bildverarbeitung, Videotechnologie und Flachbildschirme zu finanzieren. Fast alle japanischen Unternehmen, die wir kennen, haben einen größeren Anteil an den internationalen Entwicklungsausgaben in bedeutsamen Kernkompetenzbereichen und an der internationalen Herstellung von Schlüsselkomponenten, als ihren Marktanteilen in den Endmärkten entspräche. Selbst heute wird etwa die Hälfte der Produktion der koreanischen Elektronikfirma Samsung auf OEM-Basis an nachgelagerte Partner verkauft. Dies kann man so betrachten, daß von nachgelagerten Partnern Marktanteil entliehen wird, um die internen Entwicklungsbemühungen zu hebeln. Das Ziel besteht darin, Investitionsinitiativen von Firmen anzulocken, die entweder nicht willens oder nicht fähig sind, in eine Führungsrolle bei den Kernkompetenzen zu investieren, um so die Kompetenzen der nächsten Generation kontrollieren zu können.

In solchen Fällen kann man davon ausgehen, daß die vorgelagerten Partner alles tun, um das Verständnis von Kundenbedürfnissen, Kaufmustern und Vertriebskanälen der nachgelagerten Partner zu verinnerlichen. In diesem Sinn ensteht bei Allianzen oft ein Lernwettlauf. Wenn sich der vorgelagerte Partner die charakteristischen Kompetenzen des nachgelagerten Partners schneller aneignet als umgekehrt, so verschiebt sich die Verhandlungsstärke unweigerlich zum vorgelagerten Partner. Wo immer also ein Ungleichgewicht zwischen den Partnern besteht hinsichtlich der Fähigkeit, voneinander zu lernen, verlagert sich die Verhandlungsstärke unweigerlich auf die Seite desjenigen Partners, der die Fähigkeiten des anderen schneller erwirbt. Dieser Partner wird sich letzten Endes vielleicht aus der Beziehung zurückziehen und seine Freiheit wiederherstellen, oder er entscheidet sich dafür, die zunehmende Kontrolle über seinen Partner zu nutzen.

Wenn das Ziel darin besteht, die Ressourcen durch Leihen zu hebeln, ist die Absorptionsfähigkeit eines Unternehmens ebensowichtig wie sein Erfindungsgeist. Aus unseren Forschungsarbeiten über strategische Allianzen ergab sich eindeutig, daß bestimmte Firmen grundsätzlich besser im Leihen waren als andere. Einfach gesagt gingen manche Firmen mit der Einstellung des Lehrers an Allianzen und Joint-ventures heran, andere mit der des Lernenden. Man könnte auch sagen, daß Arroganz und Saturiertheit sich nicht so günstig auf das Leihen auswirkten wie Bescheidenheit und Hunger. Das bedeutete, daß das Verhältnis zwischen den Gesamtressourcen und den intern entwickelten Ressourcen bei manchen Firmen weit höher, bei anderen niedriger als 1 zu 1 war. Manche Firmen neigten eher dazu, ihre eigenen Fähigkeiten unbewußt an die Partner abzugeben, anstatt die Fähigkeiten der Partner aufzunehmen. Dieses Phänomen könnte man als negatives Leverage beschreiben!

Das Leihen kann eine Vielzahl anderer Formen annehmen: Die Herstellung enger Bindungen mit den Lieferanten, um deren Innovationen besser zu nutzen, das Teilen von Entwicklungsrisiken mit wichtigen Kunden, das Leihen von Ressourcen aus attraktiveren Einflußmärkten (so beschäftigt zum Beispiel Texas Instruments via Satellitenleitung billige Softwareprogrammierer in Indien) oder die Beteiligung an internationalen Forschungskonsortien (d. h. die Verwendung des Geldes ausländischer Steuerzahler). In welcher Form auch geborgt wird, das Motiv bleibt immer dasselbe – die Ergänzung interner Ressourcen durch Ressourcen, die außerhalb der formalen Unternehmensgrenzen liegen.[9]

Ergänzung der Ressourcen

Mischen: Eine weitere Form des Ressourcen-Leverage beruht auf der Fähigkeit einer Firma, verschiedene Ressourcen so zu mischen, daß der Wert jeder einzelnen Ressource vervielfacht wird. Dies ist das Wesen des Prozesses der Ressourcenumwandlung: technologische und funktionale Integration sowie neue Produktideen. Sehen wir uns diese drei Faktoren der Reihe nach an. Es wäre GM oder Ford ohne weiteres möglich, mehr Geld als Honda auszugeben, um in bestimmten, den Motor betreffenden Technologien wie Verbrennungsmotoren, elektronische Steuerungen, variable Ventileinstellung, moderne Materialien, Treibstoffeinspritzung oder Benzineinsparung die Führung zu übernehmen und sich in diesen Bereichen möglicherweise auch in der Forschung an die Spitze zu setzen – und trotzdem würden sie bei der allgemeinen Motorenleistung immer noch hinter Honda herhinken.

Entscheidend ist hier nicht nur, daß man über die spezifischen Fähigkeiten verfügt, sondern man muß auch in der Lage sein, diese Technologien so zu mischen und zu verbinden, daß ein Weltklassemotor herauskommt. Dies erfordert technologische Universalität, Systemdenken und die Optimierung komplexer technologischer Entscheidungen. Die absolute Führerschaft in einem engbegrenzten Technologiebereich zählt möglicherweise wenig, und die für diese Bestrebung aufgewendeten Ressourcen bleiben im wesentlichen ungenutzt, wenn das betreffende Unternehmen in der raffinierten Kunst des Mischens nicht ebenso bewandert ist wie im Kampf um die Vorreiterrolle. Wenn es um das Ressourcen-Leverage geht, kann die Fähigkeit zur technischen Integration und Harmonisierung ebenso wichtig sein wie Erfindungsgeist, und diese Fähigkeit ermöglicht mitunter den kostengünstigeren Weg zu den besten Produktleistungen in der Branche.

Eine zweite Form des Mischens besteht in der Fähigkeit, unterschiedliche funktionale Faktoren – F&E, Produktion, Marketing und Verkauf – zur Herstellung eines erfolgreichen Produkts miteinander zu verknüpfen. Wenn in einem Unternehmen strikte funktionale Spezialisierungen und enge organisatorische Korsette eine solche Integration verhindern, dann führen exzellente funktionale Leistungen nur selten zu exzellenten Produkten. Selbst wenn ein solches Unternehmen in allen funktionalen Bereichen mehr investiert als seine Konkurrenten, wird es auf dem Markt möglicherweise weniger Ertrag erwirtschaften.

Manchmal geht es nicht sosehr darum, ob ein Unternehmen unterschiedliche Fähigkeiten zu integrieren vermag, sondern eher darum, ob es in der Lage ist, ständig neue Kombinationen der vorhandenen Kompetenzen zu erfinden. Sony hat oft große Vorstellungskraft bewiesen, wenn es galt, seine Kerntechnologien zu neuen Produkten zu vermischen. Der Walkman war das Produkt von Sonys Kompetenzen im Kopfhörer- und im Kassettenrecorderbereich – und er schuf einen riesigen neuen Markt. Yamaha kombinierte ein kleines Keyboard, ein Mikrofon und magnetische Codekarten zu einem Karaokegerät für Kinder. Ein Ressourcen-Leverage entsteht nicht nur durch eine schnellere Amortisierung früherer Investitionen oder durch eine bestimmte Kombination von Fähigkeiten, sondern auch durch die Schaffung von völlig neuen Funktionsformen und damit von Wertschöpfung.

Ausgleichen: Mischen und Ausgleichen sind verschiedene Dinge: Das erste besteht im kreativen Verbinden unterschiedlicher Fähigkeiten, das zweite in der Aneignung von Ressourcen, die den Wert der unverwechselbaren Fähigkeiten eines Unternehmens vervielfachen. Dennoch sind beides Formen der Ressourcenergänzung.

Beginnen wir mit einem Beispiel. Anfang der siebziger Jahre erfand die britische Gesellschaft EMI die Computertomografie (CAT-Scanner). Die Firma verfügte damit zwar über ein bahnbrechendes neues Produkt, aber ihr fehlten ein starkes internationales Vertriebs- und Servicenetzwerk sowie die geeigneten Fertigungsverfahren. Mit einem so unausgeglichenen Ressourcenprofil ähnelte EMI einem einbeinigen Stuhl – ein stabiles technologisches Standbein, aber nur abgesägte Stümpfe bei Vertrieb und Produktion. Deshalb gelang es EMI nicht, einen entsprechenden Marktanteil bei CAT-Scannern zu erobern und zu halten. Ein großer Teil des Geldsegens landete in den Taschen von General Electric und anderen Konkurrenten, die, sobald sie einen Weg gefunden hatten, um die EMI-Patente zu umgehen, ihre Produktions- und Vertriebsstärke nutzten, um EMI aus dem Markt zu drängen.

Um ausgewogen zu sein, muß ein Unternehmen wie ein Stuhl über mindestens drei Standbeine verfügen: eine starke Produktentwicklungskapazität, die Fähigkeit zur Herstellung seiner Produkte oder zur Bereitstellung seiner Dienstleistungen zu Preisen und in einer Qualität von internationalem Niveau sowie eine ausreichende Vertriebs-, Marketing- und Servicestruktur – kurz gesagt, es muß erfinden, herstellen und liefern können. Ist eines dieser Standbeine wesentlich kürzer als die anderen, wird es der Firma nicht gelingen, die in ihren starken Bereichen getätigten Investitionen voll zu nutzen. Das Leverage ergibt sich, wenn es der Firma durch Aneignung ergänzender Ressourcen gelingt, die Gewinne, die sie aus ihren eigenen, spezifischen Ressourcen zu ziehen imstande ist, zu vervielfachen.[10]

Viele kleine High-Tech-Firmen sind ebenso unausgeglichen wie EMI. An einem Unternehmen, das über eine große Produktentwicklungskapazität verfügt, aber relativ große Schwächen bei Markennamen oder Vertrieb aufweist oder Kosten und Qualität nicht im Griff hat, wird ein Großteil jenes Gewinnstroms vorüberziehen, der letztlich seiner Innovation zufließt. Obwohl das Erfinderunternehmen Partnerschaften mit anderen Unternehmen eingehen kann, die über die ergänzenden Ressourcen verfügen, wird es sich gegenüber diesen Partnern in einer schlechten Verhandlungsposition befinden, wenn es um die Aufteilung der Gewinne geht. Das erklärt, warum alle uns bekannten japanischen Unternehmen trotz ihrer Bereitschaft, sich die Ressourcen ihrer nachgelagerten Partner vorübergehend zu leihen, stets auch eifrig darauf bedacht sind, eine eigene exklusive globale Markenposition und eine internationale Vertriebsinfrastruktur zu schaffen. Diesen Unternehmen ist bewußt, daß sie sich die wirtschaftlichen Vorteile ihrer Innovation nicht zur Gänze zunutze machen können, wenn sie sich in bezug auf den Marktzugang völlig auf andere verlassen. Das bedeutet, daß sie versuchen, sich die Kontrolle über die ergänzenden Ressourcen anzueignen. Eine ähnliche Logik war die Triebfeder dafür, daß Sony die Plattenfirma CBS und das Filmunternehmen Columbia Pictures erwarb. Die Sony-Software hebt den Kundennutzen seiner Hardware und umgekehrt.

In der internationalen Getränkeindustrie betrachteten sich IDV, Seagrams und Guiness früher primär als Markenproduzenten und Marken-Manager. Mittlerweile haben sie aber erkannt, daß sie, um den Wert von Marken wie Smirnoff, Johnny Walker und Chivas Regal zu optimieren, Distributoren auf der ganzen Welt kontrollieren müssen. Diese Erkenntnis hat einen erbitterten Wettbewerb um Aufkauf und Konsolidierung von Distributoren auf der ganzen Welt ausgelöst.

Welcher Art das Ungleichgewicht auch sein mag – Stärke im Vertrieb und Schwäche in der Produktentwicklung, Stärke in der Herstellung und Schwäche im Vertrieb –, die Logik bleibt dieselbe. Ein Unternehmen kann seine in irgendeiner Richtung akkumulierten Investitionen nicht voll ausschöpfen, wenn es nicht in wesentlichen Belangen die beiden anderen Faktoren kontrolliert. Kontrolle muß nicht Eigentümerschaft bedeuten, aber sie erfordert in jedem Fall mehr als die zeitweilige Vergabe von Subaufträgen. Ein Ausgleich bewirkt hier ein Leverage, wenn die zusätzlichen Gewinne, die durch die Aneignung der Kontrolle über wichtige ergänzende Ressourcen erzielt werden, die Kosten für die Aneignung dieser Ressourcen mehr als aufwiegen.

Sparsamer Einsatz der Ressourcen

Recycling: Je mehr eine bestimmte Fähigkeit oder Kompetenz in Anspruch genommen wird, desto größer ist das Ressourcen-Leverage. Canon nutzt seine optische Kompetenz zum Bau von Kameras, Kopiergeräten, augenärztlicher Testausrüstung, Halbleiterproduktionsausrüstung, Camcordern und mehr. Das Bildverarbeitungssystem auf Kartuschenbasis von Canon, das zuerst bei Kleinkopiergeräten angewendet wurde, fand später Verwendung bei Laserdruckern und Normalpapierfaxgeräten. Sharp nutzt seine LCD-Kompetenz für Rechner, elektronische Taschenkalender, Mini-TV-Geräte, Großbildschirm-TV-Geräte und Laptop-Computer. Honda wendet seine Innovationen im Motorenbereich im Recyclingverfahren bei Motorrädern, Autos, Außenbordmotoren, Generatoren und Gartentraktoren an. Es verwundert nicht, daß die F&E-Effizienz dieser Firmen unerreicht ist. Es heißt, in Japan werde keine Technologie aufgegeben, sondern nur für eine zukünftige Verwendung aufgehoben. Die obengenannten Firmen sind der Beweis dafür.

Wenn die leitenden Manager einer Firma zu keiner Einigung hinsichtlich der Entwicklungsprioritäten gelangen, wird das genannte Recyclingpotential sehr beschränkt sein. Die Bereichsleiter werden ihre knappen Ressourcen eher horten, als sie ihren Schwesterunternehmen zu leihen. Immer wieder bitten wir einzelne Bereichsleiter, die zehn ihrer Meinung nach besten Chancen ihres Konzerns der Reihe nach zu ordnen. Unterscheiden sich die Einschätzungen stark voneinander, dann fehlt eine gemeinsame Basis für das Recycling knapper Ressourcen über die Bereichsgrenzen hinweg.

Natürlich beschränkt sich Recycling nicht auf technologische Kompetenzen. Es kann auch bei Marken Anwendung finden. Auch hier überrascht es nicht, daß sich die unter Ressourcenknappheit leidenden japanischen Unternehmen fast durchweg entschieden haben, anstelle einzelner Produktmarken allgemeine „Flaggenmarken" zu verwenden, um sich die Umfangvorteile dieser Flaggenmarken zunutze zu machen. Die Vertrautheit mit einer qualitativ hochwertigen Flaggenmarke löst beim Kunden die starke Neigung aus, den Kauf neuer Produkte, die ebenfalls die „Herstellermarke" tragen, zumindest in Erwägung zu ziehen. Denken Sie an die Hebelwirkung, die Sony erzielt, wenn es ein neues Produkt auf den Markt bringt, und denken Sie an die relativ bescheidenen Kosten, die Sony entstehen, wenn es im Handel und bei den Konsumenten Akzeptanz für ein neues Produkt aufbauen will. Bedenken Sie, mit wieviel Goodwill ein Sony-Produkt aufgenommen wird, nur weil es den Markennamen Sony trägt.

Die Fähigkeit, ein Fließband rasch von der Fertigung von Hosenknöpfen auf Jackenknöpfe umzustellen – unter der Bezeichnung flexible Produktion bekannt –, ist eine weitere Form des Ressourcenrecycling. Einige japanische Autoproduzenten können in einer einzigen Fertigungsstraße bis zu sieben verschiedene Modelle herstellen; amerikanische Produzenten schaffen kaum mehr als ein Modell pro Fertigungsstraße. Eine solche Flexibilität bedeutet weniger Stillstandszeiten, wie sie bei Produktionsverlagerungen von einem Modell zum anderen anfallen, und daher eine bessere Ressourcennutzung.

Die Möglichkeiten zum Recycling hart erworbener Kenntnisse und Ressourcen sind vielfältig: Gemeinsame Verwendung von Merchandising-Ideen durch nationale Verkaufstochtergesellschaften, Weitergabe betrieblicher Verbesserungen von einem Produktionswerk zum anderen, Wiederverwendung eines Subsystems für eine Reihe von Produkten, rasche Verbreitung von Ideen für einen besseren Kundenservice und Ausleihen erfahrener Führungskräfte an Hauptlieferanten. Wenn man durch Recycling eine Hebelwirkung erzielen will, muß man die Zusammenarbeit als Pool weithin zugänglicher Fähigkeiten und Ressourcen betrachten, und die Manager müssen erkennen, daß sie Verwalter und nicht „Eigentümer" von essentiellen Humanressourcen sind. Man benötigt tiefverankerte, querverlaufende Kommunikationsmuster, die Aufschluß darüber geben, welche Ressourcen wo zu finden sind; und unter den Managern der verschiedenen Einheiten muß ein kooperativer Geist herrschen. Dies sind die organisatorischen Voraussetzungen für das Recycling von Ressourcen.

Kooptieren: Mitunter gelingt es, sich mit einem potentiellen Konkurrenten im Kampf gegen einen gemeinsamen Feind zu verbünden. Manchmal kann man auch gemeinsam daran arbeiten, einen neuen Standard festzusetzen oder eine neue Technologie zu entwickeln. Hin und wieder kommt es vor, daß sich eine Gruppe von Firmen rund um eine bestimmte Gesetzesproblematik zusammenschließt. In diesen und anderen Fällen besteht das Ziel darin, die Ressourcen anderer Firmen für die eigene Sache einzusetzen und dadurch den eigenen Einfluß und die eigene Macht in der Industrie zu vergrößern. Indem man fremde Ressourcen für die eigene Sache einsetzt, kann man andere in die Verfolgung eines gemeinsamen Ziels einbinden.

Ein Unternehmen, das versucht, andere Marktteilnehmer auf seine Seite zu ziehen, muß zuerst eine gemeinsame Zielsetzung anbieten können – ein Zuckerbrot sozusagen. Der Prozeß der Kooptation beginnt mit der Frage: Wie kann ich andere Firmen davon überzeugen, daß mein Erfolg wichtig für sie ist? Dem Kooptieren liegt oft die Ansicht zugrunde, daß der Feind meines Feindes mein Freund ist. Daraus ließe sich schließen, daß ein machiavellistischer Zug kein Nachteil ist, wenn es um das Kooptieren von Ressourcen geht. Das gemeinsame Interesse am Wiederaufbau einer amerikanischen Halbleiterindustrie motivierte eine Gruppe amerikanischer Halbleiterproduzenten dazu, mit staatlicher Unterstützung Sematech zu gründen.

Manchmal erfordert das Kooptieren aber nicht nur Zuckerbrot, sondern auch Peitsche. Üblicherweise besteht diese Peitsche in der Kontrolle über irgendeine entscheidende Ressource, von der andere Branchenteilnehmer abhängig sind. Der unausgesprochene Gedanke dahinter lautet: „Wenn du nicht nach meinen Regeln spielst, nehme ich den Ball und gehe nach Hause." Ein gutes Beispiel für Kooptierung ist die Beziehung zwischen Fujitsu und seinen Partnern in der Computerbranche: ICL in Großbritannien, Siemens in Deutschland und Amdahl in den Vereinigten Staaten. Alle Partner verfolgten eine gemeinsame Zielsetzung – die Vorherrschaft von IBM zu brechen. Das ist das Zuckerbrot. Die Peitsche von Fujitsu ist die große, in einigen Fällen fast vollständige Abhängigkeit der Partner von Fujitsus Halbleitern, CPUs, Diskettenlaufwerken, Druckern, Terminals und Komponenten.

Kooptierung erfordert keine Kapitalbeteiligung. Obwohl Fujitsu eine Mehrheit der ICL-Aktien erwarb, zeigte es kein großes Interesse am Erwerb der Gesellschaft. Die Anteile mußte es wegen des Risikos erwerben, daß ICLs Muttergesellschaft STC den langjährigen Partner von Fujitsu an einen Konkurrenten verkaufen könnte. Fujitsu kontrollierte ICL bereits durch ICLs technologische Abhängigkeit. Eine Kapitalbeteiligung war eigentlich überflüssig. Das soll nicht heißen, daß Fujitsu eine böse, finstere Verschwörung eingegangen war, um die Unabhängigkeit von ICL zu unterminieren. Es war ICL gewesen, das die Partnerschaft mit Fujitsu Anfang der achtziger Jahre initiiert hatte. ICL hatte früher als Fujitsu erkannt, daß es ohne einen starken Freund nicht hoffen durfte, den Kampf mit den Branchengiganten aufzunehmen.

Schützen: Ein kluger General sorgt dafür, daß seine Truppen keinen unnötigen Risiken ausgesetzt sind: Er greift keine stark befestigte Stellung an, er verschleiert seine wahren Intentionen, er sondiert vor dem Vorrücken sorgfältig das Terrain, er studiert die Schwächen des Feindes genau, er versucht, die Truppen des Feindes vom angepeilten Angriffspunkt wegzulocken, er nutzt das Überraschungsmoment und so weiter. Das Ziel besteht darin, die dem Feind zugefügten Verluste zu maximieren und gleichzeitig das eigene Risiko auf ein Mindestmaß zu beschränken.

Einen Rivalen auf seinem angestammten Markt anzugreifen, zu versuchen, alle Vorteile eines großen Konkurrenten wettzumachen, die vom Marktführer festgelegte Branchenstruktur zu akzeptieren oder sich zum Gefangenen der „herkömmlichen Branchenpraxis“ machen zu lassen, ist so, als wollte man es wie John Wayne einhändig mit allen Bösewichten auf einmal aufnehmen. Das funktioniert in Hollywood, aber nicht im globalen Wettbewerb. Judo ist vermutlich eine bessere Methode zum Ressourcen-Leverage als ein Faustkampf. Das erste Prinzip von Judo besteht darin, das Gewicht und die Kraft des Gegners zum eigenen Vorteil einzusetzen: Fange die Energie des Gegners nicht auf, sondern leite sie um, und sein eigener Schwung und die Schwerkraft besorgen den Rest.

Dell Computer, eine der am schnellsten wachsenden Computergesellschaften der Vereinigten Staaten, hätte niemals hoffen dürfen, es mit dem Händlernetz von Compaq oder mit dem Direktverkaufssystem von IBM aufzunehmen. Statt dessen beschloß Dell, seine Computer im Postversand zu verkaufen. Die alteingesessenen Branchenteilnehmer, die viel in ihre bestehenden Vertriebsarrangements investiert hatten, hatten Probleme, rasch mit Dell gleichzuziehen – und zwar nicht, weil sie nicht über die notwendigen Ressourcen verfügten, sondern weil sie es mit mächtigen Interessengruppen (d. h. Händlern) zu tun hatten, die großes Interesse an der Aufrechterhaltung des Status quo hatten. Die ausschlaggebenden Erfolgsfaktoren verkommen zu orthodoxen Mustern, wenn ein Konkurrent die Wettbewerbsregeln erfolgreich verändert. Eine solche Wettbewerbsinnovation ist eine wichtige Methode, um die Ressourcen zu schützen.

Die Suche nach schlechtverteidigten Territorien oder „Schwachstellen“ ist ein weiterer Ansatz zum Schutz der Ressourcen. Hondas Erfolg bei Kleinmotorrädern, die ersten Streifzüge von Komatsu in Osteuropa und der Eintritt von Canon in das Segment der Kleinkopiergeräte ließen die alteingesessenen Marktteilnehmer, deren Aufmerksamkeit an anderen Fronten gebunden war, samt und sonders ungerührt. Sich darüber klarzuwerden, wie ein Konkurrent den von ihm bedienten Markt definiert, ist der erste Schritt bei der Suche nach schlechtverteidigtem Angriffsterrain. Das Ziel besteht darin, die eigenen Kräfte außerhalb des Blickfeldes der Konkurrenz zu konzentrieren.

Die Ressourcen amortisieren

Beschleunigung des Erfolgs: Eine weitere wichtige Determinante des Ressourcen-Leverage ist die Zeit, die zwischen der Aufwendung der Ressourcen und ihrem Rückfluß in Form von Gewinnen verstreicht. Ein rascher Rückflußprozeß fungiert als Ressourcenmultiplikator. Eine Firma, die doppelt so schnell agiert wie ihre Konkurrenten und über ein vergleichbares Maß an Ressourcen verfügt, genießt einen doppelten Leverage-Vorteil. Diese grobe Rechnung erklärt zum Teil, warum japanische Firmen so sehr darauf bedacht sind, ihre Produktentwicklungszeiten zu verkürzen.

Anfang der neunziger Jahre schätzte man, daß die Big Three in Detroit durchschnittlich 8,0 Jahre brauchten, um eine völlig neue Modellreihe zu entwickeln; in Japan betrug dieser Zeitraum nur 4,5 Jahre, wobei einzelne Modellvarianten sogar in etwa der Hälfte dieser Zeit entwickelt wurden. Dadurch konnten die japanischen Autohersteller ihre Investitionen schneller wieder hereinholen, aktuellere Produkte anbieten und ihren Kunden mehr Spielraum für Geschmacksänderungen gewähren. Dank eines methodischen Ansatzes zur Einigung über Produktprioritäten (Fokussierung), dank nahtloser funktionaler Integration (Mischung und Verbindung) und enger Einbindung in ein Netzwerk fähiger Lieferanten (Leihen und Kooptieren) gelang es den japanischen Autoherstellern, ein neues Modell in 1,7 Millionen Mannstunden zu entwickeln, verglichen mit den 3,0 Millionen Mannstunden, die amerikanische Hersteller für eine solche Entwicklung normalerweise benötigen. Nicht nur, daß sich die Investitionen der japanischen Autoproduzenten viel schneller amortisieren, sie benötigen auch eine viel geringere Amortisation, um mit einem Automodell schwarze Zahlen zu schreiben.[11]

Wir wollen nicht versuchen, hier eine umfassende Liste möglicher Strategien für das Ressourcen-Leverage anzubieten. Das Ziel unserer Aufzählung ist einfach, die Manager anzuregen, sich mehr Möglichkeiten auszudenken, wie aus einem Minimum ein Maximum herauszuholen ist. In Tabelle 7.1 sind jene Möglichkeiten zum Ressourcen-Leverage zusammengefaßt, über die wir eben gesprochen haben. Die Fähigkeit eines Unternehmens zum Leverage seiner Ressourcen läßt sich zumindest teilweise anhand dieser Tabelle beurteilen. Wir wollen unsere Leser ermutigen, andere Wege zum Ressourcen-Leverage zu entdecken. Allerdings sind wir der Meinung, daß die fünf in Abbildung 7.6 dargestellten, breit definierten Möglichkeiten des Ressourcen-Leverage die gesamte Palette der potentiellen Leverage-Optionen umfassen. Durch eine ausreichende Konzentration, eine effiziente Akkumulation, eine kreative Ergänzung, einen sparsamen Einsatz und eine rasche Rückgewinnung der eingesetzten Ressourcen können die Unternehmen die Lücke schließen, die zwischen ihrem derzeitigen Standort und ihrer Wunschposition klafft.

TABELLE 7.1: MÖGLICHKEITEN ZUM RESSOURCEN-LEVERAGE

Konvergenz	Aufbau eines Konsenses über strategische Ziele
Fokussierung	Spezifizierung präziser Verbesserungsziele
Zielausrichtung	Schwerpunkt auf wertvollen Aktivitäten
Lernen	Umfassende Nutzung des intellektuellen Potentials aller Mitarbeiter
Leihen	Zugriff auf die Ressourcen von Partnern
Mischen und Verbinden	Neuartige Kombination von Fähigkeiten
Ausgleichen	Sichern wichtiger ergänzender Ressourcen
Recycling	Wiederverwendung von Fähigkeiten und Ressourcen
Kooptieren	Gemeinsame Sache mit anderen machen
Schützen	Das Schützen der Ressourcen vor dem Gegner
Beschleunigen	Minimierung der Amortisationszeit

ABBILDUNG 7.6: KATEGORIEN DES RESSOURCEN-LEVERAGE

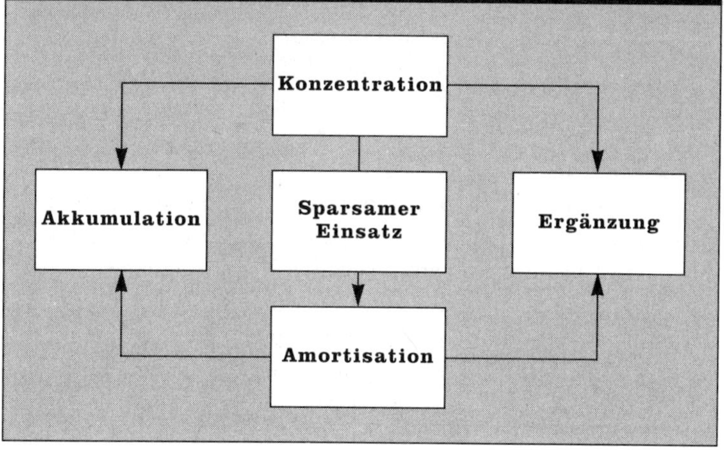

DIE ERWEITERUNG DES STRATEGISCHEN RAHMENS

Der vorherrschende strategische Rahmen widmet der Aufgabe der Ressourcenzuteilung große Aufmerksamkeit. Ressourcen, so wird richtig angenommen, sind knapp; es ist Aufgabe des Topmanagements, sie sorgfältig zuzuteilen. Aber ist es nicht ebenfalls Aufgabe des Topmanagements, die Ressourcenbasis des Unternehmens durch einen kreativen Ansatz des Ressourcen-Leverage zu vervielfältigen? Ist die Zuteilung der Ressourcen wichtiger als das Leverage der Ressourcen? Wenn nicht, wie erklärt es sich dann, daß sich Manager und Strategieforscher fast ausschließlich mit der Zuteilung beschäftigen?

„Hätten wir doch mehr Ressourcen, dann könnten wir strategischer vorgehen", hört man Manager häufig sagen. Wenn man die Strategie jedoch unter den Gesichtspunkten der Dehnung und des Ressourcen-Leverage betrachtet, wird offenkundig, daß viele Manager nicht unter einem Mangel an Ressourcen leiden, sondern unter zu vielen Prioritäten, unter zu wenig Dehnung und zu wenig Kreativität im Ressourcen-Leverage. Es ist kein Wunder, daß viele dieser Manager das Gefühl haben, ihre Ressourcen seien beschränkt: In gewisser Weise sind sie es auch. Aber wenn man sie mit Ressourcen überschüttet, ohne ihre Fähigkeit zur besseren Ausschöpfung der verfügbaren Ressourcen grundlegend zu verbessern, dann würde man sie doch nur für eine gewisse Zeit aus ihrer Zwickmühle befreien.

Industrievorausblick und strategische Architektur liefern die Landkarte, und Dehnung und Ressourcen-Leverage den Treibstoff. Aber selbst wenn diese entscheidenden Voraussetzungen vorhanden sind, kann sich die Reise in die Zukunft als langwierig und mühsam erweisen. In den folgenden Kapiteln wollen wir untersuchen, was die Firmenleitung tun muß, um das Unternehmen von den Märkten der Gegenwart in die Märkte der Zukunft zu steuern.

8

Der Wettkampf um die Gestaltung der Zukunft

ALS ERSTER IN DER ZUKUNFT ANKOMMEN

Jede noch so sorgfältig entworfene strategische Architektur ist von geringem Wert, wenn es nicht gelingt, die intellektuelle Führerschaft in Marktführerschaft zu verwandeln, und zwar bevor die Konkurrenten es tun. In diesem und den folgenden beiden Kapiteln werden wir besprechen, was man tun muß, um den Industrievorausblick in die Tat umzusetzen und die Konkurrenz im Wettlauf um die Zukunft hinter sich zu lassen.

Dem, der als erster das Tor zur Zukunft aufstößt, winken beträchtliche Belohnungen – vorausgesetzt natürlich, daß die mit der Pioniertätigkeit einhergehenden Risiken erkannt und bewältigt werden. Ein Unternehmen, das als erstes in der Zukunft ankommt, kann möglicherweise in einer bestimmten neuen Produktkategorie ein De-facto-Marktmonopol errichten, wie dies Chrysler bei Kleinbussen und Sony bei tragbaren Audiogeräten gelang. Wer als erster in der Zukunft ankommt, kann Standards vorgeben und die Lizenzgebühren für zukunftsweisende intellektuelle Eigentumsrechte kassieren, wie dies Matsushita bei Videorecordern und Intel bei Mikroprozessoren tun. Ein Unternehmen, das als erstes die Tür zur Zukunft aufstößt, kann die Regeln festlegen, nach denen die Konkurrenz spielen muß.

Broker und Investmentfonds mühen sich ab, ein Konkurrenzprodukt für das innovative, anwenderfreundliche Computerprogramm „Street Smart“ von Charles Schwab zu entwickeln, mit dem einzelne Investoren per Modem Aktien handeln und ihre Portfolios überwachen können. Schwab übertölpelte die Konkurrenz ein zweites Mal, indem er mit Hunderten von Konkurrenten aushandelte, ihre Investmentfonds über einen einzigen Service namens „One-Source“ anzubieten. Nicht dabei waren die Produkte des führenden Investmentfonds Fidelity Investments. Fidelity stand vor einer unangenehmen Wahl: Entweder man ließ Schwab mit diesem Bravourstück davonkommen – oder man nahm die Konkurrenzfonds unter die eigenen Vertriebsfittiche und verlor dadurch möglicherweise Marktanteile. Schließlich sah sich Fidelity gezwungen, Schwab zu folgen.

Ein Unternehmen, das als erstes in die Zukunft gelangt, hat die Möglichkeit, sich eine Infrastruktur oder eine „feste Basis“ zu schaffen, die von Nachzüglern nicht einfach nachgeahmt werden kann. Als sich beispielsweise AT&T, das Anfang der achtziger Jahre die Chance Mobiltelefon ungenutzt hatte verstreichen lassen, Anfang der neunziger Jahre entschloß, in den Vereinigten Staaten in dieses Geschäft einzusteigen, blieb ihm nichts anderes übrig, als Infrastruktur und Kundenbasis zu einem hohen Preis von McCraw zu kaufen, einer Firma, die in der Pionierzeit in dieses Geschäft eingestiegen war. Ähnlich verhält es sich in der Branche von Wal-Mart: Viele der Standorte, an denen das Unternehmen in weisem Vorausblick seine Handelshäuser errichtet hat, verkraften nicht mehr als ein Geschäft von derartig gigantischen Ausmaßen. Ein Unternehmen, das als erstes in der Zukunft ankommt, kann seine anfänglichen Investitionen in den Aufbau von Kompetenzen möglicherweise schneller amortisieren und dadurch die Konkurrenz, der frühe Gewinne versagt bleiben, zur Einschränkung oder gar zur Aufgabe ihrer Investitionsprogramme zwingen.

Unternehmen, die zu spät in der Zukunft eintreffen, müssen damit rechnen, von den Pionieren abhängig zu werden. Der britische Autobauer Rover war bis zur Übernahme durch BMW weitgehend von Honda abhängig. Es war Hondas Know-how in Technik und Produktion, das Rover vor dem Untergang rettete. Unternehmen, die als Nachzügler in der Zukunft ankommen, verlieren oft die Kontrolle über ihr eigenes Schicksal. Selbst wenn es ihnen gelingt, „aufzuholen“, ist ihr Erfolg nicht immer völlig befriedigend. Samsung und Goldstar, die sich durch Technologieverträge mit den japanischen Pionieren im Huckepackverfahren Zugang zum Videorecordermarkt verschafften, mußten sich mit einem viel geringeren Prozentsatz der Lebenszyklusgewinne zufriedengeben als Matsushita. Ebenso verlor IBM Hunderte Millionen Dollar, weil es ein halbes Jahrzehnt später in den Laptop-Markt einstieg als seine Konkurrenten Toshiba und Compaq.

Trotzdem herrscht in vielen Unternehmen unausgesprochen die Überzeugung, es sei besser, ein schneller Nachahmer zu sein, als selbst die Pionierrolle zu übernehmen. Diese Überzeugung beruht auf zwei Voraussetzungen, die genauestens geprüft werden sollten, bevor man die Pionierrolle freiwillig der Konkurrenz überläßt. Die erste lautet, die Pioniertätigkeit sei riskant; die zweite besagt, daß der Pionier unweigerlich irgendwann ins Stolpern geraten wird, womit sich einem wachen Konkurrenten die Chance eröffnet, ihm den neuen Markt vor der Nase wegzuschnappen. Sehen wir uns diese beiden Behauptungen einmal näher an.

Als erster in der Zukunft einzutreffen, bringt beträchtliche Vorteile mit sich, aber es sind natürlich auch große Risiken damit verbunden. Es gilt also, dafür zu sorgen, daß die potentiellen Vorteile die Risiken überwiegen. Zwar werden die Pioniere oft hinterrücks abgeschossen, aber viele Unternehmen sind einfach nicht sehr kreativ, wenn es darum geht, die Risiken der Pionierrolle einzugrenzen. Und viele Firmen sehen nicht, daß die mit dem Verzicht auf die Pionierrolle verbundenen Risiken ebenso groß oder gar größer sind als die Gefahren der Pioniertätigkeit. In erster Linie werden die

Unternehmen vom finanziellen Risiko abgeschreckt: Was, wenn eine große, unwiderrufliche Investition nicht die erhofften Erträge und Gewinne bringt? Aber im Rennen um die Zukunft geht es gar nicht um „heroische“ Investitionen, mit denen das ganze Unternehmen aufs Spiel gesetzt wird. Es geht nicht darum, die Ausgaben der Konkurrenz in den Schatten zu stellen; das Rennen um die Zukunft ist nicht einfach ein Investitionswettlauf. Durch kreativen Einsatz knapper Ressourcen kann ein Unternehmen die mit der Eroberung unbekannter Wettbewerbsräume verbundenen Risiken auf ein Mindestmaß reduzieren.

Es gibt die verbreitete Auffassung, es sei klüger, sich an einen Pionier anzuhängen und „die anderen die Fehler machen zu lassen“. Der „Beifahrer“ möchte zusehen, wie sich die Konkurrenten die Finger verbrennen. Nach Meinung des Beifahrers soll der ungestüme Pionier das Risiko tragen, daß der Zeitpunkt der Produkteinführung nicht stimmt, daß das Produkt nicht ausgereift ist, daß die Kunden das neue Produkt oder die neue Dienstleistung entweder nicht brauchen oder nicht annehmen. Aber das Risiko für den Vorreiter ist nur dann höher als die potentiellen Belohnungen, wenn er zuläßt, daß sein finanzieller Einsatz in Relation zur potentiellen Chance, die sich ihm bietet, überdimensional hoch ist. Es gilt daher, möglichst schnell und kostengünstig festzustellen, wie die Kundenbedürfnisse genau beschaffen sind, ob sich das neue Produkt- oder Dienstleistungskonzept für den Markt eignet und ob die Marktstrategie modifiziert werden muß. Das kann geschehen, indem man bereits in einem frühen Entwicklungsstadium die Hauptkunden einbezieht, indem man die entstehenden Produktkonzepte und Prototypen regelmäßig in begrenzten Marktexperimenten Tests durch Mitarbeiter und/oder Kunden unterzieht, indem man das Investitionsrisiko mit Partnern teilt, oder indem man versucht, über einen Partner Einblicke in eine neue und unbekannte Kundengruppe oder Technologie zu bekommen.

Jedenfalls geht es nicht unbedingt darum, der erste in irgendeinem absoluten Sinn zu sein (d. h. der allererste der Welt, der ein bahnbrechendes neues Produkt einführt), sondern als erster das Produkt zu haben, das – dank eines idealen Preis-Leistungs-Verhältnisses – den in Entstehung befindlichen Riesenmarkt erschließt. Gescheiterte Pioniere behaupten oft, der Markt sei „nicht reif gewesen". Aber der Markt ist immer reif; was möglicherweise nicht reif ist, ist das Produkt oder die Dienstleistung, die entweder zu teuer, zu schwer zu handhaben, zu unzuverlässig oder zu fehlerhaft in anderen Leistungsbereichen ist. Ein gescheiterter Pionier ist ein Unternehmen, das sich nicht nur mit allzu übertriebenem Einsatz auf eine erst im Entstehen begriffene, diffuse Marktchance konzentriert hat, sondern es darüber hinaus auch noch verabsäumt, aus seinen Erfahrungen zu lernen, so daß es schließlich gezwungen ist, sich zurückzuziehen oder völlig aufzugeben. Der mißratene Vorstoß von GE in die Fabrikautomatisierung ist ein Beispiel. Ein anderes ist das Milliarden Dollar schwere japanische Experiment mit High-Definition-TV und der voreilige Versuch, den amerikanischen Sendern und Aufsichtsbehörden den japanischen HDTV-Standard aufzudrängen.

Die Annahme, als Beifahrer erfolgreich sein zu können, wurzelt auch in der Auffassung, es sei möglich, in letzter Minute in die Chancenarena hineinzuplatzen und dem Pionier eine Chance vor der Nase wegzuschnappen. Diese Auffassung beruht auf einigen unausgesprochenen Hypothesen. Die erste lautet, daß der Pionier derart stolpern wird, daß ihm die neue Chance fast entgleiten muß. Dies erweist sich selbstverständlich nicht immer als zutreffend, und jedes Unternehmen, das darauf vertraut, daß der Pionier den Boden unter den Füßen verliert, gibt sich einer gewagten Spekulation hin. IBM überließ Anfang der achtziger Jahre die Führungsposition bei Mikroprozessoren freiwillig Intel, und Intel nutzte die Chance voll. Obwohl IBM bald erkannte, daß es seinem Partner/Konkurrenten einen Gutteil der PC-Gewinne überlassen hatte, gelang es ihm erst 1994, dreizehn Jahre nach Einführung des PC, die Dominanz von Intel bei PC-Mikroprozessoren glaubwürdig zu bedrohen. IBM hofft, in Zusammenarbeit mit Motorola und Apple Computer die PC-Hersteller und Benutzer zu seinem „Power PC"-Chip, einem direkten Konkurrenten des Pentium-Chips von Intel, bekehren zu können.

Natürlich gelingt es bisweilen, einen kleinen, weniger fähigen Frühankömmling zu besiegen, so wie es bisweilen gelingt, einen Konzernriesen zu bezwingen, der sich einer entstehenden Chance nicht vollkommen verschrieben hat. Aber jedes Unternehmen, das die Pionierrolle in der Hoffnung, einen entscheidenden Zweitschlag führen zu können, bewußt einem Konkurrenten überläßt, muß sich in seiner Beurteilung der Fähigkeiten und Ziele seines Konkurrenten sehr sicher sein. Einem Konkurrenten die Führung zu überlassen, weil man ganz sicher ist, daß dieser sich finanziell übernehmen oder voreilig investieren wird, ist eine Sache; eine andere ist es jedoch, die Führerschaft nur deshalb an einen Rivalen abzugeben, weil man keine Zukunftsperspektive hat.

Die Vorliebe für die Beifahrerrolle beruht üblicherweise auf der stillschweigenden und oft falschen Annahme, daß man bereits über ausreichende Fähigkeiten und Kompetenzen verfügt, um rasch die Führungsposition übernehmen zu können. In Anbetracht dessen, daß es zehn Jahre und länger dauert, um eine Kompetenz von Weltniveau aufzubauen, ist dies unwahrscheinlich, es sei denn, der freiwillige Beifahrer hätte sich bereits zu einem früheren Zeitpunkt für die neue Chance entschlossen und die Zeit genutzt, um die erforderlichen Kompetenzen sorgfältig aufzubauen. Nachdem sie ihren japanischen Konkurrenten die Führung bei Camcordern überlassen hatten, gelang es Philips, Thomson (RCA) und Zenith kaum mehr aufzuholen. Der einzige nennenswerte Bereich in der Unterhaltungselektronik, in dem Philips die absolute Führerschaft für sich beanspruchen kann, sind Farbfernsehgeräte – kaum ein anderes Unternehmen verdiente im vergangenen Jahrzehnt Geld in diesem Geschäft. Wenn man seine Claims auf dem Marktterritorium der Zukunft zu spät absteckt, muß man möglicherweise erkennen, daß der fruchtbarste Boden bereits verteilt ist.

Dies läßt den Schluß zu, daß es schwierig ist, einen Pionier zu überholen, der sich finanziell nicht übernommen hat, dem es gelungen ist, die erforderlichen Kernkompetenzen aufzubauen, und der kontinuierlich die Möglichkeit nutzt, seine Marktkenntnisse kostengünstig und mit geringem Risiko zu erweitern. Das soll nicht heißen, daß ein Unternehmen die hoffnungslos verfrühten oder überhöhten Entwicklungs- oder Marktinvestitionen eines Konkurrenten unbedingt nachahmen oder ihnen vorgreifen sollte. Es muß sich jedoch darüber klarwerden, ob sich ein Konkurrenzunternehmen ins Unglück stürzt, oder ob es seine Anstrengungen verdoppeln sollte, um einem zielstrebigen Konkurrenten zum richtigen Zeitpunkt den Weg abzuschneiden. Um eine solche Unterscheidung treffen zu können, muß man eine eigene Vorstellung über den wahrscheinlichsten Weg in die Zukunft und den wahrscheinlichsten Zeitrahmen für die Reifung von Technologien, die Entwicklung des gesetzlichen Umfelds und die Aneignung der erforderlichen ergänzenden Fähigkeiten besitzen. Wer sich zurücklehnt und die Zukunft seines Unternehmens darauf verwettet, daß der Pionier Schiffbruch erleiden wird, handelt unverantwortlich.

Eine vorurteilsfreie und weitreichende Vorstellung vom Weg in die Zukunft ist auch aus einem anderen Grund wichtig. Selbst wenn der Pionier tatsächlich scheitert, muß ein Unternehmen, das ihn beerben will, bereits Jahre zuvor mit dem Aufbau der erforderlichen Kompetenzen begonnen haben. So konnten beispielsweise nur jene Unternehmen – vor allem JVC – Gewinn aus Sonys Scheitern im Videorecorderbereich ziehen, die seit nahezu zwei Jahrzehnten an der Perfektionierung ihrer Videokompetenz gearbeitet hatten. Sobald der Markt angekurbelt war, blieb jenen Elektronikfirmen, die sich nicht von Beginn an am Rennen beteiligt hatten (Zenith, Thomson, General Electric) nur noch eine Wahl: Sie konnten entscheiden, wessen Technologie sie übernehmen wollten (meist jene von JVC oder Matsushita).

DAS MANAGEMENT DER TRANSFORMATIONS-SCHRITTE

Will ein Unternehmen das erste sein, das die Tür zur Zukunft aufstößt, so muß es den kürzesten Weg zwischen Heute und Morgen finden. Träume werden nicht über Nacht wahr, und möglicherweise vergehen viele Jahre zwischen der Konzeption einer radikal veränderten Industrie und der Entstehung eines echten und substantiellen Marktes. Ziel ist es, den Aufwand an Zeit und Investitionen zu minimieren, der erforderlich ist, um Industrievorausblick in echte Marktchancen zu verwandeln. Vielleicht erinnern Sie sich an die drei Phasen des Wettbewerbs um die Zukunft, die wir definiert haben. Phase 1 beinhaltet den Wettbewerb um intellektuelle Führung – die Entwicklung von Industrievorausblick und die Gestaltung der strategischen Architektur. Phase 2 beinhaltet den Wettbewerb um die Trassierung und Verkürzung der Transformationspfade zwischen den Märkten und Industriestrukturen von heute und jenen von morgen. In Phase 3 findet der Wettbewerb um Marktanteile und Marktposition statt, und zwar sobald die neuen Chancenmärkte Gestalt angenommen haben und sich die neue Industriestruktur bildet. Die erste Phase beinhaltet den Wettlauf um die Konzeption einer alternativen Industriestruktur oder einer neuen Chancenarena. Hier geht es darum, schneller und besser zu denken und mehr Phantasie zu beweisen als die Konkurrenz. In der zweiten Phase geht es darum, die Entwicklung dieser zukünftigen Industriestruktur im eigenen Interesse aktiv zu gestalten. Hier besteht das Ziel darin, die Konkurrenz auszumanövrieren und sie hinter sich zu lassen.

Der Wettbewerb um die Trassierung der Transformationspfade ist ebenso wie der Wettbewerb um die intellektuelle Führung ein Wettkampf, der *vor dem Markt* oder *außerhalb des Marktes* stattfindet und in dem es keine oder keine direkte Produktkonkurrenz zwischen den rivalisierenden Firmen gibt. Die Aufmerksamkeit der meisten Manager (und Strategietheoretiker) gilt dem marktorientierten Wettbewerb in Phase 3; zu diesem Zeitpunkt ist der Großteil der technologischen Unsicherheiten bereits beseitigt, es wird ein greifbares Produkt oder eine Dienstleistung angeboten, die Wertschöpfungskette hat ihre endgültige Form angenommen, und die einander ergänzenden Funktionen von Käufern und Lieferanten sind im wesentlichen festgelegt. Trotzdem ähnelt dieses letzte Stadium des Wettlaufs um die Zukunft, in dem viele Bewerber bereits das Handtuch geworfen haben und die Industriestruktur sich zu festigen beginnt, den letzten hundert Metern eines Marathonlaufes: Man weiß, wer gewinnen wird, aber man hat wenig Einblick in das Training und die mentale Vorbereitung auf das Rennen oder in die Wettkampftaktik auf den 42 Kilometern, die ausschlaggebend waren für die Führungsposition im Finish.

Nehmen wir ein kurzes Beispiel für *Vormarkt*wettbewerb. Im Jahr 1994 war der Traum vom allgegenwärtigen, vollkommen interaktiven Fernsehen immer noch ein Jahrzehnt oder weiter von einem echten Massenmarkt entfernt. Trotzdem experimentierten verschiedene Firmen in Testgemeinden in Orlando, Florida, Castro Valley, Kalifornien und an anderen Orten mit interaktivem Fernsehservice. Viele Firmen wie Hewlett-Packard, General Instruments, AT&T, Microsoft, Silicon Graphics und Philips waren bereits in den Wettbewerb eingestiegen und arbeiteten in manchen Bereichen auch zusammen, um Signalumwandler, Videoserver und Softwarestandards für das interaktive Fernsehen zu entwickeln. In diesem Wettbewerb ging es um den Aufbau von Bündnissen, die Akkumulierung von Kompetenzen, die Festlegung von Standards und die Durchführung von Marktexperimenten. Jedes Unternehmen hoffte, so schnell wie möglich den Sprung vom Produktkonzept zum Markteintritt zu schaffen und eine Position zu erobern, von der aus ein möglichst großes Stück vom zukünftigen Gewinnkuchen erreichbar war.

Eine Bemühung um die Trassierung eines Transformationsweges und die Steuerung der Transformationsschritte ist deshalb sinnvoll, weil es fast immer mehr als einen Weg in die Zukunft gibt. Apple,

AT&T, Compaq, Tandy, Motorola und Hewlett-Packard wählen allesamt unterschiedliche Zugänge zur Produktion von Taschencomputern und Kommunikationsgeräten. Üblicherweise hoffen etliche Firmen, in mehr oder weniger derselben Chancenarena auf die Schätze der Zukunft zu stoßen. Es ist durchaus möglich, daß mehrere Unternehmen dieselbe ungefähre Vorstellung von einer zukünftigen Chance teilen und trotzdem verschiedene Wege zur Erreichung dieses Ziels gehen – sie setzen auf unterschiedliche Technologien, streben verschiedene Standards an oder denken unterschiedlich über die Konfigurationen des Produkts oder der Dienstleistung an sich. Der „ideale" Transformationspfad wird für verschiedene Firmen unterschiedlich aussehen, und zwar abhängig von ihren spezifischen Ausgangspunkten bezüglich ihrer Fähigkeiten, Ressourcen, aktuellen Marktpositionen und ihrer spezifischen Vorstellung davon, wo die Chancen von morgen liegen. So hat beispielsweise Sony eine bestimmte Vorstellung von einer idealen Multimedia-Zukunft, Nintendo eine andere, Apple, Philips und Microsoft wieder völlig andere. Wie hoch die Gewinne sind, die die einzelnen Firmen letzten Endes mit der Multimedia-Chance machen werden, wird großteils davon abhängen, welches Produktkonzept die Oberhand gewinnt, welche technischen Standards sich durchsetzen und welche Vertriebskanäle sich als die besten erweisen.

Bei der Entwicklung von Videorecordern schlugen Sony und Matsushita (JVC) verschiedene Wege in die Zukunft ein. Philips und Sony entschieden sich bei digitalen Audio-Aufnahmen für unterschiedliche Wege, wobei die Digital-Kompaktkassette (DCC) von Philips für einen Pfad und die Minidisc von Sony für den anderen stand. Die Vereinigten Staaten, Europa und Japan entschieden sich bei High-Definition-Fernsehen für verschiedene Wege in die Zukunft. Die wichtigste japanische Sendeanstalt, NHK, und japanische Hersteller haben einem Analogstandard namens MUSE den Vorzug gegeben; die Europäische Gemeinschaft machte sich mit Hunderten Millionen ECUs für einen konkurrierenden Analogstandard namens D-MAC stark, und amerikanische Unternehmen veranstalteten einen Wettlauf um die Schaffung digitaler Standards, von denen einer oder mehrere von der Federal Communications Commission zum neuen HDTV-Standard gewählt werden dürfte. Ähnlich verhält es sich im Computerbereich, wo mehrere Gesellschaften – darunter IBM, Sun, Hewlett-Packard und DEC – um die Einführung neuer Computerarchitekturen auf Basis der RISC-Technologie wetteifern.

Die verschiedenen Unternehmen versuchen nicht nur, die kürzestmögliche Verbindung zwischen Gegenwart und Zukunft zu finden, sondern auch, ihre Konkurrenten zu zwingen, teurere Umwege zu machen, oder sie dafür zu gewinnen, sich den eigenen Zukunftsvisionen anzuschließen. In seinen zahlreichen Auseinandersetzungen mit den japanischen Konkurrenten unterlag Philips häufig in der Endphase des Rennens, wenn es um rasche Produktverbesserung und Kostenreduzierung ging. Trotzdem hat Philips sich oft als instinktsicher darin erwiesen, die Konkurrenz auf langwierigere und schmerzvolle Transformationswege abzudrängen. Als Sony in der digitalen Tonaufnahmetechnologie mit dem digitalen Audioband (DAT) eine frühe Führung zu übernehmen drohte, gelang es Philips, über seine Plattentochter Polygram seinen Einfluß auf die Musikbranche dazu zu nutzen, Sony Hindernisse in den Weg zu legen. Auch versuchte man, Matsushita zu bewegen, den vorgeschlagenen Sony-Standard nicht zu akzeptieren. DAT starb einen frühen Tod, und Philips gewann die Zeit, die es brauchte, um seine Alternative zu DAT, die digitale Kompaktkassette DCC, zu entwickeln und auf dem Markt einzuführen. Ähnlich lagen die Dinge auch im Kampf um die Führungsposition bei HDTV, wo Philips durch Beteiligung an einem Zusammenschluß europäischer und amerikanischer Konzerne die japanischen Versuche, den MUSE-Standard in den Vereinigten Staaten durchzusetzen, bremsen und letzten Endes abwürgen konnte. Das zwang die japanischen Unternehmen, ihren bevorzugten Weg zu verlassen, und verschaffte Philips sowie den amerikanischen Konzernen viel Zeit für die

Entwicklung einer digitalen Alternative zu MUSE. Der „Anti-MUSE-Koalition" gelang es tatsächlich, die Uhr im HDTV-Rennen zurückzudrehen. Allerdings dürften sich die Japaner unabhängig davon, welcher HDTV-Standard sich letzten Endes durchsetzen wird, durch ihre kontinuierliche Anhäufung von Kompetenzen im Videobereich auf jeden Fall einen beträchtlichen Anteil an diesem Markt sichern.

DIE EINFLUSSMAXIMIERUNG

Wir haben festgestellt, daß Unternehmen oft um die Einflußnahme auf den Verlauf der Branchenentwicklung wetteifern, weil der „ideale" Transformationspfad des einen nur selten auch der „ideale" Transformationspfad des anderen Unternehmens ist. Je nachdem, welches Produkt- oder Dienstleistungskonzept sich letzten Endes durchsetzt, werden die Pionierinvestitionen eines Unternehmens mehr oder weniger umfassend belohnt. Das bedeutet, daß jedes Unternehmen, das einen signifikanten Teil der zukünftigen Gewinne in einer neuen Chancenarena einstreichen möchte, das Ziel verfolgen muß, seinen Anteil am Einfluß auf den Verlauf der industriellen Entwicklungskurve zu maximieren.

Der Wettbewerb um die Einflußmaximierung ist Teil eines umfassenderen Wettbewerbs zur Maximierung des zukünftigen Gewinnanteils.

Der Einfluß eines Unternehmens und sein zukünftiger Gewinnanteil sind von den folgenden vier Faktoren abhängig: (1) von der Fähigkeit des Unternehmens zu Aufbau und Management von Bündnissen (Zugriff auf und Harmonisierung von in anderen Unternehmen vorhandenen Ressourcen); (2) von seinem Erfolg beim Aufbau jener Kernkompetenzen, die für die Schaffung von Kundennutzen in der neuen Chancenarena notwendig sind (nur wer eine kritische oder „Kern"-Kompetenz besitzt, kann auf ein Stück vom zukünftigen Gewinnkuchen hoffen); (3) von seiner Fähigkeit, rasch Marktkenntnisse zu akkumulieren (der Wettlauf um das Wissen, wo genau die „Quelle" für die Nachfrage in einem in Entstehung begriffenen Markt liegt); und (4) von seinem globalen „Bewußtseinsanteil" (d. h. der weltweiten Markenpräsenz) und seinen Vertriebskapazitäten (einer bereits existierenden Bewußtseinspräsenz und Vertriebs-Infrastruktur, die sicherstellt, daß man den Konkurrenten zuvorkommen kann, wenn ein neues Produkt oder ein neues Dienstleistungskonzept schließlich „aus den Startlöchern kommt"). In vielen Industrien gibt es weitere und ständig an Einfluß gewinnende Determinanten für die Fähigkeit eines Unternehmens, die Transformationsschritte zu steuern und zukünftige Gewinne zu vereinnahmen: die Fähigkeit zur Einwirkung auf das gesetzliche Umfeld, zur Beeinflussung der technischen Standards und zur Kontrolle der geistigen Eigentumsrechte. (Eine Zusammenfassung der Schlüsselfragen im Bereich der Steuerung der Transformationsschritte finden Sie in Abbildung 8.1.)

Wenn sich ein Unternehmen auf einem oder mehreren dieser Schauplätze des Vormarktwettbewerbs als besonders geschickt erweist, kann es weit mehr Einfluß gewinnen, als seiner Größe eigentlich entsprechen würde. Beim Management der Transformationsschritte besteht die Aufgabe in Wirklichkeit darin, den Einfluß im Verhältnis zur Größe zu maximieren. Jedes Unternehmen will mehr Einfluß ausüben und einen längeren Schatten werfen, als dies seiner tatsächlichen Größe entspricht. Es gibt eine Fülle von Beispielen für Unternehmen, deren „Einflußquotient" höher als 1 ist, so wie es zahlreiche Beispiele für Firmen gibt, deren Einflußquotient niedriger ist als 1. General Instruments, ein relativ kleines Unternehmen, das über einzigartige Kompetenzen in der Videosignalkompression (das Unterbringen einer großen Menge von Videosignalen in einer relativ geringen Übertragungsbandbreite) verfügt, spielt eine viel größere Rolle in der Entwicklung von interaktivem Fernsehen und High-Definition-Fernsehen, als die Unternehmensgröße vermuten ließe. Im Gegensatz dazu war der Einflußquotient von DEC in der Entwicklung der Computerindustrie im letzten

ABBILDUNG 8.1: DAS STEUERN DER TRANSFORMATIONSPFADE

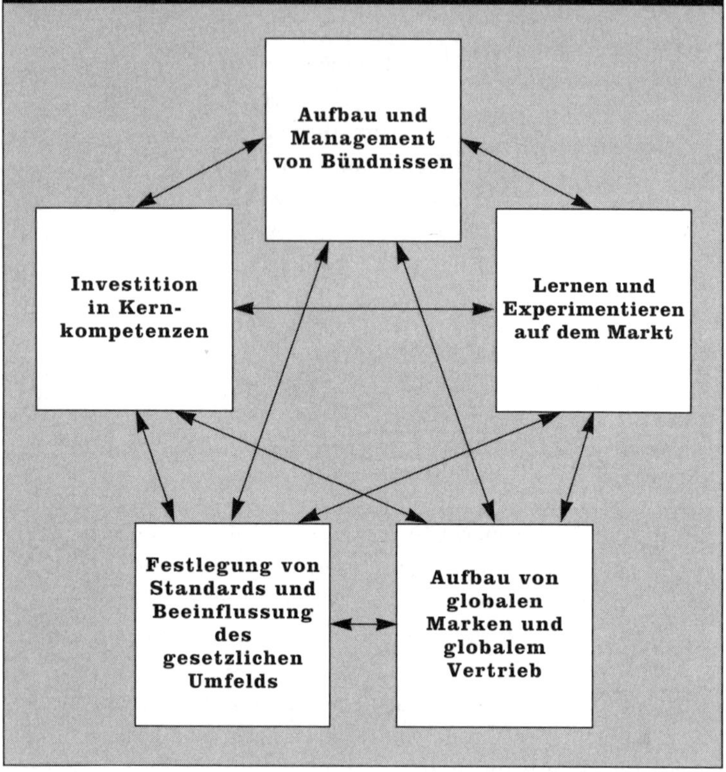

Jahrzehnt niedriger als 1. Das Unternehmen konnte die Revolution im PC-Bereich nicht rechtzeitig nutzen, und es gelang ihm nicht mehr, entscheidende Kompetenzen bei RISC-Rechnern aufzubauen und die Verschiebung der Branche von der Hardware zum Dienstleistungsbereich zu erkennen.

Ein Unternehmen, das eine Koalition von Firmen aufbaut und anführt, die sich allesamt auf dasselbe endgültige Produktziel konzentrieren, kann seinen Einflußbereich erheblich erweitern. Im folgenden werden wir uns damit befassen, welche Herausforderungen die Bildung und Lenkung von Firmenbündnissen, die für die Bewältigung der Zukunft oft notwendig sind, mit sich bringen. Wir werden uns auch kurz mit der Herausforderung der Durchsetzung von Standards befassen. In den folgenden Kapiteln werden wir dann über die Führerschaft bei Kernkompetenzen, über den Erwerb von Marktkenntnissen und über den Aufbau globaler Marken sprechen.

Koalitionen – ein Knotenunternehmen entsteht

Viele der verlockendsten Chancen der Zukunft – interaktives Fernsehen, Onboard-Navigationssysteme für Autos und Lkws, Zelltherapie, medizinische Heim-Ferndiagnostik, persönliche Kommunikationsgeräte auf Satellitenbasis, nationale Videoregister für Immobilien, eine Alternative zum Verbrennungsmotor – erfordern die Integration vielfältiger, in verschiedensten Unternehmen beheimateter Fertigkeiten und Fähigkeiten. Der Wettlauf um die Zukunft findet oft nicht nur zwischen einzelnen Firmen, sondern auch zwischen Firmenkoalitionen statt. Bisweilen werden diese Koalitionen durch substantielle Kapitalbeteiligungen gefestigt, wie es beim Engagement von US West bei Time Warner Entertainment der Fall war. Manchmal erfordern sie die Bildung neuer Joint-venture-Unternehmen – Beispiele sind das von IBM und Apple zur Nutzung von Multimedia-Chancen gegründete Kaleida oder die Joint-ventures von Warner-Lambert mit Wellcome und Glaxo Holdings zur Entwicklung und Vermarktung rezeptfreier Versionen der beliebten verschreibungspflichtigen Arzneimittel ihrer Partner. Bei einigen Koalitionen geht es einfach um kooperative, enge gemeinsame Entwicklungsarbeit, wie beispielsweise bei der Kooperation zwischen Apple und Sharp bei der Entwicklung des Newton.

Koalitionen können aus mehreren Gründen erforderlich sein; der vorrangige Grund ist meist, daß keine der Firmen über die notwendigen Ressourcen verfügt, um das neue Produkt oder die Dienstleistung auf eigene Faust erfolgreich zu lancieren. Nestlé und

Coca-Cola arbeiten zusammen, um über Verkaufsautomaten heiße Getränke in Dosen zu vertreiben, ein Geschäftszweig, der außerhalb der Grenzen Japans kaum bekannt ist. Bei dieser Allianz wird die Stärke von Nestlé bei Pulverkaffee und Tee mit dem mächtigen internationalen Vertriebs- und Verkaufsautomatennetz von Coca-Cola kombiniert. In letzter Zeit gab es in den USA eine Fülle von Minderheitsbeteiligungen und Allianzen zwischen den lokalen Telefongesellschaften (z. B. Bell South, Southwestern Bell und US West) und den Kabelfernsehgesellschaften. Alle beteiligten Firmen teilen die Vision des interaktiven Fernsehens, das Telefonfunktionen, Unterhaltung und On-line-Einzelhandel verschmelzen wird. Den einzelnen Gesellschaften ist auch bewußt, daß sie allein nicht über die notwendigen Fähigkeiten verfügen, um diese Vision zu verwirklichen. Die Kabelgesellschaften erkennen, daß sie Zugang zu den komplexen Verrechnungs- und Signalumschaltkompetenzen der Telefongesellschaften brauchen, und die Telefongesellschaften wissen, daß sie den Zugang zu den Breitbandübertragungs- und Programmierkompetenzen der wichtigen Kabelgesellschaften brauchen.

Ein weiterer Grund für die Bildung von Koalitionen liegt in politischen Erwägungen. Europäische Unterhaltungselektronikfirmen wie Philips und Thomson waren davon überzeugt, daß sie ihre amerikanischen Partner nicht nur benötigten, um sich Zugang zu Technologien zu verschaffen, sondern auch, um im vollen Umfang an dem von der Federal Communications Commission geleiteten Standardfestlegungsprozeß teilnehmen zu können. Eine Koalition kann auch nützlich sein, um potentielle Konkurrenten für die eigene Sache einzuspannen und dadurch die Gefahr einer zukünftigen Rivalität zu verringern, oder um zu verhindern, daß die Ressourcen eines Partners einem Konkurrenten zugänglich gemacht werden. Als Philips Matsushita für die Unterstützung seiner Arbeit im Bereich der digitalen Kompaktkassetten gewann, hofften die Holländer nicht nur, auf das globale Vertriebsnetz von Matsushita zugreifen zu können, sondern auch, einem möglichen Abkommen zwischen Matsushita und Sony über die Entwicklung einer Alternative zu DCC zuvorzukommen. Schließlich können Koalitionen auch dazu beitragen, das Risiko zwischen den Partnern aufzuteilen. Das war eine wichtige Überlegung für jene nationalen Fluggesellschaften, die gemeinsam Airbus Industries gründeten. Risikostreuung war auch ein wichtiger Faktor bei der Entscheidung von Motorola, Partner aus der ganzen Welt zur Teilnahme an der Entwicklung von „Iridium" einzuladen, einem 3,4 Milliarden Dollar teuren drahtlosen Kommunikationssystem auf Satellitenbasis, das tragbare Telefone und Pager auf der ganzen Welt erreicht. Das System soll sich auf mehr als 60 um den Globus kreisende Satelliten stützen, und selbst Motorola mit seinen beträchtlichen Ressourcen ist nicht imstande, das System allein auf den Markt zu bringen.

Fast jedes große Unternehmen steckt heute in einem Geflecht von Allianzen. Diese Partnerschaften beruhen jedoch nur in seltenen Fällen auf einem übergreifenden Ordnungsprinzip, weil klare Vorstellungen von der Branchenzukunft fehlen; auch wird nicht bewußt versucht, sich mit solchen Unternehmen zusammenzutun, die über die Komplementärfähigkeiten verfügen, die für die Verwirklichung eines Zukunftskonzepts benötigt werden. Das bedeutet, daß viele Unternehmen zwar in zahlreiche Allianzen eingebunden sind, daß diese Partnerschaften jedoch keinen Zusammenhang haben und keinem übergeordneten Zweck dienen.

Uns hingegen schweben multilaterale Partnerschaften mit einer klaren „kumulativen Logik" vor. So hat beispielsweise die japanische Videospielfirma Sega, die an die Spitze der internationalen Unterhaltungsfirmen vorstoßen will, Abkommen mit AT&T, Time Warner, TCI, Pioneer, Yamaha, Hitachi und Matsushita geschlossen. Über diese Partner erhält Sega Zugang zu jenen Technologien, die notwendig sind, um Computerspiele über ein Kabel-TV-Netzwerk zu laden, Videospiele mit lebensechten Grafiken abzurufen, „virtuelle" Vergnügungsparks zu schaffen und vieles mehr.[1] Nehmen wir ein anderes Beispiel: Welches Schicksal dem Newton von Apple letzten Endes auch beschieden sein mag, das Produkt vereinigt in sich das Wissen und die Fähigkeiten mehrerer Partner: Pacific Bell, Random House, Motorola, Bellcore, SkyTel und Sharp.[2] Einige dieser Beziehungen waren lose und andere eng, aber alle gestatteten Apple den Zugriff auf wichtige Kompetenzen außerhalb des eigenen Fachgebietes, und alle waren Teil eines breiter angelegten Plans zur Schaffung einer neuen Produktkategorie. Abbildung 8.2 zeigt eine Vielzahl anderer Koalitionen, die auf die Erschließung neuer Wettbewerbsräume zielen.

Bei der Newton-Koalition war Apple insofern ein Knotenunternehmen, als es im Zentrum der Koalition stand und den größten Einfluß von allen Einzelunternehmen ausüben konnte. Das Maß des Einflusses innerhalb einer Koalition hängt vor allem von der relativen Bedeutung und Einzigartigkeit der Kompetenzen eines Unternehmens im Vergleich zu jenen seiner Partner ab. Die Fähigkeit eines Unternehmens, die Entwicklung der entstehenden Möglichkeiten zu gestalten, hängt davon ab, ob es ihm gelungen ist, ganz spezifische und wertvolle Kernkompetenzen aufzubauen. Mit seiner Kompetenz im Bereich der Videosignalkompression gewann General Instruments eine Vielzahl von Partnern, deren gemeinsames Ziel in der Entwicklung des interaktiven Fernsehens von morgen liegt. Da Apple bei seinen Bemühungen, sich herausragende Fähigkeiten zur Entwicklung und Produktion von Komponenten anzueignen, wahrscheinlich eine bessere Auswahl an Allianzen hat als japanische Unternehmen auf ihrer Suche nach Partnern, die die Zukunft der Mensch/Maschinen-Schnittstelle und die Bedeutung der Benutzerfreundlichkeit erkannt haben, besitzt Apple in seiner Koalition einen unverhältnismäßig großen Einfluß. Kompetenzführerschaft ist ein Magnet, der Partner anzieht und viel zur Macht eines Unternehmens in einer Koalition beiträgt.

Im Lauf der Zeit kann sich die relative Bedeutung der verschiedenen Kompetenzen oder Fähigkeiten verlagern und zu Machtverschiebungen innerhalb der Koalition führen. Das war der Fall in der Allianz IBM-Intel-Microsoft, die den PC hervorbrachte. Die Vertriebs- und Markenmacht von IBM, die in den frühen Jahren der

Branche so wichtig gewesen war, verlor an Bedeutung, als andere Mitbewerber auf den Plan traten, und der „Marktanteil" von IBM sank entsprechend. In den ersten Jahren hielt IBM die Zügel fest in der Hand, aber Anfang der neunziger Jahre fühlte sich Microsoft stark genug, um ein Betriebssystem – Windows – auf den Markt zu bringen, das in vielerlei Hinsicht ein direkter Konkurrent von IBMs OS/2 war, welches Microsoft zuvor unterstützen wollte.

Unternehmen, die in den frühen Stadien der Marktentwicklung Partner waren, werden später oft zu Konkurrenten. Sony und Philips arbeiteten bei der Entwicklung der Audio-CD zusammen, lieferten sich dann aber heftige Kämpfe um Marktanteile auf dem CD-Player-Markt. Die Partner von General Magic (Apple, Sony, Motorola, Philips, AT&T, France Telecom, NTT, Fujitsu und Matsushita) kooperieren miteinander, um die Kommunikations- und Softwarestandards für Taschenkommunikationsgeräte festzulegen. Aber die Partner werden zu Konkurrenten, sobald sich der Markt für solche Geräte markanter herausbildet. Jedes Unternehmen wird seinen Kunden eine eigene Version eines Personal Communicators anbieten.[3] Tatsächlich ist das Joint-venture so strukturiert, daß jeder Partner nur an einem kleinen Segment der laufenden Entwicklungsarbeiten der anderen beteiligt ist. „Chinesische Mauern" innerhalb des Joint-venture verhindern, daß ein Partner zu viel über die Produktpläne des anderen erfährt.

Die Arbeit in Koalitionen erfordert oft über längere Zeit hinweg eine sorgfältige Abwägung kompetitiver und kooperativer Interessen. Die Bündnispartner müssen versuchen, ihre Wettbewerbsinstinkte in Schach zu halten, weil sie ansonsten Gefahr laufen, die Partnerschaft frühzeitig zu zerstören. Für Unternehmen mit einer langen Tradition erbitterten Wettbewerbs ist es oft nahezu unmöglich, mit anderen zusammenzuarbeiten, um die zukünftigen Märkte zu schaffen. Professor Walter Kunerth, Mitglied des Zentralvorstandes der Siemens AG, führt dieses Argument ins Treffen, wenn er über die sprunghafte Vermehrung der Allianzen im Elektronikbereich spricht:

ABBILDUNG 8.2: ALLIANZEN ZUR SCHAFFUNG EINES NEUEN WETTBEWERBSRAUMS

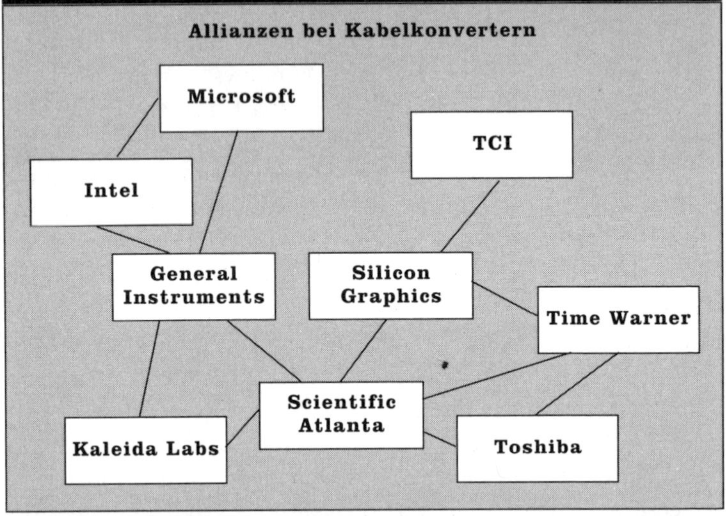

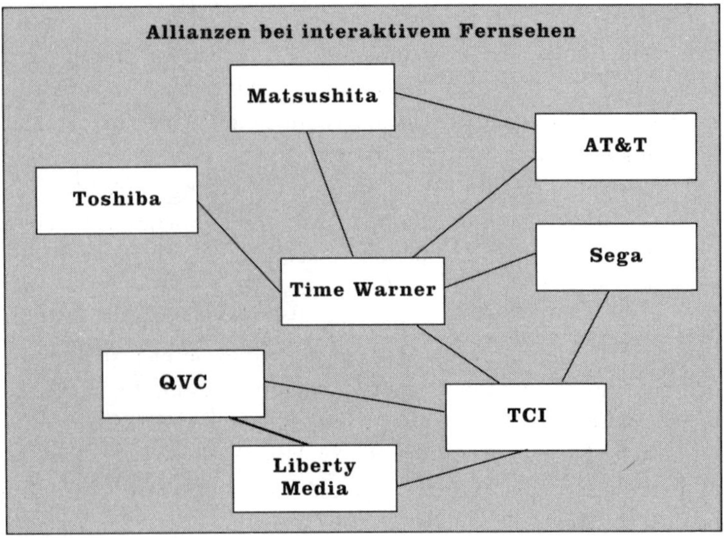

ABBILDUNG 8.2: ALLIANZEN ZUR SCHAFFUNG EINES NEUEN WETTBEWERBSRAUMS

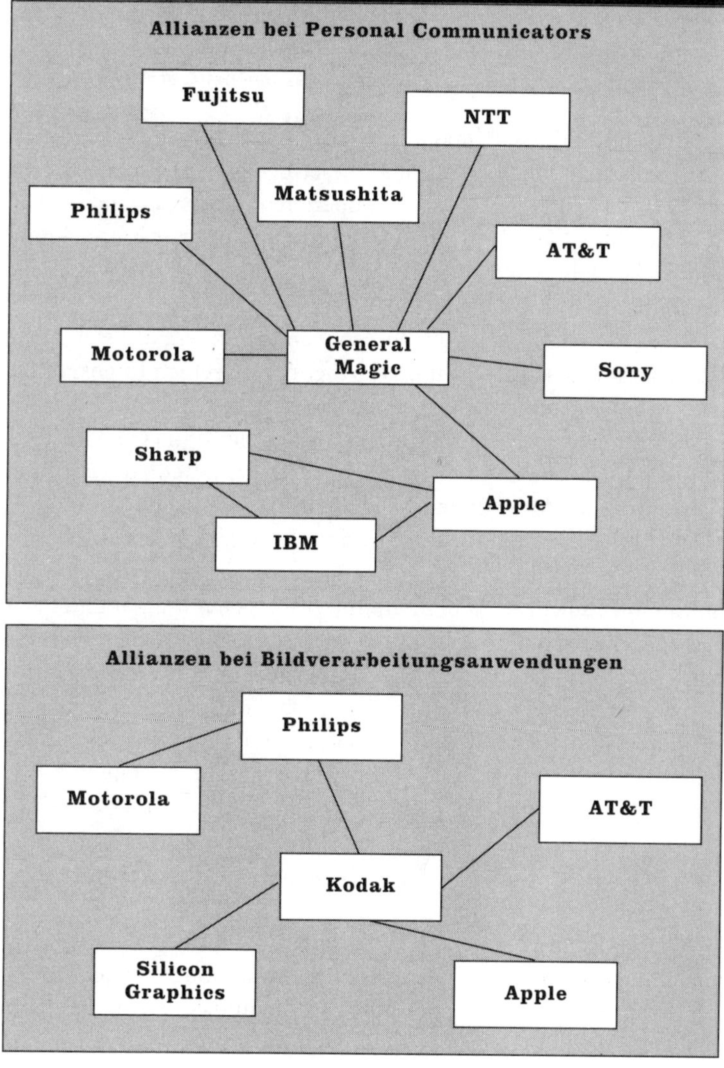

> Das zukünftige Erscheinungsbild unserer Industrie wird viel komplexer sein ... Dieselben Unternehmen werden in einem Bereich miteinander konkurrieren und in einem anderen zusammenarbeiten. Das ist nur auf der Basis wechselseitigen Vertrauens und einer gemeinsamen Geschäftsethik möglich. Wenn man sich jahrelang mit jemandem geprügelt hat, ist es sehr schwierig, mit ihm zusammenzuarbeiten.[4]

Sony und Matsushita fällt es angesichts der intensiven und manchmal persönlichen Rivalität dieser beiden japanischen Riesen oft leichter, mit Philips zu kooperieren als miteinander. Die „Großen Drei" von Detroit, die ein Joint-venture zur Entwicklung von Elektrofahrzeugen gegründet haben, werden ohne Zweifel unter ähnlichen Spannungen leiden.

Knotenunternehmen müssen sich damit abfinden, daß sich möglicherweise nicht alle Koalitionspartner mit derselben Intensität für das jeweilige Konzept engagieren. Die einzelnen Partner zeichnen sich durch anders gelagerte Interessen und ein unterschiedlich intensives Engagement aus. Manche werden ihre Beteiligung an einer Allianz nur als Möglichkeit betrachten, sich auf einen „Horchposten" zu begeben. Sie möchten verfolgen, welche Fortschritte eine neue Idee macht, und in Erfahrung bringen, wie sie bei den Kunden ankommt. Es liegt nicht in ihrem Interesse, sich mit Haut und Haaren der von der Knotenfirma propagierten „intellektuellen Herausforderung" zu verschreiben oder das Projekt mit großen Investitionen zu unterstützen. Auf der anderen Seite finden sich jene Firmen, die bereit sind, in die Idee zu investieren und große Anstrengungen auf sich zu nehmen, um den Markt zu entwickeln. Es muß von Anfang an klar sein, daß nicht alle Partner einer Allianz mit demselben Engagement an den Aufbau der Zukunft herangehen. Knotenfirmen müssen das wissen und verstehen, um mit allen Partnern richtig umgehen zu können.

Wieviel Einfluß eine Firma in einer Koalition gewinnt, hängt nicht nur von ihren „Verführungskünsten" ab, sondern auch davon, ob es ihr gelingt, die unterschiedlichen Zukunftskonzepte der Partner sowie deren Bereitschaft, diese Zukunftskonzepte zu realisieren, richtig einzuschätzen. Im großen Rahmen bedarf es einer gemeinsamen Sicht der spezifischen Zukunft, die zu verwirklichen die Koalition auszog, sowie eines Mindestmaßes an Engagement seitens der einzelnen Allianzpartner. Aber üblicherweise haben ein oder zwei Partner eine ausgereiftere oder klarere Vorstellung von der Zukunft als die anderen, und die Verwirklichung ihrer Ziele ist ihnen ein dringenderes Anliegen. Solche Partner sind meist besser mit den Technologietrends vertraut als ihre Mitstreiter, kennen die Entwicklung der Lebensgewohnheiten besser oder stehen in engerem Kontakt zu den gesetzgebenden Behörden. In solchen Fällen liefert der Weitblick eines solchen Knotenunternehmens einen Großteil des „Bindegewebes" der Koalition, und sein beharrliches Engagement rückt es in das Zentrum der Allianz. Dies und nicht eine überlegene Kompetenz war es, was Aerospaciale zur Knotenfirma im Airbus-Konsortium machte.

Die Bildung und Führung von Koalitionen, die neue Märkte erschließen sollen, erfordert ausgeprägte politische Fähigkeiten. Die jeweilige Knotenfirma muß genauen Einblick in die Motive aller Partner gewinnen. Jedes Managementteam muß sich die Frage stellen: Wie können wir dafür sorgen, daß andere Unternehmen ein Interesse an unserem Erfolg haben? Wie können wir Konkurrenten isolieren, die an unserem Scheitern interessiert sind? Wie können wir mit Hilfe von Allianzen oder Kapitalbeteiligungen Unternehmen auf unsere Seite ziehen, die über unerläßliche komplementäre Ressourcen verfügen (mit ein Grund dafür, daß Sony und Matsushita amerikanische Filmstudios und Plattenfirmen kaufen), und diese Ressourcen damit der Konkurrenz entziehen? Wie können wir die Feinde unserer Feinde auf unsere Seite ziehen? Welche Unternehmen sind von uns abhängig, und wie können wir diese Abhängigkeit nützen? In welchen Bereichen wollen wir mit anderen „gemeinsame Sache" machen? Kurz gesagt: Mit wem und wo sollten wir konkurrieren, zusammenarbeiten, und/oder bei wem und wo sollten wir eindämmend oder kontrollierend wirken?

Einfluß in der Koalition gewinnt man auch durch die Fähigkeit, die unterschiedlichen, von Eigeninteressen bestimmten Vorstellungen und Konzepte der verschiedenen Partner zu verstehen und zu nutzen oder sie umzulenken und zu vereiteln. Die Führung einer Koalition erfordert ein machiavellistisches Gespür für die persönlichen Ambitionen der einzelnen Führungskräfte und die Macht jedes einzelnen Partners. Und sie erfordert eine verantwortungsvolle Verfolgung der eigenen Interessen. Wer eine Koalition nur dazu benutzt, um in jedem Stadium die größtmöglichen Vorteile für die eigene Firma herauszuschlagen, läuft Gefahr, die für das Funktionieren einer Koalition unerläßliche Offenheit und das Geben und Nehmen zwischen den Partnern zu untergraben.

Die Festlegung von Standards

Immer häufiger erkennen Unternehmen, die vor komplexen, sich über viele Jahre erstreckenden Herausforderungen stehen, daß es unmöglich ist, „es allein zu schaffen". Vertikale Integration und der Versuch, sämtliche Komponenten und Kompetenzen in der eigenen Firma zu halten, sind nicht länger erfolgversprechend. An die Stelle der vertikalen Integration tritt die „virtuelle Integration". Die Beziehungen zwischen den Partnern dienen nicht länger einzelnen Geschäften, sondern sind langfristigen Zielen untergeordnet. In diesen Beziehungen findet man oft Interdependenz ohne Eigentümerschaft oder juristische Kontrolle. Die beteiligten Unternehmen beziehen ihre Fähigkeit, die Koalition zu motivieren, ihr Richtung zu geben und sie zu führen, nicht aus juristischer Kontrolle und einseitiger Abhängigkeit, sondern aus politischen Fähigkeiten, aus dem Besitz bedeutender Kompetenzen und aus einer deutlichen und inspirierenden Vorstellung von der Zukunft sowie aus dem langjährigen fairen Umgang mit den Partnern.

Im Wettlauf um die Zukunft geht es oft darum, neue Standards für das Zusammenwirken der Produkte und Dienstleistungen einer Reihe verschiedener Anbieter festzulegen. Die Festlegung von Normen ist in zweierlei Hinsicht wichtig. Erstens kann das Fehlen eines gemeinsamen Standards dazu führen, daß die Zukunft hinausgezögert wird. Weil IBM Japan, NEC und Fujitsu in Japan allesamt verschiedene PC-Betriebssysteme anboten, entfaltete sich der japanische PC-Markt erst viel später als der amerikanische. Wenn mehr als ein oder zwei Standards gelten, können die Anbieter von Ergänzungsprodukten keine Größenvorteile erzielen, weil sie verschiedene Produkte für verschiedene Standards entwickeln müssen. Die Folge sind ein geringes Potential für Größenvorteile, höhere Preise für die Konsumenten und ein lahmgelegter Markt. Konkurrierende Standards verwirren die Kunden und senken die Kaufbereitschaft; viele Konsumenten ziehen es vor, zu warten, bis sich ein Standard durchsetzt. Wenn sich letzten Endes dann ein oder zwei Hauptstandards behauptet haben, setzt ein intensives Marktwachstum ein.

Aus diesem Grund sind die meisten Unternehmen, die sich am Wettlauf um die Zukunft beteiligen, an einer möglichst frühzeitigen Standardfestlegung interessiert. Feste Standards beschleunigen nicht nur die Marktentwicklung, sondern verringern auch das Risiko, Ressourcen in eine Technologie oder einen Ansatz zu investieren, der später nicht dem geltenden Standard entspricht. Es gibt natürlich viele Kräfte, die der frühzeitigen Durchsetzung eines Standards entgegenwirken. Dazu gehören die Technologie und die Marktunsicherheit. Auch wenn sich mehrere Konkurrenten einem bestimmten Standard verschreiben, wie es in den Anfangsstadien der Entwicklung von HDTV bei japanischen Firmen der Fall war, setzt sich der Standard nicht durch, wenn die Technologie noch nicht ausgereift ist und die wirklichen Bedürfnisse der Kunden noch nicht erkannt sind.

Die Durchsetzung eines Standards wird oft auch dadurch behindert, daß die einzelnen Konkurrenten widersprüchliche Interessen verfolgen. Hier liegt der zweite Grund dafür, daß Auseinandersetzungen um die Normen oft im Zentrum des Wettkampfs um die Zukunft stehen. Einfach ausgedrückt: Wessen Standard sich letzten Endes durchsetzt, entscheidet oft darüber, wer finanziell als Sieger aus dem Rennen um die Zukunft hervorgeht. Obwohl sich alle Unternehmen frühzeitig festgelegte Standards wünschen, ist jedes einzelne daran interessiert, daß sein spezifischer technischer Zugang zur entstehenden Chance zum allgemein geltenden Standard erkoren wird. Die einzelnen Unternehmen, die sich auf die Reise in die Zukunft begeben und neue Chancenarenen wie RISC-Mikroprozessoren oder interaktives Heimvideo ansteuern, haben jeweils abweichende Auffassungen von der endgültigen Produktkonfiguration und befinden sich in verschiedenen Ausgangslagen, was technische Stärken und andere Kompetenzbereiche anbelangt. Die Folge ist, daß jedes Unternehmen einen eigenen Weg in die Zukunft geht; je weiter es auf diesem Weg vorankommt (d. h. je mehr Ressourcen es in seinen Zugang zur neuen Chance gesteckt hat), desto gravierender sind die negativen Konsequenzen, die es zu gewärtigen hat, wenn sich sein Ansatz nicht als Standard durchsetzt.

Die Belohnung für die Durchsetzung eines Standards kann hoch sein. Microsoft verdient an jeder von den Computerhändlern ausgelieferten Kopie seines Betriebssystems DOS zwischen 13 und 14 Dollar. Bei einem Anteil von 81 % an den über 20 Millionen PCs, die jedes Jahr allein in den Vereinigten Staaten ausgeliefert werden, summieren sich diese Gelder zu einem hübschen Betrag. Da Microsoft die Betriebssystemstandards DOS und Windows kontrolliert, hat es auch einen Vorsprung bei der Entwicklung von Anwendungsprogrammen. Die Einnahmen, die erzielt werden, wenn die eigene Technologie sich zum allgemeingültigen Standard entwickelt, versetzen ein Unternehmen auch in die Lage, seine Forschungsinvestitionen zur Gänze zu amortisieren. Ob das Unternehmen nun Motorola oder Intel heißt: Die Entwicklung jeder neuen Generation von Mikroprozessoren kostet ein Vermögen; in den letzten Jahren konnte Intel jedoch seine Entwicklungsausgaben für PC-Mikroprozessoren viel rascher hereinbringen als Motorola, weil die „X86"-Familie von Intel zum De-facto-Standard erhoben wurde. Sobald die Kunden beträchtliche Investitionen in einen bestimmten Standard getätigt haben (z. B. die vielen PC-Softwareprogramme auf DOS-Basis), steigt die Wahrscheinlichkeit, daß sie von neuen Produkten Kompatibilität mit dem bestehenden Standard erwarten. Dies beschert dem Produzenten des bestehenden Standards in zukünftigen Kämpfen um Standardführerschaft natürlich einen großen Vorteil. Ein solcher Vorteil war es, der Microsoft in die Lage versetzte, seine Kunden von DOS zu Windows zu lotsen, ohne den Ball aus der Hand zu geben. Ebenso konnte Intel seine Führungsrolle aufrechterhalten, während seine Kunden vom 286er, 386er, 486er auf die neuesten Pentium-Chips umstiegen, und Matsushita konnte seine Führerschaft bei Videobändern behaupten, indem es VHS zu Super VHS und VHS-C (einem Camcorder-Standard) weiterentwickelte.

In den folgenden beiden Kapiteln wollen wir uns mit einem weiteren Faktor befassen, der für die Gestaltung der Zukunft einer Branche von entscheidender Bedeutung ist: mit dem Aufbau der Kernkompetenzen, die den fruchtbaren Nährboden für die Produkte und Dienstleistungen der Zukunft bilden.

9

Brücken in die Zukunft bauen

Zur Beschreibung jener Fähigkeiten, auf denen die Führerschaft in einem bestimmten Produkt- oder Dienstleistungsbereich gründet, haben wir wiederholt den Begriff der Kernkompetenz verwendet. In diesem Kapitel werden wir zeigen, daß eine wichtige Herausforderung im Wettlauf um die Zukunft darin besteht, einerseits vorausblickend jene Kernkompetenzen aufzubauen, welche die Türen zu den Chancen von morgen öffnen, und andererseits neue Anwendungen für die vorhandenen Kernkompetenzen zu finden.

Ein Unternehmen, das sich auf den Zukunftsmärkten einen überproportional hohen Gewinnanteil sichern will, muß Kompetenzen aufbauen, die einen überdurchschnittlichen Beitrag zum zukünftigen Kundennutzen leisten. Da der Aufbau einer weltweiten Führungsposition in einem wichtigen Kernkompetenzbereich fünf, zehn oder mehr Jahre dauern kann, muß ein Unternehmen, das sich ein großes Stück des Gewinns sichern möchte, schon heute eine Vorstellung darüber haben, welche Kernkompetenzen es für die Zukunft aufzubauen gilt. Unserer Erfahrung nach besitzen nur wenige Unternehmen ein Konzept dafür, wie sich die bestehenden Kernkompetenzen über die Grenzen der gegenwärtigen Geschäftseinheiten hinweg so ausnutzen lassen, daß neuer Wettbewerbsraum erschlossen werden kann. Und kaum ein Unternehmen verfügt über ein klar formuliertes Programm für den Aufbau völlig neuer Kernkompetenzen. Fehlt einem Unternehmen eine solche Perspektive, so werden ihm wahrscheinlich andere auf den Märkten der Zukunft zuvorkommen.

BRÜCKEN IN DIE ZUKUNFT

Kernkompetenzen sind die Brücken zu den Chancen der Zukunft. Wer bei einer Kernkompetenz die Führung innehat, verfügt über ein Potential, das freigesetzt wird, wenn kreative Wege zur Nutzung dieser Kernkompetenzen eingeschlagen werden. So investierten Sharp und Toshiba Hunderte Millionen Dollar in den Aufbau einer Kompetenzführerschaft bei Flachdisplays. Diese Investitionen wurden nicht in Hinblick auf einen produktspezifischen „Geschäftsfall" getätigt, sondern aufgrund des Gespürs dafür, daß sich einer Firma mit einem Beinahe-Monopol bei Flachdisplays möglicherweise eine große Chancenarena eröffnen würde. Die potentiellen Märkte waren unbegrenzt, von Pocket Diaries über Laptop-Computer, Mini-TVs, LCD-Projektions-TVs bis hin zu Bildtelefonen. Sharp und Toshiba hatten sich dem Aufbau von Kernkompetenzen bei Flachdisplays verschrieben, lange bevor man für jede potentielle Anwendung einen Geschäftsfall konstruieren konnte. Zu Beginn der Entwicklung waren der Phantasie bezüglich möglicher Anwendungen keine Grenzen gesetzt. Das frühe finanzielle Engagement dieser beiden Unternehmen ließ sich auch nicht auf der Grundlage des damals vorhandenen Marktes für LCD-Displays (hauptsächlich Rechner) rechtfertigen. Hätte man jedoch gewartet, bis sich ein überzeugender, produktspezifischer Geschäftsfall abzeichnete, so hätte dies bedeutet, die Kompetenzführerschaft an schnellere Firmen abzugeben. Im Jahr 1992 hielt Sharp einen Anteil von 38 % an dem 2,1 Milliarden Dollar schweren Markt für LCD-Displays – den Prognosen zufolge wird dieses Geschäft bis 1995 auf mehr als 7 Milliarden Dollar wachsen.[1]

Wer vorausblickende Investitionen in eine Kernkompetenz tätigt, wagt weder einen Sprung in unbekanntes Gewässer, noch setzt er die Existenz seines Unternehmens für eine ungewisse Chance aufs Spiel. Es ist zwar richtig, daß man keine Geschäftsfälle für Endproduktmärkte konstruieren kann, die sich erst in fünf oder zehn Jahren herausbilden werden, aber man muß kein Genie und auch kein Ökonom sein, um zu wissen, daß man, wenn man einen Großteil der internationalen Produktionskapazitäten für energiesparende, tragbare, hochauflösende Displays kontrolliert, Zugang zu Dutzenden von Endproduktchancen erhält. Es sind zwei einfache Faktoren, die den Prozeß des Kompetenzaufbaus vorantreiben: zum einen der Wunsch, bei der Bereitstellung eines zentralen Kundennutzens weltweit die Führung zu übernehmen, zum anderen entsprechender Einfallsreichtum, um vielfältige Möglichkeiten zur Lieferung dieses Kundennutzens zu finden. Heute fahren Sharp und Toshiba die finanzielle Ernte für ihre in der Vergangenheit getätigten vorgreifenden und vorausblickenden Investitionen ein. Und jedes Unternehmen, das in einen Produktmarktsektor vordringen möchte, in dem tragbare Displays eine Rolle spielen (wie IBM bei Laptop-Computern oder Apple bei digitalen Kommunikationsgeräten), wird früher oder später mit Sharp oder Toshiba sprechen und ins Geschäft kommen müssen.

Natürlich sind jene Kompetenzen am wertvollsten, die Zutritt zu vielen potentiellen Produktmärkten ermöglichen. Wenn wir eine Analogie aus der Finanzwelt heranziehen, so entspricht eine Investition in die Führerschaft bei Kernkompetenzen einer Investition in Optionen. Wer bei Kernkompetenzen führt, besitzt eine Option auf die Teilnahme an einer Reihe von Endproduktmärkten, die von dieser Kernkompetenz abhängig sind. Die Kompetenzen von Hewlett-Packard in den Bereichen Messung, Computer und Kommunikation sichern dem Unternehmen die Option auf die Teilnahme an einer Vielzahl von Märkten, die ausgeprägte Fähigkeiten in diesen Bereichen erfordern. Sonys beharrliches Streben nach Miniaturisierung eröffnete diesem Unternehmen den Zugang zu einer Vielzahl von Audioprodukten für den Privatgebrauch. Die Kernkompetenzen von 3M bei Klebstoffen, Substraten und neuen Materialien bilden den Nährboden für Zehntausende von Produkten. Die Kehrseite der Medaille ist natürlich, daß einem Unternehmen, dem es nicht gelingt, die Führung bei einer Kernkompetenz zu übernehmen, möglicherweise nicht nur ein Produktmarkt, sondern vielerlei Marktchancen verschlossen bleiben.

Eine Kernkompetenz ist ein Bündel an Fähigkeiten und Technologien, die es einem Unternehmen ermöglichen, seinen Kunden einen bestimmten Nutzen anzubieten. Bei Sony besteht dieser Nutzen in „Taschenformat", und die zugehörige Kernkompetenz ist die Miniaturisierung. Bei Federal Express besteht der Nutzen in pünktlicher Lieferung, und die Kernkompetenz ist Logistikmanagement auf sehr hohem Niveau. Die Logistik steht auch im Zentrum der Fähigkeit von Wal-Mart, seinen Kunden die Vorteile von Wahlmöglichkeit, Verfügbarkeit und hohem Wert anzubieten. Bei EDS genießt der Kunde den Vorteil ununterbrochener Informationsflüsse, und darüber hinaus den der damit verbundenen Kernkompetenz, nämlich der Systemintegration. Motorola bietet seinen Kunden die Vorteile „unbeschränkter" Kommunikation auf der Grundlage seiner Kernkompetenzen im Bereich der drahtlosen Kommunikation.

Entschließt sich eine Firma zum Aufbau einer Kernkompetenz, so entscheidet sie sich für die Schaffung oder Vervollkommnung eines Bündels von Kundennutzen, anstatt sich auf eine spezifische Chance des Produktmarktes zu beschränken. Das Engagement von Sony in der Herstellung von Produkten im Taschenformat ging der Erfindung des Walkman, des tragbaren CD-Players und des Taschen-TV voraus. Beim Aufbau von Kernkompetenzen geht es weniger um eine detaillierte finanzielle Proforma-Rechnung für ein bestimmtes neues Produkt bzw. eine Dienstleistung als vielmehr darum, die Vorteile besser zu verstehen, die einem Unternehmen aus der mehr oder weniger exklusiven Bereitstellung vielfältiger Kundennutzen erwachsen.

Die Investition in eine Kernkompetenzführerschaft läßt sich durch den Beitrag, den diese Kompetenz zur Führung in einer einzelnen Produktkategorie leistet, oft nicht rechtfertigen. So interessierten sich beispielsweise amerikanische Firmen im Gegensatz zu Sharp und Toshiba, die sich frühzeitig und beharrlich zum Flachdisplay bekannten, nur insoweit für diese Technologie, als Flachdisplays eine notwendige Komponente ihrer aktuellen Produkte wie Laptop-Computer oder Mini-TVs darstellten. Die meisten westlichen Unternehmen, die nur die Führungsposition in einem spezifischen Endproduktmarkt anstrebten, gaben sich jahrelang damit zufrieden, Flachdisplays von japanischen Herstellern zuzukaufen. In letzter Zeit erkennen die amerikanischen Firmen allmählich, daß es für Flachdisplays viele verschiedene Anwendungsmöglichkeiten gibt, eine Reihe davon im militärischen Bereich, und daß sie, wenn sie sich weiterhin ausschließlich auf die japanischen Lieferanten stützen, nicht nur auf einen erheblichen Anteil der Wertschöpfung ihrer aktuellen Produkte verzichten, sondern auch zulassen, daß die japanischen Lieferanten und Konkurrenten einen besseren Zugang zu einer Vielzahl neuer Märkte erhalten. Es waren diese Überlegungen, die das amerikanische Verteidigungsministerium letzten Endes dazu bewogen, mehr als zwei Dutzend amerikanischen Firmen über einen Zeitraum von drei Jahren 110 Millionen Dollar für Forschungszwecke im Flachdisplaybereich zur Verfügung zu stellen.[2] Anfang 1994 wurde in Washington bereits über Vorschläge diskutiert, potentiellen amerikanischen Flachdisplayproduzenten staatliche Unterstützung im Umfang von 500 Millionen Dollar zukommen zu lassen. Es muß sich allerdings noch herausstellen, ob dieses Engagement die amerikanischen Firmen im Aufbau von Flachdisplay-Kernkompetenzen weiterbringen wird oder ob dies nur ein neues Beispiel für zu spätes und zu zögerndes Handeln ist.

Es ist schwierig, auf den Zug der Kompetenzbildung aufzuspringen, wenn er einmal abgefahren ist. Es würde jedem Unternehmen, das neu einsteigt, außerordentlich schwer fallen, den Kompetenzvorsprung von Motorola in drahtloser Kommunikation, den Vorsprung von Goldman Sachs bei Finanz-Engineering oder jenen von Charles Schwab beim Vertrieb aufzuholen. Da der Aufbau von Kompetenz eher in kumulativem Lernen besteht als in großen Erfindungssprüngen, ist es schwierig, den Kompetenzaufbau im „Zeitraffer" nachzuvollziehen. Die Produktzyklen mögen immer kürzer werden, aber im Rennen um die Führerschaft bei Kernkompetenzen wird immer noch in Jahren und nicht in Monaten gemessen.

Das bedeutet, daß dem Wettkampf um Produktführerschaft üblicherweise ein Wettkampf um Kompetenzführerschaft vorausgeht. Obwohl AT&T bereits vor mehreren Jahrzehnten mit der Entwicklung von Bildtelefonen begann, ist eine der ausschlaggebenden Kernkompetenzen – die Bildkompression – noch nicht genügend entwickelt, um die Übertragung von Full-Motion-Bildern in TV-Qualität über eine einzelne Telefonleitung zu ermöglichen. Wie wir bei den Videorecordern gesehen haben, brauchte JVC fast 20 Jahre, um jene Kompetenzen zu entwickeln, die seinen Erfolg mit VHS ermöglichten; Philips arbeitete ebensolang daran, seine Führerschaft bei Speicherung und Wiedergabe in optischen Medien zu entwickeln.

WETTBEWERB ZWISCHEN UNTERNEHMEN

Für die Analyse einer Wettbewerbsstrategie wird üblicherweise ein bestimmtes Produkt oder eine bestimmte Dienstleistung herangezogen. Fragen wie Positionierung, Erfahrungskurven, Eintrittsreihenfolge, Preisgestaltung, Kosten, Differenzierung und Eintrittshindernisse werden fast immer im Zusammenhang mit einem einzelnen Produkt oder einer Linie engverwandter Produkte besprochen. Ebenso werden Konkurrenzkämpfe normalerweise in bezug auf Produkte beschrieben: Diät-Coke gegen Diät-Pepsi, Powerbook von Apple gegen ThinkPad von IBM, oder der Transatlantikservice von American Airlines gegen den von British Airways.

Aber Unternehmen wetteifern auch auf einer fundamentaleren Ebene miteinander. American Airlines konkurriert mit British Airways um die Entwicklung von Kompetenzen in Flottenmanagement, Kabinenservice und Reservierungssystemen. Der Wettbewerb zwischen Ford und Honda geht über die Konkurrenz zwischen den beiden Modellen Taurus und Accord hinaus; es ist auch ein jahrzehntelanger Kampf um die Führung bei Kraftübertragung, Fahrzeugelektronik und Design.

Im Kompetenzwettbewerb geht es nicht um die Konkurrenz zwischen einzelnen Produkten oder einzelnen Geschäftsbereichen. Hier stehen einander ganze Unternehmen gegenüber. Im Wettlauf um den Aufbau einer Führungsposition bei Kompetenzen in Bereichen wie elektronischer Bildverarbeitung, Druckverfahren und Feinoptik rivalisiert Canon mit einer Vielzahl von „Kompetenzkonkurrenten", darunter Toshiba, Kodak, Nikon und Hewlett-Packard. Wal-Mart konkurriert bei der Entwicklung von Weltklasse-Logistik mit Kmart und Sears; Glaxo konkurriert mit Merck beim Aufbau neuer Kompetenzen zur Entwicklung von Medikamenten. Es ist aus mehreren Gründen angebracht, den Wettbewerb um Kompetenz als Wettbewerb zwischen Unternehmen zu betrachten.

Erstens sind Kernkompetenzen, wie wir bereits festgestellt haben, nicht produktspezifisch. Kernkompetenzen decken mehr ab als ein bestimmtes Produkt oder eine Dienstleistung, und möglicherweise sogar mehr als einen einzelnen Geschäftsbereich innerhalb des Unternehmens. Kernkompetenzen sind auch dauerhafter als irgendein einzelnes Produkt bzw. eine einzelne Dienstleistung. Die grundlegenden Fähigkeiten, die in die Miniaturisierungskompetenz von Sony einfließen, haben sich erheblich geändert, seit das Unternehmen von Bell Labs seine erste Transistorlizenz erwarb, und die Bandbreite jener Produkte, in denen Sony diese Kompetenz zur Anwendung bringt, ist gewachsen und hat sich verändert, aber die Miniaturisierung steht seit Jahrzehnten im Zentrum des Wettbewerbskonzeptes von Sony. Ebenso überdauerte die Kernkompetenz von Motorola auf dem Gebiet der drahtlosen Kommunikation viele der spezifischen Technologien, die zu dieser Kompetenz beitrugen, und viele der Produkte, in die sie einfloß.

Zweitens: Da eine Kernkompetenz zur Wettbewerbsfähigkeit einer Gruppe von Produkten und Dienstleistungen beiträgt, können Sieg oder Niederlage eines Unternehmens im Kampf um Kompetenzführerschaft nachhaltige Auswirkungen auf das Potential dieses Unternehmens für Wachstum und Differenzierung im Wettbewerb haben – sehr viel nachhaltigere Auswirkungen als der Erfolg oder Mißerfolg eines einzelnen Produkts. Müßte Motorola seine Kompetenzführerschaft in der drahtlosen Kommunikation abgeben, so würde ein breites Spektrum von Geschäftszweigen in Mitleidenschaft gezogen, darunter Pager, Duplex-Mobilfunkgeräte und Zellulartelefone.

Drittens: Da das für den Aufbau einer Kernkompetenzführerschaft erforderliche Ausmaß an Investitionen, Risikobereitschaft und Zeitaufwand Ressourcen und Ausdauer einer einzelnen Geschäftseinheit häufig überfordert, mißlingt der Aufbau bestimmter Kompetenzen oft, wenn die direkte Unterstützung durch den Konzern fehlt. Die Firmenleitung sollte es nicht den einzelnen Geschäftseinheiten überlassen, jene Kernkompetenzen zu identifizieren und langfristig zu finanzieren, welche die Position des Unternehmens auf den Märkten der Zukunft sichern sollen. Denn die Geschäftseinheiten sind vor allem daran interessiert, ihre Position innerhalb einer bestimmten Produktgruppe oder eines bestimmten Marktes zu schützen.

Die wichtigste Erkenntnis ist jedoch die, daß das Topmanagement das langfristige Bestehen des Unternehmens nur durch den Aufbau und die sorgfältige Pflege von Kernkompetenzen sichern kann. Kernkompetenzen sind eine Quelle zukünftiger Produktentwicklungen. Sie sind die „Wurzeln" der Wettbewerbsfähigkeit, während die einzelnen Produkte und Dienstleistungen die „Früchte" dieser Wettbewerbsfähigkeit darstellen. Die Unternehmensführungen kämpfen nicht nur darum, die Positionen ihrer Firmen auf den bestehenden Märkten zu sichern, sondern ihre Aufgabe besteht auch darin, ihre Unternehmen auf neuen Märkten in erfolgversprechende Positionen zu manövrieren. Das bedeutet, daß jede Unternehmensspitze, die es verabsäumt, sich dem Aufbau und der Pflege von Kernkompetenzen zu verschreiben, unbewußt die Zukunft des Unternehmens aufs Spiel setzt.

WAS IST EINE „KERNKOMPETENZ"?

Unserer Erfahrung nach haben viele Unternehmen keine klare Vorstellung davon, was dieser Begriff bedeutet. Nachdem wir das Konzept vorgestellt haben, sollten wir nun den Begriff „Kernkompetenz" etwas genauer definieren, bevor wir uns näher mit dem „Wettbewerb um Kompetenz" befassen.

Die Integration von Fähigkeiten

Eine Kompetenz besteht nicht in einer bestimmten Einzelfähigkeit oder Einzeltechnologie, sondern in einem Bündel von Fähigkeiten und Technologien. Ein Beispiel: Die Kompetenz von Motorola im Bereich der Zykluszeitverkürzung (Minimierung der Zeit, die zwischen Auftragserteilung und Auftragserfüllung verstreicht) beruht auf einem breiten Fächer von Fähigkeiten, darunter auf Designmethoden, welche die Zahl der Gemeinsamkeiten in einer Produktlinie maximieren, auf flexibler Fertigung, einem ausgefeilten Auftragsannahmesystem sowie Lager- und Lieferantenmanagement. Die Kernkompetenz von Federal Express in der Paketbeförderung und Zustellung beruht auf der Integration von Balkencodetechnologie, drahtloser Kommunikation, Netzwerk-Management und linearer Programmierung, um nur einige Elemente zu nennen. Eine solche Integration macht eine Kernkompetenz aus. Eine Kernkompetenz stellt die Summe des über einzelne Fähigkeitsbereiche und einzelne Organisationseinheiten hinweg Erlernten dar. Es ist also höchst unwahrscheinlich, daß eine Kernkompetenz ganz auf eine einzelne Person oder ein kleines Team beschränkt ist.

Die Trennlinie zwischen einer bestimmten Fähigkeit und der Kernkompetenz, zu der sie beiträgt, ist möglicherweise schwer zu ziehen. Wenn die Manager eines mittelgroßen Unternehmens oder einer Geschäftseinheit gebeten werden, die Kernkompetenzen des Unternehmens bzw. der Einheit zu nennen, und daraufhin 40, 50 oder mehr „Kompetenzen" aufzählen, dann sind wahrscheinlich die Basisfähigkeiten und Technologien und nicht die Kernkompetenzen gemeint. Wenn sie andererseits nur eine oder zwei Kompetenzen aufzählen, bedeutet das wahrscheinlich, daß ihr Ansatz zu allgemein ist, um irgendwelche wesentlichen Einsichten zu ermöglichen. Bei richtiger Zusammenfassung kommt man meist auf 5 bis 15 Kernkompetenzen. Hat ein Team jedoch eine klare Vorstellung von der gesamten Kompetenzhierarchie – von den Metakompetenzen (Logistik im Fall von Federal Express) über die Kernkompetenzen (Routeninformation) bis hin zu den Basisfähigkeiten (Balkencodierung) –, so wird die Frage, wo genau die Trennlinie zwischen integrierten Fähigkeiten und Kompetenzen zu ziehen ist, primär eine Frage der Zweckmäßigkeit. In jedem Fall muß das Spitzenmanagement, um die Gruppe der Kernkompetenzen seiner Firma tatsächlich managen zu können, in der Lage sein, die Kernkompetenzen in ihre Komponenten zu zerlegen, bis hinunter zur Ebene der Einzelpersonen mit ihren spezifischen Fähigkeiten.

Kernkompetenzen oder Nicht-Kernkompetenzen

Ob man nun den Begriff *Kompetenz* oder *Fähigkeit* verwendet, die Prämisse lautet, daß die Konkurrenz zwischen Unternehmen ebenso ein Wettlauf um die Einverleibung von Kompetenzen wie auch ein Wettlauf um Marktposition und Marktmacht ist. Natürlich ist die Aussage, daß Unternehmen „fähigkeitenbezogen" miteinander konkurrieren, nicht aufregend neu. Schwierig wird es, wenn man versucht, zwischen jenen Kompetenzen oder Fähigkeiten, die dem „Kernbereich" zuzuordnen sind, und jenen, die außerhalb des Kerns liegen, zu unterschieden. Wollte man eine Liste aller „Fähigkeiten" erstellen, die für den Erfolg in einem bestimmten Geschäftsbereich wichtig sein könnten, so würde man in der Tat eine lange Liste erhalten – zu lang, als daß sie für das Management von besonderem Nutzen sein könnte. Das leitende Management kann nicht allen Einzelheiten die gleiche Aufmerksamkeit widmen; es benötigt Hinweise, welche Aktivitäten *wirklich* zum langfristigen Florieren des Unternehmens beitragen. Es gilt also, die Aufmerksamkeit des leitenden Managements auf jene Kompetenzen zu lenken, die für den langfristigen Wettbewerbserfolg von zentraler, nicht von peripherer Bedeutung sind. Um als „Kernkompetenz" zu gelten, muß eine Fähigkeit drei Voraussetzungen erfüllen:

Kundennutzen: Eine Kernkompetenz muß einen überdurchschnittlichen Beitrag zu dem vom Kunden wahrgenommenen Wert leisten. Kernkompetenzen sind jene Fähigkeiten, die es einer Firma ermöglichen, ihren Kunden einen wesentlichen Nutzen anzubieten. Die Unterscheidung, ob es sich um eine Kernkompetenz oder eine Nicht-Kernkompetenz handelt, beruht zum Teil darauf, ob für den Kunden ein Kernnutzen oder ein Nicht-Kernnutzen entsteht. Diese Unterscheidung ist es, die uns veranlaßt, das Know-how von Honda im Motorenbereich als Kernkompetenz zu bezeichnen, und die Art und Weise, wie es die Kundenbeziehungen gestaltet, als Sekundärfähigkeit. Die positive Erfahrung, die ein potentieller Käufer bei einem Honda-Händler macht, mag wichtig für den Verkaufsprozeß sein, aber sie stellt keinen Kernnutzen für den Kunden dar. Die wenigsten Kunden bevorzugen Honda wegen irgendeiner unverwechselbaren Fähigkeit, welche die Honda-Händler von ihren Konkurrenten abhebt. Honda würde auch kaum behaupten, daß die Kunden mit seinem Händlernetz positivere Erfahrungen machen als mit den Händlernetzen von Toyota, BMW oder irgendeines anderen wichtigen Konkurrenten. Andererseits sorgt Hondas Fähigkeit, etliche der weltbesten Motoren und Getriebe zu produzieren, für hochbewerteten Kundennutzen: sparsamerer Treibstoffverbrauch, sportliche Beschleunigung, leichter Motorlauf sowie größere Laufruhe und weniger Vibration. Es ist interessant, daß in den Werbebroschüren für den neuen Honda Accord dem Motor des Wagens mehrere Spalten gewidmet werden, während das Händlernetz kaum erwähnt wird. Das soll nicht heißen, daß der Verkaufsmechanismus niemals eine Kernkompetenz sein kann. Die außerordentlich gut geschulte Verkaufsmannschaft von IBM war jahrelang ein wichtiger Faktor für die Fähigkeit des Unternehmens, eine Brücke zwischen den Kundenbedürfnissen und den technologischen Fähigkeiten der Firma zu schlagen.

Die Tatsache, daß eine Kernkompetenz einen wichtigen Beitrag zu dem vom Kunden wahrgenommenen Wert leisten muß, bedeutet nicht, daß die Kernkompetenz für den Kunden erkennbar sein oder von ihm genau verstanden werden müßte. Nur wenige Kunden könnten genau in Worten ausdrücken, warum das Fahrerlebnis in einem Honda besser ist als in einem Chevrolet Lumina. Ebenso könnten nur wenige Computeranwender viel über die Kompetenzen sagen, aber sie wissen sehr wohl, daß der Computer erfrischend einfach zu handhaben ist. Für den Kunden sichtbar sind die durch die Kompetenz entstandenen Vorteile und nicht die technischen Details.

Der Kunde entscheidet letzten Endes darüber, ob eine Kompetenz die Bezeichnung „Kernkompetenz“ verdient oder nicht. Ein Unternehmen, das versucht, seine Kernkompetenzen festzulegen, muß sich ständig fragen, ob eine bestimmte Fähigkeit einen nennenswerten Beitrag zu dem vom Kunden wahrgenommenen Wert liefert. Obwohl viele Unternehmen über detaillierte Kostenaufschlüsselungen ihrer Produkte oder Dienstleistungen verfügen, gibt es für den Kundennutzen nur selten solche Aufschlüsselungen. In diesem Zusammenhang gilt es unter anderem, folgende Fragen zu stellen: Welches sind die „Wertkomponenten“ des betreffenden Produkts oder der Dienstleistung? Wofür bezahlt der Kunde tatsächlich? Warum ist der Kunde bereit, für ein bestimmtes Produkt oder eine bestimmte Dienstleistung mehr zu bezahlen als für ein anderes? Welcher Nutzen ist am wichtigsten für den Kunden und damit ausschlaggebend dafür, daß der angestrebte Preis verlangt werden kann? Die Durchführung einer solchen Analyse sorgt dafür, daß ein Unternehmen seine Bestrebungen auf jene Kernkompetenzen konzentriert, die dem Kunden einen echten Nutzen bieten.

Es gibt eine wichtige Ausnahme von der Regel, daß eine Kernkompetenz einen erheblichen Beitrag zu dem vom Kunden wahrgenommenen Wert leisten muß. Diese Ausnahme lautet, daß prozeß- und produktionsbezogene Kompetenzen, die dem Produzenten nennenswerte Kostenvorteile bringen, selbst dann als Kernkompetenzen gelten können, wenn nur wenige oder gar keine der entstandenen Kostenvorteile an den Kunden weitergegeben werden. Ein Chemieunternehmen kann beispielsweise über eine Prozeßkompetenz verfügen, die es in die Lage versetzt, eine bestimmte Kunststoffart um 20 Prozent billiger herzustellen als irgendein anderes Unternehmen auf der Welt. Es ist leicht möglich, daß der Weltmarktpreis dieses Kunststoffes die Kostenstruktur des ineffizientesten Produzenten der Branche widerspiegelt. Der effizientere Produzent mit seiner Prozeßkompetenz entschließt sich möglicherweise, seinen Kostenvorteil für sich zu behalten, anstatt ihn an seine Kunden weiterzugeben. So kann also ein Bündel von Fähigkeiten, das nicht nur einen bestimmten Kundennutzen hervorbringt, sondern auch einen signifikanten Kostenvorteil mit sich bringt, ebenfalls Kernkompetenz genannt werden.

Abhebung von der Konkurrenz: Um als Kernkompetenz gelten zu können, muß eine Fähigkeit im Wettbewerb einzigartig sein. Das bedeutet jedoch nicht, daß eine Fähigkeit, um als Kernkompetenz zu gelten, auf ein einziges Unternehmen beschränkt sein muß, sondern es bedeutet, daß eine Fähigkeit, die in einer ganzen Branche vorhanden ist, nicht als Kernkompetenz definiert werden kann, es sei denn, das Kompetenzniveau der betreffenden Firma ist beträchtlich höher als das anderer. Man könnte also sagen, die Getriebeherstellung war eine echte Kernkompetenz von Honda, während sie es für Ford in den letzten ein oder zwei Jahrzehnten nicht gewesen ist.

In jeder Industrie werden gewisse Fähigkeiten und Fertigkeiten vorausgesetzt, damit ein Unternehmen als Mitbewerber in dieser Industrie gelten kann. Damit lassen sich aber noch keine Unterscheidungen zwischen den einzelnen Konkurrenten treffen. Wir nennen solche Fähigkeiten „Mindesteinsatz". So wie man 100 oder 500 Dollar braucht, um sich in Las Vegas an einen Pokertisch setzen zu dürfen, an dem um hohe Einsätze gespielt wird, benötigt ein Unternehmen eine Mindestzahl an Fähigkeiten, um überhaupt in eine bestimmte Industrie eintreten zu können. Zum Mindesteinsatz in der Paketzustellbranche gehören beispielsweise gutausgebildete, höfliche Fahrer. Obwohl kein Zustellunternehmen lange ohne kompetente Fahrer überleben kann, sind Auftreten und Fähigkeiten der Fahrer bisher kein differenzierendes Merkmal der großen Zustellerfirmen. Kurz gesagt gibt es einen Unterschied zwischen „notwendigen" und „differenzierenden" Kompetenzen. Es macht wenig Sinn, eine Kompetenz als Kernkompetenz zu definieren, wenn sie überall vorhanden ist oder von der Konkurrenz leicht nachgeahmt werden kann.

In manchen Fällen kann das Management zu der Auffassung gelangen, daß eine bestimmte Kompetenz in der jeweiligen Branche zwar weit verbreitet, aber trotzdem erheblich unterentwickelt ist. Eine solche Kompetenz kann als potentielle Kernkompetenz ins Auge gefaßt werden, wenn die Manager zu der Überzeugung gelangen, daß sie ein Potential für signifikante Verbesserungen beinhaltet und daß die Kunden solche Verbesserungen honorieren würden. Die Bemühungen von British Airways, einen Kabinenservice zu bieten, der sich vom mittelmäßigen Durchschnitt der Branche stark abhebt, ist ein Beispiel dafür.

Noch einmal: So wie die Kunden darüber entscheiden, was tatsächlich eine Kernkompetenz ist und was nicht, so tun es auch die Konkurrenten. Unserer Erfahrung nach definieren die Unternehmen oft ein Spektrum bestimmter Fähigkeiten als Kernkompetenz, obwohl diese Fähigkeiten in der Branche mehr oder weniger alltäglich sind, oder obwohl die Leistungen der betreffenden Firma in diesem Fähigkeitenspektrum deutlich unter jenen der Branchenbesten liegen. Das Benchmarking bestimmter Kompetenzen einer Konkurrenzfirma ist hilfreich, wenn man sich nicht von der natürlichen Neigung täuschen lassen möchte, die Einzigartigkeit der eigenen Fähigkeiten überzubewerten.

Ausbaufähigkeit: Zu Beginn dieses Buches stellten wir fest, daß Kernkompetenzen die Türen zu den Märkten von morgen öffnen. Möglicherweise stellt eine bestimmte Kompetenz in den Augen eines einzelnen Geschäftsbereichs eine Kernkompetenz dar, weil sie Kundennutzen schafft und für Unverwechselbarkeit im Konkurrenzkampf sorgt, während es sich aus Sicht des Konzerns um keine Kernkompetenz handelt, weil es unvorstellbar ist, daß diese Kompetenz den Nährboden für eine Fülle neuer Produkte oder neuer Dienstleistungen bilden kann. In der Praxis bedeutet dies, daß die Manager bei der Definition von Kernkompetenzen unbedingt versuchen sollten, sich von der spezifischen Produktkonfiguration, in der die entsprechende Kompetenz zu diesem Zeitpunkt eingebettet ist, zu lösen und zu überlegen, wie die Kompetenz in neuen Produktbereichen angewendet werden könnte.

So könnte zum Beispiel SKF, der weltweit führende Hersteller von Kugellagern, der Versuchung erliegen, seine Kernkompetenz als die Herstellung von Lagern zu definieren, obwohl eine solche Definition seinen Zugang zu neuen Märkten unnötigerweise einschränken würde. Ohne Zweifel haben die Techniker und Marketingfachleute von SKF eifrig nach jeder Möglichkeit zur Anwendung des Kugellagerfachwissens der Firma gesucht, aber die Einsatzmöglichkeiten von Kugellagern waren und sind beschränkt. Das Wachstum des Unternehmens muß nun nicht zur Gänze davon abhängen, ob neue Anwendungsbereiche für Kugellager gefunden werden, denn wenn SKF die produktbezogene Betrachtung seiner Kompetenzen durch eine fähigkeitenbezogene Betrachtung ersetzt, werden sich rasch neue Möglichkeiten und Chancen eröffnen. SKF verfügt über Kompetenzen in den Bereichen Antifriktion (die Art und Weise des Zusammenwirkens verschiedener Materialien, indem sie Reibung entweder erzeugen oder verringern), Präzisionstechnik (SKF ist eines der wenigen europäischen Unternehmen, die harte Metalle mit unglaublich kleinen Toleranzen bearbeiten kann) sowie in der Herstellung vollkommen sphärischer Geräte. Man kann darüber spekulieren, ob es SKF gelingen könnte, die runden, hochpräzisen Aufnahmeköpfe für Videorecorder herzustellen, die derzeit großteils von den Japanern produziert werden. Vielleicht könnte SKF die winzigen Kugeln für Kugelschreiber herstellen – eine weitere Komponente, die häufig von japanischen Firmen produziert wird. Eine Kernkompetenz erweist sich dann als echt, wenn sie die Grundlage für den Eintritt in neue Produktmärkte bildet. Bei der Beurteilung der Ausbaufähigkeit einer Kompetenz sollte das leitende Management den produktzentrierten Zugang zu den Fähigkeiten des Unternehmens nach Möglichkeit vermeiden.

Was eine Kernkompetenz nicht ist

So wichtig es ist zu wissen, was eine Kernkompetenz ist, so wichtig ist es auch zu wissen, was eine Kernkompetenz nicht ist. Wir treffen oft auf erhebliche Verwirrung und Unsicherheit, wenn es um die Unterscheidung zwischen Aktiva, Infrastruktur, Wettbewerbsvorteilen, entscheidende Erfolgsfaktoren und Kernkompetenzen geht. Zuallererst ist eine Kernkompetenz kein „Aktivposten" im buchhalterischen Sinn. Kernkompetenzen werden in der Bilanz nicht sichtbar. Eine Fabrik, ein Vertriebsweg, eine Marke oder ein Patent können keine Kernkompetenzen sein – das sind eher Dinge als Fähigkeiten. Die Fähigkeit jedoch, diese Fabrik (z. B. das Lean Manufacturing von Toyota), diesen Vertriebskanal (z. B. die Logistik von Wal-Mart), diese Marke (z. B. die Werbung von Coca-Cola) oder dieses geistige Eigentum (z. B. die Fähigkeit von Motorola, sein Patentportfolio zu schützen und zu nutzen) zu managen, kann eine Kernkompetenz darstellen.

Im Gegensatz zu Anlagen unterliegen Kompetenzen keiner „Abnutzung", obwohl eine Kernkompetenz ihren Wert mit der

Zeit verlieren kann. Allgemein gilt, daß eine Kernkompetenz um so ausgefeilter und wertvoller wird, je stärker sie in Anspruch genommen wird. Indem Honda seine Kompetenzen auf dem Motorensektor auf Motorräder, Autos, Generatoren und ähnliches ausdehnte, vervielfältigte sich generell das Wissen der Firma über den Verbrennungsmotor. Die Breite der Anwendungen gestattete es Honda, ein auf einem Produktmarkt entwickeltes Kompetenzelement auf einen anderen Markt zu übertragen. Es ist kein Zufall, daß Honda die Fähigkeit zur Herstellung sehr kompakter und trotzdem leistungsstarker Automotoren besitzt. Im Motorradbereich hat Honda schon vor langer Zeit die Notwendigkeit erkannt, das Leistung/Gewicht- und Leistung/Größe-Verhältnis der Motoren zu maximieren.

Eine Kernkompetenz wird vor allem dadurch zu einer Quelle für Wettbewerbsvorteile, daß sie im Konkurrenzkampf unverwechselbar ist und einen Beitrag zum Kundennutzen bzw. einen positiven Kostenbeitrag leistet. Aber während alle Kernkompetenzen zum Wettbewerbsvorteil beitragen, sind nicht alle Wettbewerbsvorteile Kernkompetenzen. Jede Kernkompetenz ist ein entscheidender Erfolgsfaktor, aber nicht jeder entscheidende Erfolgsfaktor ist eine Kernkompetenz. Eine Firma kann einen Lizenzvertrag besitzen, der ihr den alleinigen Zugang zu einer bestimmten Technologie sichert; es kann sein, daß sie eine exklusive Importlizenz für ein bestimmtes Produkt besitzt, daß ihre Fabriken nahe an Rohmaterialquellen oder in Niedriglohngebieten stehen oder daß ihre Kunden die Produkte der Firma deshalb vorziehen, weil sie im Land („Buy American“) oder im Ausland („echter“ französischer Champagner) produziert werden. All das sind Beispiele für Wettbewerbsvorteile und entscheidende Erfolgsfaktoren, aber nicht für Kernkompetenzen.

Eine Kernkompetenz ist genau das, was der Name besagt: eine Fähigkeit, ein Können. Ein Unternehmen kann viele Vorteile gegenüber der Konkurrenz haben, die nicht auf Fähigkeiten und Können beruhen. Das bedeutet nicht, daß diese Vorteile weniger wichtig oder weniger entscheidend für seinen Erfolg wären, es bedeutet nur, daß sie ganz anders gemanagt werden als Kompetenzen, die von Menschen verkörpert werden.

Zwischen Kernkompetenzen und anderen Formen von Wettbewerbsvorteilen muß unter anderem deshalb unterschieden werden, weil ein Unternehmen nur allzuleicht der Versuchung erliegt, sich auf einem Vorteil bei Vermögen oder Infrastruktur auszuruhen, anstatt in den Aufbau unverwechselbarer Kompetenzen zu investieren. So genoß beispielsweise Porsche wegen seiner weltweit einzigartigen technischen Fähigkeiten jahrelang eine exzellente Reputation unter den technisch interessierten Autokäufern. Leider machten die Stärke der Marke Porsche und die Tatsache, daß man Spitzenpreise für die Produkte erzielte, das Unternehmen blind dafür, daß seine einzigartigen technischen Fähigkeiten, verglichen mit dem Können anderer Hersteller, allmählich an Bedeutung verlor. Es war nicht so, daß die Fähigkeiten von Porsche geringer wurden, aber die technischen Fähigkeiten der Konkurrenz, vor allem jene der Japaner, stiegen rascher als jene von Porsche. Anfang der neunziger Jahre produzierten die japanischen Konkurrenten hochkarätige Sportautos (Nissan 300ZX, Honda NSX und Toyota Supra), die viel weniger kosteten als das Spitzenmodell Porsche 911 und dieses mitunter sogar in der Leistung übertrafen. In den achtziger Jahren erhöhte Porsche seine Preise hemmungslos. Dabei kam ihm die Yuppie-Welle mit ihrem Markenbewußtsein zugute. Mit der Zeit wurde den Käufern unweigerlich klar, daß der Markenname Porsche nicht immer für überlegene Leistung bürgte. Die Folge war, daß die Verkäufe von Porsche von der Spitzenstückzahl 30.741 im Jahr 1986 auf 3.728 im Jahr 1993 abstürzten.

Wir unterscheiden zwischen dem Vermächtnis der Vergangenheit (Marken, Wirtschaftsgüter, Patente, eine stabile Ausgangsbasis, Vertriebsinfrastruktur und ähnliches) und den Kompetenzen, die notwendig sind, um von der Zukunft zu profitieren. Man erhält eine genaue Vorstellung von den Fähigkeiten eines Unternehmens, wenn man von den Gewinnen jenen Anteil abzieht, der dem historischen Vermächtnis zu verdanken ist. Der verbleibende Gewinn ist ein Maßstab für die Fähigkeit eines Unternehmens, seine unverwechselbaren Kompetenzen zu managen und zu nutzen.

Intel ist ein interessantes Beispiel. Mit Gewinnen von 2,3 Milliarden Dollar im Jahr 1993 war Intel der profitabelste Halbleiterhersteller der Welt. Aber die Gewinne von Intel sind kein völlig exakter Indikator für die Kompetenzen des Unternehmens. Verborgen in den Gewinnen von Intel sind zwei wichtige „Vermächtnisse“: Da sind zunächst die geistigen Eigentumsrechte. Es besteht kein Zweifel, daß Intel ein innovatives Unternehmen ist und elegante und kompakte Mikroprozessoren herstellt. Wären jedoch die rechtlichen Hindernisse für das Kopieren eines Halbleiterdesigns so niedrig wie jene für das Kopieren eines Einzelhandelskonzepts, müßte Intel einen Großteil seiner Gewinne mit Konkurrenten teilen, welche die von Intel produzierten Chips rückrüsten und nachproduzieren würden. Die geistigen Eigentumsrechte von Intel, von den Patentgesetzen garantiert und von den Gerichten geschützt, sind im Grunde nichts anderes als eine Steuer, die von jedem Intel-Kunden eingehoben wird. Das zweite dieser „Vermächtnisse“ ist Intels stabile Ausgangslage. Die Tatsache, daß Intels X86-Chip zum weltweiten PC-Standard wurde, ist in hohem Maß der Vertriebsstärke von IBM zuzuschreiben. IBM machte die X86-Architektur zum De-facto-Standard. Die stabile Ausgangslage der X86-Mikroprozessoren verlieh Intel einen beträchtlichen Vorteil, indem sie die Kunden vom 286er über den 386er und 486er zum Pentium lotste.

Jeder Intel-Manager sollte sich fragen, wie profitabel Intel wäre, wenn eines dieser beiden „Vermächtnisse“ wegfiele. Wie würde beispielsweise der Konkurrenzkampf zwischen Intels Pentium-Chip und dem Power PC-Chip von IBM, Motorola und Apple aussehen, wenn es keine rechtlichen Beschränkungen für das Klonen von Chip-Designs gäbe und wenn kein Konkurrent den Vorteil einer bereits existierenden stabilen Ausgangsbasis besäße? Die Antwort ist, daß Intel sehr viel weniger profitabel wäre. Tatsächlich sind die geistigen Eigentumsrechte auf der ganzen Welt bedroht, und zu irgendeinem Zeitpunkt wird es, während sich die Mikroprozessorindustrie verlagert, für Intel unmöglich werden, einfach von vergangenen Chip-Designs zu extrapolieren oder darauf zu vertrauen, daß die vorhandene solide Ausgangsbasis für genug Dynamik garantiert. Irgendwann wird eine neue Ära im Wettbewerb beginnen, und dann wird Intel nur auf seine Design-, Herstellungs- und Vertriebskompetenzen zurückgreifen können. Was die Wettbewerbsfähigkeit eines Unternehmens aufrechterhält, sind nicht die Vermächtnisse der Vergangenheit, sondern seine Kompetenzen. Die Manager müssen lernen, zwischen diesen beiden Faktoren zu unterscheiden.

Kernkompetenz ist nicht gleichbedeutend mit vertikaler Integration. Das Konzept der Kernkompetenz fordert nicht, daß ein Unternehmen alles, was es verkauft, selbst herstellen muß. Canon zum Beispiel weiß genau, wo seine Kernkompetenzen liegen, kauft jedoch mehr als 95 % der Komponenten für seine Kopiergeräte zu. Was ein Unternehmen zu kontrollieren versuchen sollte, sind jene Kernkompetenzen, die den größten Beitrag zu dem von den Kunden wahrgenommenen Wert leisten. Nike näht vielleicht die Schuhe, die seinen berühmten Namen tragen, nicht selbst zusammen (Nike lagert das Nähen aus, so wie eine Versicherungsgesellschaft die Produktion von Papier für ihre Formulare auslagert), aber das Unternehmen kontrolliert die Kompetenzen in den Bereichen Logistik, Qualität, Design, Produktentwicklung, Athletenbetreuung, Vertrieb und Merchandising.

In vielen Branchen findet eine Entwicklung weg von der vertikalen Integration und hin zur virtuellen Integration statt. In einer Allianz oder einem Netzwerk ist jede Firma auf einige wenige Kernkompetenzen spezialisiert. Obwohl die Manager wissen müssen, welche Palette an Kompetenzen erforderlich ist, um in einem bestimmten Produktbereich oder einem Markt wettbewerbsfähig zu sein, müssen nicht alle diese Kompetenzen im eigenen Unternehmen beheimatet sein. Apple wußte das, als es eine Gruppe von Unternehmen um sich versammelte, um den Newton Message Pad zu entwickeln. Man sollte das sogenannte vernetzte oder modulare Unternehmen jedoch nicht überschätzen. Einfluß, Macht und Gewinne der einzelnen Beteiligten an einem virtuellen Unternehmensnetzwerk hängen von der Unverwechselbarkeit und der relativen Bedeutung ihrer jeweiligen Kernkompetenzen ab. Jene Kernkompetenzen, die ein Unternehmen in den Augen der Kunden unverwechselbar machen und ihm Zugang zu neuen Märkten verschaffen, dürfen nicht ausgelagert werden. Es ist unvorstellbar, daß Sony seine Videokompetenz auslagert, oder Cargil seine Kompetenz der Warenbeschaffung oder UPS seine wichtigsten Kompetenzen in der drahtlosen Kommunikation, oder Swatch seine innovativen, kostengünstigen Produktionsmethoden. Entscheidungen darüber, was im Haus bleibt und was ausgelagert werden soll, werden dadurch erleichtert, daß die Manager wirklich verstehen, was eine „Kern"-Kompetenz ist und was nicht. Trotzdem sollte das Prinzip der Kernkompetenz niemals ein Freibrief für die vertikale Integration in Nicht-Kernaktivitäten werden.

Der Wert von Kompetenzen ändert sich

Was in einem Jahrzehnt eine Kernkompetenz war, kann im nächsten zu einer bloßen Fähigkeit werden. So war beispielsweise in den siebziger und achtziger Jahren die Qualität, gemessen in Fehlern pro Fahrzeug, unzweifelhaft eine Kernkompetenz der japanischen Autohersteller. Hohe Zuverlässigkeit war ein bedeutender Kundennutzen und ein echter Differenzierungsfaktor für die japanischen Autohersteller. Es dauerte mehr als ein Jahrzehnt, bis die westlichen Autoproduzenten diese Qualitätslücke schließen konnten, aber Mitte der neunziger Jahre war Qualität, gemessen an den Produktionsfehlern pro Fahrzeug, zu einer grundlegenden Fähigkeit jedes Autoherstellers geworden, unerläßlich für seinen Erfolg. Diese Dynamik manifestiert sich auch in anderen Branchen. Über längere Zeiträume hinweg betrachtet, kann sich das, was einst eine Kernkompetenz darstellte, in eine Basisfähigkeit verwandeln. Qualität, rascher Markteintritt und reaktionsschneller Kundenservice –

einst echte Differenzierungsfaktoren – werden nun in vielen Industrien zur Vorbedingung für die Teilnahme am Wettbewerb.

Mitunter können umwälzende Strukturveränderungen in einer Industrie den Wert der Kernkompetenzen eines Unternehmens erheblich verringern. Nehmen wir zum Beispiel die Rüstungsindustrie. Jedes Unternehmen, das mit dem amerikanischen Verteidigungsministerium zusammenarbeitete, entwickelte eine ganz spezifische Kompetenz – spezielle Fähigkeiten, die auf spezifischen Angebotsprotokollen, langen Entwicklungszyklen, speziellen Buchhaltungsverfahren, Einhaltung der Sicherheitsrichtlinien und so weiter beruhten. Mit dem Ende des kalten Krieges und den dramatischen Kürzungen des amerikanischen Verteidigungshaushaltes mußten einige amerikanische Armeelieferanten erkennen, daß manche ihrer Kompetenzen von geringerem Wert waren als noch vor einem oder zwei Jahrzehnten. Obwohl die Lieferanten des Verteidigungsministeriums über enorme technische Kompetenzen verfügen, gelingt es ihnen nicht, auf den kommerziellen Märkten rasche Durchbrüche zu erzielen. Das liegt zum Teil daran, daß viele ihrer historischen Kompetenzen auf den Märkten außerhalb des Verteidigungsbereiches von nur geringem Wert sind.

DIE ZAHLREICHEN EBENEN DES WETTBEWERBS UM KOMPETENZ

Im zweiten Kapitel stellten wir fest, daß der Wettbewerb um die Zukunft in drei Phasen stattfindet (Wettbewerb um intellektuelle Führung, Wettbewerb um die Trassierung der Transformationswege und Wettbewerb um Marktanteil und Marktposition). Der Wettbewerb um Kompetenz findet auf vier Ebenen statt (siehe Abbildung 9.1). Wer das Rennen um die Kernkompetenzführerschaft gewinnen will, muß verstehen, worum es im Wettkampf auf den einzelnen Ebenen geht. Die meisten Unternehmen und Strategielehrbücher widmen Ebene 4, dem Wettkampf um den Markenanteil, 99 % der

ABBILDUNG 9.1: WETTBEWERB UM KOMPETENZ

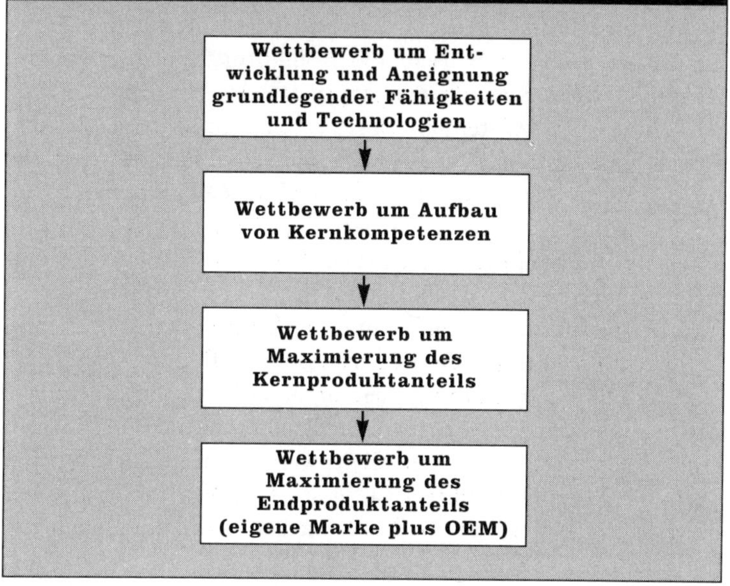

Aufmerksamkeit. Wir sind davon überzeugt, daß das ein Fehler ist, denn ein Großteil des Kampfes um die Zukunft spielt sich, wie wir sehen werden, auf den Ebenen 1 bis 3 ab.

Ebene 1: Entwicklung von und Zugang zu grundlegenden Fähigkeiten und Technologien

Das Ziel des Wettbewerbs auf Ebene 1 besteht in der Aneignung oder Entwicklung der grundlegenden Fähigkeiten oder Technologien, die eine bestimmte Kernkompetenz ausmachen. Dieser Wettbewerb findet auf den Märkten für Technologie, Talent, Allianzpartner und geistige Eigentumsrechte statt. Vorausblickende Unternehmen konkurrieren um den Zugang zu jenen individuellen Fähigkeiten und Technologien, die Bestandteil einer allgemeineren

Kernkompetenz sind. Im Fall einer Pharmafirma kann das so aussehen, daß sie versucht, durch langfristige Forschungsaufträge hochkarätige Professoren und Unversitätsinstitute für ihre Sache einzuspannen. Eine japanische Elektronikfirma könnte in vorausblickender Weise Kapitalbeteiligungen an oder Lizenzen von jungen kalifornischen Unternehmen erwerben. Eine führende Brokerfirma könnte bestrebt sein, jedes Jahr den besten Finanznachwuchs von den Wirtschaftsuniversitäten für die Firma zu gewinnen.

Unternehmen, die in neuen Bereichen Kernkompetenzen aufbauen wollen, konkurrieren oft auch darum, vorausblickende und möglicherweise exklusive Beziehungen zu anderen interessierten Partnern aufzubauen. Dazu könnte ein Wettkampf um den Zugang zu Forschungsaufträgen der Regierung, um die Bildung eines Jointventures mit einem Unternehmen mit ähnlichen Fähigkeiten oder um die Einbindung eines potentiellen Kunden in einen langfristigen Entwicklungsvertrag gehören. Eine weitere Facette des Wettbewerbs um Kompetenzführerschaft besteht im Wettlauf darum, wer als erster ein Patent für eine bestimmten Art von Kundennutzen anmeldet.

In diesem Stadium des Kampfes entsteht ein Ressourcen-Leverage vor allem aus dem Vermögen, sich Zugriff auf externe Fertigkeiten und Technologien zu verschaffen und diese zu „absorbieren". Asiatische Unternehmen im allgemeinen und japanische im besonderen sind sehr geschickt darin, wissenschaftliche Erkenntnisse und Ideen aus dem Westen zu importieren und sie zu Kompetenzen von Weltgeltung zusammenzufügen. Die westliche Technologie wurde durch strategische Allianzen, Lizenzverträge, die Repatriierung von Studenten mit US-Studium und Kapitalbeteiligungen an neugegründeten Unternehmen importiert.

Oft gestatten langfristige Allianzen den Unternehmen Einblick in Kompetenzen, die fest in der Struktur eines Partners verankert sind. Die französische Unterhaltungselektronikfirma Thomson lernte von JVC, ihrem Partner in der Videorecorderherstellung, viel darüber, wie sich harte Technologie und Prozeßoptimierungstechniken in subtilem Wechselspiel zu einer Produktionskompetenz von Weltrang zusammenfügen können. Am Anfang ihrer geschäftlichen Beziehung wußte Thomson so gut wie nichts über die Herstellung von Videorecordern, die zur damaligen Zeit das komplexeste Produkt der Unterhaltungselektronik darstellten. Etwa fünf Jahre später war Thomson bereits in der Lage, mehr oder weniger ohne Unterstützung von JVC die Videorecorderproduktion in Singapur aufzunehmen.

Die japanischen Firmen haben sich als besonders lernfähig erwiesen. NEC, ein Unternehmen, das enge strategische Allianzen mit Hughes, Intel und Honeywell sowie mit Dutzenden anderen Firmen einging, lernte ungeheuer viel von seinen ausländischen Partnern. General Motors benutzt sein Joint-venture mit Toyota – NUMMI – als Fenster zum vergleichsweise technologiearmen, arbeitsintensiven Produktionsansatz von Toyota. Wenn es also darum geht, etwas zu importieren, das eher einer vollentwickelten Kompetenz gleichkommt als einer spezifischen Fähigkeit oder Technologie, ist eventuell eine langfristige Beziehung mit einem sehr fähigen Partner notwendig.

Ebene 2: Wettbewerb um die Umwandlung von Fähigkeiten in Kompetenzen

Während Unternehmen um die Einstellung hochqualifizierter Mitarbeiter, um die Sicherung exklusiver Lizenzen oder die Gewinnung eines Partners direkt miteinander konkurrieren können, verläuft der Wettbewerb um die Umwandlung bestimmter Fähigkeiten in Kompetenzen viel weniger direkt, ohne deshalb weniger wichtig zu sein. Weiter oben haben wir festgestellt, daß eine Kompetenz aus einer Vielzahl von Fähigkeiten, Technologien und Wissensströmen besteht. Ein Portfolio verschiedener Fähigkeiten stellt noch keine Kompetenz dar. Eine Kernkompetenz ist ein Gewirk aus verschiedenen Fähigkeiten und Technologien. Ein Autoproduzent könnte die besten Ingenieure und Techniker beschäftigen und Milliarden von Dollar in Forschung und Entwicklung pumpen, ohne jedoch die besten Motoren herzustellen. Eine Kompetenz bei Getrieben erfordert die Integration von Wissen über Verbrennungsmotoren, Steuersysteme für Elektromotoren, neue Materialien usw. Von entscheidender Bedeutung ist die Fähigkeit zur Harmonisierung breitgestreuter unterschiedlicher Fähigkeiten und Technologien. Gebraucht werden Generalisten, keine engstirnigen Fachleute. Experten, denen andere Disziplinen nicht fremd sind und die über den Tellerrand ihres spezifischen technischen oder funktionalen Fachbereichs hinausblicken, sind selten. So wie die Absorption dieselbe Bedeutung haben kann wie Erfindungsgeist, so kann auch Integration dieselbe Bedeutung wie Erfindungsgeist haben. Möglicherweise war der Erfindungsgeist der Japaner in den vergangenen Jahren nicht so ausgeprägt wie jener einiger westlicher Konkurrenten, aber die japanischen Firmen machten dieses Manko durch ausgezeichnete Absorption und Integration mehr als wett.

Vielen Unternehmen fällt es schwer, die vielfältigen Wissens- oder Technologieströme, die ihr Erbe ausmachen, zu neuen, höherrangigen Kompetenzen zu verschmelzen. Kodak will das bewerkstelligen, indem es versucht, die Trennlinie zwischen seinen Chemieexperten und seinen Fachleuten in der digitalen Bildverarbeitung und Elektronik zu verwischen. Ein früher Erfolg gelang Kodak mit einem Produkt namens Tele-Cine, mit dem ein Filmemacher ein Filmbild in ein Digitalformat übertragen, dieses Bild mit dem Computer manipulieren und es dann wieder auf Film übertragen kann, ohne daß Farbverzerrungen oder Schärfeverluste entstehen. Mit diesem Produkt hat Kodak einen Oscar gewonnen.

In diesem Stadium des Kompetenzaufbaus entsteht die Hebelwirkung nicht durch das Ausleihen von außen, sondern dadurch, daß eine Kompetenz für verschiedenste Anwendungen nutzbar gemacht wird. So wendet beispielsweise EDS sein Wissen in den Bereichen Zeitplanung, Reservierungssysteme und Tracking in so verschiedenen vertikalen Märkten wie Autovermietung, Fluglinien und Lkw-Unternehmen an.

Ebene 3: Wettbewerb um Kernproduktanteile

Auf der dritten Wettbewerbsebene geht es um das, was wir *Kernprodukte* oder, im Fall von Dienstleistungen, *Kernplattformen* nennen. Ein Kernprodukt oder eine Kernplattform ist ein Zwischenprodukt, das irgendwo zwischen Kernkompetenz und Endprodukt angesiedelt ist. Manche Unternehmen versuchen, anderen Firmen, unter Umständen sogar Konkurrenten, Kernprodukte auf OEM-Basis zu verkaufen, um sich „virtuelle Marktanteile" zu sichern. Die Hebelwirkung entsteht hier dadurch, daß man sich die Vertriebskanäle und Marken der nachgelagerten Partner „ausleiht". Der virtuelle Marktanteil und die durch ihn erzielten Gewinne und Erfahrungen gestatten es dem Unternehmen, seine Aktivitäten beim Aufbau von Kernkompetenzen voranzutreiben.

Canon beispielsweise verkauft Laserdruckermotoren an Apple, Hewlett-Packard und andere Hersteller von Laserdruckern. Der Motor ist das Herz des Druckers, und Canon ist der weltweit größte Hersteller solcher Motoren. Der Kernproduktanteil von Canon ist weit größer als sein Markenanteil bei Laserdruckern. Canon gibt sich damit zufrieden, sich auf die Vertriebsstärke seiner Partner zu verlassen und seine Investitionen auf den Aufbau einer Führungsposition bei Tintenstrahl- und Laserdruckerkompetenzen zu konzentrieren.

Eine direkte Messung des Kompetenzanteils von Canon wäre schwierig, aber ein Blick auf den Anteil seiner „Kernprodukte" – jener Produkte oder Dienstleistungen, die zwischen der Kompetenz und dem Endprodukt angesiedelt sind – gestattet eine ungefähre Einschätzung des Kompetenzanteils von Canon. Insbesondere die japanischen Unternehmen konzentrieren sich auf den Aufbau eines Kernproduktanteils, um auf diese Weise ihre Bestrebungen zum Aufbau von Kernkompetenzen zu unterstützen. Fast alle japanischen Unternehmen und alle wichtigen koreanischen Konzerne verwenden OEM-Beziehungen zur Erhöhung ihres Kernproduktanteils. Manchmal werden Kernprodukte als Komponenten verkauft, manchmal werden sie in Fertigprodukten verpackt, die unter dem Markennamen einer anderen Firma weiterverkauft werden. Beispiele sind die Herstellung von Mikrowellen für GE, Videorecordern für RCA, Computern für ICL, Motoren und Getriebe für Ford, Flugzeugkomponenten für Boeing und Flachdisplays für Apple. Das Verhältnis zwischen Kernproduktanteil und Markenanteil liegt bei asiatischen Unternehmen üblicherweise über 1. Nicht weniger als ein Drittel der Produktion von Samsung wird als Komponenten in diversen Produkten anderer Unternehmen oder unter anderen Markennamen verkauft.[3] Das bedeutet, daß der Produktionsanteil von Samsung beträchtlich höher ist als sein Markenanteil. Obwohl taiwanesische Firmen außerhalb ihrer Landesgrenzen praktisch unbekannt sind, ist der Leiter der taiwanesischen Niederlassung von Intel davon überzeugt, daß westliche Computerhersteller ohne taiwanesische Zulieferer kaum konkurrenzfähig wären: „Ich meine, daß ein Computerhersteller heute nicht überleben kann, wenn er nicht in Taiwan zukauft. Taiwan ist zum wichtigsten Waffenlieferanten im Computerkrieg geworden."[4] Taiwanesische Firmen wie Acer, Tatung, Inventec, Datatech oder Compal verkaufen Komponenten unter anderem an Apple, Dell, IBM und AST.

Tatsächlich kann das Ziel darin bestehen, in einem bestimmten Kernkompetenzbereich ein Monopol aufzubauen oder einem Monopol so nahe wie möglich zu kommen. Die Fähigkeit, ein Endproduktmonopol aufzubauen, wird durch rechtliche Beschränkungen und die Fragmentierung der Vertriebskanäle eingeschränkt, aber oft gibt es keine solchen Beschränkungen für Kernproduktanteile und damit für den Kernkompetenzanteil. Nachdem Matsushita VHS erfunden hatte, lieferte es jahrelang den Löwenanteil der weltweiten Videorecorderkomponenten und erweiterte und vertiefte dabei seine Kompetenz im Videobereich. Die Folge ist, daß eine Industrie auf der Ebene der Kernprodukte oft viel stärker konzentriert ist als auf der Ebene der Endprodukte. Während eine Fülle von Unternehmen Laptop-Computer herstellt, produzieren nur zwei Firmen – Sharp und Toshiba – nennenswerte Mengen jener

Flachdisplays, die einen Laptop tatsächlich zum tragbaren Computer machen. Im Jahr 1993 war Sharps Marktanteil an Flachdisplays (beinahe 40 %)[5] weitaus höher als der Markenanteil irgendeines seiner computerproduzierenden Kunden. In Anbetracht der sehr verschiedenen Ebenen der Rivalität auf den Kernprodukt- und Endproduktmärkten sollte es nicht überraschen, daß die Spannen, die Sharp und Toshiba mit ihren Flachdisplays verdienen, um einiges größer sind als jene von Unternehmen wie AST und Zenith, die das Endprodukt zusammenbauen.

Das Konzept des Kernproduktanteils kann auch auf Dienstleistungsbetriebe übertragen werden. Marriott verkauft seine Kernkompetenzen im Catering und Betriebsmanagement an Unternehmen, die versuchen, das Management von Konferenzeinrichtungen oder Firmenkantinen auszulagern, und versucht gleichzeitig, seine Kompetenzen über die Marriott-Hotels direkt den Kunden zu liefern. Federal Express verkauft Kernprodukte in Form von Systemen und Consulting an jede Firma, die ein komplexes logistisches Problem zu bewältigen hat. In diesem Fall verkauft FedEx nicht das Endprodukt – Paketzustellung –, sondern eine Zwischendienstleistung.

Die Bereitschaft von American Airlines, sein Reservierungssystem mit seinen Konkurrenten zu teilen und über seine IT-Tochter AMRIS Informationsdienste zu verkaufen, versetzt das Unternehmen in die Lage, seine Investitionen in den Aufbau von Datenmanagementkompetenzen besser auszunutzen. Noch wichtiger ist, daß dadurch für die Konkurrenten der Anreiz geringer wird, in den Aufbau einer ähnlichen Kompetenz zu investieren. Mit der Zeit wird es für die Konkurrenten immer schwieriger, mit dem Investitionsniveau und dem Wissen von American gleichzuziehen. Man könnte – in Anbetracht der vielen unterschiedlichen Tarife weltweit, der Notwendigkeit, Kundengeld durch Massenabfertigung anzulocken, und der Bemühungen zur Aufrechterhaltung der Kundenloyalität durch das Angebot von Vielfliegerbonussen – argumentieren, daß das Airline-Geschäft immer stärker zu einem Informationsmanagementgeschäft wird. Die Schaffung von Datenstrukturen, die Auswahl von Hardware- und Softwarepaketen, die Schulung Tausender Reservierungs- und Reisebüromitarbeiter und die Umstellung des Systems auf „Echtzeitbasis“, um bei einem bestimmten Flug eine selektive Preisgestaltung für die Plätze zu ermöglichen – all das sind komplexe Fähigkeiten. Sie stellen auf jeden Fall eine Kompetenz dar, und die Tatsache, daß American diese Kompetenz in Form von Datenmanagement-„Kernplattformen“ an potentielle Konkurrenten verkauft, stärkt seine Führungsposition bei Kernkompetenzen kontinuierlich.

Mehr und mehr Firmen erkennen, wie vorteilhaft der Verkauf von Kernprodukten ist. In den letzten Jahren hat IBM damit begonnen, ein altes Dogma der Firmenpolitik zu revidieren und ist mittlerweile bereit, Kernprodukte (Komponenten und Module) an fast jeden zu verkaufen – Freund oder Feind. Zwischen 1990 und 1993 schnellten die IBM-Technologieverkäufe an dritte von 300 Millionen Dollar auf 3 Milliarden Dollar hinauf.[6] Für diese Veränderung gibt es mehrere Gründe. In den Jahren, in denen IBM die absolute Vertriebsvorherrschaft innehatte (als Computer fast ausschließlich direkt verkauft wurden und IBM über die größte und beste Direktverkäuferschaft verfügte), hatte das Unternehmen kaum einen Grund, seine Kernprodukte an Außenstehende zu verkaufen. Seine eigenen Kanäle sicherten IBM genügend Volumen und Marktanteil, um im Rennen um die Verbesserung der Kompetenzen bei Halbleitern, Software und Computerarchitektur die Nase vorn zu behalten. Als die Zahl der Vertriebskanäle und der neuen Konkurrenten zu steigen begann, mußte das Topmanagement von IBM erkennen, daß es die Führungsposition des Unternehmens bei wesentlichen Kernkompetenzen nicht auf Dauer garantieren konnte, wenn sich IBM nicht stärker dem Markt öffnete. Der Anteil von IBMs Direktverkäufersystem am Gesamtmarkt sank von Jahr zu Jahr. Auch erkannte das Unternehmen, daß der Zugang zu potentiellen Märkten durch die Marke IBM unnötig beschränkt wurde. Dazu kam, daß einige der Kernkompetenzkonkurrenten von IBM (wie zum Beispiel NEC, Sony und Sharp) viel stärker diversifiziert waren. Diese Unternehmen verfügten über eine breitere Produktpalette, um die Investitionen in den Kompetenzaufbau zu amortisieren. Wollte IBM also seine Führungsposition bei den Kernkompetenzen aufrechterhalten, so benötigte es ein größeres Volumen – das es sich sichern konnte, indem es Kernprodukte und Plattformen über andere Kanäle verkaufte.

Die Entscheidung, Kernprodukte an Konkurrenten zu verkaufen, die sie in ihre Produkte einbauen und ihnen ihren Namen geben, stößt die Direktverkäuferschaft und die leitenden Marketingmitarbeiter eines Unternehmens häufig vor den Kopf. Die internen Vertriebsorganisationen stellen stets dieselbe Frage: „Wie können wir unsere Wettbewerbsdifferenzierung aufrechterhalten, wenn wir unsere Kernprodukte, unsere ‚Kronjuwelen', an unsere Rivalen verkaufen?" Über die Gegenfrage denken die Marketing- und Verkaufsleute allerdings nur selten nach: „Wie können wir die absolute Führungsposition in unseren Kernkompetenzbereichen aufrechterhalten, wenn wir unsere Volumina und damit unsere Gewinne und die Chancen, etwas über den Markt zu lernen, auf unsere eigenen Vertriebskanäle beschränken?" Unserer Erfahrung nach ist die Wahrscheinlichkeit, daß die hausinternen Kanäle der Firma weniger effizient sind als alternative Vertriebskanäle, um so größer, je mehr sich die Verkaufs- und Marketingmanager vor der Entscheidung fürchten, Kernprodukte an Außenstehende zu verkaufen. Wenn einzelne Konkurrenten, indem sie die Kernprodukte eines Unternehmens kaufen, Produkte mit ähnlichen Leistungsmerkmalen anbieten können, werden die internen Verkäufer nur dann erfolgreich sein, wenn sie den Kunden ein gewisses Maß an zusätzlicher Wertschöpfung anbieten, die über die dem Produkt ohnehin innewohnende Wertschöpfung hinausgeht. Wenn sie das nicht können, und wenn ihr Vertriebskanal teurer ist als die Alternativen, gibt es keinen Grund, warum ihnen ein Exklusivrecht auf die Kernprodukte des Unternehmens zugestanden werden sollte.

In diesem Sinn ist der Verkauf von Kernprodukten an andere Firmen oft eine sehr gesunde Erfahrung für das Verkaufs- und Marketingpersonal – sie zwingt die Manager, dafür zu sorgen, daß sie nicht nur von jener Wettbewerbsfähigkeit leben, die in den „vorgelagerten" Unternehmen erzeugt wird, sondern daß sie selbst genügend Wertschöpfung erzeugen, um ihre Overheadkosten zu rechtfertigen. Auch ist der Verkauf von Kernprodukten ein gutes Barometer dafür, ob das Unternehmen tatsächlich Kompetenzführer ist. Wenn die Konkurrenten und andere nicht Schlange stehen, um die Kernprodukte der Firma zu kaufen, dann sind die Kernkompetenzen des Unternehmens wahrscheinlich nicht so herausragend, wie intern von manchen Leuten behauptet wird.

Wir kennen nur sehr wenige Unternehmen, in denen zwischen Kernkompetenzanteil, Kernproduktanteil und Markenanteil klare Trennlinien gezogen werden. Der „Anteil", über den sich das leitende Management die meisten Gedanken macht, ist üblicherweise der Markenanteil. Die Konzentration auf den Markenanteil ist möglicherweise unangebracht, insbesondere wenn sie dazu führt, daß für die Wettbewerbsfähigkeit der Endprodukte entscheidende Kernprodukte von anderen Unternehmen bezogen werden. Ein Unternehmen, das einen beträchtlichen Anteil seiner Kernprodukte von außen bezieht, muß möglicherweise erkennen, daß es zunehmend in Abhängigkeit von seinen Zulieferern gerät. Der britische Autohersteller Rover war bis zu dem Zeitpunkt, als BMW ihn Honda entriß, beim Fahrgestelldesign und bei zentralen Komponenten wie dem Motor weitgehend von den Japanern abhängig. Die 20prozentige Kapitalbeteiligung von Honda entsprach keineswegs dem tatsächlichen Einfluß der Japaner auf ihren britischen Partner. Wenn der Markenanteil eines Unternehmens erheblich größer ist als sein Kernprodukt- oder Kernplattformanteil, läuft es Gefahr, die Kontrolle über sein Schicksal zu verlieren. Noch einmal: Wir meinen nicht, daß man alles im Haus herstellen sollte, sondern wir plädieren dafür, daß sich ein Unternehmen sehr klare Vorstellungen darüber machen sollte, welche Fähigkeiten unerläßlich sind, um sich von der Konkurrenz abzuheben und zu wachsen, und daß es dafür sorgen sollte, daß diese Fähigkeiten nicht durch Auslagerung unbeabsichtigt aufgegeben werden.

In den vergangenen Jahren sind die amerikanischen Unternehmen viel sensibler dafür geworden, wie gefährlich es ist, sich bei Kernprodukten auf Zulieferungen durch potentielle Konkurrenten zu verlassen. In Branchen mit kurzen Produktlebenszyklen kann die Entscheidung eines Zulieferers, einem nachgelagerten Unternehmen ein wichtiges Kernprodukt vorzuenthalten, verheerende Auswirkungen auf die Wettbewerbsfähigkeit dieses Unternehmens haben. Es kommt immer wieder vor, daß amerikanische Unternehmen japanische Zulieferer wegen eines solchen angeblichen Treuebruchs klagen. Allerdings ist sehr schwer nachzuweisen, daß der Zulieferer mit der Lieferverzögerung irgend etwas Böses im Schilde führte.

Die Abhängigkeit von Kernprodukten ist nicht immer asymmetrisch; sie kann auch wechselseitig sein. Ford und Mazda tauschen ebenso wie Philips und Matsushita seit langem Produkte aus – Kernprodukte und andere. Und obwohl die amerikanischen Computerfirmen bei Kernprodukten von japanischen und taiwanesischen Unternehmen abhängig sind, müssen die japanischen Firmen die grundlegende Intelligenz ihrer Computer von Microsoft und Intel beziehen. Wo Kernprodukte in beide Richtungen fließen, wo alle Partner wissen, wie sie ihre unverwechselbaren Kernkompetenzen schützen können, und bestrebt sind, das zu tun, und wo alle Partner aufmerksam die wettbewerbs- und kooperationsbezogenen Auswirkungen ihrer Beziehung verfolgen, muß Fremdbeschaffung nicht zu „Aushöhlung“ führen. Noch einmal: Wir sind nicht der Meinung, daß ein Unternehmen alles, was es verkauft, selbst herstellen muß, sondern wir meinen, daß es bei der Entscheidung über die Fremdbelieferung entscheidender Komponenten sorgfältig über die langfristigen Wettbewerbsimplikationen und die Natur der dadurch geschaffenen Abhängigkeit nachdenken sollte.

Worauf wir also hinauswollen, ist folgendes: Die Konzernstrategie muß mehr sein als eine Ansammlung der Strategien einzelner Geschäftseinheiten. Da Kernkompetenzen die dauerhaftesten und komplexesten Bausteine für die Strategiekonstruktion darstellen, müssen sie in den Mittelpunkt der Unternehmensstrategie gerückt werden. Das Topmanagement muß wissen, welche neuen Kompetenzen aufgebaut werden sollten. Es muß wissen, ob die derzeitigen Kompetenzen langsam abzubröckeln beginnen oder an Bedeutung gewinnen. Es muß unterscheiden können zwischen einem Geschäftszweig, der abgestoßen werden sollte, und jenen Kompetenzen, die beizubehalten sich lohnt. Es muß auch überaus wachsam gegenüber den Bestrebungen der Konkurrenz zur Kompetenzstärkung sein und erkennen, daß die „Kompetenzkonkurrenten“ möglicherweise nicht identisch sind mit den derzeitigen Endprodukt-Konkurrenten. Wie man eine Kernkompetenzperspektive in einem Unternehmen aufbaut, das sich einseitig auf Endprodukte oder -dienstleistungen konzentriert, werden wir in Kapitel 10 erörtern.

10

Die Einbettung der Kernkompetenzperspektive

Die Kernkompetenzperspektive ist für die meisten Unternehmen nicht selbstverständlich. Im Mittelpunkt der Corporate Identity stehen zumeist eher marktfokussierte Einheiten – oft „strategische Geschäftseinheiten (SBU)" genannt – als Kernkompetenzen. Es ist durchaus richtig, daß eine Organisation Augenmerk auf die Endprodukte legt, aber dies bedarf der Ergänzung durch eine Kernkompetenzperspektive. Ein Unternehmen sollte auch als Portfolio von Kompetenzen betrachtet werden und nicht nur als Portfolio verschiedener Produkte oder Dienstleistungen.

ES IST RISKANT, DIE KERNKOMPETENZEN ZU IGNORIEREN

Ein Unternehmen, das sich selbst und seine Konkurrenten nicht als Portfolio von Kompetenzen betrachtet, setzt sich zahlreichen Gefahren aus. Da ist zunächst die Gefahr, die eigenen Wachstumschancen unnötig zu verstümmeln. Warum erkannte CBS, das ein TV-Netzwerk und eine erfolgreiche Plattenfirma besitzt, die Chance des Musikfernsehens nicht? Inzwischen wurde dieser „weiße Fleck" von Viacoms MTV besetzt. Nur allzuoft wird eine Chance, die nicht in die bestehende Marktdefinition einzuordnen ist und keine natürliche „Heimat“ hat, ignoriert oder übersehen. Die meisten Firmen bemühen sich angestrengt, die Eigentümerschaft am bestehenden Wettbewerbsraum genau zwischen den einzelnen Einheiten abzugrenzen – aber sollte nicht ebensoviel Energie darauf verwendet werden, ihnen die Verantwortung für die neuen Wettbewerbsräume zuzuweisen?

Das zweite Risiko besteht darin, daß eine neue Chance selbst dann, wenn ein Angehöriger der Organisation sie richtig erkennt, häufig ungenutzt bleibt, weil die für ihre Wahrnehmung benötigten Kompetenzen in einer anderen Geschäftseinheit liegen. In einem solchen Fall führt möglicherweise kein Weg daran vorbei, die „Träger“ solcher Kompetenzen in das neue Chancenfeld zu versetzen. Die Bereichsleiter sind dafür bekannt, daß sie „ihre“ Leute eifersüchtig hüten, und nur wenige Unternehmen verfügen über klare Mechanismen, um die größten Talente den aussichtsreichsten neuen Chancen zuzuordnen. Die Folge ist, daß Kompetenzen eingesperrt werden und brachliegen.

Das dritte Problem besteht darin, daß die Kompetenzen auch durch die fortschreitende Unterteilung und Aufsplitterung der Unternehmen in immer kleinere Geschäftseinheiten (ein starker Trend) fragmentiert und geschwächt werden. Die Grenzen der Geschäftseinheiten erschweren häufig den Austausch und verlangsamen jenen kumulativen Lernprozeß, der eine Kompetenzerweiterung bewirkt. Die einzelnen Geschäftseinheiten sind nur so lange bereit, einen Kompetenzaufbau zu unterstützen, wie die jeweilige Kompetenz zur Wettbewerbsfähigkeit der bestehenden Endprodukte beiträgt. Oft bringt eine einzelne Geschäftseinheit weder die erforderlichen Investitionen noch die notwendige Ausdauer für den Aufbau einer neuen Kernkompetenz auf.

Die vierte Gefahr besteht darin, daß das Fehlen einer Kernkompetenzperspektive auch die Sensibilität eines Unternehmens für seine wachsende Abhängigkeit von externen Kernproduktlieferanten schwächen kann. Manager, die ausschließlich an der Maximierung des Markenanteils interessiert sind, finden es möglicherweise zweckmäßiger, die Kompetenzen eines Konkurrenten zu „mieten", als eigene Kompetenzen aufzubauen. Das ist, wie wir bereits festgestellt haben, eine oft gefährliche Abkürzung zur Wettbewerbsfähigkeit.

Fünftens besteht die Gefahr, daß ein Unternehmen, das sich ausschließlich auf Endprodukte konzentriert, nicht ausreichend in neue Kernkompetenzen investiert, die das zukünftige Wachstum anfachen könnten. Das zukünftige Wachstum hängt vom gegenwärtigen Kompetenzaufbau ab. Investitionen in neue Kernkompetenzen sind die Saat für die Produkternte von morgen.

Sechstens muß ein Unternehmen, das nicht verstanden hat, welche Kernkompetenzen in seiner Branche die Wettbewerbsbasis darstellen, damit rechnen, daß überraschend neue Bewerber in den Markt eintreten, die sich Kompetenzen zunutze machen, welche sie in anderen Endmärkten erworben haben. Denken Sie nur an den Eintritt von GM oder AT&T in das Kreditkartengeschäft. Nachdem diese Unternehmen Finanzkompetenzen zur Unterstützung ihres Kerngeschäfts aufgebaut hatten, benutzten sie diese Kompetenzen, um sich neue Geschäftszweige zu eröffnen. Im Bereich der Finanzdienstleistungen geschieht dies regelmäßig, denn Finanzdienstleistungsfirmen streben unabhängig von ihrem jeweiligen Endproduktschwerpunkt die Führerschaft in einer Reihe von mehr oder weniger allgemeinen Kompetenzgebieten an (siehe Abbildung 10.1). Häufig zeigen sich Unternehmen davon überrascht, daß ein Konkurrent, der für den Wettbewerb in einem Endproduktmarkt Kernkompetenzen aufgebaut hat, diese Fähigkeiten in einem anderen Endproduktmarkt einsetzt.

Siebtens schließlich besteht die Gefahr, daß Unternehmen, die wenig Gespür für Fragen der Kernkompetenzen haben, ungewollt wertvolle Kompetenzen aufgeben, wenn sie einen leistungsschwachen Geschäftsbereich abstoßen. In den siebziger Jahren verkaufte Motorola seine Fernsehwerke an Matsushita und zog sich aus diesem Geschäft zurück. Obwohl die Entscheidung, sich aus der wett-

ABBILDUNG 10.1: KERNKOMPETENZEN IM BEREICH DER FINANZDIENSTLEISTUNGEN

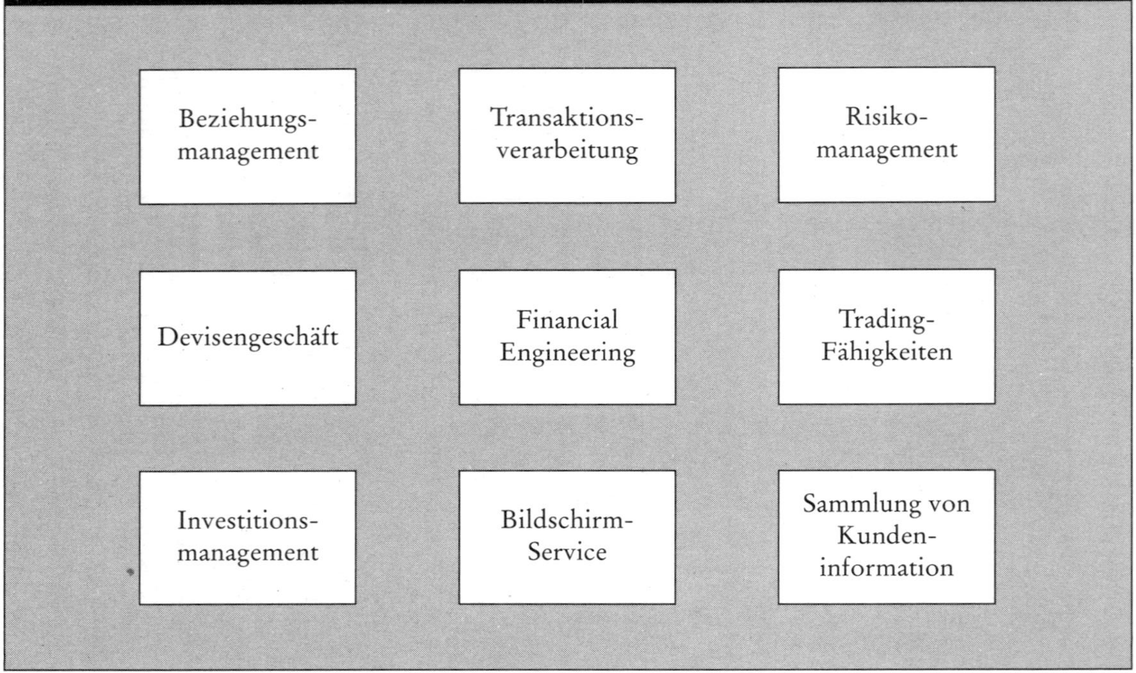

bewerbsintensiven Unterhaltungselektronik zu verabschieden, wahrscheinlich vorausblickend war, wünscht Motorola sich heute vielleicht, es hätte einige jener Kompetenzen behalten, die es mit seiner Unterhaltungselektronik aufgegeben hat. Nun hat Motorola erkannt, daß es wieder Kompetenzen bei Videodisplays aufbauen muß. Um Kernkompetenzen zu schützen, muß ein Unternehmen fähig sein, zwischen einem nicht lohnenden Geschäftszweig und den möglicherweise wertvollen Kompetenzen zu unterscheiden, die sich in diesem Geschäftszweig verbergen.

DIE KERNKOMPETENZPERSPEKTIVE

Damit die Kernkompetenzperspektive in einem Unternehmen Fuß fassen kann, muß das gesamte Management ein umfassendes Verständnis für die wichtigsten Aufgaben des Kompetenzmanagements entwickeln und sich daran beteiligen: (1) Identifikation bestehender Kernkompetenzen; (2) Erstellung eines „Akquisitionsplans“ für Kernkompetenzen; (3) Aufbau von Kernkompetenzen; (4) Entfaltung der Kernkompetenzen; und (5) Schutz und Verteidigung der Führerschaft in den Kernkompetenzbereichen.

Identifizierung von Kernkompetenzen

Eine Firma kann ihre Kernkompetenzen nicht aktiv entfalten, wenn sich das Management nicht darüber einig ist, worin diese Kernkompetenzen bestehen. Das bedeutet, daß die Fähigkeit eines Unternehmens zur Nutzung seiner Kernkompetenzen von der Klarheit der Definition, die dieses Unternehmen von seinen Kernkompetenzen zu geben imstande ist, und von der Stabilität des Konsenses über diese Definition abhängt. Während die meisten Manager ein Gefühl dafür haben, „was wir hier gut können“, sind sie kaum imstande, irgendeine klare Verbindung zwischen einzelnen Gruppen von Fähigkeiten und der Wettbewerbsfähigkeit der Endprodukte und -dienstleistungen herzustellen. Die vorrangige

Aufgabe beim Management von Kernkompetenzen besteht daher darin, eine „Inventurliste" der Kernkompetenzen zu erstellen.

Wenn wir Unternehmen dabei beobachten, wie sie ihre Kernkompetenzen definieren, zeigt sich oft, daß sie dabei nach dem Zufallsprinzip vorgehen oder sich von politischen Überlegungen leiten lassen. Das Produkt des ersten Versuchs besteht meist in einer langatmigen, buntgemischten Liste von Fähigkeiten, Technologien und Fertigkeiten – einige davon geeignet zur Bildung von Kernqualitäten, andere nicht. Alle Beteiligten kämpfen darum, daß die Aktivitäten ihres Verantwortungsbereichs als Kernaktivitäten eingestuft werden. Es erfordert erheblichen Aufwand, die Kompetenzen von den Produkten und Dienstleistungen, in die sie eingebettet sind, zu trennen, Kernkompetenzen von Nicht-Kernkompetenzen zu scheiden, Fähigkeiten und Technologien auf sinnvolle Weise zu ordnen und zu gruppieren und „Etiketten" zu finden, die tatsächlich zur Verdeutlichung beitragen und die Allgemeinverständlichkeit fördern. Der Zeitaufwand, der in großen Unternehmen notwendig ist, um zu einer kreativen, gemeinsamen Definition der Kernkompetenzen zu gelangen, ist wahrscheinlich eher in Monaten als in Wochen zu messen.

Nach unserer Erfahrung tappen die Unternehmen beim Versuch, ihre Kernkompetenzen zu identifizieren, meist in eine von mehreren Fallen. Eine der häufigsten Fallen ist das Delegieren der Aufgabe an die „technisch Zuständigen". Ein solcher Ansatz ist sehr gefährlich. Kernkompetenzen sind die Seele des Unternehmens, und als solche müssen sie ein integraler Bestandteil des allgemeinen Managementprozesses sein. Wenn sich nur die Techniker dafür verantwortlich fühlen, wird der Nutzen des Konzepts für den Aufbau neuer Geschäftszweige aufs Spiel gesetzt. Nur allzuoft wird das Konzept der Kernkompetenzen von den Technikern im Bemühen um Status und Ressourcen „gekidnappt".

Andere Fallen bestehen darin, daß Vermögen und Infrastruktur mit Kernkompetenzen verwechselt werden, und daß es nicht gelingt, sich von einer orthodoxen, produktzentrierten Sicht der Unternehmenskompetenzen zu lösen. Dazu kommt, daß die Führungskräfte, wenn sie es zu eilig haben, „zuzupacken", sich möglicherweise keinen fundierten, allgemeingültigen Begriff davon machen, was die gewählten „Etiketten" der Kernkompetenzen bedeuten. Eine große Gruppe von Leuten muß die Kompetenz und auch die einzelnen Fähigkeiten, die Bestandteile der Kompetenz sind, mehr oder weniger ähnlich verstehen. Wenn bei Motorola jemand über Halbleiterprodukte spricht, haben alle Angehörigen des Unternehmens eine klare Vorstellung davon, welche Produkte unter diese Bezeichnung fallen. Und jedermann kann eine einigermaßen präzise Definition dessen geben, was zur umfassenden „Drahtlos-Kompetenz" des Unternehmens gehört.

Es gibt noch eine weitere häufige Falle. Oft versäumen es die Unternehmen, ihre Kompetenzliste dem Test des „vom Kunden wahrgenommenen Nutzens" zu unterziehen. Ein Verständnis der zwischen Kompetenz und Kundennutzen bestehenden Verbindung ist von entscheidender Bedeutung bei der Identifikation von Kernkompetenzen.

Wir empfehlen oft, mehrere Teams in die Arbeit an der Definition der Kernkompetenzen einzubinden. Dabei sollte jedes Team einen breiten Querschnitt von Mitarbeitern umfassen, die aus verschiedenen Funktionen, Bereichen, Gebieten und Hierarchien kommen. Wenn viele verschiedene Meinungen berücksichtigt werden, so gelangt man eher zur bestmöglichen Definition.

Es ist wichtig, daß man nicht nur weiß und sich darüber einig ist, welches die Kernkompetenzen sind, sondern daß man auch jene Elemente identifiziert, aus denen die einzelnen Kernkompetenzen bestehen. So fügt sich beispielsweise bei Eastman Kodak Fachwissen in den Bereichen Farbe, Tinten, Färbemittel, Substrate, Beschichtung und Papierbearbeitung mit einer ganzen Reihe anderer Elemente oder bestimmter Fähigkeiten zu der Kernkompetenz in chemischer Bildverarbeitung zusammen. Es ist wichtig, daß diese Einzelfähigkeiten sowie deren Träger identifiziert werden. Ein Unternehmen entwickelte mit Erfolg eine Hierarchie, die sich von

Kompetenzen über Fähigkeiten und Technologien bis zu einzelnen Mitarbeitern – den Kompetenzträgern – erstreckte. Diese Hierarchie war in einer Datenbank gespeichert. Das bedeutete, daß jemand, der nach einer bestimmten Kompetenz Ausschau hielt, auch deren Träger lokalisieren konnte. Will ein Unternehmen seine Kernkompetenzen zur Gänze nutzen und rasch neuen Erfordernissen anpassen, so müssen die Kernkompetenzressourcen deutlich sichtbar sein.

Dazu kommt, daß Unternehmen ihre Kernkompetenzen einem Benchmarking mit anderen Firmen unterziehen sollten. Sehr oft allerdings muß man sich nicht sosehr über die traditionellen Konkurrenten den Kopf zerbrechen. So sollte beispielsweise Kodak zwar auf Fuji, Agfa, 3M und andere traditionelle Konkurrenten achten, zugleich aber auch Canon, Sony, Hitachi und Toshiba, die allesamt mit anderen Ansätzen an die Bildverarbeitungschancen herangehen, im Auge behalten.

Das leitende Management sollte sich entschlossen an der Identifikation der Kernkompetenzen beteiligen. Zu diesem Prozeß gehören zahlreiche Meetings, hitzige Debatten, häufige Meinungsverschiedenheiten, unerwartete Erkenntnisse und Begeisterung für die neuen Chancen. Die Unternehmensleitung kann die Aufgabe einer Identifikation der Kernkompetenzen nicht delegieren; genausowenig läßt sich der Prozeß in zwei- oder dreitägigen externen Meetings außer Haus abwickeln. Das Ziel des Verfahrens ist es, sich ein umfassendes und fundiertes Verständnis der Fähigkeiten zu erarbeiten, denen die Firma ihren derzeitigen Erfolg verdankt, über den Tellerrand des derzeit bedienten Marktes hinauszublicken, die „gemeinsame Eigentümerschaft" des Unternehmens zu betonen, den Weg in neue Geschäftsfelder zu ebnen, den Sinn für die Realität des Kompetenzwettbewerbs zu steigern und eine Grundlage für das aktive Management jener Kompetenzen zu schaffen, die letzten Endes die wertvollsten Ressourcen der Firma darstellen. Die Identifikation der Kernkompetenzen kann keine mechanische Übung sein, in der eine Checkliste Punkt für Punkt abgehakt wird.

Feststellung der Kernkompetenzen – Akquisitionsagenda

Obwohl der Plan eines Unternehmens zum Kompetenzaufbau von seiner strategischen Architektur bestimmt wird, erweist sich eine Kompetenz-Produkt-Matrix oft als hilfreich, wenn es darum geht, spezifische Ziele für Akquisition und Einsatz von Kompetenzen festzulegen. Die Matrix unterscheidet zwischen bestehenden und neuen Kompetenzen sowie zwischen bestehenden und neuen Produktmärkten (siehe Abbildung 10.2).

„Die Lücken füllen": Der linke untere Quadrant stellt das bestehende Portfolio des Unternehmens an Kompetenzen und Produkten oder Dienstleistungen dar. Indem dargestellt wird, welche Kom-

ABBILDUNG 10.2: FESTLEGUNG DER KERNKOMPETENZAGENDA

Kernkompetenz		
Neu	*Herausragende Position* Welche neuen Kernkompetenzen müssen wir aufbauen, um unsere Exklusivposition in unseren derzeitigen Märkten zu schützen und auszubauen?	*Mega-Chancen* Welche neuen Kernkompetenzen müßten wir aufbauen, um an den spannendsten Märkten der Zukunft teilnehmen zu können?
Bestehend	*Lücken füllen* Welche Chance haben wir, unsere Position auf den bestehenden Märkten zu verbessern, indem wir unsere bestehenden Kernkompetenzen besser nutzen und ausschöpfen?	*Weiße Flecken* Welche neuen Produkte oder Dienstleistungen könnten wir schaffen, indem wir unsere derzeitigen Kernkompetenzen in kreativer Weise neu einsetzen oder anders kombinieren?
	Bestehend	**Neu**
	Markt	

petenzen welche Endproduktmärkte unterstützen, wird sichtbar, ob sich durch den Import von anderswo im Unternehmen beheimateten Kompetenzen neue Chancen zur Stärkung seiner Position in einem bestimmten Endproduktmarkt ergeben könnten. Wir nennen dieses Vorgehen „die Lücken füllen". Tabelle 10.1 zeigt, wie Canon seine Kernkompetenzen über seine Produktlinien hinweg anwendet. Ähnlich gelang es GE, Kompetenzen zwischen seinen Bereichen Stromerzeugung und Flugzeugmotoren hin- und herzutransferieren; in beiden Bereichen werden hochentwickeltes Material und technische Fähigkeiten zur Herstellung großer Turbinen benötigt. Jedes Unternehmen sollte sich fragen, welche Möglichkeiten es gibt, den Anwendungsbereich vorhandener Kompetenzen so zu erweitern, daß seine Position auf den bestehenden Märkten gestärkt wird.

„Herausragende Position": Der linke obere Quadrant stellt eine weitere wichtige Frage: Welche neuen Kernkompetenzen müssen wir heute aufbauen, wenn wir garantieren wollen, daß unsere Kunden uns auch in fünf oder zehn Jahren als führenden Hersteller betrachten? Hier geht es darum zu verstehen, welche neuen Kompetenzen aufgebaut werden müssen, um die exklusive Position eines Unternehmens auf seinen bestehenden Märkten zu festigen und auszubauen. So arbeitet IBM beispielsweise hart daran, sein Consulting zu verbessern, denn es weiß, daß seine Kunden nicht einfach Computer und Software kaufen wollen, sondern sich Lösungen für reale Geschäftsprobleme wünschen. Sollte es IBM nicht gelingen, eine solche Kompetenz aufzubauen, würde seine Exklusivposition als Technologieanbieter weiter von Konkurrenten wie Andersen Consulting untergraben werden, die über ausgeprägte Consulting – Kompetenzen verfügen. Sony war – ob zu Recht oder zu Unrecht – der Meinung, daß es, um seine Exklusivposition in der Unterhaltungselektronik zu schützen, über kurz oder lang auch auf der „inhaltlichen" Seite des Geschäfts stärker werden müßte. So entschloß sich das Unternehmen, sowohl die Filmfirma Columbia Pictures als auch die Plattenfirma CBS zu kaufen.

TABELLE 10.1: ENTFALTUNG DER KERNKOMPETENZEN BEI CANON

Produkt	Präzisionsmechanik	Feinoptik	Mikroelektronik	Elektronische Bildverarbeitung
Basiskameras	●	●	●	●
Mode-Kompaktkameras	●	●	●	●
Elektronische Kameras	●	●	●	●
EOS-Autofocus-Kameras	●	●	●	●
Standbildkameras	●	●	●	●
Laserdrucker	●	●	●	●
Farbvideodrucker	●	●	●	●
Tintenstrahldrucker	●	●	●	●
Basisfaxgeräte	●	●	●	●
Laser-Faxgeräte	●	●	●	●
Rechner	●	●	●	●
Normalpapierkopierer	●	●	●	●
Batteriebetriebene Normalpapierkopierer	●	●	●	●
Farbkopierer	●	●	●	●
Laserkopierer	●	●	●	●
Farblaserkopierer	●	●	●	●
Standbildsysteme	●	●	●	●
Laser Imager	●	●	●	●
Cell Analyser	●	●	●	●
Mask Aligners	●	●	●	●
Stepper Aligners	●	●	●	●
Excimer Laser Aligners	●	●	●	●

Obsolete Kompetenzen: Der linke obere Quadrant wirft eine weitere Frage auf: Welche neuen Kompetenzen könnten jene Kompetenzen ersetzen oder obsolet machen, die gegenwärtig verwendet werden, um die Bedürfnisse der derzeitigen Kunden zu befriedigen? Canon weiß, daß die digitale Bildverarbeitung die chemische Bildverarbeitung mit der Zeit ersetzen wird. Die Vorteile der digitalen Fotografie liegen auf der Hand: die Möglichkeit, die Bilder nach Belieben zu bearbeiten, Wiederverwendbarkeit der „Filme“, niedrigere Verarbeitungskosten und die einfache Übertragbarkeit der einzelnen Bilder zwischen den verschiedenen Medien – PC, Fernsehgerät und Papierdrucker. Heute ist Canon der weltweit führende Hersteller von 35-mm-Kameras. Es überrascht nicht, daß Canon auch mit elektronischer Fotografie experimentiert. Den frühen Produkten von Canon war kein durchschlagender Erfolg beschieden, aber Canon weiß, daß es, um seine Exklusivposition auf dem Sektor der Fotografie beizubehalten, längerfristig eine Kompetenz in digitaler Bildverarbeitung entwickeln muß. Auch Kodak hat diese potentielle Bedrohung erkannt und sich mit Apple zusammengeschlossen, um eine digitale Kamera zu entwickeln. Aus einer ähnlichen Überlegung heraus investieren Autofirmen in die Erforschung von Elektroautos. Die Kompetenzaufbauagenda eines Unternehmens sollte auch die Entwicklung eines Verständnisses jener neuen Kompetenzen beinhalten, die vielleicht eines Tages die traditionellen Fähigkeiten ersetzen werden.

Weiße Flecken: Sehen wir uns den rechten unteren Quadranten an. Wir haben den Begriff weiße Flecken für die Bezeichnung von Chancen verwendet, die sich dem produkt- und marktbezogenen Gesichtskreis der bestehenden Geschäftseinheiten entziehen. Hier geht es darum, sich Chancen vorzustellen, bei denen bestehende Kernkompetenzen auf neue Produktmärkte ausgeweitet werden. Der Walkman von Sony war ein solcher weißer Fleck; um ihn auszufüllen, mußten Kompetenzen, die im Kassettenrecorder- und Kopfhörersektor des Unternehmens beheimatet waren, herangezogen werden. Ein weiteres Beispiel für die Erschließung eines weißen Fleckens ist die Ausweitung der optischen Speicherkompetenz von Audioanwendungen auf Datenspeicheranwendungen bei Philips.

Oft machen die enggefaßten „Satzungen" einer marktorientierten Geschäftseinheit diese blind für weiße Flecken. In allzuvielen Unternehmen ist weder jemand für chancenreiche weiße Flecken zuständig, noch existieren irgendwelche Incentives, um die Suche danach anzuspornen. Ein Unternehmen, das eine Chance in einem „weißen Fleck" aufspüren will, sollte nicht von einer Produktmarktperspektive, sondern von einer Kernkompetenzperspektive ausgehen und dann über die verschiedenen Möglichkeiten nachdenken, den mit einer bestimmten Kompetenz verbundenen Kundennutzen einzusetzen.

Die Notwendigkeit, von der kurzfristigen Perspektive der gegenwärtig bedienten Märkte wegzukommen, sollte allerdings nicht als Freibrief für eine unüberlegte Diversifizierung betrachtet werden. Es gab kaum Rechtfertigungen für den Kauf der Versicherungsgesellschaft Crum & Forster durch Xerox; dasselbe gilt für den Erwerb von Sterling Drug durch Kodak oder für Fords Sprung ins trübe Wasser der Sparkassenindustrie. Wir verfechten eine strikte Ausrichtung der Diversifizierung am Konzept der Kernkompetenz. Eine solche Diversifizierung mag in einer Produkt/Markt-Perspektive zusammenhanglos erscheinen (wie dies bei Cargill, 3M und Honda der Fall war), kann jedoch in bezug auf Kernkompetenzen eine enge Verbindung aufweisen.

Mega-Chancen: Die im rechten oberen Quadranten dargestellten Chancen weisen keine Überlappung mit der gegenwärtigen Marktposition des Unternehmens oder mit seinen gegenwärtigen Kompetenzen auf. Dennoch kann sich ein Unternehmen für die Wahrnehmung dieser Chancen entscheiden, wenn es sie als besonders attraktiv einstuft. Der strategische Ansatz könnte hier in einer Reihe kleiner, gezielter Akquisitionen oder Partnerschaften bestehen, wodurch sich das Unternehmen Zugang zu den erforderlichen

Kompetenzen verschaffen und etwas über deren potentielle Anwendung lernen könnte.

Die Japaner scheinen auf nationaler Ebene die Luftfahrt als unwiderstehliche Mega-Chance zu empfinden. Durch Allianzen mit einer Reihe von amerikanischen und europäischen Flugzeugherstellern und durch große Investitionen gelang es den Japanern, ihre eigenen Flugzeug-, Satelliten- und Raketenkompetenzen aufzubauen. Ob es den Japanern jemals gelingen wird, ein kommerziell erfolgreiches Flugzeug zu bauen, bleibt abzuwarten, aber sie haben es sicher vor. An die Chancen in diesem Quadranten sollte mit großer Vorsicht herangegangen werden, da die Firma über wenig oder gar keine Erfahrung verfügt, auf deren Basis fundierte Entscheidungen getroffen werden könnten. Im Fall der japanischen Luftfahrtindustrie könnte es letzten Endes so sein, daß die Steuerzahler zur Kasse gebeten werden, nur um den Stolz von Politikern zu finanzieren, die sich weigern, die dominante Stellung der amerikanischen und europäischen Luftfahrtunternehmen zur Kenntnis zu nehmen.

Neue Kernkompetenzen aufbauen

Wenn man bedenkt, daß es fünf, zehn oder mehr Jahre dauern kann, um eine globale Führungsposition in einem Kernkompetenzbereich aufzubauen, wird klar, daß der Schlüssel zum Erfolg in der beharrlichen Bemühung liegt. Eine solche Beharrlichkeit stützt sich zunächst einmal auf einen grundlegenden Konsens hinsichtlich der Kompetenzen, die aufgebaut und gefestigt werden sollen, und zweitens auf die Stabilität der mit der Kompetenzentwicklung betrauten Managementteams. Eine solche Beharrlichkeit entsteht nur, wenn die Führungskräfte sich einig darüber sind, welche Kompetenzen aufgebaut werden sollen. Ist ein solcher Konsens nicht vorhanden, kann es geschehen, daß die Bestrebungen eines Unternehmens zum Aufbau von Kompetenzen verpuffen, da die verschiedenen Geschäftseinheiten ihre eigenen Kompetenzen zu entwickeln trachten, oder da das Unternehmen es einfach versäumt, neue Kompetenzen aufzubauen.

Die Stabilität der führenden Managementteams und folglich der strategischen Agenden ist ebenfalls von maßgeblicher Bedeutung. Die fehlgeschlagenen Versuche von RCA, einen Videorecorder zu produzieren, verdeutlichen das Problem mangelnder Stabilität in der Zusammensetzung des Führungsteams. Zwar gab RCA zwei Jahrzehnte lang mehr als die meisten anderen Firmen für die Erforschung neuer Videoaufzeichnungs- und Wiedergabetechniken aus, jedoch gelang es dem Unternehmen nie, ein erfolgreiches Produkt auf den Markt zu bringen. Die atemberaubende Fluktuation von Projektmanagern und Bereichsleitern bei RCA und die daraus resultierende inkonsequente Unterstützung für Videoforschungsprojekte unterminierten jenen langsamen, anhaltenden und kumulativen Lernprozeß, der das Kernstück des Kompetenzerwerbs darstellt.[1] Unmengen von Geld in ein Projekt zu investieren, dieses Projekt einzustampfen, wenn es keine kurzfristigen Gewinne zeitigt, es wieder aufzunehmen, wenn die Konkurrenz Fortschritte zu machen scheint, und wieder davon abzurücken, sobald ein neuer Mann im Chefsessel sitzt, ist das richtige Rezept für eine ineffiziente und unwirksame Kompetenzentwicklung.

Die Kernkompetenzen entfalten

Will man eine Kernkompetenz so einsetzen, daß sie über mehrere Geschäftszweige hinweg und in neuen Märkten wirksam wird, muß man diese Kompetenz intern mehrfach zur Anwendung bringen – man muß sie von einem Bereich zum anderen oder von einer strategischen Geschäftseinheit in eine andere verlagern. Manche Unternehmen beherrschen diese Methode besser als andere und können auf diese Weise ihre Kompetenzen besser nutzen. Wir definieren die Kernkompetenzen eines Unternehmens oft ähnlich, wie ein Land seine Geldwirtschaft definiert: Kapital (Zahl der gedruckten Banknoten bzw. die Zahl der Personen, die eine bestimmte Fähigkeit „tragen“) mal Geschwindigkeit (wie schnell die Banknoten die Besitzer wechseln bzw. wie rasch und einfach Kompetenzträger in anderen Chancenbereichen eingesetzt werden können).

Viele Unternehmen verfügen über ein beträchtliches Grundkapital an Kernkompetenzen (zahlreiche Mitarbeiter mit Fähigkeiten von Weltklasse), aber es mangelt ihnen fast völlig an Geschwindigkeit (der Fähigkeit, diese Personen rund um neue Marktchancen zu gruppieren).

In allen diversifizierten Unternehmen, die wir kennen, akzeptieren die Bereichsleiter, daß Geld eine Konzernressource ist, und daß die Gewinne der Geschäftseinheiten am Ende jedes Jahres in den Konzern zurückfließen. Ebenso akzeptieren sie – wenn auch widerwillig –, daß die Konzernführung das Recht hat, eine Neuzuteilung der Geldmittel für die einzelnen Geschäftszweige vorzunehmen. Eine Geschäftseinheit, die im aktuellen Planungszeitraum Geld verdient hat, kann nicht sicher sein, in der nächsten Planungsperiode alles zugeteilt zu erhalten, was sie sich wünscht. Dieses Zuteilungsrecht wird vom Topmanagement eifersüchtig gehütet. Kluge Kapitalzuteilungsentscheidungen werden als eine jener Aktivitäten betrachtet, mit denen leitende Manager zur Wertschöpfung beitragen und somit ihre Overheadkosten rechtfertigen. Unserer Meinung nach ist es paradox und unangebracht, daß in vielen Unternehmen keine ähnlich geregelte Zuteilung jener Talente stattfindet, welche die Kernkompetenzen der Firma verkörpern.

Immer mehr Unternehmen weisen heute ein Verhältnis zwischen Markt- und Vermögenswert von 2:1, 4:1 oder sogar 10:1 auf (siehe Tabelle 10.2). Der Unterschied zwischen Markt- und Vermögenswert besteht nicht in Goodwill, sondern in Kernkompetenzen – den von Menschen verkörperten Fähigkeiten.[2] Der Zähler spiegelt die Meinung der Investoren über die Einzigartigkeit der Kompetenzen einer Firma und den potentiellen Marktwert wider, der durch die Nutzung dieser Kompetenzen auf dem Markt erzielt werden kann. Zuteilung und Management der in der Bilanz aufscheinenden Aktiva bilden ein aufwendiges, zeitintensives Ritual von analytischer Strenge, das von dem Bemühen um Zahlengenauigkeit beherrscht wird. Aber wie steht es mit den anderen drei Vierteln oder neun Zehnteln des Unternehmenswertes? Durch

TABELLE 10.2: MARKT- UND VERMÖGENSWERT AUSGEWÄHLTER UNTERNEHMEN (ENDE 1993)

Unternehmen	Marktwert (Mrd $)	Substanzwert (Mrd $)	Verhältnis zwischen Markt- und Substanzwert
Merck	40.596	19.927	2,0
Microsoft	23.348	4.048	5,7
Home Depot	18.651	4.610	4,0
Oracle Systems	9.571	1.229	7,8
Cicsco Systems	9.413	802	11,7
Novell	7.880	1.439	5,4
Genentech	5.612	1.469	3,8
Rubbermaid	4.851	1.513	3,2

Quelle: „The Business Week 1000“, Business Week, 28. März 1994, S. 72–142.

welchen Mechanismus werden Kernkompetenzen zugeteilt? Wie klar sind die Entscheidungen darüber, wo das Talent eingesetzt wird? Wieviel Druck wird auf die Bereichsleiter ausgeübt, zu erklären, warum sie einen bevorzugten Zugang zu bestimmten Kompetenzen für sich beanspruchen? Auch wenn die Personalabteilung stolz verlauten läßt, daß „Menschen unser wichtigstes Kapital sind“, gibt es nur selten Mechanismen für die Zuteilung von Humankapital, die auch nur annähernd so ausgeklügelt und gründlich sind wie jene der Kapitalzuteilung. In den meisten westlichen Unternehmen besitzt der Finanzchef einen höheren Status und mehr unmittelbaren Einfluß als der Personalchef. In den meisten japanischen Unternehmen ist es genau umgekehrt. So sollte es auch sein, wenn ein Unternehmen aufrichtig davon überzeugt ist, daß der Wettbewerb um Kompetenz die höchste Ebene des Wettbewerbs darstellt, und wenn es verstanden hat, daß der Zugang zu Kompetenzen und nicht der Zugang zu Geld der wichtigste Antriebsfaktor des Wachstums ist.

Bei Sharp werden weiße Flecken durch sogenannte „Urgent Project Teams“ in Angriff genommen, von denen es über 150 gibt. Diese konzernübergreifenden Initiativen sind als „The Chairman's Projects“ bekannt und vereinigen die besten Kompetenzressourcen des gesamten Unternehmens in sich. Zu Recht betrachtet Sharp Kompetenzen und nicht Geld als knappste Ressource, wenn es um die Erschließung neuer Märkte geht. Das Unternehmen verfügt über einen Zuteilungsmechanismus, der garantieren soll, daß die besten Kompetenzressourcen den meistversprechenden neuen Wachstumsgebieten zugeteilt werden. Hinter den Eilprojektteams von Sharp, den „Gold-Badge-Teams“ von Sony und ähnlichen Einrichtungen anderer japanischer Unternehmen steht der Gedanke, daß das Unternehmen ein Reservoir von potentiellen Kernkompetenzen darstellt. So gesehen sind die Manager der Geschäftseinheiten eher Verwalter als Eigentümer der Kernkompetenzressourcen – so wie sie ja auch eher Verwalter als Eigentümer der Finanzressourcen dieses Unternehmens sind.

Eine Übung, die wir manchmal mit den Bereichsleitern eines Unternehmens durchspielen, offenbart eine wichtige Vorbedingung für die Fähigkeit, neue Einsatzmöglichkeiten für die „Kompetenzaktiva“ zu finden. Wir verteilen an alle Bereichs- oder SBU-Manager eine Produkt-Gebiets-Matrix und bitten sie dann, die kurzfristigen Wachstumschancen ihres Unternehmens mit einer Punktezahl zwischen 1 und 10 zu bewerten. Es überrascht nicht, daß es auf den eingesammelten Matrizen kaum Übereinstimmungen in den Einschätzungen der vorrangigen Wachstumsmöglichkeiten gibt. Wenn jedoch kein umfassender Konsens über die aussichtsreichsten neuen Möglichkeiten besteht – das heißt keine Übereinstimmung darüber, welche Projekte tatsächlich „dringlich“ sind oder mit „Gold“ ausgezeichnet gehören –, gibt es keine vernünftige Grundlage für die interne Neuzuteilung der Kernkompetenzressourcen.

Ein japanisches Unternehmen veröffentlicht regelmäßig eine Liste seiner Prioritäten in Markt- und Produktentwicklung. Es liegt auf der Hand, daß mit der Arbeit an einem High-Profile-Programm ein hoher Status verbunden ist. Wenn ein in einem anderen Unternehmensbereich tätiger Mitarbeiter meint, etwas zu den Prioritätsprojekten beitragen zu können, kann er sich selbst in das Team hinein„befördern". Der Teamleiter kann den Kandidaten auch ablehnen, aber wenn die angebotenen Fähigkeiten für den Erfolg des Projekts wichtig sind, kann der Teamleiter um Versetzung des Antragstellers ansuchen. Nun muß der Vorgesetzte des Betreffenden erklären, warum dessen Talente in seinem derzeitigen Job nützlicher für das Unternehmen sind, als sie es im neuen Job wären. Ein solches System sorgt dafür, daß die SBU-Manager sich bemühen, ihre wichtigsten Leute mit ganz besonders herausfordernden Projekten zu betrauen. Auf diese Weise ist auch dafür gesorgt, daß die besten Leute an den größten Chancen arbeiten.

Auch wenn Mitarbeiter, die eine bestimmte Kompetenz verkörpern, häufig zusammenkommen, um ihre Ideen und Erfahrungen auszutauschen, wird die Mobilität der Kompetenzen gefördert. Seminare und Konferenzen sind wichtig, um in Menschen, die in ein und demselben Kompetenzbereich arbeiten, einen Sinn für Gemeinschaft zu wecken. Die daraus entstehenden wechselseitigen Anregungen beschleunigen die Kompetenzbildung. Das Ziel ist, daß sich die entstandene Gruppe als Ressourcenträgerin des Unternehmens betrachtet, deren vorrangige Loyalität nicht irgendeiner einzelnen Geschäftseinheit, sondern dem Unternehmen und der Integrität der Kernkompetenzen des Unternehmens gilt. Geografische Nähe kann die Mobilität der Kompetenzen ebenfalls unterstützen. Wenn eine Kompetenz auf Einrichtungen in einem Dutzend oder mehr Ländern verteilt ist, werden kollektives Lernen und die Neuzuteilung von Personen zu neuen Projekten schwierig. Die Unternehmen sollten eine voreilige geografische Aufsplitterung ihrer Kernkompetenzen vermeiden.

Schutz und Verteidigung der Kernkompetenzen

Die Kernkompetenzführerschaft kann auf verschiedene Art und Weise verlorengehen. Die Kompetenzen können beispielsweise aufgrund einer Knappheit an finanziellen Mitteln abbröckeln. Oder sie werden durch eine Aufspaltung in selbständige Unternehmensbereiche fragmentiert (insbesondere dort, wo sich kein leitender Angestellter uneingeschränkt für die Überwachung der Kompetenzen verantwortlich fühlt), werden unbeabsichtigt an Allianzpartner abgegeben oder gehen verloren, wenn ein leistungsschwacher Geschäftsbereich abgestoßen wird.

Um einer Erosion der Kernkompetenzen vorzubeugen, bedarf es ständiger Wachsamkeit seitens des Topmanagements. Obwohl die meisten leitenden Manager mühelos Wettbewerbsmaßnahmen in den Bereichen Verkaufsleistung, Marktanteil und Profitabilität aufzählen können, sind nur wenige imstande, eine rasche und überzeugende Diagnose darüber abzugeben, ob ihr Unternehmen bei der Entwicklung von Kernkompetenzen die Nase vorne hat. Es gibt kein Mittel, um die Kernkompetenzen eines Unternehmens zu schützen, wenn das Topmanagement keine Ahnung davon hat, in welchem Zustand sich diese Kompetenzen befinden. Die Bereichsleiter sollten mit der Überwachung bestimmter Kompetenzen über den gesamten Konzern hinweg betraut und für den Zustand dieser Kompetenzen verantwortlich gemacht werden. Regelmäßige „Kompetenzrevisionsmeetings" sollten sich mit der Höhe der Investitionen, den Plänen zur Stärkung der grundlegenden Fähigkeiten und Technologien, den firmeninternen Mustern des Kompetenzeinsatzes, den Auswirkungen von Allianzen und Fremdbelieferung befassen.

Wir verlangen nicht, daß die Kernkompetenzperspektive an die Stelle einer Produkt-Markt-Perspektive treten sollte, sondern wir plädieren dafür, daß sie sie ergänzen sollte. Wenn man bedenkt, wie tief das SBU-Denken in den meisten Unternehmen verankert ist, bedarf es beträchtlicher Anstrengungen seitens des leitenden Managements, um ein solches Konzept der komplementären Kernkompetenzen durchzusetzen. Das Ziel kann nicht sein, die Kernkompetenz mittels struktureller Veränderungen starr in die Organisation „einzubrennen", sondern die Kernkompetenzperspektive als feingesponnenes Netz in den Köpfen aller Manager und Mitarbeiter zu verankern. Erforderlich sind also (1) die Einrichtung eines die gesamte Organisation erfassenden Prozesses zur Identifikation von Kernkompetenzen; (2) die Einbeziehung der strategischen Geschäftseinheiten in einen konzernübergreifenden Prozeß der Entwicklung einer strategischen Architektur und der Festlegung von Zielen für den Erwerb von Kompetenzen; (3) die Definition klarer Prioritäten im Konzernwachstum und in der Entwicklung neuer Geschäftszweige; (4) die Einrichtung spezieller „Verwaltungsfunktionen" für Kernkompetenzen; (5) die Schaffung eines eindeutigen Mechanismus für die Zuteilung entscheidender Kernkompetenzressourcen; (6) das Benchmarking der Kompetenzbildungsbestrebungen im Vergleich zur Konkurrenz; (7) die regelmäßige Überwachung des Status der bestehenden und in Entstehung begriffenen Kernkompetenzen und (8) der Aufbau einer Gemeinschaft von Menschen innerhalb der Organisation, die sich selbst als „Träger" der Kernkompetenzen des Unternehmens betrachten.

Hat ein Unternehmen seine bestehenden Kompetenzen gesichert, über den Tellerrand der gegenwärtig von ihm bedienten Märkte geblickt und eine weitsichtige Kompetenzagenda entwickelt, kann es darangehen, die entscheidenden Schritte auf dem Transformationsweg in die Zukunft zu ergreifen: Vorstoßmarketing und globale Antizipation.

11

Die Zukunft sichern

In einem der früheren Kapitel haben wir festgestellt, daß ein zentrales Ziel im Wettbewerb um die Zukunft darin liegt, das Lernen im Verhältnis zu den Investitionen zu maximieren. Wenn die Zukunft näherrückt, geht es darum, schneller als die Konkurrenz zu lernen, worauf sich die zukünftige Nachfrage konzentrieren wird. Früher hätte man das als Suche nach potentiellen Kunden bezeichnet. Wir nennen es Vorstoßmarketing. Wenn mehrere Unternehmen derselben Chance auf der Spur sind und am Aufbau ähnlicher Kompetenzen arbeiten, gilt es herauszufinden, wie man den eigenen Anteil an den weltweiten Gewinnen maximieren kann, wenn sich der Markt schließlich zu entfalten beginnt. Zu diesem Zweck muß sich ein Unternehmen bei den globalen Kunden in vorausblickender Weise einen „Bewußtseinsanteil“ gesichert haben, es muß über ein gutes Vertriebssystem und Kapazitäten für eine rasche Lancierung des neuen Produkts oder der neuen Dienstleistung verfügen. Dies sind die Schlüssel zur *globalen Antizipation*, dem letzten Meilenstein auf dem Weg in die Zukunft.

VORSTOSSMARKETING

Wenn das Ziel die Schaffung neuen Wettbewerbsraums ist, kann man im voraus meist nicht genau wissen, welche Konfiguration von Produkt- oder Dienstleistungsmerkmalen für die Erschließung des potentiellen Marktes erforderlich sein wird und zu welchem Preis und über welche Kanäle diese Produkte und Dienstleistungen angeboten werden müssen. Natürlich hofft jede Unternehmensführung, mit möglichst vielen neuen Produkten „ins Schwarze zu treffen". Ein Produkt oder eine Dienstleistung trifft ins Schwarze, wenn sie das exakt richtige Preis-Leistungs-Verhältnis aufweist, um ihren Zielmarkt rasch und tief durchdringen zu können. Die meisten Unternehmen verfügen über eine verschwenderische Fülle von „Werkzeugen", um die durchschnittliche „Trefferquote" zu erhöhen: Marktforschung, sorgfältige Analysen des aktuellen Kaufverhaltens sowie Analysen der Konkurrenz und der Branchenstruktur. Aber die Marktforschung, die rund um ein neues Produkt oder eine neue Dienstleistung durchgeführt wird, ist notorisch ungenau. Die Marktforschung eignet sich wunderbar zur Ausfeilung bestehender Produktkonzepte, ist jedoch von geringem Nutzen, wenn es darum geht, einem Unternehmen dabei zu helfen, seinen Entwicklungsbestrebungen bezüglich neuer Märkte Richtung zu geben.

Jeder Tennisspieler träumt davon, 100 Prozent seiner ersten Aufschläge ins Feld zu bringen. Aber während Strategien, die ausschließlich auf die Verbesserung der Trefferquote abzielen, zwar die Zahl der Fehlschläge in neuen Geschäftsaktivitäten senken können, verzögern sie den Eintritt eines Unternehmens in einen neuen Markt mit ziemlicher Sicherheit so erheblich, daß es die Vorteile eines Branchenführers einbüßt. Es liegt auf der Hand, wird in der Praxis jedoch oft vergessen, daß sich die Zahl der unannehmbaren Aufschläge, die ein Tennisspieler schlägt, aus Trefferquote (Schlagdurchschnitt) mal Zahl der absolvierten Matches ergibt. Ein Spieler, der 80 Prozent der ersten Aufschläge trifft, aber nur gegen schwache Gegner zum Zug kommt und in keinem Turnier die ersten Runden übersteht, wird in der Weltrangliste weit hinter einem Spieler liegen, der zwar nur 60 Prozent seiner ersten Aufschläge ins Feld bringt, aber im Jahr in zwanzig Turnieren ins Viertel- oder Halbfinale aufsteigt. Ein Unternehmen mag sich seines hohen Trefferdurchschnitts bei neuen Produkten rühmen; wenn dieser Durchschnitt jedoch das Produkt einer vorsichtigen, langsamen Vorgehensweise bei der Schaffung neuer Märkte ist, kann es sein, daß sich die Firma mit einem kleineren Teil der Zukunft bescheiden muß als kampfeslustigere Rivalen, die zwar schlechtere Schlagdurchschnitte aufzuweisen haben, aber häufiger zum Schlag kommen.

Um die Zukunft als erster zu erreichen und Ranglistenerster zu werden, muß man sich schneller als seine Rivalen mit den genauen Dimensionen der Kundennachfrage und der geforderten Produktleistung vertraut machen. Um rascher zu lernen, muß ein Unternehmen die Zahl seiner Auftritte in der Arena maximieren, anstatt den Kampf um den Turniersieg auf der Tribüne zu verfolgen und auf perfekte Bedingungen für kommende leichte Siege zu warten. Wenn es gilt, so schnell wie möglich Marktkenntnis zu sammeln, ist eine Reihe von schnellen, kostengünstigen Marktraubzügen unerläßlich – das, was wir Vorstoßmarketing nennen.

Stellen Sie sich einen Bogenschützen vor, der auf ein in Nebelschleier gehülltes Ziel schießt. Der Bogenschütze, dessen Absicht es ist, ins Schwarze zu treffen, hat zwei Möglichkeiten: er kann warten, bis sich der Nebel gelichtet hat (d. h., bis ein Rivale zweifelsfrei bewiesen hat, daß es den neuen Markt tatsächlich gibt); oder er kann eine Reihe von Pfeilen in die ungefähre Richtung des Ziels abfeuern und die Zielrichtung jedes Mal anpassen, wenn er etwas darüber erfährt, wo der Pfeil gelandet ist. Jedes Mal, wenn aus der Ferne ein Ruf „Rechts daneben!“ oder „Ein wenig zu hoch!“ ertönt, werden weitere Pfeile abgeschossen – so lange, bis die Stimme ruft: „Ins Schwarze!“ Darauf zu warten, daß sich der Nebel lichtet, mag dafür garantieren, daß man mit dem ersten Pfeil das Ziel trifft, aber der geduldige Bogenschütze wird wahrscheinlich erkennen müssen, daß bereits die Pfeile eines Rivalen im Schwarzen stecken. Beim Vorstoßmarketing geht es nicht darum, beim ersten Mal ins Schwarze zu treffen, sondern darum, seine Zielsicherheit möglichst schnell zu verbessern, um einen weiteren Pfeil abschießen zu können. Im Labor oder in Sitzungen von Produktentwicklungsausschüssen wird nur wenig gelernt. Echtes Lernen beginnt dort, wo

Produkte oder Dienstleistungen – so unvollkommen sie auch sein mögen – der Prüfung durch den Markt ausgesetzt werden.

Natürlich ist Vorstoßmarketing nur dann ein wirklich probates Mittel zur Auskundschaftung der Zukunftsmärkte, wenn nicht jeder Pfeil vergoldet wird und wenn nicht nach jedem Fehlschuß Monate oder Jahre vergehen, bis das Ziel erneut ins Auge gefaßt und ein weiterer Schuß abgegeben wird. Das bedeutet, in der Praxis liegt das Problem des Vorstoßmarketings in der Lösung der Frage, wie der Zeit- und Kostenaufwand einer Produktwiederholung am besten zu verringern ist. Die Wiederholungsgeschwindigkeit ist die Zeit, die ein Unternehmen braucht, um ein Produkt oder eine Dienstleistung zu entwickeln und auf den Markt zu bringen, Erkenntnisse über den Markt zu sammeln, das Ziel erneut anzupeilen und einen weiteren Pfeil loszuschicken. Wenn die anderen Faktoren gleich bleiben, kann sich ein Unternehmen mit einem 12monatigen Wiederholungszyklus viel schneller an einen neuen Markt heranarbeiten als ein Unternehmen mit einem 36monatigen Wiederholungszyklus. Jeder Produktwiederholungszyklus macht einen oder mehrere Punkte des Produkt- oder Dienstleistungskonzepts sichtbar und bietet dem Unternehmen die Chance zur Anwendung dessen, was es gelernt hat.

IBM führte im Jahr 1991 seinen ersten Laptop-Computer ein. Zum damaligen Zeitpunkt war bereits sonnenklar, daß es eine Marktchance für Laptop-Computer gab, und die Zielscheibe war übersät von den Pfeilen Toshibas und Compaqs. Toshiba gelang es dank seiner atemberaubenden Produktwiederholungsrate, jede Nische des entstehenden Marktes auszuloten und damit frühzeitig die Führung im Laptop-Geschäft zu übernehmen (siehe Tabelle 11.1). So gelang es Toshiba, die frühen Rivalen wie Grid und Zenith abzuhängen. Nicht allen Laptop-Modellen von Toshiba war ein durchschlagender Erfolg beschieden. Im Gegenteil: In den ersten fünf Jahren, in denen der Markt bestand, zog Toshiba mehr Modelle zurück, als seine Konkurrenten auf den Markt brachten. Dennoch kann Toshibas Erfahrung im Laptop-Geschäft Anfang der neunziger Jahre nur als Erfolg bezeichnet werden.

Vorstoßmarketing bedeutet nicht, Produkte einzuführen, die eindeutig unreif sind oder die den Bedürfnissen der potentiellen Kunden nicht entsprechen. Vorstoßmarketing räumt der Qualitätsmaxime „Erfüllung der Kundenbedürfnisse" einen hohen Stellenwert ein, erkennt jedoch an, daß die Kundenforderungen auf gerade entstehenden Märkten oft nur zum Teil verstanden werden können. Wenn keine direkten Marktexperimente durchgeführt werden, bleiben viele Unklarheiten in bezug auf Kundenerfordernisse, Dauerhaftigkeit bestimmter Technologien und realistische Preis-Leistungs-Verhältnisse bestehen. Aber Vorstoßmarketing ist kein Sprung in unbekanntes Gewässer; jede Produktwiederholung sollte alles beinhalten, was zum gegebenen Zeitpunkt über die Erfordernisse und Wünsche der Kunden bekannt ist.

Die Kosten sind im Vorstoßmarketing ebenso wichtig wie die Geschwindigkeit. Wenn alle Pfeile vergoldet sind, wird das Management nicht bereit sein, viele Pfeile in den Nebel zu schicken. Die japanischen Autohersteller verdankten ihre Fähigkeit, praktisch alle Nischenprodukte für jeden erdenklichen Lebensstil zu erkunden, der Tatsache, daß sie weitaus geringere Produktentwicklungs- und Werkeinrichtungskosten hatten als ihre Konkurrenten im Westen. Denken Sie an das Dilemma des Herstellers, dessen Produktwiederholungskosten die seines Konkurrenten um das Zwei- bis Dreifache übersteigen. Welche Einstellung wird sein Management gegenüber der Erforschung neuen Wettbewerbsraums an den Tag legen? Für ein solches Unternehmen ist das Risiko einer Pionierrolle entschieden zu hoch. Es wird nur wenige neue Produkte auf den Markt bringen und aufgrund seines Zeit/Kostennachteils beim Produktdesign zu äußerst zurückhaltenden Ansätzen gezwungen sein. Das Unternehmen wird also versuchen, „Nullachtfünfzehn-Produkte" herzustellen, die ein möglichst breites Käufersegment ansprechen. Die Folge ist, daß es von den Kunden als konservativ und statisch angesehen werden wird. Möglicherweise wird es einige seiner loyalen, in die Jahre gekommenen Kunden halten können, aber es wird kaum neue, junge Kunden für sich gewinnen können.

TABELLE 11.1: LAPTOP-COMPUTER VON TOSHIBA

Jahr der Einführung	Modell	Laufwerk**	Mikroprozessor	Display	Preis in $
1986	T1100*	720K	80C88	LCD	1.999
	T1100+*	620K x 2	80C88	LCD	2.099
	T3100*	720K + 10 MB	80286	Gasplasma	4.199
1987	T1000	720K	80C88	LCD	999
	T1200F*	720K x 2	80C86	LCD	2.099
	T1200FB*	720K x 2	80C86	Hintergrundbeleuchtetes LCD	2.199
	T1200H*	720K + 20MB	80C86	LCD	2.799
	T1200HB*	720K + 20MB	80C86	Hintergrundbeleuchtetes LCD	2.499
	T3100/20*	720K + 20 MB	80286	Gasplasma	4.699
1988	T1600*	1,44 MB + 20/40MB	80C286	Hintergrundbeleuchtetes LCD	3.499/3.399
	T3100*	1,44MB + 20MB	80286	Gasplasma	3.999
	T3200*	720K + 40MB	80286	Gasplasma	6.499
	T5100*	1,44MB + 40MB	80386	Gasplasma	6.499
1989	T1000SE	1,44MB	80C86	Hintergrundbeleuchtetes LCD	1.499
	T3100SX	1,44MB + 40MB	80386SX	Gasplasma	5.699
	T3100/40	1,44 MB + 40MB	80286	Gasplasma	3.699
	T3200	1,44MB + 40MB	80286	Gasplasma	3.999
	T5100/100	1,44MB + 100MB	80386	Gasplasma	6.999

Jahr der Einführung	Modell	Laufwerk**	Mikroprozessor	Display	Preis in $
1990	T1000XE	20MB	80C86	Hintergrundbeleuchtetes LCD	1.899
	T1000LE	1,44MB + 20MB	80C86	Hintergrundbeleuchtetes LCD	2.499
	T1000XE	1,44MB + 20MB/40MB	80286	Seitenbeleuchtetes LCD	3.199/3.799
	T2000SX	1,44MB + 20MB	80386SX	Seitenbeleuchtetes LCD	4.999
	T2000SX	1,44MB + 40MB	80386SX	Seitenbeleuchtetes LCD	5.499
	T3100SX	1,44MB + 40MB	80386SX	Gasplasma	5.999
	T3200SX	1,44MB + 80MB	80386SX	Gasplasma	4.999
	T3200SXC	1,44MB + 120MB	80386SX	Gasplasma	5.499
	T3200SXC	1,44MB + 120MB	80386SX	LCD Aktivmatrix Farb-VGA	8.999
	T5200	1,44MB + 40MB	80386	Gasplasma	7.199
	T5200/100	1,44MB + 100MB	80386	Gasplasma	6.499
	T5200/200	1,44MB + 200MB	80386	Gasplasma	7.299
	T5200C/200	1,44MB + 200MB	80386	LCD Passivmatrix Farb-LCD	9.499

* Modelle, die bis 31. März 1991 zurückgezogen wurden
** Erste Laufwerksangabe bezieht sich auf Diskettenlaufwerk, zweite auf Festplatte

Quelle: Gary Hamel und C. K. Prahalad, „Corporate Imagination and Expeditionary Marketing“, Harvard Business Review (Juli – August 1991); S. 88. Copyright 1991 President und Fellows of Harvard College; alle Rechte vorbehalten; Nachdruck mit freundlicher Genehmigung des Herausgebers.

Die Führung wird unzweifelhaft auf jene übergehen, die zu den Grenzen der Kundenerwartungen vorstoßen. Genau dieses Schicksal war es, das Ford und GM in den siebziger und achtziger Jahren ereilte, als sie mit ihren japanischen Konkurrenten um die Gunst junger Käufer kämpften.

Die Art und Weise, wie einige große Unternehmen Erfolg definieren, und wie sie Fehlschläge ihrer Produktentwicklungen bestrafen, ist eines der größten Hindernisse für ein Vorstoßmarketing. „Verurteilungen“ wegen fehlgeschlagener Produkte unterscheiden kaum zwischen Pfeilen, die auf das falsche Ziel abgeschossen wurden, und Pfeilen, die das richtige Ziel verfehlten. Und da das Versagen personalisiert wird – wenn das neue Produkt oder die neue Dienstleistung den firmeninternen Erwartungen nicht gerecht wird, so muß dies einfach jemandes Schuld sein –, beginnt bei Verfehlung der ursprünglichen Ziele eher eine Jagd nach Sündenböcken als eine Suche nach Lehren aus den Fehlern. Noch schlimmer ist, daß sich der zuständige Manager, falls infolge der Markterfahrung irgendeine wichtige neue Erkenntnis gewonnen wird, den Vorwurf gefallen lassen muß, dies nicht im voraus gewußt zu haben. Bei einer so starken Personalisierung des Risikos darf es nicht verwundern, daß beim Auftreten von Fehlern oft versucht wird, die Leiche in aller Eile unter die Erde zu bringen, bevor jemand eine Autopsie durchführen kann. Damit ist auch die Gelegenheit versäumt, etwas zu lernen.

Es überrascht nicht, daß sich die Manager, wenn der Preis für Experimentierfreudigkeit hoch ist, auf die sichere, konservative Position des Zu-Tode-Testens, des Untertanengehorsams und der blinden Kundenhörigkeit zurückziehen. Manager, die das persönliche Risiko des Vorstoßmarketings vermeiden wollen, lassen sich aufregende neue Chancen oft entgehen. Fehler werden meist, und in unseren Augen fälschlich, nur anhand des verlorenen und nicht anhand des entgangenen Geldes gemessen. Oder hat etwa ein Topmanager eines der eingeführten amerikanischen Computerunternehmens auf seinen Job, sein elegantes Büro oder seine Beförderung verzichten müssen, weil die Führerschaft im Laptop-Bereich anderen überlassen wurde? Die Manager werden selten bestraft, wenn sie Experimente unterlassen, aber sie werden oft bestraft, wenn sie wagemutig sind und verlieren. Dies erklärt, warum alle so sehr damit beschäftigt sind, ins Schwarze zu treffen, anstatt zu versuchen, möglichst viele Pfeile in die richtige Richtung abzuschießen.

Fehler haben ihre Ursache ebenso oft in unrealistischen Erwartungen wie in der Inkompetenz des Managements. Im Jahr 1980 hatte General Electric eine atemberaubende Chance vor sich: die Führung im Rennen um die „Fabrik der Zukunft". Die Integration von CAD/CAM, computerintegrierter Herstellung, Robotern und automatisiertem Materialhandling war eine unglaubliche Herausforderung, und GE war bereit, sie anzunehmen. Aber unrealistische Erwartungen über das Tempo der Marktentwicklung, verbunden mit einer Alles-oder-Nichts-Einstellung zum Markteintritt bescherten GE einen spektakulären Mißerfolg und einen beträchtlichen Abschreibposten. Ein anderes Beispiel ist der mißlungene Versuch IBMs, Ende 1983 mit dem PC jr. den Heimcomputermarkt zu erobern. Der PC jr., der aufgrund seiner spielzeugartigen Tastatur und seines hohen Preises heftiger Kritik ausgesetzt war, galt bei Insidern wie bei Außenstehenden als Mißerfolg. Zum damaligen Zeitpunkt wäre es allerdings für jedermann schwierig gewesen, genau vorherzusagen, welches Produkt bei den Heimanwendern, deren Computererfahrung sich bis dahin auf das Spielen von Videogames auf Atari- oder Commodore-Computern beschränkte, Anklang finden würde. Der eigentliche Fehler war nicht, daß das erste IBM-Produkt nicht ins Schwarze traf, sondern daß IBM überstürzt in den Markt drängte und dem Unternehmen auf diese Weise keine Möglichkeit mehr blieb, in aller Ruhe mit einem neuausgerichteten Produkt eine Neueinführung zu versuchen.

Die Baseball-Legende Babe Ruth pflegte auf die Tribüne zu deuten und dann einen Homerun hinzulegen. Gewöhnliche Sterbliche setzen sich durch solche Arroganz der Demütigung aus. Im Fall von IBM bewirkte die Kluft zwischen den himmelhohen Erwartungen, die das Unternehmen für seinen PC jr. hegte, und seinen nur allzu irdischen Verkaufszahlen, daß IBM sich aus dem Heimcomputermarkt zurückzog. Erst 1990, sieben Jahre nach dem PC jr., wagte IBM mit seinem Modell PS1 einen neuen Vorstoß in den Heimcomputermarkt. Es geht hier nicht darum, daß die Ambitionen von GE oder IBM zu hoch waren, sondern daß das Ausmaß des Fehlschlags prinzipiell davon bestimmt wird, mit welchen Erwartungen hinsichtlich der Schnelligkeit und Leichtigkeit des Erfolgs das Management an die Aufgabe herangeht. Vorstoßmarketing bedenkt streng kontrollierte Experimente, nicht maßlose Erfolgserwartungen und Milliarden Dollar schwere Marketingkampagnen.

Bei einer Überbewertung der Chance und einem nachlässigen Risikomanagement sind Fehlschlag und vorzeitiger Rückzug unausweichlich. Voreiliger Enthusiasmus ruinierte Apples frühes Experiment mit der Handschriftenerkennung in Form des Newton Message Pad. Während der Newton, gemessen an den optimistischen Prognosen von Apple, ein Fehlschlag war, könnte er sich im längerfristigen Kampf um die Schaffung eines Marktes für digitale Handcomputer als durchaus nützlich erweisen. Gehen wir zehn Jahre zurück. Der erste „anwenderfreundliche“ Computer von Apple, der 1983 auf den Markt gebrachte Lisa, war ebenso wie der PC Jr. von IBM ein Flop – wenn auch kein so spektakulärer. Aber im Gegensatz zu IBM setzte Apple ein Jahr darauf mit dem ersten Macintosh nach, der schneller war und einen angemesseneren Preis hatte als der Lisa. Auch Sony hatte im Lauf seiner Geschichte einige recht dramatische Produktfehlschläge zu verkraften, darunter mit dem Betamax und dem digitalen Audiorecorder (DAT). Aber solche Dinge sind zum Teil der Preis der Pionierrolle. Wir sollten nicht überrascht sein, wenn selbst Sony manchmal Pfeile abschießt, die ins Leere gehen. Im Gegenteil – es ist ein Wunder, daß diese Fehlschüsse in Anbetracht der Zahl der abgeschossenen Pfeile nicht öfter vorkommen. In einem durchschnittlichen Jahr stellt Sony 1.000 neue oder aktualisierte Produkte vor – vier an jedem Arbeitstag.

Normalerweise zielen 200 dieser Produkte auf die Schaffung neuer Märkte ab.[1] Das bedeutet, daß sich Erfolg oder Mißerfolg nicht aufgrund einer einzelnen Produkteinführung beurteilen lassen. Im Jahr 1990 führte Sony in Japan seinen Data Discman ein, ein tragbares Gerät, auf dem die Benutzer auf bequeme Weise Tausende Seiten von Referenzmaterial, Lehrbüchern oder Romanen mit sich tragen können – alle auf CD gespeichert. Für 1993 plante Sony die Einführung eines Nachfolgeprodukts, des Bookman. Sonys Chancen, jemals einen Markt für digitale Datenabspielgeräte für den Heimbenutzer zu schaffen, anhand des Erfolgs einer ersten Produkteinführung einzuschätzen, ist offensichtlich ebenso sinnlos, wie das voraussichtliche Ergebnis einer Militäraktion nach den Verlusten des ersten Kampftages zu beurteilen.

In einem ähnlichen Kontext war Fujitsu das erste Unternehmen, das eine atemberaubend schnelle Generation von Telefonschaltungen auf den Markt brachte, die auf der Schalttechnologie des asynchronen Übermittlungsmodus beruhten. Obwohl nicht alle Konkurrenten davon überzeugt waren, daß die Technologie schon die nötige Marktreife hatte, meinte ein Forscher von Bellcore, dem gemeinsamen Forschungsunternehmen der regionalen Bell-Telefongesellschaften, das Motiv von Fujitsu verstanden zu haben. „Es scheint, als wäre es ihnen egal, wie die perfekte Lösung aussieht. Sie fangen einfach an zu bauen. Das ist eine ausgezeichnete Strategie, weil man ja zuerst den Markt erobern möchte.“[2] Fujitsu ging in den Markt und begann von den Kunden zu lernen, was funktionierte und was nicht, während die Konkurrenz immer noch in den Labors herumexperimentierte.

Um neuen Wettbewerbsraum zu schaffen, bedarf es eines neuen Maßstabs für die Leistung des Managements. Die Finanztheorie lehrt uns, die finanziellen Gewinne auf einer risiko- und zeitangepaßten Basis zu messen. Wie oft nehmen wir ähnliche Anpassungen vor, wenn wir die Leistungen des Managements bei der Schaffung neuer Geschäftszweige messen? Sollte ein Manager, der bei dem Versuch, eine aufregende, wenn auch erst in Entstehung begriffene Chance zu nutzen, 20 Millionen Dollar verliert, nicht anders behandelt werden als ein Manager, der durch schlechtes Management 20 Millionen Dollar in einem Kerngeschäftsbereich verliert, in dem sein Unternehmen Marktführer war? Wenn man versucht, sich neuen Wettbewerbsraum zu öffnen, so ist am Anfang nicht Geld, sondern Managementtalent die wichtigste Ressource. Neue Chancen erfordern ein unproportional höheres Maß an Aufmerksamkeit seitens des Managements, als ihre kurzfristigen Gewinnaussichten nahelegen. Wenn ehrgeizige und experimentierfreudige Manager aufgrund einer vereinfachenden Definition des Versagens ein hohes persönliches Risiko tragen, oder wenn Managementtalent auf der Grundlage der derzeitigen Größe und Bedeutung der Geschäftsbereiche des Unternehmens zugeteilt wird, ist es nicht möglich, neue Märkte aufzubauen, und die besten Manager des Unternehmens drängen sich in Geschäftszweigen, die eigentlich von allein laufen sollten. In allzu vielen Unternehmen wandern die besten Manager zwischen den sichersten Geschäftsbereichen hin und her. Die Folge sind Strategien, die den Status quo wahren, während dort, wo neue Geschäftsbereiche entwickelt werden sollten, gähnende Leere herrscht.

Verstehen Sie das nicht falsch: Vorstoßmarketing ist kein Freibrief für Versagen. Vielmehr ist es ein Auftrag, aus den unvermeidlichen Rückschlägen zu lernen. Wenn ein auf einen neuen Markt abzielendes Produkt bei den Kunden durchfällt, muß sich das Management einige wichtige Fragen stellen. Erstens: Haben wir die Risiken richtig gemanagt, oder haben wir uns wie Elefanten im Porzellanladen verhalten? Zweitens: Waren unsere Erwartungen hinsichtlich der Entwicklung des Marktes angemessen? Drittens: Haben wir irgend etwas gelernt, was unsere Chancen beim nächsten Anlauf verbessern wird? Viertens: Wie schnell können wir unser Ziel neu anvisieren und einen erneuten Versuch starten? Fünftens: Glauben wir immer noch an die Chance und rechtfertigt deren Potential einen neuen Versuch? Und sechstens: Falls wir uns entschließen, es nicht mehr zu versuchen, haben wir dann unseren

Konkurrenten ein Lehrbeispiel geliefert, anhand dessen sie uns in Zukunft überholen können? Zu einem Fehlschlag sollte das Unternehmen nur dann erklärt werden, wenn die Antwort auf alle diese Fragen nein lautet. Wenn dies nicht der Fall ist, könnte in den Wirren eines fehlgeschlagenen Versuchs eine echte Chance zu Grabe getragen werden. Im Vorstoßmarketing sind die Regeln ganz einfach: schneller lernen, billiger lernen.

DIE GESETZMÄSSIGKEIT DER GLOBALEN ANTIZIPATION

Das Entwickeln neuer Kompetenzen und das Erkunden neuen Wettbewerbsraums kann, wie wir bereits festgestellt haben, ein Jahrzehnt oder länger dauern. Auch bei genauer zeitlicher Planung des Kompetenzaufbaus und der Markterforschung kann der Endspurt vor dem Ziel die Form eines wilden Getümmels annehmen. Dies ist vor allem dann wahrscheinlich, wenn mehrere Konkurrenten parallel an der Entwicklung der notwendigen Kompetenzen und Markterkenntnisse gearbeitet haben und nach einer oder zwei Marketing-Runden gemeinsam zu der Erkenntnis gelangen, daß der Markt nun „reif" ist. In diesem letzten wilden Getümmel vor der Ziellinie geht es darum, den Konkurrenten auf den Schlüsselmärkten zuvorzukommen, sich auf den größten und am schnellsten wachsenden nationalen Märkten die Marktführerschaft zu verschaffen und die Belohnungen der Pioniertätigkeit einzustreifen.

Die Erfahrungen von Procter & Gamble auf dem europäischen Markt für Wegwerfwindeln sind ein Beispiel dafür, wie wichtig die Fähigkeit zu globaler Antizipation ist. Pampers wurde 1973 zuerst in Deutschland eingeführt, aber in Frankreich kam das Produkt erst 1978 heraus. In der Zwischenzeit brachte Colgate 1976 in Frankreich seine Papierwindeln namens Calline (derselbe Wortsinn wie das englische „Pampers", nämlich „schmusen, schmeicheln") auf den Markt und konnte sich rasch die Marktführerschaft sichern.

Die verspätete Einführung kostete Pampers auch in Großbritannien, wo der Markteintritt erst 1981 erfolgte, die Marktführerschaft. Erst nach einem langen und kostenintensiven Kampf konnte Pampers das Terrain, das es anfangs an flinke Rivalen verloren hatte, zurückgewinnen. Lenor, ein Wäscheweichspüler, der 1963 von P&G in Deutschland auf den Markt gebracht wurde, ist ein noch deutlicheres Beispiel für die Risiken, die mit einer zögernden Produkteinführung einhergehen. Während Lenor in Deutschland einen Siegeszug feierte und eine neue Produktkategorie begründete, debütierte es in Frankreich erst 19 Jahre später – als drittes Weichspülerprodukt auf dem Markt.

Aber P&G lernte aus diesen Fehlern; so gelang es dem amerikanischen Konzern, seinem japanischen Rivalen Kao im Rennen um die Einführung supersaugstarker Windeln auf dem Weltmarkt zuvorzukommen. 1985 überraschte Kao P&G mit der Einführung einer technologisch verbesserten, supersaugstarken Windel in Japan. Die neue Windel machte Pampers die Marktführerschaft bald streitig. Aber Kao, das außerhalb Asiens über wenig Vertriebs- und Markenstärke verfügte, konnte seine Innovation auf den Weltmärkten kaum nutzen. So gelang es P&G, seine eigene Version einer supersaugstarken Windel auf dem Weltmarkt einzuführen, ohne daß Kao viel Widerstand hätte leisten können. Zum Schluß profitierte P&G stärker als Kao von der neuen Windeltechnologie. Während globale Vertriebsstärke allein mangelnde Kompetenzen auf anderen Gebieten nicht ersetzen kann, stellt sie einen absolut unverzichtbaren Multiplikator für die Innovationserträge dar.

Nehmen wir ein anderes Beispiel. Chrysler war 1983 der erste Autohersteller in den Vereinigten Staaten, der einen Minivan auf den Markt brachte. Zehn Jahre später hielt Chrysler trotz heftiger Konkurrenz aller anderen amerikanischen sowie der japanischen Autoerzeuger immer noch 50 % des Minivanmarktes in den Vereinigten Staaten mit einem Umsatz von etwa 13 Milliarden Dollar. Aber da Chrysler auf dem europäischen Markt so gut wie nicht präsent war, mußte es die dortige Marktführerschaft Renault überlassen, das 1984 ein minivanähnliches Fahrzeug auf den Markt brachte. Neun Jahre später hatte Renault 360.000 solcher Kleinbusse verkauft. Chrysler schaffte es 1989 schließlich, seine Minivans auf dem europäischen Markt einzuführen, konnte jedoch im ersten Jahr seiner europäischen Aktivitäten nur ganze 11.800 Kleinbusse verkaufen.

Je rascher die Innovationskosten in Industrien wie Halbleiter, Pharmazeutika und Telekommunikation in die Höhe schnellen, desto stärker gewinnt die globale Antizipation an Bedeutung. Denken Sie beispielsweise an ein deutsches Telekommunikationsunternehmen wie Siemens, das auf dem Markt für große Telefonschaltungsausrüstung am Wettbewerb teilnimmt. In den sechziger Jahren kostete die Entwicklung einer elektromechanischen Schaltung etwa 200 Millionen Dollar, im Kurswert des Jahres 1993. Um diese Kosten hereinzubringen, hätte ein Hersteller etwa die Hälfte des deutschen Marktes für sich erobern müssen. In den späten siebziger und achtziger Jahren waren die Kosten für die Entwicklung der neuen Generation digitaler Schaltungen auf etwa 1 Milliarde Dollar angestiegen. Um diese Investition zu amortisieren, müßte ein deutsches Unternehmen nicht nur 100 % seines Heimmarktes erobern, sondern auch einen Gutteil des übrigen europäischen Marktes. Wenn wir über die Jahrtausendwende hinausblicken, könnte die Entwicklung der nächsten Generation von Schaltungen bereits 2 Milliarden Dollar kosten. Ein Telekommunikationsunternehmen, das eine solche Investition tätigt, müßte sich 20 % des Weltmarktes sichern, nur um den Break-even-Punkt zu erreichen. Diese unumgängliche wirtschaftliche Gesetzmäßigkeit hat Wellen von Branchenkonsolidierungen ausgelöst und in zahlreichen Industrien zu einem grimmigen Wettbewerb um das letzte Stückchen des Marktkuchens geführt. In der Telekommunikation fand der Wettbewerb noch vor nicht allzu langer Zeit auf regionaler Ebene statt – Alcatel gegen Siemens in Europa, Northern Telecom gegen AT&T in den Vereinigten Staaten und NEC gegen Fujitsu in Japan –, aber mittlerweile ist er global geworden.

Die Manager legen großes Augenmerk auf die wichtige Aufgabe, die Produktentwicklungszyklen zu reduzieren. Eine rasche Produktentwicklung ist wichtig für die Fähigkeit, den Konkurrenten zuvorzukommen. Es soll jedoch nicht bloß das Zeitintervall „zwischen Konzept und Markt" verkürzt werden, sondern auch jenes „zwischen Konzept und globalem Markt". Ein Produktentwicklungszyklus, der nur halb so lang ist wie der des Konkurrenten, ist von nur geringem Nutzen, wenn er nicht mit einer starken weltweiten Vertriebskapazität einhergeht. Es ist wichtig, der erste auf dem Markt zu sein, aber die höchsten Gewinne erzielen jene Unternehmen, die als erste auf dem globalen Markt sind.

Die Notwendigkeit der globalen Antizipation sollte jedoch nicht zur Rechtfertigung einer übereilten globalen Einführung eines unreifen und unzureichend getesteten Produkts benutzt werden. Die ersten Marktvorstöße können sich durchaus in einem kleinen Rahmen bewegen und auch geografisch beschränkt sein (obwohl es in Anbetracht der Unterschiedlichkeit der Kundenbedürfnisse oft erforderlich ist, in verschiedenen Ländern Erfahrungen mit den Kundenreaktionen zu sammeln). Aber sobald es so aussieht, als sei der Markt zur Entfaltung bereit, muß der Innovator entweder allein oder in einer Partnerschaft in der Lage sein, so schnell wie möglich die ganze Erde mit dem neuen Produkt oder der neuen Dienstleistung zu „überschwemmen". Nachdem Gillette über zehn Jahre hinweg mehr als 100 Millionen Dollar für die Entwicklung seines revolutionären Sensor-Rasierers ausgegeben und eine erste Erforschung des Konsumentenverhaltens durchgeführt hatte, brachte es das neue Produkt in 19 Ländern gleichzeitig auf den Markt. Nachahmer wie Schick vom Warner-Lambert-Konzern wurden unter Gillettes weltweiter Werbelawine begraben. Gillette gab seinen Konkurrenten kaum eine Chance für einen Zweitschlag.

Während es in dem Rennen um globale Antizipation um den Wettkampf um Marktanteile und Positionen geht, muß die Vorbereitung für eine globale Blitzaktion lange vor dem Markteintritt des Produktes beginnen. So wie ein Unternehmen mit den Investitionen in einen neuen Kernkompetenzbereich beginnen muß, noch bevor eine genaue Definition der spezifischen Produktchancen vorliegt, muß die Entwicklung globaler Marken- und Vertriebspositionen in Vorwegnahme jenes Stroms neuer Produkte und Dienstleistungen beginnen, der letzten Endes durch die globalen Firmenkanäle fließen wird. Wenn ein Unternehmen keine globale Präsenz entwickelt hat, bevor es sein brandneues Produkt oder seine Dienstleistung einführt, wird es einen großen Teil des Marktes der Konkurrenz überlassen müssen. Das bedeutet nicht, daß riesige Investitionen getätigt werden sollten, allein auf die Hoffnung hin, daß die Produktpipeline eines Tages ein aufregendes neues Produkt ausspeien wird. Es gibt, wie wir bereits festgestellt haben, kostengünstige Wege – vor allem in Form von Vertriebspartnerschaften –, um die Hand nach den globalen Märkten auszustrecken und der Konkurrenz zuvorzukommen. Das war die Strategie, die Glaxo in den Vereinigten Staaten anwendete, um SmithKline auf dem Markt für Medikamente gegen Magengeschwüre zuvorzukommen. Glaxo, das zur Zeit der Einführung von Zantac in den Vereinigten Staaten über ein relativ kümmerliches Vertriebsnetz verfügte, schloß sich mit Hoffman-LaRoche zusammen und gewann so den sofortigen Zugang zu einer 1.100 Mann starken Vertriebsmannschaft. Viele asiatische Unternehmen benutzen nachgelagerte Partner als kostengünstige Zugangsmöglichkeit zum globalen Markt. Canon stellte Kopiergeräte her, die unter dem Markennamen Kodak verkauft wurden; Samsung produzierte Mikrowellenherde, die von GE verkauft wurden, und Toshiba drang als erstes japanisches Unternehmen in den amerikanischen Fernsehmarkt ein, indem es seine Geräte auf Basis einer Hausmarke an Sears verkaufte.

Jeder kennt die vier P des Marketing: Produkt, Preis, Promotion und Position. Wir möchten dem die vier Ps der globalen Antizipation gegenüberstellen: Das erste P steht für „Preemption“, die Antizipation. Wir haben festgestellt, daß ein Unternehmen, das sich den maximalen Gewinn aus seinen Innovationsaktivitäten sichern möchte, die Fähigkeit benötigt, den Konkurrenten auf globaler

Ebene zuvorzukommen. Die anderen drei Ps sind die Vorbedingungen für „Preemption": „Proximity" (Nähe), „Prädisposition" und „Propagation" (Verbreitung).

Proximity (Nähe)

Hier wird um den Zugang zu entscheidenden nationalen Märkten und Vertriebskanälen gekämpft. Märkte können aus verschiedenen Gründen „entscheidend" sein. Ein Markt kann Zugang zu einer Gruppe von „Referenzkunden" bieten (japanische Teenager bei Unterhaltungselektronik oder kalifornische Trendsetter-Autokäufer). Erst wenn sich ein Unternehmen als fähig erwiesen hat, die anspruchsvollsten Kunden der Welt zu bedienen und zufriedenzustellen, kann es hoffen, für einen globalen Vorstoß gerüstet zu sein. Zweitens kann ein Markt deshalb strategisch wichtig sein, weil er sehr groß ist und damit die Chance zur raschen Amortisierung der Entwicklungskosten bietet. Aus eben diesem Grund ist der amerikanische Markt absolut entscheidend für jedes europäische Unternehmen, das in den internationalen Wettbewerb einsteigen möchte. Einer der Gründe dafür, daß sich viele europäische Computerhersteller so lange an der Grenze zum finanziellen Absturz bewegten, lag darin, daß keines dieser Unternehmen jemals eine starke Präsenz in den Vereinigten Staaten aufgebaut und sich so jene globalen Größenvorteile gesichert hatte, die in dieser Branche so wichtig sind.

Drittens kann ein Markt im Wettbewerb um die Antizipation strategisch und damit bedeutend sein, weil seine Wachstumsrate außerordentlich ist oder weil seine zukünftigen Wachstumsaussichten sehr vielversprechend sind. Angesichts der riesigen Wachstumsraten in einem großen Teil Südostasiens verliert jedes Unternehmen, das heute nicht mindestens 20 % seines Gewinns in Südostasien (ohne Japan) macht, mit Sicherheit gobale Marktanteile. Europäische und amerikanische Herstellerfirmen von Autos, Unterhaltungselektronik und vielen Industrieprodukten müssen hart arbeiten, um die rasch wachsenden asiatischen Märkte nicht den japanischen Konkurrenten zu überlassen. GE ist ein amerikanisches Unternehmen, das versucht, die Vormachtstellung der Japaner auf den asiatischen Märkten zu brechen. Anfang 1990 war GE bereits ein führender Hersteller von Flugzeugmotoren für die wachsende Zahl der chinesischen Fluggesellschaften, und Geschäftsbereiche wie Kraftwerkssysteme und Medikamente rechneten damit, daß 50 % des zukünftigen Wachstums in Asien erzielt werden. So sagt ein Spitzenmanager von GE: „Wir wollen uns in Asien unbedingt dieselben Marktanteile wie in den Vereinigten Staaten sichern."[3]

In Anbetracht der Zeit, die erforderlich ist, um sich in der örtlichen Politik zurechtzufinden, lokale Partner zu finden, ein starkes Team einheimischer Manager aufzubauen, die lokale Produktion im nötigen Umfang einzurichten, die notwendigen Erkenntnisse über die spezifischen Kundenerfordernisse zu gewinnen und geeignete Vertriebskanäle zu schaffen, läuft jedes Unternehmen, das nicht fieberhaft daran arbeitet, in Asien eine entsprechende Infrastruktur aufzubauen, Gefahr, in langsamer wachsende Märkte abgedrängt zu werden.

Viertens kann ein Markt auch deshalb von strategischer Bedeutung sein, weil er Zugang zum heimatlichen „Gewinnschrein" eines Konkurrenten bietet. Sich eine Position im Heimatmarkt eines Konkurrenten zu erobern, kann ein Unternehmen in die Lage versetzen, einen Teil jener Gewinne abzuschöpfen, die dieser Konkurrent andernfalls dazu verwenden könnte, um auf fremden Märkten Attacken zu reiten. Durch sein frühes Eindringen in den japanischen Markt und seine dortige Stärke konnte IBM die führenden japanischen Computerhersteller sicherlich an einer „Quersubventionierung" ihres internationalen Wachstums durch die auf dem japanischen Heimmarkt erzielten Gewinne hindern.

Aber die Fähigkeit, den Konkurrenten zuvorzukommen oder ihren globalen Vormarsch zu bremsen, erlangt man nicht einfach dadurch, daß man eine physische Präsenz in strategischen Schlüsselmärkten aufbaut. Ebensowichtig ist der Zugang zu den effektivsten Vertriebskanälen auf den einzelnen nationalen Schlüsselmärkten. Obwohl die Zugangsbarrieren zum japanischen Vertriebssystem weithin diskutiert und sogar zum Ziel „struktureller" Handelsinitiativen gemacht wurden, sind wir davon überzeugt, daß interne Richtlinien und politische Maßnahmen ein noch größeres Hindernis für die Antizipationsfähigkeit vieler Unternehmen darstellen und es ihnen schwermachen, die ganze Bandbreite potentieller Vertriebskanäle zu nutzen. Die meisten Unternehmen favorisieren unausgesprochen bestimmte Vertriebskanäle (Direktverkauf, Postvertrieb, Exklusivhändler oder Massenvermarktung) gegenüber anderen. Einer solchen Bevorzugung können vernünftige Geschäftsüberlegungen zugrunde liegen, aber es ist ebenso wahrscheinlich, daß sie auf einer veralteten Geschäftslogik beruht, die schwer zu ändern ist, weil eine mächtige firmeninterne Interessengruppe stark an der weiteren Vorherrschaft eines bestimmten Kanals interessiert ist. So wurde beispielsweise der Vorstoß des Macintosh in den Unternehmenskundenbereich, wo ein Direktverkäufersystem erforderlich gewesen wäre, durch Apples langjährige Abhängigkeit von Exklusivhändlern gebremst. Kurzsichtigkeit in der Wahl der Kanäle kann sich als schwerwiegendes Hindernis für die Fähigkeit eines Unternehmens erweisen, seine Rivalen im Wettlauf um die Zukunft abzuhängen. Es kann viel verlorengehen, wenn man versucht, ein neues Produkt oder eine Dienstleistung von der Größe eines Fußballs durch einen Vertriebskanal von den Dimensionen eines Gartenschlauchs zu zwängen.

Prädisposition

Damit ein Unternehmen der Konkurrenz zuvorkommen kann, müssen die Kunden auf der ganzen Welt große Bereitschaft zeigen, die neuen Produkte des Unternehmens zu kaufen und auszuprobieren. Denken Sie daran, was geschah, als Coca-Cola 1982 in den Vereinigten Staaten Diet Coke einführte. Innerhalb von zwei Jahren eroberte Diet Coke in Amerika die dritte Stelle unter den Softdrinks. Durch Nutzung des mächtigen Markennamens Coke konnte Diet Coke diesen Erfolg auf vielen Märkten auf der ganzen Welt wiederholen. Ohne die Qualität oder Einzigartigkeit von Diet Coke in irgendeiner Weise schmälern zu wollen, kann man den atemberaubenden Start der Marke wohl kaum den Produktattributen allein zuschreiben. Die Käufer empfinden eine tiefe emotionale Bindung zu Coca-Cola, die von einer der cleversten und unentrinnbarsten Werbestrategien aller Zeiten aufrechterhalten wird. Ohne seine exklusive Markenposition hätte Diet Coke einen ebenso steinigen, kurvenreichen Weg in die Regale der Einzelhändler vor sich gehabt wie Cokes Möchtegern-Konkurrenten. Wenn es gilt, den Konkurrenten zuvorzukommen, ist es hilfreich, zuvor eine Art vorgefaßtes „gemeinsames Bewußtsein" bei den Konsumenten auf der ganzen Welt zu schaffen.

Nehmen wir ein anderes Beispiel: In früheren Jahren fanden Eltern, die mit ihren Kindern im örtlichen Supermarkt vor der Tiefkühltruhe mit der Eiscreme standen, nur regionale oder nationale kategoriespezifische Marken vor. Ein Besuch in der Schokoladeabteilung hätte jedoch mehrere Schokoladeriegel mit internationalen Markennamen zutage gefördert – Mars, Nestlé und Cadbury's. Angesichts dieser unausgewogenen Verhältnisse entdeckte Mars eine Chance. Warum nicht die bekannte, angesehene Marke Mars nehmen und eine neue Eiscreme kreieren? Das Ergebnis waren die erfolgreichste Produkteinführung in der Geschichte der Branche und die Schaffung einer neuen Produktkategorie. Auf diesem Erfolg aufbauend, lieh Mars einer Getränkelinie auf Schokolade-Milch-Basis seinen Namen. Aus den Erfahrungen von Coke und Mars läßt sich eine interessante Lehre ziehen: Ein tief verankertes Allgemeinbewußtsein kann sich oft stimulierend auf die Produktakzeptanz auswirken.

Wie die Nachbrenner der Concorde kann eine mächtige globale Marke, angetrieben von der Wertschätzung und der Zuneigung der Kunden, dazu beitragen, daß der Start eines neuen Produktes beschleunigt wird. Allerdings kann ein solcher Markenname ein im Grunde nicht aerodynamisches Produkt zum Fliegen bringen. Wenn das Ding nicht flugtauglich ist, bewirkt der ganze Markentreibstoff nur, daß der folgende Crash um so spektakulärer ausfällt. Ganz gleich, welche Glaubwürdigkeit eine Marke bei den Kunden genießt: New Coke ist noch lange nicht Coke Classic. Ein miserables Produkt kann der Glaubwürdigkeit der Marke schaden. Jede Markteinführung eines neuen Produkts wirkt sich unweigerlich auf die Akzeptanz der Hauptmarke aus: entweder stärkend oder schwächend.

Trotzdem horchen die Kunden in aller Welt auf, wenn Coca-Cola, Apple, Sony, Honda oder andere Unternehmen mit einem derart exklusiven Namen ein neues Produkt auf den Markt bringen. Jedes Unternehmen, das über eine so beneidenswerte Markenposition verfügt, startet im Rennen um die Zukunft aus der Pole Position. Marketingexperten gehen davon aus, daß der Aufbau eines bestimmten Kundenbewußtseins in Nordamerika, Asien und Europa Summen in Milliardenhöhe verschlingt. Aber was kostet es Sony, den Markennamen eines neuen Produkts aufzubauen, das die berühmten vier Buchstaben trägt? Die neuen Produkteinführungen von Sony profitieren von der unmittelbaren Glaubwürdigkeit, die diese Produkte in aller Welt genießen. Nun könnte man zu Recht fragen, was zuerst da war: das hervorragende Produkt oder der hervorragende Markenname. Natürlich war es das Produkt. Aber Sony und die anderen globalen Markenführer bauten bewußt „Flaggenmarken" auf. Diese umspannen die verschiedenen Produkte und Geschäftszweige und sorgen dafür, daß die Kunden die guten Erfahrungen mit den Produkten von heute in großes Interesse an und Begeisterung für die Produkte von morgen ummünzen.

Eine vertrauenswürdige Marke ist eine „Garantie" für den Kunden, daß das neue Produkt oder die neue Dienstleistung einem hohen Standard entspricht. Eine solche Garantie kann sich als besonders wichtig erweisen, wenn eine Firma versucht, durch die Schaffung einer völlig neuen Produktkategorie neuen Wettbewerbsraum zu erschließen. Je innovativer das Produkt, desto mehr Kunden werden die Sicherheit einer Marke verlangen, die sich in der Vergangenheit als vertrauenswürdig erwiesen hat. Der anfängliche Erfolg von IBM auf dem gerade erst entstehenden PC-Markt war großteils auf die Sicherheit zurückzuführen, die das Unternehmen mißtrauischen und verwirrten Kunden vermittelte. Osborne, Kapyro und auch Apple konnten es mit diesem Markenbonus von IBM nicht aufnehmen. Ein solcher Markenbonus wird möglicherweise eher als Garant für Qualität und Leistung eines Produkts betrachtet als die eigentliche Produktgarantie. Einen Garantieanspruch zu stellen, ist mühsam und aufwendig. Was die Kunden dazu bewegt, ein Produkt von Sony, Canon oder Toyota zu kaufen, ist weniger die Länge der Garantiefrist als die Stärke des mit dem jeweiligen Markennamen verbundenen Produktbonus.

Was die „Flaggenmarke" erreichen soll, ist einfach zu sagen: Sie soll die Kunden dazu bewegen, die positive Einstellung, die auf den guten Erfahrungen mit einem Produkt der Firma beruht, auf andere Produkte zu übertragen, welche die Firma herstellt oder herzustellen gedenkt. Einer der Autoren besitzt nicht nur ein Kopiergerät von Canon, sondern auch zwei 35-mm-Kameras von Canon, einen 8-mm-Camcorder von Canon und ein Canon-Fax. Er hatte nie die Absicht, einen Canon-Haushalt einzurichten, aber die Geräte sammelten sich im Lauf der Zeit einfach an. Wann immer er bei einer Kaufentscheidung auf die Möglichkeit einer Canon-Wahl stieß, dachte er spontan an die Zuverlässigkeit, die Leistung und den Wert anderer Canon-Produkte. Auf diese Weise erscheint ihm jedes zusätzliche Canon-Produkt nicht nur als „sicherer", sondern auch als kluger Kauf. Da sich der Lebensrhythmus beschleunigt und die Komplexität der Konsumgüter ständig steigt, werden „Flaggenmarken" wie Canon und Sony zu Gedächtnisstützen, die in den Köpfen gestreßter, zerstreuter Kunden für Qualität und Wert stehen.

Viele Unternehmen haben ihre Marken für den Kampf um einen „Segmentanteil" aufgesplittert. Das ist die Logik, die hinter den vielen Marken von GM steht. Vom schlichten Chevrolet auf der einen Seite bis zum luxuriösen Cadillac auf der anderen soll jede Marke Kunden mit einem bestimmten Einkommen und Lebensstil ansprechen. Mit einer ähnlichen Logik erklärte ein führender Manager von Philips einmal die überlappenden und miteinander konkurrierenden Marken seines Unternehmens in Großbritannien. Er argumentierte, daß Pye eine Eintrittsmarke sei, Philips eine Marke für das mittlere bis obere Marktsegment und Grundig die anspruchsvolle Exklusivmarke. Die „Flaggenmarken“ japanischer Firmen bauen auf einer ganz anderen Logik auf: Wir versprechen Ihnen das beste Preis-Leistungs-Verhältnis (d. h. den besten Wert), gleich, auf welchem Preisniveau Sie kaufen! Ob man einen Toyota Corolla für 11.900 Dollar (Preis 1993) oder einen Toyota Supra für über 40.000 Dollar kauft, man kann immer erwarten, das beste Fahrzeug dieser Fahrzeugklasse zu erwerben. Ob man ein Mini-TV-Gerät von Sony für 200 Dollar oder ein Gerät mit einem Riesenbildschirm für 6.000 Dollar erwirbt, man erwartet ein innovatives, ästhetisch ansprechendes Produkt. Toyota, Honda und Sony kämpfen nicht so sehr um Segmentanteile als um „Portemonnaie-Anteile“. Die Verwendung einer gleichbleibenden „Flaggenmarke“ für eine Reihe von Produkten trägt dazu bei, daß die betreffende Firma bei jeder Kaufentscheidung ein Favorit ist.

Unserer Ansicht nach bilden die Kernkompetenzen, welche die Produktführerschaft unterstützen, das Fundament des Unternehmens und seine Flaggenmarke/n das Dach. Dazwischen liegen die verschiedenen Geschäftszweige, die alle auf dem gemeinsamen Fundament ruhen und dasselbe Dach tragen (siehe Abbildung 11.1). Natürlich scheuen viele Unternehmen davor zurück, sich Flaggenmarken zuzulegen. Man kann davon ausgehen, daß in jedem amerikanischen Haushalt ein Dutzend oder mehr P&G-Produkte in den verschiedenen Regalen in Küche, Bad und Waschküche stehen – und jeweils einen anderen Markennamen tragen. Das bedeutet, daß man, wie erfreulich die Erfahrungen auch sein mögen, die man mit irgendeinem P&G-Produkt – Tide, Pampers, Ivory Soap, Crisco oder Folger's – gesammelt hat, auf keinen Fall eine Prädisposition hat, aufgrund einer Übertragung solcher positiven Erfahrungen andere P&G-Produkte zu kaufen. Während nur

ABBILDUNG 11.1: EIN ALTERNATIVKONZEPT DES DIVERSIFIZIERTEN UNTERNEHMENS

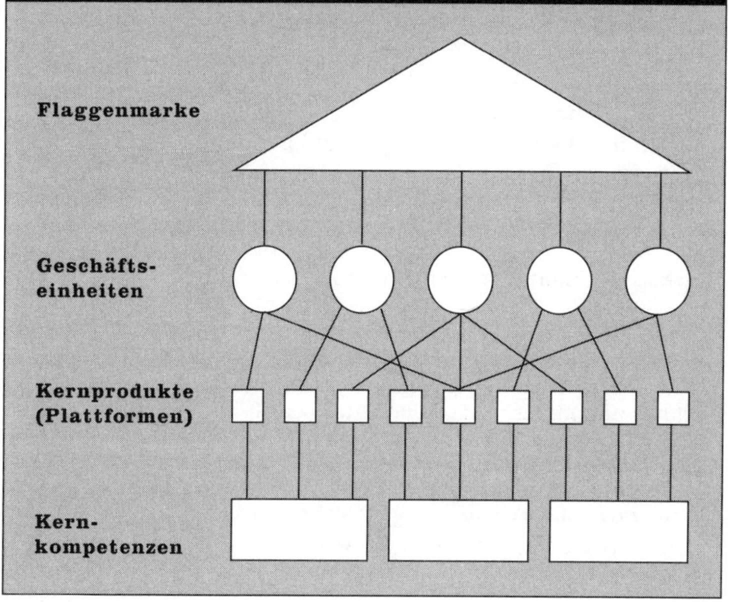

wenige Kunden auf der Welt wissen, daß P&G führend in der Haarpflege ist, assoziieren die meisten Menschen eine Marke wie L'Oreal mit Haarkosmetik, weil L'Oreal seine Firmenmarke über eine breite Palette von Haarpflegeprodukten verteilt. Wir wollen damit nicht sagen, daß beliebte, guteingeführte Produktmarken durch bedeutungsleere Firmenmarken ersetzt werden sollten. Niemand will Erdnußbutter von Procter & Gamble oder Gesichtscreme von Unilever! Trotzdem sind wir davon überzeugt, daß ein Unternehmen, das sich die Logik einer globalen Flaggenmarke nicht zunutze macht, auf lange Sicht einen Wettbewerbsnachteil erleidet.

Eine Flaggenmarke muß nicht die gesamte Produktlinie eines Unternehmens abdecken. GM zahlt für die enorme Zahl von Marken auf der ganzen Welt (Opel, Vauxhall, Saturn, Geo, Chevrolet, Buick, Oldsmobile, Cadillac und GMC) insofern einen hohen Preis, als die Kunden verwirrt werden und Umfangvorteile verlorengehen. Toyota seinerseits mußte bei der Markteinführung seines Lexus erkennen, daß sich die Marke Toyota nicht automatisch auf Luxusfahrzeuge ausdehnen ließ, die für die Gruppe der Mercedeskäufer interessant sind. Interessanterweise konnte sich Toyota mit dem Lexus das Beste beider Kategorien sichern. Während sich der Lexus eine exklusive, „smarte“ Identität schaffen konnte, muß einfach jeder Lexus-Käufer wissen, daß das Auto von Toyota nach den Weltklasse-Qualitätsstandards von Toyota produziert wird. Honda hat mit seiner exklusiven Marke Acura mehr oder weniger denselben Effekt erzielt. Während sich Toyota also nicht für eine einzelne Marke entschieden hat, verfügt es immer noch über ein viel kompakteres und klareres Markenportfolio als GM oder auch Chrysler (Jeep, Eagle, Dodge, Plymouth und Chrysler).

Die Flaggenmarke muß nicht unbedingt die Firmenmarke sein. Ob die Firmenmarke als Flaggenmarke verwendet wird oder nicht, ist eine taktische Entscheidung. Sehr wenige Amerikaner wissen mit dem Namen Matsushita etwas anzufangen, und noch weniger können dieses Wort richtig aussprechen. Trotzdem ist fast jeder potentielle Kunde mit den Flaggenmarken des Unternehmens vertraut – JVC und Panasonic sind die bekanntesten unter ihnen. Jeder dieser Marken ist eine Vielzahl von Produktkategorien zugeordnet.

Das bedeutet, daß die Flaggenmarke nicht die Firmenmarke sein muß, und es mag gute Gründe dafür geben, mehr als eine Flaggenmarke zu verwenden. Dazu kommt, daß Flaggenmarken und produktspezifische Marken einander nicht ausschließen müssen. Sony verwendet seine Marke für alle seine Produkte. Sony ist die Top-Flaggenmarke des Unternehmens, aber darunter gibt es einige untergeordnete Flaggenmarken. Nach dem enormen Erfolg des Walkman – einer Marke, die inzwischen zur allgemein verwendeten Produktbezeichnung für tragbare Kassettenspieler geworden ist – dehnte Sony den Wortbestandteil „man“ auf eine breite Palette anderer Produkte (darunter den Discman und den Watchman) aus, um auf deren Tragbarkeit hinzuweisen. Das „Sports"-Label ist eine weitere untergeordnete Flaggenmarke von Sony. Hier lautet die Botschaft an den Kunden, daß es sich um ein strapazierfähiges Produkt handelt – das Ding kann in die Berge oder an den Strand mitgenommen werden, ohne daß man befürchten muß, ein Spritzer Wasser oder eine Erschütterung könnte es ruinieren. Alle Sports-Produkte haben gemeinsame optische Kennzeichen wie gelbschwarzes Design. Bei Sony gibt es Produktschichten, wobei jede Schicht mehr als eine Produktkategorie abdeckt und dem Kunden eine jeweils andere Botschaft über die Produkteigenschaften vermittelt.

In den Vereinigten Staaten sind die meisten Procter & Gamble-Kunden mit Tide, Pampers, Ivory, Crisco, Camay und vielen anderen klassischen P&G-Marken aufgewachsen. Die Wahrscheinlichkeit, daß jede neue Generation P&G-Kunden von Mom und Dad mit den Firmenmarken von P&G bekanntgemacht wird, ist nicht geringer als die, daß dies die Marketinggenies in Cincinnati besorgen. In den Vereinigten Staaten, wo sich viele der großen Markenaufbauinvestitionen von P&G seit langem amortisiert haben, kann das Unternehmen die Größennachteile verkraften, die durch die Aufsplitterung der Markenwerbung entstehen. P&G stand vor einer ganz anderen Situation, als es Anfang der siebziger Jahre beschloß, sich auf den riesigen und heißumkämpften japanischen Markt zu wagen. Hier mußte P&G von der Pike auf beginnen – den Kunden waren die mächtigen U.S.-Marken völlig unbekannt. So stand das Unternehmen vor einer Entscheidung: entweder die Markenaufbaubestrebungen wie zu Hause in den Vereinigten Staaten auf eine Palette produktspezifischer Marken aufzusplittern oder für jede Produktmarke eine „Herstellermarke" einzuführen, um Markenbewußtsein und Markenintegrität, die japanischen Käufern so wichtig sind, schneller aufzubauen. Mit der U.S.-Firmenpolitik brechend, entschied sich P&G für den zweiten Weg. Dieser wird auch von den japanischen Konkurrenten bevorzugt, die der Bewerbung von Firmen- und Produktmarken oft dieselbe Bedeutung beimessen. Die Logik von P&G war einfach: Wenn das Ziel darin besteht, in der kürzestmöglichen Zeit und mit der größtmöglichen Effizienz Markenbewußtsein und Glaubwürdigkeit bei den Kunden aufzubauen, hat es keinen Sinn, die Markenaufbaubemühungen über eine Palette produktspezifischer Marken aufzusplittern. So entschied sich P&G für den Weg von Sony: Es verwendet Produktmarken, um spezifische Produktattribute zu vermitteln, und überdacht das Ganze mit einer Unternehmensmarke, die Integrität und Qualität vermittelt.

Nestlé macht sich seine Firmenflaggenmarke seit Jahren zunutze: ob bei Kondensmilch, Schokolade, Nescafé oder in letzter Zeit auch bei Frühstücksmüslis. Der Vorsitzende von Nestlé, Helmut Maucher, faßt die Logik der globalen Flaggenmarke wie folgt zusammen:

> Der Name Nestlé wird nun auf allen unseren Marken eingeführt – auf Maggi, Findus, überall. Alle tragen das Nestlé-[Vogel]nest auf der Rückseite. Lokale Produkte spiegeln lokale Unterschiede wider, aber der Vorteil eines weltweiten Unternehmens liegt in einer gemeinsamen Identität wie bei Volvo oder Coca-Cola.[4]

Globale Größenvorteile gelten seit langem als entscheidender Vorteil im globalen Wettbewerb. In Industrien wie Telekommunikationsausrüstung, Flugzeuge und Halbleiter ist es unmöglich, F&E-Kosten hereinzubringen, ohne Zugang zum Weltmarkt zu haben. Im Wettbewerb um globale Bewußtseinsanteile sind es die Umfangvorteile und nicht die Größenvorteile, die von entscheidender Bedeutung sind. Yamaha, das unter einer einzigen Marke eine breite Palette von Musikinstrumenten (Gitarren, Klaviere, Trompeten, Orgeln und Geigen) herstellt und vermarktet, befindet sich in einer besseren Ausgangsposition für den Aufbau eines signifikanten Bewußtseinsanteils als jeder Einzelsegment-Konkurrent wie Selmer oder King, die nur Blech- oder Holzblasinstrumente herstellen und ihre Markeninvestitionen daher nicht über eine breite

Palette von Produktkategorien hinweg amortisieren können. In ähnlicher Weise konnten die Größenvorteile, die Honda erzielte, als es Rasenmäher herzustellen begann, von anderen Konkurrenten mit einer schmäleren Produktpalette wie Snapper und dem Motorenhersteller Briggs & Stratton Corp. nicht erreicht werden.

Da es beim Aufbau von Markenbewußtsein (ein Kunde muß mehrmals auf eine Marke aufmerksam werden, bevor sie sich in sein Bewußtsein einprägt) einen „S-Kurven-Effekt" gibt, erreicht man beispielsweise durch die Verteilung von Werbemitteln auf zehn verschiedene Marken nur etwa ein Zehntel jenes Markenbewußtseins, das man durch die Konzentration der Mittel auf eine einzelne Marke erzielen könnte. In einer systematischen Studie kam die Londoner Consultingfirma OC&C zu der Erkenntnis, daß die Werbe- und Promotionkosten, die notwendig waren, um die Kunden dazu zu bringen, ein neues Produkt auszuprobieren, bei einer „umspannenden" Marke um 36 % niedriger waren als bei einer neuen Produktmarke. Ferner fand OC&C bei der Untersuchung der von einem bestimmten Multi eingeführten Produkte heraus, daß sechs Jahre nach der Markteinführung nur noch 30 % der neuen Marken in den Regalen vertreten waren. Hingegen waren 50 % jener Marken noch im Rennen, die sich auf einen bereits existierenden Markennamen stützen konnten.[5]

So wie es sinnlos ist, Markenaufbaubemühungen ohne Notwendigkeit auf mehrere Einzelprodukte aufzusplittern, ist es auch sinnlos, die Markenaufbaubemühungen auf verschiedene Geschäftseinheiten aufzusplittern. Es mag sein, daß die einzelnen Geschäftsbereiche weder über die notwendigen Ressourcen verfügen noch geneigt sind, eine globale exklusive Markenposition aufzubauen. Aber sobald eine solche exklusive Markenposition aufgebaut ist, verringert sie die Kosten des Eintritts in den lokalen Markt für alle Geschäftsbereiche des Unternehmens. Jedes Unternehmen, das bestrebt ist, seinen Konkurrenten weltweit zuvorzukommen, muß koordinierte Anstrengungen unternehmen, um globale Flaggenmarken aufzubauen. Der Aufbau eines globalen Bewußtseinsanteils ist wie der Aufbau von Kernkompetenzführerschaft keine Aufgabe, die ausschließlich den einzelnen Geschäftsbereichen überlassen werden sollte.

Wenn Sie durch einen internationalen Flughafen spazieren oder irgendwo auf der Welt aus dem Fenster eines Hotelturms blicken – welche Marken sehen Sie auf den Billboards oder in Neonschrift? Lassen wir Zigaretten, Soft Drinks und Alkohol für einen Augenblick beiseite. Welche Firmennamen sehen Sie – gleich ob in Asien, Europa oder Lateinamerika? Wahrscheinlich japanische oder koreanische: Hitachi, NEC, Komatsu, Sony, Fujitsu, Toshiba, Samsung, Hyundai, Mitsubishi. Mitunter tauchen auch ABB, Siemens, Philips oder IBM auf – aber wo sind Westinghouse, General Electric, United Technologies oder das britische GEC? Eine typische Hitachi-Anzeige auf einem Billboard auf dem New Yorker Flughafen LaGuardia erinnert die Kunden daran, daß das Unternehmen „mehr als 20.000 Elektronikprodukte für das Heim, das Büro, die Fabrik, die Zukunft“ anbietet.

Unternehmen wie NEC, Canon oder Honda versuchen oft, den Kunden ihre gesamte Produktpalette nahezubringen. Nicht genug, daß alle Produkte die Flaggenmarke tragen, beziehen sich die Werbeeinschaltungen, auch wenn sie sich auf ein bestimmtes Produkt konzentrieren, auf die gesamte Produktpalette des Unternehmens. In einer auffälligen Anzeige stellte Honda die Frage: „Wie bringen Sie fünf Hondas in eine Garage mit zwei Stellplätzen?“ Die Antwort: Man hat zwei Honda-Autos, einen Honda-Rasenmäher, einen tragbaren Honda-Generator und einen Honda-Bootsmotor oder irgendein anderes Produkt von Honda. Honda war während des Aufbaus von herausragenden Kernkompetenzen in der Automobiltechnik darauf bedacht, sich eine globale exklusive Markenposition zu schaffen. Natürlich muß sich ein Unternehmen, um unter dem Dach einer Flaggenmarke einen globalen Bewußtseinsanteil aufzubauen, auf dem Weltmarkt engagieren. Im Gegensatz zu Ziegeln und Mörtel hat eine Marke nur sehr wenig Restwert, wenn ein Unternehmen beschließt, sich aus einem Markt zurückzuziehen, oder wenn der Strom neuer Produkte plötzlich austrocknet.

Natürlich erzeugen bestimmte Marken eine größere Kaufneigung als andere. Die Attribute einer Flaggenmarke, welche die Kaufneigung entscheidend beeinflussen, sind: (1) Erkennung – die Stärke des Markenbewußtseins; (2) Reputation – das Vertrauen, daß ein Produkt einer bestimmten Marke das Versprechen des Herstellers erfüllt; (3) Affinität – das Maß, in dem die Marke ein integraler Bestandteil des Selbstgefühls des Käufers ist; und (4) Domäne – Einflußreichweite einer Marke bei einem plausibel angesetzten Produktbereich. Miteinander multipliziert bestimmen Erkennung, Reputation, Affinität und Domäne den Bewußtseinsanteil eines Produktes (siehe Abbildung 11.2).

Erkennung (Markenwiedererkennung) und Reputation (Wertschätzung) sind bekannte Parameter für die Macht einer Marke, aber

ABBILDUNG 11.2: DETERMINATEN DES BEWUSSTSEINSANTEILS

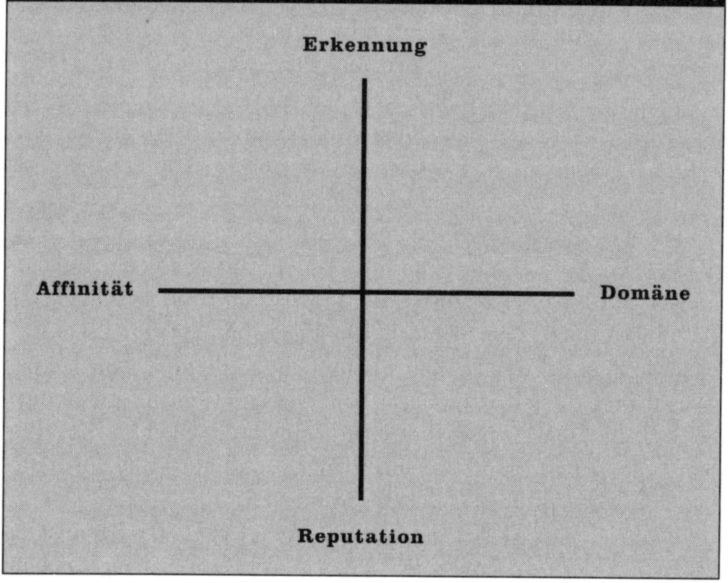

Affinität und Domäne bedürfen einer näheren Erklärung. Die Markenaffinität bezeichnet die Stärke der emotionalen Bindung, die der Kunde zu der Marke verspürt: Ist die Marke ein integraler Bestandteil seines Lebensstils? Spiegelt sie in irgendeiner Weise seine Ambitionen wider? Ist sie mit positiven Erinnerungen verknüpft? Je stärker die Affinität zwischen Käufer und Marke, desto größer die Neigung, neue Produkte derselben Marke auszuprobieren.

Affinität unterscheidet sich von Erkennung und Reputation. Flugzeugmotoren von Xerox, Boeing und Rolls Royce genießen allesamt sowohl einen hohen Wiedererkennungswert als auch eine hohe Reputation, aber die Affinität zu ihnen ist gering. Harley-Davidson erzielt hohe Werte bei Wiedererkennung und Affinität. Die Affinität, die Harley-Davidson-Besitzer zu „Hog"-Produkten verspüren, lockte fast 75.000 Biker zum 75. Geburtstag von Harley und ebnete Harley den Weg zur Markteinführung einer erfolgreichen Bekleidungslinie und eines schicken Eßlokals in Manhattan. Disney, eine andere Marke mit hohen Affinitätswerten, entdeckte eine neue Methode, um den mächtigen Strom an Kunden-Goodwill anzuzapfen, indem es in großen Einkaufszentren und in den Cities der ganzen Welt Disney-Shops einrichtete. Victorinox, die Schweizer Gesellschaft, die Schweizer Militärmesser herstellt und vermarktet, fand einen neuen Weg, um die hohen Affinitätswerte seiner Marke zu nutzen. Während jedes Schulkind davon träumt, ein Schweizer Militärmesser zu besitzen, finden es die meisten Erwachsenen unnötig oder unpraktisch, den ganzen Tag ein Taschenmesser mit sich herumzutragen. Wie also all diese brachliegende Affinität nutzen? Ganz einfach! Die Firma brachte eine Linie strapazierfähiger Schweizer Army-Uhren ohne jeden Firlefanz auf den Markt: Presto – wieder ein Hit. Sowohl Harley-Davidson als auch Schweizer Armeemesser bestehen den abschließenden Test der Kundenaffinität: Sie haben unabhängige und autonom fortbestehende Benutzerklubs ins Leben gerufen.

Inwieweit eine Marke einen Beitrag dazu leistet, den Kunden dazu zu bewegen, weitere Produkte auszuprobieren, hat auch viel mit der Domäne dieser Marke zu tun. Während Marken wie Sony und 3M eine breite Palette von Produkten anbieten, beschränken sich andere wie Levi, Hershey, Campbell oder Coca-Cola auf eine enggefaßte Produktkategorie. So erfreut sich zum Beispiel Campbell hoher Wiedererkennungs-, Reputations- und Affinitätswerte, es ist jedoch schwierig, sich den Markennamen auf etwas anderem als Suppendosen oder engverwandten Produkten vorzustellen. Campbell wurde im Lauf der Jahre zur Geisel einer einzigen Produktkategorie. Die Marke Colgate von Colgate-Palmolive beherrscht einen vielleicht etwas breiteren Bereich – Zahnbürsten, Zahnpasta und Antizahnbelag-Mundwässer –, aber man kann sich die Marke kaum auf Lebensmitteln oder Haushaltsreinigern vorstellen. Das einfache Prinzip lautet hier: Je länger eine Marke in einer einzelnen Produktkategorie gefangen war, um so schwieriger wird es, die Reichweite der Marke auf andere Produktkategorien auszudehnen.

Je größer die potentielle Domäne, desto höher der Wert einer Marke, wenn es darum geht, Kaufneigung zu schaffen. Der Domäne einer Marke sind jedoch Grenzen gesetzt. Wird der Markenname überdehnt, verliert er für den Kunden seine Kohärenz. Vor einigen Jahren pries Levi Strauss seine neue Hosen- und Blazerlinie „David Hunter“ als „klassisch geschnittene Kleidung von Levi's“ an. Die Kunden betrachteten diese Aussage als Widerspruch in sich, und Levi's zog die neue Linie stillschweigend zurück. Eine überdehnte Flaggenmarke kann ungeeignet oder einfach inkonsequent sein. In der Werbung für Sheraton Hotels wird oft ein Kürzel verwendet: „ITT Sheraton“. Aber wen interessiert es, daß die Sheraton-Hotels ITT gehören? Die Buchstaben „ITT“ vermitteln dem Kunden keine kohärente Botschaft, wenn man bedenkt, (1) daß Sheraton den meisten Menschen wahrscheinlich vertrauter ist als ITT, und (2), daß ITT ein sehr vielfältiges Unternehmensportfolio besitzt, das so unterschiedliche Bereiche wie Autoteile und Versicherungen umfaßt. Wenn andererseits Marriott seine Marke an seine Courtland-Hotelgruppe bindet, wissen die Kunden genau, was sie erwarten dürfen.

Was die Elastizität einer Marke letzten Endes einschränkt, ist die Kohärenz der Markenbotschaft. Bis zu einem bestimmten Grad ist es unvermeidlich, daß bei einer Ausdehnung der Markendomäne die Eindeutigkeit der von dieser Marke vermittelten Aussage abnimmt, auch wenn sie beim Kunden noch in beträchtlichem Maß vorhanden sein mag. Die Flaggenmarken mit der größten Domäne sind jene, die universelle Botschaften über Produktintegrität und Qualität transportieren.

Eine starke Flaggenmarkenposition kann zu einem Kürzel für eine spezifische exklusive Fähigkeitenposition werden. „Sony" steht für eine Fülle von Kompetenzen im Bereich tragbarer Unterhaltungsgeräte, digitaler Tonverarbeitung und Videodisplays, aber auch für Qualität und Innovation. Wenn die Firma den Slogan „Sony, the one and only" plakatiert, regt sich bei den Kunden kaum Widerspruch, und die Kunden von Sharp haben auch nichts gegen die Behauptung „Sharp products from Sharp minds" einzuwenden. Bevor es Honda gab, wäre ein Unternehmen, dessen Bandbreite sich von Rasenmähern (wo Honda mit Sears und anderen konkurriert) über Schiffsmotoren (Mercury), Motorräder (Yamaha) und Autos (Toyota) erstreckt, kaum vorstellbar gewesen. Aber die Ausdehnung der Marke Honda auf alle diese Produktkategorien erscheint den Kunden sinnvoll, weil sie entweder bewußt oder unbewußt die exklusive Fähigkeitenposition Hondas bei Benzinmotoren und die Bedeutung dieser Fähigkeiten für die von Honda hergestellten Produkte anerkennen. Das ist der Grund dafür, daß Honda bei allen Produkten, gleich welcher Kategorie, besonders auf den Motor hinweist.

Das Management der Markendomäne ist ein komplexes und schwieriges Unterfangen. Unilever meinte, einen großen Wurf getan zu haben, als es seine führende britische Margarinemarke Flora auf eine neue Linie von Salatdressings ausdehnte. Schließlich, so die Überlegung der Firma, profitierten beide Linien von ihrem Fachwissen über Fette und Öle. Bedauerlicherweise sahen die Kunden diesen Zusammenhang nicht. Für sie gab es keine logische Verbindung zwischen Fetten und Ölen und Salatdressings, sondern sie brachten Salatdressings eher in Verbindung mit Kochzutaten. Die Folge war, daß die Kunden Flora-Salatdressings ablehnten und scharenweise zu Salatdressings von Heinz überliefen.

Obwohl es nicht immer leicht abzuschätzen ist, wie weit sich eine Marke dehnen läßt, muß die Frage gestellt werden, wie produktspezifisch die von einer Marke verkörperten exklusiven Fähigkeiten sind. Hersheys Versprechen: „Wir machen wunderbare Schokolade" ist um einiges spezifischer als Nestlés Botschaft: „Wir machen erstklassige Lebensmittelprodukte". Interessanterweise ist eine der breitesten, flexibelsten Konsumgütermarken der Welt jene des innovativen britischen Lebensmitteleinzelhändlers Sainsbury's. Im Gegensatz zu den USA, wo Hausmarken oft als qualitativ minderwertig gelten und die betreffenden Produkte zu Diskontpreisen verkauft werden, konnte Sainsbury's eine Geschäftsmarke aufbauen, die alles von Grundnahrungsmitteln bis hin zu Luxusschokoladen und Champagner umfaßt und kaum billiger ist als die führenden Marken. Die Antizipationskraft von Sainsbury's zeigt sich in der Tatsache, daß, als die Firma 1993 ein Waschmittel unter der Hausmarke einführte, diese Marke rasch 30 % des Heimmarktes eroberte, wobei sie Persil von Unilever überholte und nur knapp hinter der führenden Marke Ariel von P&G blieb.[6] Wie Nordstrom's oder The Gap hat Sainsbury's seine exklusive Einzelhandelsposition nicht rund um den Preis, sondern rund um den Wert aufgebaut. Bedingt durch die enorme Kaufkraft und die Fähigkeit, die Kosten des Markenaufbaus über Hunderte Produkte hinweg zu amortisieren, ist Sainsbury in der Lage, seinen Kunden an jedem gegebenen Preispunkt die bessere Qualität zu versprechen. Ein solches universelles Verkaufsargument hat günstige Auswirkungen auf eine breite Palette von Produkten. Die höchst erfolgreiche Anwendung des Flaggenmarkenkonzepts durch Sainsbury's ist eine direkte Herausforderung für die teuren und manchmal „wertlosen" Produktmarken von P&G, Unilever und anderen.

Propagation (Verbreitung)

Ob eine Firma in der Lage ist, ihren Konkurrenten zuvorzukommen, hängt nicht nur von ihrer physischen Fähigkeit ab, das Produkt rasch in weltweite Vertriebskanäle zu verfrachten, sondern auch von ihrer organisatorischen Fähigkeit, den Managern der Niederlassungen auf der ganzen Welt die Vorteile des neuen Produkts rasch zu vermitteln. Nur so ist es möglich, einen ausreichenden Umsatz zu erzielen, dem neuen Produkt in jedem einzelnen Land angemessene Marketingressourcen zuzuteilen und rasch zu erkennen, wo die Innovation nicht Fuß gefaßt hat und dementsprechende korrigierende Maßnahmen erforderlich sind.

In vielen multinationalen Konzernen steht es den Managern seit jeher frei, welche Geschäftszweige oder Produkte in die lokale Produktpalette aufgenommen werden sollen. Traditionell konnten lokale Führungskräfte die von anderen Ländern oder von der Zentrale vorgegebenen Produkte annehmen oder ignorieren. In dem Bewußtsein, daß Geschmack und Präferenzen der Kunden ebenso wie die Wettbewerbsumgebung von Markt zu Markt sehr unterschiedlich sind, nahm die Zentrale meist Abstand davon, den Landesmanagern ins Handwerk zu pfuschen. Vor allem in den frühen Jahren der internationalen Expansion ließen die Vorstände in der Zentrale den lokalen Führungskräften freie Hand bei der Zusammenstellung der Produktlinie, weil sie nur über geringe internationale Erfahrung verfügten. Tatsächlich bestand kaum ein Anreiz, eine weltweite Produkteinführung zu versuchen und zu koordinieren – geschweige denn, sie anzuordnen. In einer Welt der nationalen Märkte, die durch Zölle, Gesetzesunterschiede und spezifische Kundenpräferenzen fragmentiert waren, gab es kaum Chancen für weltweite Größenvorteile. Ohne internationale Medien war der Anreiz gering, eine gemeinsame globale Markenidentität aufzubauen oder eine international konsistente Produktpositionierung anzustreben. Wenn man es mit Konkurrenten zu tun hatte, deren nationale oder multinationale Perspektiven ähnlich waren, hatte man wenig Grund, sich darüber den Kopf zu zerbrechen, wie man den anderen weltweit zuvorkommen konnte. In einer solchen Umgebung war die lokale Autonomie die beste Methode zur Maximierung der globalen Gewinne – mehr nicht.

Angesichts der zunehmenden wirtschaftlichen Integration vor allem in Europa, angesichts des Abbaus der Zoll- und anderweitigen Schranken, der Ausbreitung der internationalen Medien und einer ständig wachsenden Zahl international mobiler Kunden mit gehobenem globalem Bewußtsein, angesichts explodierender Kosten für die Entwicklung neuer Produkte und angesichts von Konkurrenten, die sich zunehmend um eine globale Kapitalrendite bemühen und mit wachsendem Erfolg versuchen, Produkte für einen globalen Markt herzustellen, ist die rapide Verbreitung neuer Geschäftskonzepte und neuer Produkte in allen nationalen Tochtergesellschaften für jedes multinationale Unternehmen zu einer Notwendigkeit geworden.

Natürlich kollidiert diese Notwendigkeit oft mit der traditionellen strategischen Eigenständigkeit der Landesmanager. Oft neigen regionale Führungskräfte, denen es an einer internationalen Perspektive mangelt, dazu, die Spezifität ihres Marktes zu überschätzen. Es ist für die Manager der Zentrale oft schwer einzuschätzen, ob der Landesmanager, der sich gegen die Übernahme eines neuen Produkts sträubt, dies tatsächlich aufgrund von Marktunterschieden oder aufgrund eines Widerwillens, den mühsamen Kampf zur Etablierung der Firma in einer neuen Produktkategorie auszutragen, oder einfach aus Starrsinnigkeit tut. Aber etwas ist Konzernen wie Philips, Procter & Gamble, Ford, Unilever, Citibank, IBM und vielen anderen klar: Die Grenzen innerhalb der Organisationen stehen der weltweiten Verbreitung neuer Geschäftszweige und Produktkonzepte oft im Wege.

In dem Versuch, die Landesmanager zu einer globalen Denkweise zu bewegen, übertragen ihnen viele multinationale Gesellschaften die weltweite oder regionale Verantwortung für eine bestimmte Geschäftslinie; die Landesmanager und ihre Stellvertreter werden in transnationale Geschäftsteams berufen, deren Ziel es ist, die

Marktdurchdringung eines bestimmten Produktes auf der ganzen Welt zu optimieren; und Kandidaten für hohe Führungsposten werden mit internationalen Aufgaben betraut, um gegen ihre Engstirnigkeit anzukämpfen und sie in die Lage zu versetzen, Chancen zur Erweiterung der geografischen Reichweite eines neuen Produktes oder einer neuen Dienstleistung rascher zu erkennen. Ein amerikanischer Topmanager drückte es uns gegenüber so aus:

> Früher bestimmte der internationale Leiter des Geschäftsbereichs, ob sich ein Produkt für lokale Märkte eignete. Heute muß der lokale Manager nachweisen, daß es auf lokaler Ebene nicht einschlagen wird. Wir erwarten, daß sich für jedes neue Produkt ein globaler Markt finden wird.

Ein leitender Manager von Nestlé sagte es noch einfacher: „Wir [sagen] unseren Leuten immer öfter: Findet die Gemeinsamkeiten, dann sprechen wir über die Unterschiede.“[7] Dahinter steht kein schwerfälliger Zentralismus, sondern die Einsicht, daß es in einer Welt, in der immer mehr Konkurrenten global agieren und die Bedürfnisse immer stärker konvergieren, zunehmend riskant wird, den anderen zuvorzukommen.

Die Bemühungen um eine schnellere Verbreitung können ansehnliche Belohnungen einbringen. Wie oben erwähnt, brachte Gillette seinen innovativen Sensor-Rasierer in 19 Ländern nahezu gleichzeitig auf den Markt, obwohl das neue Produkt nur in einem Bruchteil dieser Länder getestet worden war. P&G brachte eine seiner jüngsten Windelinnovationen, die Pampers Phases, in weniger als 12 Monaten in 90 Ländern in die Supermarktregale. Demgegenüber hatte es 27 Monate gedauert, um das letzte Innovationsprodukt auf den Markt zu bringen.[8] Pert, eine Kombination aus Shampoo und Pflegespülung, die 1986 in den Vereinigten Staaten herausgebracht wurde, lag bald danach in 30 Ländern in den Regalen der Einzelhändler. Die rasche Verbreitung, die P&G in diesem Fall gelungen war, spiegelt die Einstellung des Vorsitzenden, Ed Artzt, wider: „Wenn wir es nicht von Anfang an global versuchen, tut es jemand anderer.“[9]

Globale Marken können die rasche Verbreitung eines neuen Produkts fördern. Eine gemeinsame Marke kann unter Umständen die nationalen Manager weit voneinander entfernter Länder zu der Ansicht bringen, daß sich die lokalen Märkte doch nicht so stark unterscheiden und daß der Erfolg mit dem bestimmten Produktkonzept eines bestimmten Marktes auf andere Märkte übertragbar ist. In diesem Sinn kann eine globale Marke als „Angelpunkt" dienen, von dem aus neue Produktkonzepte von einem Markt zum anderen hinüberschwingen. Michael Jordon, ehemaliger Vorsitzender von Pepsico International Food and Beverage und heutiger CEO von Westinghouse, beschreibt das Grundkonzept der globalen Lebensmittelmarken von Pepsico (Pepsi, Taco Bell, Pizza Hut) im Lichte einer solchen Logik:

> Globale Marken entstehen, weil die Unternehmen, die sie herstellen und vermarkten, zu globalen Organisationen werden ... Die Marke ist ein Nebenprodukt der Erfahrung und der Geschäftssysteme eines Unternehmens (das ist es, woraus wir wirklich Nutzen ziehen, und nicht irgendein „eingängiger" Name) ... Warum also versuchen die Unternehmen, darunter auch mein eigenes, weltweite Marken aufzubauen? Ich bin davon überzeugt, daß sie in Wirklichkeit Punkte oder Symbole für die Organisation selbst sammeln – für die Erfahrung und das Wissen, das sie in die Vermarktung von Soft Drinks, Zigaretten oder Bier einbringt."[10]

Natürlich liegt das endgültige Ziel des Bestrebens, den anderen zuvorzukommen, nicht darin, eine globale Marke besser durchzusetzen. Ob eine globale Marke in irgendeinem gegebenen Fall angebracht ist oder nicht, ist sekundär. Das Hauptziel liegt darin, ein neues Produkt oder Marketingkonzept so schnell wie möglich um die ganze Welt zu schicken. Unilever, das davon überzeugt war, ein weltweit wettbewerbsfähiges Produkt und ein allgemein ansprechendes Marketingthema zu haben, arbeitete hart daran, seinen Weichspüler „Snuggles" zu einem globalen Hit zu machen. Und obwohl der englische Produktname übersetzt und in verschiedene lokale Varianten abgewandelt wurde, blieben das grundlegende

Verkaufsargument, kuschelige Weichheit, und das Produktmaskottchen, ein Teddybär, auf der ganzen Welt dieselben.

Das bedeutet, daß sich das Rennen um die Zukunft zu einem wilden Getümmel vor der Ziellinie verdichtet. Jene Unternehmen, denen es gelungen ist, Flaggenmarken aufzubauen, welche die Kunden zum Ausprobieren ihrer neuen Produkte anregen, die sich Zugang zu unverzichtbaren Kanälen rund um die Welt verschaffen konnten und die eine interne Fähigkeit zur raschen Verbreitung von Produktinnovationen entwickelt haben, werden sich, wenn die restlichen Faktoren gleich bleiben, im Rennen um die Zukunft an die Spitze setzen.

12

Die Dinge anders sehen

Wenn sich ein Unternehmen das Ziel gesetzt hat, Branchenführer zu werden, sind Umstrukturierung und Reengineering unzureichende Mittel dazu. Um eine Führungsposition aufbauen zu können, muß ein Unternehmen in der Lage sein, seine Industrie neu zu erfinden; um eine Führungsposition zurückzugewinnen, muß es seine Kernstrategien erneuern. In diesem Sinn ist es nicht genug, kleiner und besser zu werden; ein Unternehmen muß auch über die Fähigkeit verfügen, anders zu werden. Aber um schließlich anders „sein" zu können, muß es zuerst anders „denken". Das ist der Grund dafür, daß es in diesem Buch ebenso um die Denk- wie um die Handlungsweise geht. Ein Unternehmen, das an der Zukunft teilhaben möchte, muß lernen, die folgenden drei Begriffe in neuem Licht zu betrachten: Wettbewerbsfähigkeit, Strategie und Organisation.

ANDERS ÜBER WETTBEWERBSFÄHIGKEIT DENKEN

„Wettbewerbsfähigkeit" ist eine Wachstumsbranche. Regierungschefs geloben, sie zu verbessern, Parlamente diskutieren über sie,

Ökonomen messen sie, und Redakteure schreiben über sie. Vor diesem Hintergrund wird Wettbewerbsfähigkeit meist auf die Rivalität zwischen Nationen oder auf Auseinandersetzungen zwischen Handelsblöcken reduziert, wobei die spannende Frage lautet, ob Land X seine Wettbewerbsfähigkeit gegenüber Land Y einbüßen wird oder sie an dieses „abgeben" muß. Ist die analysierte Einheit nicht ein Land, sondern eine Firma, wird die Wettbewerbsfähigkeit unter dem Gesichtspunkt der relativen Wettbewerbsposition und des relativen Wettbewerbsvorteils betrachtet. So gesehen, ist Wettbewerbsfähigkeit dann gegeben, wenn ein Markt „verteidigt" und Wettbewerbsvorteile „aufrechterhalten" werden können. Wir sind davon überzeugt, daß die „Land-gegen-Land"-Definition der Wettbewerbsfähigkeit im wesentlichen ungenau und die Einordnung anhand von „Positionen und Vorteilen" unvollständig ist.

Den nationalen Wettbewerb in die richtige Perspektive rücken

Politiker gewinnen Stimmen, Professoren sichern sich Buchhonorare und kluge Köpfe machen Schlagzeilen mit dem Unkenruf, die Wettbewerbsfähigkeit der Vereinigten Staaten sei geschwächt. Wir sind der Überzeugung, daß derartige Behauptungen immer übertrieben sind und in die falsche Richtung zielen. Zwischen einzelnen Staaten gibt es, wenn überhaupt, wenig „direkte" Konkurrenz. Wenn der Wohlstand in Europa wächst, heißt das nicht, daß er in den Vereinigten Staaten sinkt, sondern vielmehr, daß er ebenfalls steigt. Wenn die japanische Wirtschaft wächst, heißt das nicht, daß das amerikanische Bruttonationalprodukt um einen entsprechenden Prozentsatz sinken wird. Wettbewerbsschlachten werden zwischen Unternehmen ausgefochten. Chrysler „stiehlt" von seinem Konkurrenten General Motors Marktanteile. Das Wachstum von Southwest Airlines geht großteils zu Lasten von American, United und Delta. Jene Führungskräfte, die meinen, der Erfolg ihres Unternehmens hänge von der Handels- und Industriepolitik ihrer Regierung ab – zu dieser Vorstellung neigen etwa die Manager der europäischen Elektronikindustrie, der amerikanischen Autoindustrie und der japanischen Luftfahrtindustrie –, erliegen einem gefährlichen Irrglauben. Sie sollten sich von dieser Vorstellung trennen.

Der Kampf um Wettbewerbsfähigkeit ist kein Kampf „Japan gegen die Vereinigten Staaten gegen Europa". Die globale Wirtschaft ist derart vernetzt, daß es heute in vielen Fällen kaum noch einen Sinn hat, von einem „amerikanischen", einem „europäischen" oder einem „japanischen" Unternehmen zu sprechen. Von Dow Chemical über CPC bis hin zu Colgate-Palmolive erzielen viele führende amerikanische Unternehmen mehr als 50 % ihrer Gewinne außerhalb der Vereinigten Staaten – eine bemerkenswerte Leistung in Anbetracht der Größe des heimischen Marktes. Und wenn die Amerikaner besorgt sind, weil amerikanische Firmen nicht so viele Fernsehgeräte, Camcorder oder CD-Player herstellen wie ihre japanischen Konkurrenten, sollten sie sich vor Augen halten, daß amerikanische Unterhaltungsfirmen, Hersteller von Mikroprozessoren und Investmentbanken auf den globalen Märkten dominieren. Ebenso betrachten Unilever, Shell, Ericsson, Glaxo, Nokia und BMW Europa nicht als Heimat, sondern einfach als einen von mehreren Märkten. Obwohl japanische Firmen mitunter länger brauchen, um sich von den Scheuklappen einer ethnozentrischen Weltsicht zu befreien, versucht eine neue Generation japanischer Manager, die japanischen Unternehmen an allen Orten, an denen sie aktiv sind, zu „lokalen" Unternehmen zu machen. Man kann auch nicht behaupten, daß der in einem Bereich innerhalb der Triade erzielte Wettbewerbserfolg zu Lasten eines anderen Bereiches gehen muß. Die rasante wirtschaftliche Entwicklung Asiens bietet amerikanischen und europäischen Unternehmen nie dagewesene Möglichkeiten. Europäische Unternehmen haben ein enormes Interesse am Wohlstand in den Vereinigten Staaten – und dasselbe gilt für den Wohlstand der Japaner.

Aber natürlich ist keine einzelne Volkswirtschaft, sei es eine amerikanische, europäische oder asiatische, immun gegen die einschneidenden Veränderungen im Gefolge von technologischer Revolution, Deregulierung und Entropie der Unternehmen. Doch auch wenn die untersuchte Einheit eine Nation ist, sind Amerikas Probleme mit der Wettbewerbsfähigkeit auf keinen Fall größer als jene im europäischen oder japanischen Raum. Zu dem Zeitpunkt, als dieses Buch geschrieben wurde, war die Arbeitslosenrate in Europa fast doppelt so hoch wie jene der Vereinigten Staaten. Zwischen der Mitte der sechziger Jahre und dem Ende der achtziger Jahre konnte Europa nur ein Fünftel jener Arbeitsplätze schaffen, die in den Vereinigten Staaten geschaffen wurden. Japans Landwirtschaft, Bankwesen, Großhandel, Einzelhandel, Computer und Telekommunikation hinken weit hinter ihren amerikanischen Pendants her. Wenn wir, wie es gelegentlich der Fall ist, mit „Strategieberatern", Gurus der Industriepolitik oder anderen selbsternannten Hütern der amerikanischen Wettbewerbsfähigkeit zu tun haben, stellen wir ihnen üblicherweise folgende Frage: „Mit wem sollten die Vereinigten Staaten Ihrer Meinung nach die Probleme der Wettbewerbsfähigkeit tauschen? Wollen Sie mit Europa tauschen – mit dessen ungenügendem Arbeitsplätzezuwachs und der zunehmenden kontinentalen Engstirnigkeit? Wollen Sie mit Japan tauschen – mit dessen gewaltigem Umstrukturierungsproblem?" Die Antwort ist Schweigen.

Die Handelsexperten machen sich offensichtlich keine Sorgen darüber, daß die amerikanische Wettbewerbsfähigkeit, absolut betrachtet, abnehmen könnte – in dieser Hinsicht stehen die heutigen Amerikaner um einiges besser da als frühere Generationen. Vielmehr sind sie darüber beunruhigt, daß die amerikanische Vorrangstellung bei vergleichender Betrachtung abbröckelt. Einfach gesagt: Andere Länder holen auf. Das ist zu erwarten in einer Welt, in der die Talente in den Bereichen Kapital, Technologie und Management international mobil sind. Der ungezügelte Kapitalismus der chinesischen Diaspora in Taiwan, Hongkong und Südchina hat ein Wirtschaftswunder hervorgebracht, das dem japanischen um nichts nachsteht. Was protektionistisch denkende Politiker und ihre akademischen Zuträger als ein „Wettbewerbsproblem" ansehen, betrachtet der Rest der Welt als wirtschaftliche Entwicklung. Es ist paradox, daß jene links von der politischen Mitte stehende Gruppe in den USA, die am vehementesten für eine steuerliche Umverteilung zu Hause eintritt, am meisten über die Tatsache besorgt zu sein scheint, daß der Rest der Welt die Konsumlücke zu den Vereinigten Staaten schließen könnte.

Die Schaffung gleicher Ausgangspositionen in bezug auf Marktzugang, geistige Eigentumsrechte und offene Kapitalmärkte ist durchaus sinnvoll, aber letzten Endes handelt es sich dabei um ein Randgeschehen. Der amerikanische Wohlstand wird kein bißchen wachsen, weil die Handelspolitik „aufgeklärter" oder „besser koordiniert" oder weil Japan reumütig und für den freien Handel offen wird. Hingegen wird er erheblich wachsen, wenn amerikanische Arbeiter und Unternehmen einen Weg finden, um die wirtschaftliche Entwicklung jener Regionen und Länder zu fördern, die sich verzweifelt bemühen, den amerikanischen Lebensstandard zu erreichen. Unternehmen wie Boeing, General Electric, Procter & Gamble, Coca-Cola und Merrill Lynch, die allesamt dazu beitragen, den Hochdruck im Kessel des asiatischen Wirtschaftswachstums aufrechtzuerhalten, tragen weit mehr zum amerikanischen Wohlstand bei als jede restriktive Handelspolitik. Da sich der überwiegende Teil des Handels heute innerhalb der Konzerne abspielt – am häufigsten zwischen der Muttergesellschaft und ihren weit entfernten nationalen Tochtergesellschaften –, wirkt die Zunahme der amerikanischen Konzerninvestitionen im Ausland als starker Stimulus für die Schaffung von Arbeitsplätzen in den Vereinigten Staaten.

Damit wollen wir keinesfalls sagen, die Wettbewerbsfähigkeit der amerikanischen Unternehmen sei etwas Selbstverständliches und Unerschütterliches. Die Wettbewerbsfähigkeit hängt allerdings viel eher von der Unternehmenspolitik als von der Industriepolitik ab. Weder Hunderte Millionen Ecus noch die klügsten Bürokraten in Brüssel konnten den verfehlten europäischen Bemühungen um einen „europäischen" Standard für High-Definition-TV zum Erfolg verhelfen. Weder Milliarden Dollar noch intensivster Protektionismus konnten verhindern, daß die japanische Computerindustrie viel zu lange an den Großrechnern festhielt. Und die amerikanischen Autohersteller beschlossen, die Qualität ernst zu nehmen, weil sie Angst davor hatten, aufgerieben zu werden, und nicht etwa, weil der Protektionismus ihnen Überschüsse verschafft hätte, um diesen Luxus zu ermöglichen.

Jene amerikanischen Unternehmen, die – mitunter erfolgreich – um eine Wiederherstellung ihrer Wettbewerbsfähigkeit bemüht sind, kämpfen nicht gegen eine engstirnige und behindernde amerikanische Handelspolitik und noch viel weniger gegen die brillant konzipierten Eroberungsstrategien ausländischer Politiker. Wogegen sie kämpfen, das sind die Dämonen der Untätigkeit, der Selbstzufriedenheit und der Kurzsichtigkeit. Ihre Feinde im Wettbewerb sind nicht die „Firmenkrieger" Japans oder Asiens, sondern die unkonventionellen Taktiken heimischer Rivalen. Die Probleme von IBM wurden nicht von Fujitsu verursacht, sondern von Hewlett-Packard, EDS und Compaq. Sears wurde nicht von Mitsukoshi ins Wanken gebracht, sondern von Wal-Mart und Nordstrom. Westinghouse fiel nicht Mitsubishi zum Opfer, sondern General Electric. CBS mußte die Führung nicht an NHK abgeben, sondern an Viacom und Turner Broadcasting.

Das eigentliche Problem der Wettbewerbsfähigkeit liegt nicht darin, daß die verschlagenen Handelspartner Amerikas die Spielregeln zu ihrem Vorteil manipuliert hätten. Das wirkliche Problem ist, daß zu viele große amerikanische (sowie europäische und japanische) Unternehmen es verabsäumt haben, neue Wettbewerbsregeln für ihre Industrien vorwegzunehmen – geschweige denn zu erfinden. In diesem Sinn ist das Problem nicht die ausländische Konkurrenz, sondern die nicht in der Tradition gefangene Konkurrenz. Im Kampf um die Zukunft sind Lethargie, Konvention, Kurzsichtigkeit und Elitarismus viel gefährlichere Feinde als „unfaire" Praktiken merkantilistisch denkender Handelspartner. Wem die Wettbewerbsfähigkeit wirklich am Herzen liegt, der sollte sich weniger darum bemühen, das japanische Vertriebssystem zu öffnen oder die nationale Voreingenommenheit europäischer Beschaffungspolitik zu beseitigen, sondern vielmehr darum, IBM bei der Entwicklung eines besseren Industrievorausblicks zu helfen, die Unternehmenskultur von General Motors neu zu gestalten, Philips neues Leben einzuhauchen, Intel dabei zu helfen, die Fallen des Erfolgs zu umgehen, die Universitäten auf der Suche nach neuen Wegen der Wissensvermittlung zu unterstützen, das Gesundheitswesen neu zu gestalten, und, ja, den Wirtschaftsuniversitäten die Augen dafür zu öffnen, wie sie ihren Beitrag zur Erhaltung der Wettbewerbsfähigkeit der Industrie substantiell verbessern können.

Unserer Argumentation in der Frage der Wettbewerbsfähigkeit liegt eine Präferenz für Größe zugrunde. Wir meinen, daß große Unternehmen unverzichtbar sind für die Schaffung von Wohlstand, und zwar aus einer Reihe von Gründen.

Zuerst einmal bringt es Vorteile, wenn man es mit den Ressourcen und dem globalen Vertrieb großer Konkurrenten aufnehmen kann. Man sollte nicht vergessen, daß die globale Führerschaft von Intel und Microsoft durch die weltweite Vertriebspräsenz von IBM ermöglicht wurde. Die beiden Neulinge ritten auf den breiten Schultern von IBM in die Weltmärkte ein. Eine ganze Armee von kleinen Subunternehmen, Technikfirmen und Softwareherstellern segelte auf den Rockschößen von Boeing in die globalen Märkte ein. Dasselbe gilt für Japan, wo Toshiba, Sony und Canon die Ideen und Innovationen kleinerer Unternehmen auf dem globalen Markt einsetzen. Zwischen klein und groß besteht eine symbiotische Beziehung. Die Innovationen kleiner Jungunternehmen können nur dann Reichtum schaffen, wenn sie mit ergänzenden Fähigkeiten kombiniert und global genutzt werden. Ein Silicon Valley ohne AT&T, IBM, Eastman Kodak und Motorola könnte nur wenig Reichtum schaffen.

Zweitens neigen große Unternehmen dazu, einen überdurchschnittlich hohen Anteil an ihren Ressourcen in den Bereichen Schulung und Ausbildung einzusetzen. Diese Investition in die menschlichen Fähigkeiten ist für die Gesellschaft insgesamt von enormer Bedeutung. Viele Unternehmer perfektionierten ihre Fähigkeiten in großen Konzernen. IBM hat Dutzende von Unternehmer großgezogen – von Gene Amdahl bis Ross Perot –, die später ihre eigenen Firmen gründeten. Großunternehmen tragen durch Ausgliederungen, Investitionen in Neugründungen, globale Vertriebsverbindungen sowie durch Ausbildung und Schulung zukünftiger Unternehmer zum unternehmerischen Prozeß bei. Bei der Gründung neuer Unternehmen erfüllen Großunternehmen eine ebenso wichtige Funktion wie risikobereite Kapitalgeber.

Drittens werden erhebliche Ressourcen notwendig sein, um die größten Chancen von morgen zu nutzen. Man kann sich nur schwer vorstellen, daß ein kleines oder mittelgroßes Unternehmen jene Infrastruktur aufzubauen imstande ist, die für die Entwicklung des interaktiven Fernsehens, des Superjumbos der nächsten Generation oder eines rund um die Uhr verfügbaren Finanztrading-Netzwerks notwendig ist. Es ist richtig, daß Steve Jobs die PC-Revolution von seiner Garage aus ins Rollen brachte, aber unternehmerischer Elan reicht nicht immer aus, um eine neue Chance zu nutzen. Natürlich ist Größe nur dann ein Vorteil, wenn bei der Nutzung der Unternehmensressourcen aufgrund einer anspruchsvollen Ambition große Kreativität waltet.

Es gibt noch einen vierten Grund, warum uns am Wohlergehen der Großunternehmen gelegen sein sollte: Sie sind wichtige Arbeitgeber. Bevor sich IBM endgültig stabilisiert hat, wird es möglicherweise nicht weniger als 200.000 Arbeitsplätze abbauen müssen. Um diese Zahl im entsprechenden Zusammenhang zu sehen – das Risikokapitalsystem müßte etwa 15 Unternehmen von der Größe Microsofts hervorbringen, um die Stellenverluste bei IBM auszugleichen. IBM mag das dramatischeste Beispiel sein, aber es ist nahezu unmöglich, eine Wirtschaftszeitung in die Hand zu nehmen, ohne auf eine Ankündigung der Streichung weiterer 10.000 oder 20.000 Arbeitsplätze zu stoßen. Natürlich müssen aufgeblähte Unternehmen schlanker werden, und natürlich muß man sich sorgsam bemühen, mit Hilfe von Informationstechnologie und Prozeßreengineering Produktivitätsvorteile zu erzielen. Andererseits ist ein Großteil der Stellenkürzungen in Großunternehmen nicht auf die „globale" Konkurrenz oder auf dramatische Produktivitätssteigerungen zurückzuführen. Die meisten Katastrophen ereignen sich, wenn ein Unternehmen eine Bruchlandung in die Zukunft vollführt, während die Manager an den Schalthebeln eingeschlafen sind. So verhielt es sich im Fall von Philips, DEC, Westinghouse und vielen anderen Unternehmen. Das Topmanagement darf nicht hoffen, von der Schuld für die entstandene Katastrophe freigesprochen zu werden, wenn es verabsäumt hat, die Zukunft seiner Industrie vorwegzunehmen und zu gestalten. Ebenso kann niemand, der für sich in Anspruch nimmt, über ein soziales Gewissen zu verfügen, vom Schicksal jener unbeeindruckt bleiben, die den hohen persönlichen Preis für den mangelnden Vorausblick ihrer Unternehmensleitung zahlen müssen.

Wir reden hier nicht politischen Maßnahmenpaketen das Wort, die in irgendeiner Weise Großunternehmen eine bevorzugte Stellung einräumen. Das Ziel kann nicht sein, um jeden Preis die Dinosaurier am Leben zu erhalten. Die Gesellschaft muß jedoch einen hohen Preis bezahlen, wenn sich ein an Ressourcen und Talenten reiches Unternehmen durch Mißmanagement selbst zerstört. Es kann nicht darum gehen, die Dinosaurier mit Subventionen, Protektionismus und einseitiger Beschaffungspolitik bei lebendigem Leib einzubalsamieren (wie dies europäische Regierungen oft tun), sondern das Ziel muß sein, daß Großunternehmen nicht zu Dinosauriern werden.

Die Perspektive, die wir in diesem Buch aufzeigen, hat für große wie kleine Unternehmen denselben Wert. Ebenso wichtig wie die Erneuerung von Großunternehmen ist uns, daß kleine Unternehmen sich zu großen entwickeln. Noch einmal: Es geht nicht darum, groß zu werden nur um der Größe willen. Wachstum schafft Beschäftigung und Wohlstand, und Wohlstand wiederum schafft die Voraussetzungen für persönlichen und gesellschaftlichen Fortschritt. Es ist keine Frage der Ehre, klein zu sein. Größe ohne anspruchsvolle Ambition und ohne Fähigkeit zu Ressourcen-Leverage ist Fettsucht, Kleinheit ohne anspruchsvolle Ambition und Fähigkeit zu Ressourcen-Leverage ist Impotenz. Das bedeutet, daß sich alle, die ein kleines Unternehmen führen, durch die Tatsache ermutigt fühlen sollten, daß es so viele Beispiele von Unternehmen gibt, denen es gelang, scheinbar unüberwindliche Ressourcenhandicaps wegzustecken und globale Führungspositionen aufzubauen.

Auf der Suche nach den Grundlagen der Wettbewerbsfähigkeit

Wirtschaftsprofessoren, Berater und Manager suchen seit langem nach den Grundlagen der Wettbewerbsfähigkeit. Strategieforscher fragen: Warum wachsen manche Firmen und stagnieren andere? Warum sind einige Unternehmen enorm profitabel, während andere Milliarden verlieren? Warum gewinnen einige Marktanteile, während andere sie abgeben müssen? Diese Suche hat eine Reihe von Erkenntnissen über das Verhältnis zwischen Volumenzuwachs und Kosten, über die Korrelation zwischen Marktanteil und Profitabilität, über die Eintrittsbarrieren bestimmter Industrien, über die Dynamik der Wettbewerbsinteraktion usw. zutage gefördert. Die Suche nach den Grundlagen der Wettbewerbsfähigkeit ist oft wissenschaftlich exakt, aber sie ist auch häufig von Engstirnigkeit und Oberflächlichkeit gekennzeichnet.

Zunächst zum Vorwurf der Engstirnigkeit. Die Suche nach den Grundlagen der Wettbewerbsfähigkeit war engstirnig bezüglich (1) des untersuchten Zeitrahmens – Monate und Jahre anstelle von Jahrzehnten; (2) der Einheit, die analysiert wurde – einzelnes Produkt oder einzelner Geschäftsbereich anstelle der gesamten Firma oder Firmengruppe und (3) des untersuchten Wettbewerbsschauplatzes – Markt oder Nicht-Markt. Gleich ob es sich um das durchschnittliche Marketingfallbeispiel einer Wirtschaftsuniversität, die Länge des Arbeitsvertrages eines typischen SBU-Managers oder die immer hektischer werdenden Produktentwicklungszyklen handelt – Manager und Wissenschaftler gehen bei der Beschäftigung mit

Wettbewerbsstrategien kaum über einen Zeitraum von drei oder vier Jahren hinaus. Aber es gibt vieles, was außerhalb dieses restriktiven Zeitrahmens liegt: eine 20 Jahre umfassende strategische Intention, ein 15-Jahres-Kreuzzug zum Aufbau von Kernkompetenzen oder eine 10 Jahre dauernde Bestrebung zur Gestaltung eines in Entstehung begriffenen Marktes. Eine eingeschränkte Sicht der Wettbewerbsdynamik verschleiert wichtige strategische Fragen betreffend Konsistenz, Kontinuität, sparsamen Ressourceneinsatz und Kompetenzanhäufung.

Wir haben festgestellt, daß es Konkurrenz nicht nur zwischen einzelnen Produkt- oder Dienstleistungsangeboten gibt, sondern auch zwischen Firmen und Firmengruppen. Unternehmensführungen wetteifern darum, bezüglich neuer Chancengebiete, etwa gentechnisch hergestellter Medikamente, Vorausblick zu entwickeln. Die Unternehmen konkurrieren miteinander um den Aufbau von Kernkompetenzen, welche die Ressourcen der individuellen Geschäftsbereiche überschreiten. Firmenallianzen konkurrieren um die Schaffung neuer Wettbewerbsräume. Ökonomen, Strategieforscher und Manager gehen nur allzuoft von der Annahme aus, daß sich der Wettbewerb auf den Markt für Güter und Dienstleistungen beschränkt. Und doch sind die Auseinandersetzungen um Vorausblick, um den Aufbau von Kompetenzen und um die Gestaltung der Industrieentwicklung durch die Bildung von Koalitionen allesamt Beispiele für außerhalb des Marktes stattfindenden oder Nichtmarkt-Wettbewerb. Aber auch wenn dieser Wettbewerb außerhalb eines „Marktes“ stattfindet, so ist er deshalb nicht weniger real. Mangelnde Sensibilität gegenüber dieser breiteren Definition des Wettbewerbs kann dazu führen, daß ein Unternehmen es verabsäumt, sich adäquat auf die Zukunft vorzubereiten.

Die Suche nach den Grundlagen der Wettbewerbsfähigkeit ist auch nicht so tiefschürfend, wie sie sein könnte. Wir beobachten, daß manche Firmen wachsen, während andere schrumpfen; manche Unternehmen sind enorm profitabel, während andere immer finanzschwach bleiben; einige gewinnen Marktanteile, andere verlieren sie. Wenn wir die Wettbewerbsergebnisse beobachten, ähneln wir einem Arzt, der den Blutdruck oder die Temperatur seines Patienten mißt und ihm den Puls fühlt: Er kann durch eine solche Untersuchung kaum fundiertere Aussagen machen, als daß der Patient gesund oder krank zu sein scheint. Wenn der Arzt von der Beobachtung zur Diagnose finden will, muß er tiefer schürfen. Welche spezifischen Symptome weist der Patient auf? In welcher Kombination treten sie auf? Wie hartnäckig und wie schwerwiegend sind sie?

Eine erste Diagnose der Wettbewerbsprobleme stützt sich meist auf die Instrumente der Branchenstrukturanalyse. Die Feststellung der Wettbewerbsposition eines Unternehmens (d. h. die inhärente „Attraktivität" der Marktsegmente, in denen es tätig ist) liefert einige Basisinformationen über das relative Gewinnpotential.[1] Der Theorie zufolge weisen verschiedene Branchen und Branchensegmente unterschiedliche durchschnittliche Rentabilitätsniveaus auf, und diese Unterschiede bleiben über die Zeit hinweg stabil. Je nach der Zahl der wirkungsvollen Wettbewerbskräfte wäre daher ein bestimmtes Industriesegment inhärent mehr oder weniger profitabel als ein anderes. Das heißt, im allgemeinen ist die Herstellung verschreibungspflichtiger Medikamente profitabler als die rezeptfreier; die Produktion von Limousinen ist profitabler als die von Kleinwagen; für Airlines ist der Transport von Geschäftsreisenden profitabler als der von Touristen mit kleinem Budget. Die tatsächliche Profitabilität eines Unternehmens wird innerhalb der allgemeinen Profitabilitätsgrenzen der jeweiligen Industrie oder des jeweiligen Segments von den relativen Kosten und Differenzierungs(Preis-)vorteilen dieses Unternehmens bestimmt. Die Tatsache, daß man in vermeintlich „unattraktiven" Branchen erfolgreiche Firmen findet, zeigt nur, daß der relative Vorteil letzten Endes möglicherweise wichtiger ist als die Branchenzugehörigkeit.

Die wichtigsten Lehren der Wettbewerbsstrategie lauten dann: Finde ein attraktives Industriesegment, kaufe billig, verkaufe teuer. Leichter gesagt als getan. Attraktive Industrien – das heißt solche mit einer überdurchschnittlichen Profitabilität – sind deshalb attraktiv, weil sie beträchtliche Eintrittsbarrieren aufweisen (d. h. Größen- und Umfangvorteile, staatliche Schutzbestimmmungen, hohe Forschungsintensität), die neue Marktbewerber fernhalten. Ebenso kann man davon ausgehen, daß jedes Unternehmen, das innerhalb seiner Branche überdurchschnittliche Gewinne erzielt, Wettbewerbsvorteile besitzt, die sich nicht leicht imitieren lassen. Der einzige Weg für ein Unternehmen, das vor unüberwindlichen Eintrittsbarrieren steht, liegt darin, die Branchengrenzen neu zu ziehen, so daß das Attraktive nun außerhalb der früheren Barrieren liegt. Dies erreicht man, indem man die Grundlage für Wettbewerbsvorteile innerhalb der Industrie verschiebt (wie CNN dies in der Nachrichtenausstrahlung tat) oder indem man einen völlig neuen Wettbewerbsschauplatz schafft, der auf die eigenen Stärken zugeschnitten ist (wie Sharp es bei elektronischen Organizern tat). In jedem Fall hängt die Frage, ob ein Unternehmen von seiner Findigkeit profitieren kann, davon ab, ob es ihm gelingt, sich einzigartige und nicht imitierbare Wettbewerbsvorteile zu verschaffen. Bedauerlicherweise bieten Branchenstrukturanalysen selten Einblick in die beiden entscheidenden Aufgaben der Umstrukturierung von Industrien und den Aufbau neuer, unkonventioneller Vorteile.

Branchenstrukturanalysen eignen sich gut, um das *Was* der Wettbewerbsfähigkeit zu beschreiben (d. h. *was* eine Firma oder eine Industrie profitabler als eine andere macht). Wann immer neue Antworten auf diese Fragen gefunden werden, fordert man die Firmen auf, „zeitbetonten Wettbewerb zu betreiben", „kundenorientiert zu werden", „Six-Sigma-Qualität" anzustreben, „simultanes Engineering" einzuführen und eine Fülle anderer wünschenswerter Vorteile anzustreben. Aber während man viel Mühe investiert hat, um Dinge wie Kosten, Qualität, Kundenservice und Marktreifevorteile eingehend zu erforschen, ist die Frage nach dem *Warum* größtenteils unbeantwortet geblieben: *Warum* scheinen manche Unternehmen fähig zu sein, neue Formen von Wettbewerbsvorteilen zu schaffen, während andere die Zuschauerrolle akzeptieren und im Kielwasser der Branchenführer schwimmen? *Warum* schaffen manche Firmen Nettovorteile und ahmen andere diese Nettovorteile nach? Es ist nicht genug, über die bestehenden Vorteile Buch zu führen – worin sie bestehen und wer sie besitzt –, sondern man muß den „Motor" erkennen, der den Prozeß des Aufbaus von Vorteilen antreibt. Das Instrumentarium der Branchen- und Konkurrenzanalyse eignet sich viel besser für die erste Aufgabe als für die zweite. Wirtschaftslehrer und Berater, die sich ausschließlich auf diese Instrumente verlassen, können nicht viel mehr tun, als die besten Methoden der Firmen, die Nettovorteile schaffen, an jene zu übermitteln, die diese Nettovorteile imitieren.

Solange sich unsere Diagnose auf das *Was* anstatt auf das *Warum* konzentriert, bleibt die Chance gering, daß Unternehmen, die im Rennen um den Aufbau von Wettbewerbsvorteilen zurückgefallen sind, jemals wieder die Führung erlangen. Nachzügler werden Nachzügler bleiben. Schlimmer noch: Die Strategien solcher Unternehmen werden für ihre beweglicheren Konkurrenten leicht durchschaubar sein. Diese werden vorhersagen können, an welchen Vorteilen die Nachzügler als nächstes arbeiten werden, und wie lange sie brauchen werden, um sich die neuen Fähigkeiten anzueignen. Wenn das Rennen um die globale Führerschaft vorrangig ein Rennen darum ist, neuen Wettbewerbsraum und neue Formen von Wettbewerbsvorteilen zu schaffen, hat ein Unternehmen, dessen Einsicht in das *Was* der Wettbewerbsfähigkeit um ein Jahrzehnt oder mehr hinter den bereits bestehenden Kompetenzen der Konkurrenz herhinkt, nur geringe Chancen, eine Führungsposition zu erobern. Das *Was* der Wettbewerbsfähigkeit verstanden zu haben, ist eine Voraussetzung dafür, aufholen zu können. Das *Warum* der Wettbewerbsfähigkeit zu verstehen, ist eine Voraussetzung dafür, an die Spitze vorzustoßen.

Das *Warum* der Wettbewerbsfähigkeit betrifft nicht nur die Frage, wie Vorteile geschaffen werden können; es betrifft auch die Frage der Umstrukturierung und Transformation der Industrie. So wie es nicht ausreicht, sich an den Vorteilen der Konkurrenten zu messen, genügt es auch nicht, die vorhandene Struktur einer Industrie zu verstehen (z. B. Eintrittsbarrieren, Marktsegmente und derzeitige Konkurrenzmuster). Üblicherweise wirkt sich die bestehende Branchenstruktur für alle Beteiligten außer dem Branchenführer nachteilig aus, vor allem für ambitionierte Neulinge. Daher bedarf es der Fähigkeit zur Transformation einer Branchenstruktur, wie sie Wal-Mart bei der Massenvermarktung und Canon bei Kopiergeräten gelang. Auch hier ist wieder nicht das *Was* der Branchenstruktur von Interesse, sondern das *Warum* der *Um*strukturierung der Industrie. *Warum* scheinen manche Unternehmen die Branchenstruktur mehr oder weniger als gegeben hinzunehmen, während andere den Kräften der Globalisierung, der Deregulierung, der Technologie oder der Demographie trotzen und ihre Branchenstruktur zu ihrem eigenen Vorteil umgestalten?

Industrien „entwickeln" sich nicht. Vielmehr ist es so, daß ambitionierte Unternehmen, denen es ein Anliegen ist, die derzeitige Industrieordnung auf den Kopf zu stellen, die „gängige Praxis" herausfordern, die Segmentgrenzen neu ziehen, neue Preis-Leistungs-Erwartungen wecken und das Produkt- oder Dienstleistungskonzept neu erfinden. Wie Charles Schwab in seinem Wettkampf mit anderen Tradern und Southwest Airlines im Kampf gegen seine größeren Rivalen bewiesen haben, können sich scheinbar unüberwindliche Eintrittsbarrieren in Vergeltungs- und Repositionierungsbarrieren für die eingesessenen Unternehmen verwandeln, wenn es den Rivalen gelingt, die Topographie der Industrie zu verändern. Eine *Ex-post*-Erklärung für die Wandlung einer Industrie – wie es die Fallstudien der Wirtschaftsuniversitäten und die Branchenstudien der Ökonomen versuchen – ist nicht gleichzusetzen mit der Fähigkeit einer *Ex-ante*-Umgestaltung einer Industrie. Will man die Quelle für dauerhafte Wettbewerbsfähigkeit finden, genügt es nicht, über Wettbewerbsergebnisse Buch zu führen, nachdem sie zu Fakten geworden sind, die Entwicklung einer Industrie rückblickend nachzuvollziehen oder zu einem bestimmten Zeitpunkt die relativen Wettbewerbsvorteile festzustellen. *Ex-post*-Erklärungen und *Ex-ante*-Fähigkeiten sind zwei ganz verschiedene Dinge. Das Verständnis der Industriestruktur ist nicht gleichbedeutend mit ihrer Umgestaltung; über die Wettbewerbsvorteile Buch zu führen ist nicht gleichbedeutend mit dem Erfinden neuer Vorteile. Vorausblick, anspruchsvolle Ambition und Leverage liefern Energie und Konzept für den aktiven Aufbau von Vorteilen und für die Umgestaltung der Industrie.

In den letzten Jahren haben die Prozeßreengineering-Experten in den führenden amerikanischen Consultingfirmen die Branchenanalysten und die Hohenpriester der Strategie verdrängt. Die Unternehmen wissen, daß sie krank sind, und haben es satt, ein weiteres Mal über die Symptome aufgeklärt zu werden. Sie suchen Heilung. Und dann bekommen sie in den meisten Fällen eine Therapie zur Behandlung der Krankheits*symptome*, nicht der Krankheits*ursachen*. In Wahrheit weisen die meisten Patienten eine Vielzahl von Symptomen auf. Genau das ist es, was unsere übergewichtigen, kurzatmigen Unternehmenspatienten so attraktiv macht für hungrige Beratungsfirmen – es gibt einfach so viele Probleme zu lösen! Ein sklerotischer Produktentwicklungsprozeß, eine wuchernde Unternehmensbürokratie, zahlreiche Schichten von überschüssigem Managementfett und eine Fülle von kundenfeindlichen Psychosen verlangen allesamt nach Aufmerksamkeit.

Oft gleicht der Reengineering-Ansatz der Experten eher einer Operation als einer Therapie. Wir wollen nicht die gewichtigen Vorteile in Abrede stellen, die mit der Vereinfachung von Arbeitsflüssen oder der „Amputation" redundanter Aktivitäten und zusammenbrechender Managementschichten verbunden sind, aber diese Aktivitäten eröffnen selten neue Vorteile oder Chancen zur Umgestaltung der Industriestruktur. Sie dienen bestenfalls der Bemühung, aufzuholen. Die wesentliche Frage bleibt unbeantwortet: Warum wurde der Patient überhaupt krank? Warum zeigt der Patient eine so ausgeprägte *Tendenz* zur Erkrankung? Was könnte getan werden, um seine Abwehrkräfte für die Zukunft zu stärken?

Wenn das endgültige Ziel darin besteht, Krankheiten zu verhindern, und nicht nur darin, Symptome zu behandeln, müssen wir noch gründlicher forschen. Der medizinische Forscher muß wissen, warum bestimmte Personen zur Entwicklung bestimmter Krankheitsbilder neigen. Zum Teil läßt sich dies durch unterschiedliche Lebensgewohnheiten erklären. Die Auswirkungen von Ernährung, beruflichem Engagement und körperlicher Bewegung auf das Wohlbefinden sind mit der Auswirkung institutioneller Faktoren auf die Wettbewerbsergebnisse zu vergleichen. Als „institutionelle Faktoren" bezeichnen wir die spezifische Umwelt einer Firma. Obwohl die Rolle der institutionellen Faktoren in der Analyse der Wettbewerbsschwäche oft übertrieben wird, besteht kein Zweifel daran, daß Geld- und Steuerpolitik, Handels- und Industriepolitik, nationale Bildungsunterschiede, die Eigentümerstruktur der Unternehmen sowie das in einem bestimmten Land vorherrschende soziale Normensystem und Werteverhalten allesamt Einfluß auf die Wettbewerbsfähigkeit der in diesem Land angesiedelten Firmen haben. Trotzdem benutzen Führungskräfte angebliche institutionelle Nachteile zu oft als Ausrede für schwache Wettbewerbsleistung.

Nehmen wir nur ein Beispiel: die *Cause célèbre* des „geschlossenen" japanischen Automarktes. Die Führungskräfte der amerikanischen Autohersteller rechtfertigten ihre schwachen Ergebnisse auf dem japanischen Markt jahrelang mit den Importschranken. (Denken Sie an die unselige Japanreise von Präsident Bush im Jahr 1992, als er, unterstützt von den Vorsitzenden der Großen Drei von Detroit, Druck auf die japanischen Politiker ausübte, ihren Markt für die amerikanischen Autoproduzenten zu öffnen). Aber inwieweit erklären die japanischen Importbarrieren die erbärmlichen Ergebnisse der amerikanischen Autohersteller in den übrigen asiatischen Ländern? Die Amerikaner liegen nicht nur in Japan, sondern in ganz Asien weit abgeschlagen an zweiter Stelle hinter den Japanern. Selbst in Australien, wo GM und Ford seit Jahrzehnten aktiv sind, haben sich die japanischen Autohersteller weit mehr als den „ihnen zustehenden Anteil" am Automarkt gesichert. Im Jahr 1993 exportierte Honda mehr Autos aus den Vereinigten Staaten nach Japan als die Großen Drei. Aber „*Business Week*" gratulierte Ford dazu, daß es ihm als erstem amerikanischem Autoproduzenten gelungen war, ein Modell mit Rechtslenkung für den japanischen Markt zu entwickeln.[2] Welche Importhindernisse für den Verkauf amerikanischer Autos es in Japan auch geben mag – Mitleid ist wohl fehl am Platz in Anbetracht der Tatsache, daß Detroit offensichtlich drei oder vier Jahrzehnte lang brauchte, um zu erkennen, daß die Japaner auf der anderen Straßenseite fahren!

Wenn sie institutionelle Faktoren für ihr „Wettbewerbssiechtum" verantwortlich machen, übersehen Unternehmen oft die institutionellen Nachteile ihrer Rivalen. Während es in den Vereinigten Staaten einen relativ offenen Markt geben mag, macht die bloße Größe dieses Marktes und seine geografische und kulturelle Distanz von Japan den Markteintritt für relativ kleine, ressourcenarme japanische Unternehmen zu einer schwierigen Aufgabe. Man fragt sich, welchen Anteil ihres enormen Ressourcensegens die amerikanischen Autohersteller vor zwanzig Jahren wohl aufgegeben hätten, um Zugang zu den angeblich „unfairen" Vorteilen der japanischen Autohersteller zu erhalten. Der Punkt ist, daß die amerikanischen Autoproduzenten erhebliche institutionelle Vorteile genossen: privilegierten Zugang zu einem großen, einen Kontinent umspannenden Markt, Zugang zu den Kunden mit dem höchsten verfügbaren Einkommen der Welt, billiges Benzin und Zugang zu den Absolventen der besten technischen Schulungsprogramme. Es liegt auf der Hand, daß die institutionelle Umgebung von Land zu Land variiert. Aber man kann kaum behaupten, daß ein Unternehmen durch *alle* Aspekte seiner institutionellen Umgebung systematisch benachteiligt wird. Die Manager weisen im allgemeinen gern auf die institutionellen Vorteile eines ausländischen Rivalen hin, aber ihre Bereitschaft, ihre eigenen institutionell begründeten Vorteile anzuerkennen, ist selten sehr ausgeprägt. Vorteile, die üblicherweise als „unfair" beschrieben werden, sind häufig einfach nur „anders".

Obwohl die Auswirkung der Lebensgewohnheiten auf die Gesundheit zu einem wichtigen Thema der medizinischen Forschung avanciert ist, endet die Geschichte auf keinen Fall an diesem Punkt. Wie kann man erklären, daß der Jogger in jungen Jahren einen Herzinfarkt erleidet, während der träge Schreibtischhocker seine sportlich aktiven Kollegen überlebt? Warum enden führende Unternehmen (z. B. Firestone, RCA, General Motors) häufig als Nachzügler in den Bereichen, in denen sie selbst die Pionierrolle innehatten, und das trotz beträchtlicher Ressourcenvorteile? Welcher institutionelle Vorteil blieb IBM in seiner Stellung als weltweit führender Computerhersteller vorenthalten? Wie kommt es, daß andere Firmen in der Lage sind, erhebliche Ressourcennachteile zu überwinden und die Branchenführer erfolgreich herauszufordern? Welche institutionellen Vorteile konnte Yamaha bei seinem Bestreben haben, der weltweit wichtigste Hersteller von Musikinstrumenten zu werden? Schließlich ist Japan nicht die Heimat der klassischen Musik.

Wenn man unter die Oberfläche der Lebensgewohnheiten vordringt, stößt man auf die Genetik, und dort entdeckt man schließlich die verborgenen Grundlagen der Wettbewerbsfähigkeit. Für viele – wenn nicht für die meisten – Krankheiten gilt einfach, daß sich jene Bevölkerungsgruppe, die eine genetische Disposition für eine bestimmte Krankheit mitbringt, nicht mit der Gruppe deckt, die aufgrund ihrer Lebensgewohnheiten krankheitsanfällig ist. Die Verteilung bestimmter Krankheiten – Sichelzellenanämie, Muskeldystrophie oder Down-syndrom, um nur einige zu nennen – ist nahezu ausschließlich genetisch bedingt. Für Krankheiten wie Brustkrebs, Darmkrebs, Bluthochdruck und Alzheimersche Krankheit sind keine signifikanten genetischen „Auslöser" bekannt. Das Entwirren der vielfältigen, durch Lebensgewohnheiten und genetische Anlage bedingten Krankheitsursachen ist eine der größten Herausforderungen für die medizinische Forschung. Eine ebensogroße Herausforderung ist sie für den Erforscher der Wettbewerbsfähigkeit von Unternehmen.

Wir haben also gesagt, daß der Ausgangspunkt für die Revitalisierung der Wettbewerbsfähigkeit im Verständnis des „genetischen Codes" eines Unternehmens liegt. Im Managementkontext ist Genetik nicht biologisch zu verstehen, sondern beschreibt die Art und Weise, wie Manager ihre Industrie, ihr Unternehmen und ihre Funktion verstehen, sowie die Art und Weise, wie dieses Verständnis ihre Verhaltensweisen in bestimmten Situationen beeinflußt. Dieses Konzept von Genetik befaßt sich damit, inwieweit das *Denken* der Manager genetisch codiert ist. Die Branchenstrukturanalyse konzentriert sich auf die Topographie des Schlachtfeldes und die administrative Prozeßperspektive auf den Einsatz und die Anordnung der Kräfte. Wenn jedoch ein Schlachtteilnehmer (z. B. General Motors) oder eine Gruppe von Schlachtteilnehmern (die großen amerikanischen Reifenhersteller mit Ausnahme von Goodyear) in einer Reihe von Schlachten, in denen mit unterschiedlichen Schlachtformationen (Reorganisation, Umstrukturierung) und um verschiedene Gebiete (High End, Low End, Inlandsmarkt, internationale Märkte) gekämpft wurde, übel zugerichtet worden ist, verstärkt sich der Verdacht, daß das Problem weniger das Schlachtfeld ist als das, was in den Köpfen der Generäle vorgeht, welche die Truppen befehligen. Bringen die Kriegsteilnehmer womöglich grundlegend andere Annahmen, Werte und Überzeugungen über Strategie, Organisation, Motivation und Natur der kompetitiven Kriegführung in den Kampf ein? Kurz gesagt: Operieren die Managementteams ausgehend und innerhalb von grundlegend verschiedenen Bezugsrahmen?

Versäumt das Management bei dem Versuch, die Wettbewerbsfähigkeit zu erneuern, eine wirkliche Auseinandersetzung mit den Fragen des genetischen Programms, so wird es wahrscheinlich nur die Symptome heilen können. Wir wollen den leitenden Managern mit diesem Buch eine Anleitung zur „Genersatztherapie" an die Hand geben. Eine umfassende Neustrukturierung des genetischen Codes bewerkstelligt man, indem man sich über die in Industrie und Unternehmen herrschenden Konventionen klarwird, indem man herausarbeitet, welche Gefahr diese Konventionen für den zukünftigen Erfolg der Firma darstellen können, indem man sich eingehend mit den Industriediskontinuitäten befaßt, ein Verfahren zur Entwicklung eines besseren Industrievorausblicks und gemeinsam eine strategische Architektur erarbeitet.

ANDERS ÜBER STRATEGIE DENKEN

Wir haben in diesem Buch die Auffassung verfochten, daß ein Unternehmen eine Vorstellung von der Zukunft (Industrievorausblick) entwickeln und einen Fahrplan entwerfen muß, um sein Ziel zu erreichen (die strategische Architektur). Es geht uns in diesem Buch und vor allem in diesem Kapitel um die Entwicklung einer zukunftsorientierten Unternehmensstrategie. Trotzdem ist uns bewußt, daß das Konzept der „Strategie" in einer Glaubwürdigkeitskrise steckt. In vielen Unternehmen hat der Begriff „Strategie" an sich einen schlechten Beigeschmack bekommen.

Warum, so fragen wir uns, werden in so vielen Unternehmen strategische Planungsabteilungen aufgelöst oder drastisch verkleinert? Warum scheint es vielen Spitzenmanagern relativ wenig auszumachen, wenn man ihnen die Tatsache vorhält, daß sie viel zu wenig Zeit darauf verwenden, über die strategische Ausrichtung ihres Unternehmens und die Ausarbeitung eines Fahrplans für die Reise in die Zukunft nachzudenken? Warum haben so viele Beratungsunternehmen das hehre Ziel der Strategieerstellung zugunsten der alltäglichen Mühsal der Verbesserung der Betriebsabläufe aufgegeben? Liegt es daran, daß die meisten Unternehmen bereits eine klare und kreative Vorstellung von ihrer Marschrichtung haben und daß ihre Probleme nur in der Implementierung liegen? Das ist unwahrscheinlich. Liegt es einfach daran, daß „Strategie" kaum echte Wirkungen zeitigt und sich nie richtig zu lohnen scheint? Schon wahrscheinlicher – aber warum?

Wir sind davon überzeugt, daß das Problem nicht bei der „Strategie" liegt, sondern bei der ganz spezifischen Vorstellung, die sich die meisten Unternehmen von strategischer Planung machen. Was zurückgewiesen wird, ist nicht die Strategie in dem von uns definierten Sinn, sondern Strategie als pedantisches Planungsritual einerseits oder als spekulative und unendliche Investitionsverpflichtung andererseits. In vielen Unternehmen bedeutet Strategie im wesentlichen nur taktische Planung der kleinen Schritte, die von heroischen, jedoch meist schlecht konzipierten „strategischen" Investitionen durchsetzt ist. Aber wenn die Strategie in Mißkredit gerät, besteht die Gefahr, daß viele Unternehmen in stürmischer See und bei Windstärke zehn führungslos herumgetrieben werden. Um das zu vermeiden, brauchen wir ein Strategiekonzept, das über das Ausfüllen von Formularen und Blankoschecks hinausgeht.

Strategie als Ausfüllen von Formularen

In vielen Unternehmen bedeutet Strategie lediglich, daß einmal im Jahr der Planungsprozeß wiederbelebt wird. Aber die Tatsache, daß ein Unternehmen das Ritual eines jährlichen Planungszyklus durchläuft und daß gewichtige Strategiepläne die Bücherregale der Führungskräfte zieren, sagt nichts darüber aus, ob die Firma eine wirklich einzigartige und fordernde („dehnende") Zukunftsvision besitzt. Üblicherweise geht es im Planungsprozeß eher darum, die vorgegebenen Zahlen zu erreichen – „Diesen Ertrags- und Gewinnzuwachs brauchen wir in diesem Jahr – wie werden wir ihn erreichen?" – und weniger um die Entwicklung von Industrievorausblick. Die Planungsgrundlage ist öfter ein Bündel von Annahmen über die Erwartungen von Wall Street („Was lassen sie uns durchgehen?") als eine Vorstellung davon, was die Kunden von morgen erwarten könnten. „Strategische" Planung besteht oft in funktionaler oder taktischer Planung, die bestenfalls an der Oberfläche der tiefliegenden strategischen Probleme kratzt. Im wesentlichen geht es hier um „Marketingstrategie", „Verkaufsstrategie" und „Produktionsstrategie". Die Einheiten, die analysiert werden, sind die vorhandenen Unternehmensbereiche, jeder von ihnen mit seinem eigenen Produkt-Markt-Auftrag. Die „Unternehmensstrategie" ist nichts anderes als die Gesamtheit der Pläne der einzelnen Geschäftsbereiche. Zu den analysierten Konkurrenten gehören nur die, die dem Unternehmen in direkter Konkurrenz gegenüberstehen – und nach denselben Spielregeln spielen.

Es überrascht nicht, daß eine derartige Planung fast immer eine Politik der kleinen Schritte ist – ein paar Prozentpunkte Marktanteilgewinn hier, eine bescheidene Kostensenkung dort, und die Entdeckung einer ein wenig profitableren Marktnische anderswo.

Unserer Erfahrung nach verabsäumt es die strategische Planung in den meisten Fällen, Grundsatzdiskussionen darüber in Gang zu bringen, wo wir als Unternehmen stehen oder wer wir in zehn Jahren sein wollen. Die Diskussion überschreitet nur selten die Grenzen der bestehenden Geschäftsbereiche. Und die strategische Planung vergißt meist, neue Chancen („weiße Flecken") aufzuzeigen. In den seltensten Fällen ist sie imstande, die noch nicht artikulierten Bedürfnisse der Kunden aufzudecken. Sie bringt keine Erkenntnisse darüber, wie die Spielregeln der Industrie umgeschrieben werden könnten. Sie erstreckt sich nur selten auf die Bedrohung durch nichttraditionelle Konkurrenten. Sie zwingt die Manager kaum, ihre möglicherweise veralteten Konventionen in Frage zu stellen. Strategische Planung geht fast immer von dem aus, „was ist", und nur selten von dem, „was sein könnte".

Die Wahrscheinlichkeit, daß eine Planung der kleinen Schritte in einer Welt der tiefgreifenden Veränderungen für großen Zusatznutzen sorgen wird, ist gering. Strategische Planung funktioniert gut, wenn die Planungsfundamente – Annahmen darüber, was unsere „Industrie" ist, in welchem „Geschäft" wir tätig sind, wer unsere Konkurrenten sind, worin unsere Bedürfnisse bestehen – nicht erschüttert werden. Aber in vielen Industrien ist dies nicht der Fall. Die Fundamente werden von neuen Konkurrenten, die unbelastet sind von der Vergangenheit, ins Wanken gebracht. Sie werden ins Wanken gebracht von erdbebenartigen Erschütterungen in Technologie, Demografie und gesetzlichem Umfeld. Strategische Planung eignet sich gut dazu, eine vorhandene Führungsposition auszuweiten – dazu, das alte Fundament um eine oder zwei Etagen aufzustocken. Weniger gut eignet sie sich als Instrument zur Erneuerung der Führung selbst – zum Bau neuer Fundamente. Kein Wunder, daß die strategische Planung ihren Glanz verloren hat.

Will ein Unternehmen seinen Industrievorausblick erweitern und eine unterstützende strategische Architektur entwickeln, so benötigt es ein neues Verständnis des Begriffs „strategisch". Es muß lernen, neue strategische Fragen zu stellen: Es muß nicht nur fragen, wie es in der Wirtschaft von heute Marktanteile und Gewinne maximieren könnte, sondern auch, wie es seine Industrie zum eigenen Vorteil umgestalten könnte, welche neuen Funktionen es den Kunden anbieten und welche neuen Kernkompetenzen es aufbauen sollte. Die Unternehmen brauchen einen neuen Prozeß der Strategieerstellung, einen Prozeß, dessen Augenmerk auf Erforschung und Erkundung statt auf Ritualen liegt. Es muß für die Aufgabe der Strategieerstellung neue und andere Ressourcen einsetzen und sich dabei auf die Kreativität Hunderter Manager und nicht nur auf die Weisheit einiger weniger Planer stützen.

Die Unterschiede zwischen dem traditionellen Ansatz der Strategieerstellung und unserem Zugang treten klar zutage, wenn wir die Elemente der beiden Modelle miteinander vergleichen:

	Strategische Planung	**Gestaltung einer strategischen Architektur**
Planungsziel	■ Schrittweise Verbesserung von Marktanteil und Position	■ Neuformulierung der Spielregeln in der Industrie und Schaffung neuen Wettbewerbsraums
Planungsprozeß	■ Formalistisch und rituell ■ Bestehende Industrie- und Marktstruktur als Ausgangspunkt	■ Erforschend und offen ■ Diskontinuitäten und Kompetenzen als Ausgangsbasis

	■ Branchenstrukturanalyse (Segmentanalyse, Wertkettenanalyse, Kostenstrukturanalyse, Konkurrenz-Benchmarking etc.) ■ Bemühen um Harmonisierung von Ressourcen und Plänen ■ Kapitalbudgetierung nach und Verteilung der Ressourcen auf miteinander konkurrierende Projekte ■ Einzelne Geschäftsbereiche als Analyseeinheit	■ Suche nach neuen Funktionen oder nach neuen Wegen zur Bereitstellung herkömmlicher Funktionen ■ Erweiterung der Chancenhorizonte ■ Bemühung um Einordnung der Bedeutung und Zeitgerechtigkeit neuer Chancen ■ Entwicklung von Plänen für Kompetenzerwerb und Transformation ■ Entwicklung von Plänen für die Annäherung an Chancen ■ Unternehmen als Analyseeinheit
Planungsressourcen	■ Führungskräfte der Geschäftseinheiten ■ Wenige Experten ■ Stabsbezogen	■ Viele Manager ■ Gemeinsames Wissen und Erfahrung aller Mitarbeiter ■ Linien- und stabsbezogen

Strategie als „geduldiges Geld“

Gelegentlich kommt es vor, daß Strategie mehr ist als ein Vorgehen in kleinen Schritten. Gelegentlich ist Strategie wirklich konzernumspannend. Wenn dies der Fall ist, so meist in Form einer großen Akquisition oder Abstoßung, die darauf abzielt, das Portfolio des Unternehmens mit einem Streich zu verändern. Denken Sie nur an den unseligen Vorstoß von Xerox in das Reich der Finanzdienstleistungen; an den Kauf von Utah International durch GM und die darauffolgende Abstoßung; an den Erwerb von Burger King durch Grand Met; an den Vorstoß von Coca-Cola nach Hollywood. Gelegentlich legen solche „strategischen" Investitionen den Grundstein für eine tiefgreifende und profitable Neuausrichtung des Unternehmens; häufiger jedoch können sie die in sie gesetzten Erwartungen nicht erfüllen, und der versprochene Geldsegen bleibt aus.

Versuchen wir es mit einem Experiment. Wenden Sie sich an einen leitenden Angestellten der Finanzabteilung ihres Unternehmens und sagen Sie ihm, daß Sie Geld für eine wichtige „strategische" Investition brauchen. Wie versteht der Finanzmann das Wort *strategisch*, wenn es vor dem Wort *Investition* steht? Wir haben diese Frage oft gestellt und fast unweigerlich die Antwort bekommen: „Das Projekt bringt Verluste!" Ein Controller ging sogar noch weiter, indem er sagte: „Und wenn es sich um eine ‚globale' Strategie handelt, können Sie drei Nullen hinten anhängen!" Als nächstes sagen Sie Ihrem Finanzmann, daß Sie Unterstützung für eine „langfristige" Strategie brauchen. Wonach klingt das Wort „langfristig" in seinen Ohren? Höchstwahrscheinlich nach „geduldigem Geld" und einem Ertrag, der Jahre, wenn nicht Jahrzehnte in der Zukunft liegt. Was versteht eine konservative Führungskraft unter einer „ambitionierten" Strategie? – Eine Strategie mit erhöhtem Risiko. Wie wird man es schließlich verstehen, wenn Sie argumentieren, die Firma müsse dieser Strategie uneingeschränktes Commitment entgegenbringen. Welches Maß an Bekenntnis ist in den Unternehmen üblich? Ein rückhaltloses Bekenntnis bedeutet, mehr auszugeben als die Rivalen; es bedeutet, hohe, unwiderrufliche Einsätze zu leisten. Es heißt, man solle in das investieren, wozu man sich bekennt. Manchen Unternehmen wird ihr Bekenntnis erst dann bewußt, wenn neun Nullen hinter dem Dollarzeichen stehen.

Anders ausgedrückt: Sie könnten den meisten vorsichtigen Finanzleuten ebensogut „Las Vegas" ins Ohr flüstern wie „strategische Investition" – ihre Reaktion wäre dieselbe. Natürlich, wer hoch wettet, gewinnt mitunter, aber ebenso wahrscheinlich ist es, daß er verliert. Denken Sie nur daran, wie viele „strategische Investitionen" sich nicht rentiert haben. Natürlich werden Unternehmen nicht deshalb zu Nachzüglern, weil sie es versäumt haben, „strategische Investitionen" zu tätigen. Kein Wunder, daß die leitenden Mitarbeiter der Finanzabteilung strategischen Investitionen skeptisch gegenüberstehen. In einer Welt drakonischer Budgeteinsparungen und hypereffizienter Betriebsabläufe möchte niemand etwas über „strategische" Investitionen hören. Gewiegte Manager wissen, daß bei den meisten „langfristigen Investitionen" der langfristige Aspekt nie zum Tragen kommt. Sie wissen auch, daß es, wenn es ihnen tatsächlich gelungen ist, Ressourcen für eine „strategische" Investition aufzutreiben, günstig ist, den Job zu wechseln, bevor der „langfristige Zeitraum" zu einem kurzfristigen wird. Eine Führungskraft drückte es uns gegenüber so aus: „Bei uns besteht der Trick darin, den Job rechtzeitig zu wechseln, so daß die langfristige Rendite, die Sie vor vier Jahren in Ihrem Kapitalbudgetvorschlag versprachen, zum kurzfristigen Leistungsziel Ihres Nachfolgers wird."

Wir haben jedoch dafür plädiert, daß Strategie „langfristig" und „ambitioniert" sein sollte, und daß ein außerordentliches Maß an „Bekenntnis" mit ihr verbunden sein sollte. Wie läßt sich das Unmögliche möglich machen? Nur, indem man einen neuen Managementrahmen rund um den Begriff der Strategie zieht. Die Manager im gesamten Unternehmen müssen sich der Tatsache bewußt werden, daß „langfristig" nicht gleichzusetzen ist mit „geduldigem Geld". Obwohl wir hier nicht verlangen, daß jedes Projekt vom ersten Tag an einen positiven Cash Flow aufweisen muß, besteht das Ziel doch darin, auf dem Weg in die Zukunft Geld zu verdienen. „Langfristig" bedeutet nicht, daß die Rendite weit in der Zukunft liegt. Es bedeutet, eine Vorstellung davon zu haben, wie die Entwicklung der Industrie aussehen wird und wie man diese Entwicklung zu formen gedenkt.

„Ambition haben" bedeutet nicht, hohe Risiken einzugehen. „Ambition haben" bedeutet, sich nach einem hohen Ziel zu strecken und dann mit dem Instrument des Ressourcen-Leverage die Risiken zu beseitigen. Wir finden es interessant, daß viele Unternehmen Innovation und Wachstum mit Risiko gleichsetzen. Sicherlich müssen kalkulierte Risiken eingegangen werden, aber ob man als erster in der Zukunft ankommt, hängt nicht einfach von der Risikofreudigkeit ab. Wer als erster das Tor zur Zukunft aufstoßen will, sollte weniger um heroische Investitionen bemüht sein als darum, den heroischen Ambitionen ihr Risiko zu nehmen.

Wenn es nicht gelingt, den vorgeblichen Zusammenhang zwischen Ambition und Risiko aufzulösen, werden auch in Zukunft nur wenige Manager den Mut aufbringen, sich zu globaler Führerschaft zu bekennen. Man kann konservativen Managern, denen die Aktionäre im Nacken sitzen, nicht vorwerfen, daß sie vor der globalen Führerschaft zurückscheuen, wenn ihre Erfahrung sie gelehrt hat, daß „strategisches Vorgehen" praktisch mit finanziellem Harakiri gleichzusetzen ist. Dennoch muß zwischen dehnender Ambition und Risiko keine Korrelation von 1:1 bestehen. Eine dehnende Ambition bringt nur dann Risiken mit sich, wenn orthodoxe Vorstellungen darüber herrschen, wie und wann die Ambition realisiert werden soll. Wenn die Manager bei Ford vergangene Praktiken einfach extrapolieren, sind sie wahrscheinlich versucht zu glauben, daß die Entwicklung eines Autos, das fünfmal so gut ist wie der Escort, also eines potentiellen Lexus-Bezwingers, etwa das Fünffache an Ressourcen verschlingen würde. Solange eine Firma sich nicht vom orthodoxen, aus der Vergangenheit übernommenen Denken löst, ist es nicht sehr wahrscheinlich, daß sie den nötigen Mut aufbringen wird, um sich für eine unangefochtene globale Führungsrolle zu entscheiden.

Eine dehnende Ambition ist dort risikoträchtig, wo das langfristige Ziel der Führungsposition willkürlich einem kurzfristigen Zeithorizont untergeordnet wird. Ungeduld bringt das Risiko mit sich, daß man überstürzt in Märkte hineingeht, die man nicht ausreichend kennt, daß man die F&E-Ausgaben schneller hinaufschraubt, als man sie kontrollieren kann, daß man Firmen übernimmt, die sich nicht leicht „verdauen" lassen, und daß man übereilte Allianzen mit Partnern eingeht, deren Motive und Fähigkeiten nicht zur Gänze ausgelotet wurden. Allzuoft wird der Fortschritt in die Zukunft anhand der Investitionen gemessen statt anhand des akkumulierten Wissens über technologische Alternativen und Kundenbedürfnisse. Die Aufgabe der Unternehmensführung besteht nicht so sehr darin, die Zukunft kühn „abzustecken", sondern darin, zum schnelleren Erwerb von Markt- und Branchenkenntnissen beizutragen, und zwar so, daß das Unternehmen keinen unverantwortbaren Markt- und Wettbewerbsrisiken ausgesetzt wird. Die Risiken sinken mit steigendem Wissen, und je mehr das Wissen zunimmt, desto größere Fortschritte kann das Unternehmen machen.

Auch bedeutet ein stärkeres Bekenntnis nicht, daß man mit höherem Einsatz als die anderen spielt; vielmehr bedeutet es, daß man bestimmter und beharrlicher als sie vorgeht. Unserer Meinung nach spiegelt sich das Ausmaß des Commitments nicht darin wider, welchen finanziellen Einsatz ein bestimmtes Projekt einer Geschäftseinheit wert ist, sondern in der intellektuellen Energie, die das gesamte Unternehmen in ein bestimmtes Zukunftsbild steckt. Commitment läßt sich nicht einfach an der Höhe der Investitionen messen, sondern am Interesse und an der Aufmerksamkeit des leitenden Managements. Allzuoft richtet sich der Zeitaufwand, den die Unternehmensleitung den einzelnen Geschäftsbereichen und Chancen widmet, nach den aktuellen Erträgen oder den Investitionsströmen. Das ist ein Rezept für die Aufrechterhaltung des Status quo. Eher sollte das Topmanagement seine Zeit in eine neue Chancenarena investieren, deren Bedeutung, gemessen an aktuellen Erträgen und Investitionen, gering ist.

Der alte Strategierahmen sah folgendermaßen aus:

Langfristig = Weit in der Ferne liegender Gewinn

Ambition = Eingehen von Risiken

Commitment = Viel Kohle

Der neue Rahmen, den wir hier vorstellen, sieht anders aus:

Langfristig	=	Eine Vorstellung von der Industrieentwicklung und ein Konzept zur Gestaltung dieser Entwicklung
Ambition	=	Ein auf ein hohes Ziel konzentriertes Streben, dessen Risiken durch Ressourcen-Leverage verringert werden
Commitment	=	ein intellektuelles und emotionales Commitment, das Konsistenz und Kontinuität sichert

Erst wenn alle Angehörigen eines Unternehmens diese neue Perspektive teilen, wird das strategische Vorgehen wieder zu Ehren kommen.

ANDERS ÜBER DIE ORGANISATION DENKEN

Die Notwendigkeit, Strategie anders zu verstehen, ist untrennbar verbunden mit der Notwendigkeit, die Organisation als solche in einem neuen Licht zu betrachten. Es bedarf eines veränderten Denkens über die Organisation, wenn man die Mitarbeiter aller Ebenen im Sinne einer strategischen Intention mobilisieren, ein Ressourcen-Leverage über die Organisationsgrenzen hinweg durchführen, „weiße Flecken" aufspüren und nutzen, die Kernkompetenzen neu entfalten, die Kunden immer wieder in Staunen versetzen, durch Vorstoßmarketing neuen Wettbewerbsraum erschließen und Flaggenmarken aufbauen will. So wie Vokabular und Praxis der gegenwärtigen Strategieauffassung den Herausforderungen im Wettbewerb um die Zukunft nicht angemessen sind, sind auch Vokabular und Praxis der organisatorischen Veränderung nicht geeignet, die Zukunft zu erobern.

In den letzten Jahren haben viele Unternehmen hart an einer Organisationstransformation gearbeitet. Sie haben traditionelle Aufgaben der Zentrale wie Planung und Humanressourcenmanagement den einzelnen Geschäftseinheiten übertragen; sie haben versucht, den Angestellten aller Ebenen größeren Spielraum zu geben; sie haben Randbereiche abgestoßen und sich auf das Kerngeschäft konzentriert; sie haben versucht, die persönliche Risikobereitschaft zu fördern; sie haben die Verantwortung des einzelnen betont; sie haben den Organisationsplan auf den Kopf gestellt und den Kunden an die erste Stelle gesetzt. Die Schlüsselworte für die Ingenieure des modernen Zukunftsunternehmens sind Devolution, Empowerment, Fokussierung, Unternehmergeist, persönliche Verantwortung und Kundenorientierung.

Diese Ideen stellen die Antithese zu den hochzentralisierten, überbürokratischen, kontrollorientierten, technologiebestimmten „*big brain*" Organisationsarchetypen der sechziger und siebziger Jahre dar. General Electric, 3M, Hewlett-Packard und einige andere ähnlich entflochtene Organisationen mit einem hohen Maß an Empowerment sind Vorbilder für jene, die sich am Aufbau der postmodernen Organisation versuchen. Trotzdem hat sich in vielen Fällen gezeigt, daß das Gegenmittel gegen Bürokratie und unnötige Zentralisierung ebenso toxisch wirken kann wie das Gift, das es neutralisieren soll.

Wir sind davon überzeugt, daß grundlegende Organisationsoptionen zu oft als entweder/oder, schwarz/weiß, These/Antithese dargestellt werden. Die Manager haben gelernt, Organisationsoptionen als krasse Kontraste wahrzunehmen.

These	**Antithese**
Konzern	Geschäftseinheiten
Zentralisiert	Dezentralisiert
Bürokratisch	Eigenverantwortlich
Klone	Renegaten
Technologiebestimmt	Kundenbestimmtheit
Diversifiziert	Kerngeschäft

Diese Tendenz zum Schwarzweißdenken wird oft noch dadurch verstärkt, daß zur Beeinflussung der Handlungen einzelner Manager in übertriebenem Umfang auf finanzielle Belohnungssysteme zurückgegriffen wird. Finanzielle Belohnungssysteme belohnen Manager üblicherweise dafür, daß sie entweder Ziel „A" oder „B" verfolgen, und nicht für kluge und passende Trade-offs zwischen „A" und „B" sorgen. Einem Unternehmen, das seine Zukunft selbst gestalten möchte, muß es gelingen, eine Synthese zwischen Optionen herzustellen, die zu oft als Antithesen betrachtet werden.

Den Gegensatz „Konzern – Geschäftseinheit" überwinden

Bei vielen Unternehmen ist es kaum gerechtfertigt, von einer „Konzernstrategie" zu sprechen, weil ihre Konzernstrategie wenig mehr ist als eine Ansammlung von unabhängigen Strategien der eigenständigen Geschäftseinheiten. Wo die Geschäftseinheiten weithin eigenständig agieren, haben die Vorstandsmitglieder des Konzerns keine Verantwortung, die über Investorenbeziehungen, Akquisitionen und Abstoßungen sowie Ressourcenzuteilung an die unabhängigen Geschäftseinheiten hinausgeht. Bei solchen Organisationen muß man sich fragen, worin die Wertschöpfung des Spitzenmanagements überhaupt besteht. Warum die Manager der einzelnen Einheiten nicht direkt Wall Street unterstellen? Wenn das Topmanagement den Konzern als Portfolio unabhängiger Unternehmen begreift, ist eine Suboptimierung nahezu unausweichlich. Wenn die einzelnen Unternehmenseinheiten völlig unabhängige strategische Ziele verfolgen, bleiben „weiße Flecken" ungenutzt, bröckeln bestehende Kernkompetenzen ab und brechen die F&E- und Markenbudgets auseinander.

Wir wollen damit nicht sagen, daß marktorientierte Geschäftseinheiten eine ungeeignete Strukturform darstellen. Wir behaupten auch nicht, daß weit entfernte, abgehobene Vorstandsmitglieder die Strategie der Geschäftseinheiten festlegen sollten. Wir meinen damit vielmehr, daß die leitenden Manager, anstatt den Konzern *ent-*

weder als Einheit *oder* als Ansammlung unabhängiger Unternehmen zu betrachten, versuchen sollten, jene *Verbindungen* zwischen den Geschäftseinheiten zu finden und zu nutzen, die potentiell für den gesamten Konzern Zusatznutzen bringen können.

Wir sind davon überzeugt, daß in den Verbindungen zwischen den einzelnen Geschäftseinheiten oft erhebliche „versteckte Werte" verborgen liegen. Diese Werte werden ausgeschöpft, wenn die Geschäftseinheiten die „weißen Flecken" finden und gemeinsam erforschen, wenn Kompetenzen von einer Einheit zur anderen verlagert oder auf neue Weise zwischen den einzelnen Einheiten vernetzt werden, wenn die Einheiten zusammenarbeiten, um stärkere Flaggenmarken für gemeinsame Kunden mehrerer Geschäftseinheiten aufzubauen und ähnliches mehr. Es besteht das Risiko, daß der erhebliche Wert, der aus der Vernetzung der Geschäftseinheiten entstehen kann, im Streben nach Entflechtung und Dezentralisierung unbeabsichtigt verlorengeht.

Den Gegensatz „Zentralisierung – Dezentralisierung" überwinden

Die Möglichkeit, die Verbindungen zwischen den Geschäftseinheiten im Interesse des Gesamtunternehmens auszunutzen, tritt nur dann zutage, wenn sich die Leiter sämtlicher Unternehmensbereiche an einem horizontalen Strategieentwicklungsplan beteiligen. Identifikation und Management dieser Vernetzungen können nicht der Zentrale überlassen werden, sondern sie sind nur dann möglich, wenn die Linienmanager des gesamten Konzerns den potentiellen Zusatznutzen einer kollektiven Vorgehensweise nach und nach erkennen. Wofür wir also in diesem Buch plädieren, ist weder eine absolute Dezentralisierung noch eine schwerfällige *Konzern*strategie, sondern etwas, was man als aufgeklärte *Kollektiv*strategie bezeichnen könnte. Da sich der Wert einer besseren Ausnutzung der Vernetzungen kaum quantifizieren läßt, wird sich kein Bereichsleiter dafür verantwortlich fühlen, und es tut auch niemandem weh, wenn dieser Wert unentdeckt bleibt. Trotzdem mußte selbst General Electric, ein Unternehmen, dessen Bereichsmanager ihre Privilegien eifersüchtiger verteidigten als die der meisten anderen Konzerne, erkennen, wie wertvoll die „grenzenlose" Organisation sein kann. Auch Hewlett-Packard, ein Unternehmen, das durch individuellen Unternehmergeist groß wurde, gelangte zu der Erkenntnis, daß es einige bereichsübergreifende Chancen gibt, die einfach zu attraktiv sind, als daß man sie auf dem Altar der absoluten Autonomie der Geschäftsbereiche opfern dürfte.

Natürlich verlangt die Entwicklung einer kollektiven Strategie von den Managern, statt einer kompetitiven eine kooperative Haltung gegenüber ihren Kollegen einzunehmen. Sie müssen erkennen, daß sie nicht jedes Mal, wenn Ressourcen geteilt werden, bereichsübergreifende Unterstützung geleistet oder dem großen Ganzen ein Opfer gebracht wird, eine unmittelbare Gegenleistung einfordern können. Natürlich muß ihnen auch eine gewisse Sicherheit gegeben werden, daß kooperatives Verhalten belohnt wird und daß Karrierefortschritte gleichermaßen davon abhängen, daß sie Verantwortung für den gemeinsamen Fortschritt übernehmen, wie davon, daß ihr unmittelbarer Bereich erfolgreich ist.

Den Gegensatz „Bürokratie – Empowerment" überwinden

Wie IBM, GM und viele andere Unternehmen lernen mußten, ersticken Bürokratie und strenge Hierarchie Initiative und Kreativität. Daher versuchen die Unternehmen, die Zahl der Managementebenen zu verringern. Unserer Erfahrung nach vergessen die Unternehmensleitungen allerdings oft, daß eine Reduktion der Management- bzw. Hierarchieebenen nicht bedeutet, daß dadurch auch die nachteiligen Folgen hierarchischen Verhaltens aufgehoben sind. Hierarchisches Verhalten vermeidet den aktiven, mehrere Ebenen umfassenden Dialog über wichtige Fragen und stützt sich bei der Lösung von Problemen auf Macht anstatt auf allgemeine Diskussion und qualitativ hochwertige Analysen. Das konservative, ideenfeindliche, zeitraubende Phänomen des „aufsteigenden Managements“ läßt sich in vielen Organisationen beobachten, ob sie nun über drei Organisationsebenen verfügen oder über ein Dutzend.

Es geht nicht einfach darum, die Zahl der Organisationsebenen zu verringern, oder darum, daß der Konzernstab den Linienmanagern besserwisserisch über die Schulter blickt. Das Ziel muß vielmehr sein, dem einzelnen die Freiheit einzuräumen, seinen Job und die ihn betreffenden Prozesse selbst zu gestalten und alles zu tun, um den Kunden zufriedenzustellen. Hat Empowerment Grenzen? Wir sind davon überzeugt, daß Empowerment ohne *gemeinsames Richtungsgefühl* zu Anarchie führen kann. Nicht nur die übertriebene Bürokratie kann Initiative und Fortschritt ersticken. Dasselbe gilt auch für eine große Zahl eigenständiger, jedoch unkoordinierter Mitarbeiter, die auf konträre Ziele hinarbeiten. Natürlich sollte jeder Mitarbeiter eigenständig sein – aber zu welchem Zweck? Empowerment beinhaltet die Verpflichtung und die Möglichkeit, einen Beitrag zu einem spezifischen Ziel zu leisten. Eine gemeinsame Richtung, das, was wir als „strategische Intention“ bezeichnen, vereinigt die Bedürfnisse der individuellen Freiheit und einer konzertierten, koordinierten Bemühung. So verlockend es auch sein mag, das leitende Management darf sich seiner Verpflichtung, die Richtung festzulegen, nicht entziehen. Die Mitarbeiter benötigen eine vorgegebene Richtung ebensosehr wie die Möglichkeit zu eigenständigem Handeln.

Den Gegensatz „Klone – Renegaten“ überwinden

In bürokratischen, hierarchisch strukturierten Organisationen gleichen die Mitarbeiter oft Schafen. Sie bewegen sich den ganzen Tag auf der Weide, wissen jedoch nicht wirklich, wozu sie da sind. Immer wieder hört man daher den Ruf, die Unternehmen brauchten Wildenten. Aber jede Ente, die sich beim Zug gen Süden zu weit vom Verband entfernt und sich nicht länger den verringerten Luftwiderstand in der Flugformation zunutze machen kann, wird binnen kurzer Zeit zurückfallen. Wir ziehen ein Wolfsrudel als Analogie vor. In einem Wolfsrudel ist die Führungsrolle immer eindeutig festgelegt, aber sie wird oft in Frage gestellt und nur aufgrund von Fähigkeit und Stärke zuerkannt. Die Wölfe sind nicht alle gleich, und sie sind nicht alle gleich fähig. Sie behalten ihre Individualität, aber sie gehören alle demselben Team an und jagen gemeinsam. Die wechselseitige Abhängigkeit wird von allen Mitgliedern akzeptiert. Michael Jordan, der legendäre Star des Basketball-Teams Chicago Bulls, war sicher mehr als eine Wildente; er verfügte über ein ausgeprägtes Teamgefühl und wußte, wann er seinen persönlichen Ruhm den kollektiven Zielen des Teams unterordnen mußte. Er war der Leitwolf. Und wirklich ähneln alle erfolgreichen Organisationen eher einem Wolfsrudel als einer Herde von Schafen oder einer Formation von Wildenten.

Wir haben festgestellt, daß ein Unternehmen voller hochsozialisierter, gleichgeschalteter Klone das Tor zur Zukunft kaum als erstes aufstoßen wird; dasselbe gilt auf der anderen Seite auch für ein Unternehmen voller egozentrischer Renegaten. Was wir brauchen, sind *Gemeinschaftsaktivisten*, Menschen, die sowohl über den Mut zur eigenen Meinung und zur Infragestellung des Status quo als auch über ein tiefes Gemeinschaftsgefühl und den Wunsch verfügen, nicht nur ihre persönliche Situation, sondern auch diejenige der Gemeinschaft zu verbessern. Die Vorstellung einer Gemeinschaft von Aktivisten versöhnt die scheinbar widersprüchlichen Ideen der gemeinsamen Sache und der individuellen Freiheit.

Den Gegensatz „Technologiebezogenheit – Kundenbezogenheit" überwinden

In letzter Zeit erkennen viele Unternehmen die Notwendigkeit, weniger produkt- oder technologiebezogen und stärker kundenbezogen zu arbeiten. Auch hier besteht die Gefahr, daß eine strikte Dichotomie zwischen Technologie- und Kundenbezogenheit hergestellt wird. Nun liegt es auf der Hand, daß das Streben nach technologischer Führung eine Ressourcenverschwendung darstellt, wenn es sich nicht nach den Bedürfnissen der Kunden orientiert. Umgekehrt gilt jedoch auch, daß ein Unternehmen, das wartet, bis es von seinen bestehenden Kunden Anweisungen erhält, kaum als erstes die Zukunft erreichen wird.

Das Ziel besteht nicht einfach darin, sich von den artikulierten Kundenbedürfnissen leiten zu lassen; es genügt nicht, zu reagieren. Vielmehr muß das Ziel lauten, die Kunden in Staunen zu versetzen, indem man ihre noch nicht artikulierten Bedürfnisse vorwegnehmend erfüllt. Um das zu erreichen, muß ein Unternehmen die potentiellen Kundennutzen verstehen lernen. Ein solcher Kundennutzen ist nicht produktspezifisch. So ist beispielsweise die Kontrolle über die Zeit ein allgemeiner Kundennutzen, der den Kunden in vielerlei Gestalt angeboten werden kann. Eine Fluggesellschaft, die eine Kernkompetenz in den Betriebsabläufen aufgebaut hat, könnte größere Pünktlichkeit anbieten; ein Unternehmen wiederum, das kostengünstige Videokonferenzen perfektioniert, könnte den Leuten die Reisezeit völlig ersparen; ein Videorecorder gibt den Menschen ebenso wie ein Anrufbeantworter mehr Kontrolle über ihre Zeit. Gestalter der Zukunft sind Unternehmen, die permanent bestrebt sind, neue Möglichkeiten für den Einsatz ihrer Kompetenzen zu finden, um die grundlegenden Bedürfnisse ihrer Kunden zu erfüllen.

Auch hier sind die Meinungen geteilt. Und auch in diesem Fall sind wir der Meinung, daß die Debatte fruchtlos ist. Es gibt heute keine Industrie, die nicht technologieintensiv wäre; die Flug- oder Bankindustrie ist nicht weniger technologieintensiv als die Computer- oder Unterhaltungselektronik. In einem Fall wird die Technologie für das Management der Informationen eingesetzt, in einem anderen dafür, möglichst viele Schaltkreise auf einen Chip zu packen. Ein Unternehmen, das keine Idee von den zukünftigen Bedürfnissen der Kunden hat, läuft Gefahr, nur in jene Technologien zu investieren, die den derzeit artikulierten Kundenbedürfnissen entsprechen. Ein solches Vorgehen ist kurzsichtig. Die Verbindung zwischen Technologie und Kunden besteht nicht nur in den bereits artikulierten Bedürfnissen, sondern auch in Produkt- und Dienstleistungskonzepten, die noch nicht artikulierte Bedürfnisse zu erfüllen versprechen. Das Ziel besteht darin, weder einseitig technologieorientiert noch einseitig kundenorientiert zu agieren. Statt dessen ist ein Unternehmen gut beraten, in allem, was es tut, *Kundennutzenorientierung* zu zeigen – ständig Ausschau zu halten nach Technologien, die der Menschheit ungeahnte Vorteile bringen, in diese Technologien zu investieren und sie zu meistern.

Den Gegensatz „Diversifizierung – Kerngeschäft" überwinden

Die Diversifizierung in nicht verwandte Geschäftsbereiche war in den siebziger und Anfang der achtziger Jahre groß in Mode. Die Unternehmen beurteilten ihre Wachstumskapazitäten eher nach der Stärke ihrer Bilanz (konnten sie die Finanzmittel aufbringen) als nach der Stärke ihrer Entwicklungsanstrengungen. In manchen Unternehmen konnten die Manager durch Akquisitionen das kümmerliche Wachstum ihres Kerngeschäfts verschleiern. Derartiges geschah bei Kodak, Westinghouse und vielen anderen Unternehmen. Viele dieser Akquisitionen werden nun rückgängig gemacht. In Dutzenden wissenschaftlichen Studien wurde nachgewiesen, daß Akquisitionen dem Wohlstand der Unternehmen und ihrer Aktionäre häufiger schaden als nützen. Es ist anzunehmen, daß ein Manager, dem es an Vorausblick und Vorstellungskraft mangelt, auch beim Ausbau seines Kerngeschäfts nicht über ein ausreichendes Maß an Vorausblick und Vorstellungskraft verfügt, um akquirierte Unternehmen auszubauen. Und eine Diversifizierung in Bereiche, in denen es dem Unternehmen an Wissen und Fähigkeiten fehlt, ist der erste Schritt in die Katastrophe.

Ein Rückzug auf das Kerngeschäft (wobei „Kern" anhand eines bestimmten Produkt- oder Marktschwerpunkts definiert wird), mag dem Management zwar weniger Kopfschmerzen bereiten, bringt jedoch auch kein großartiges Wachstum. Nicht jeder Markt wächst unbeschränkt, und nicht jede Produkt- oder Dienstleistungskategorie läßt sich grenzenlos erweitern. Wenn Canons Wachstum von 35-mm-Kameras abhängig wäre, hätte das Unternehmen seinen Zenit schon vor Jahren überschritten. Wenn Motorola von mobilen Zweiweg-Funkgeräten, wie sie in Taxis verwendet werden, abhängig wäre, hätte sein Wachstum schon vor Jahren stagniert. Die Beschränkung auf das Kerngeschäft engt den Chancenhorizont eines Unternehmens und sein Potential zur Erschließung neuen Wettbewerbsraums ein. Die Dichotomie zwischen „unverbundener Diversifizierung" und „Kerngeschäft" ist wie alle hier behandelten Dichotomien letzten Endes fruchtlos.

Wir haben für Wachstum und Diversifizierung rund um *Kernkompetenzen* plädiert. Kernkompetenzen sind das Bindegewebe, das ein Portfolio scheinbar ganz unterschiedlicher Geschäftsbereiche zusammenhält. Kernkompetenzen sind die gemeinsame Sprache, die es den Managern gestattet, Erkenntnisse und Erfahrungen von einem Geschäftsfeld auf ein anderes zu übertragen. Eine auf Kernkompetenzen beruhende Diversifizierung verringert Risiko und Investitionserfordernisse und vergrößert die Möglichkeiten zur Vermittlung von Erkenntnissen und bewährten Praktiken über die Geschäftseinheiten hinweg.

Im folgenden fassen wir die gängige Debatte über die verschiedenen Organisationsmöglichkeiten sowie unser Angebot für eine übergeordnete Synthese der zugrundeliegenden Ideen zusammen.

These	**Antithese**	**Synthese**
Konzern	Geschäftseinheiten	Verbindungen
Zentralisiert	Dezentralisiert	Kollektiv
Bürokratisch	Empowerment	Zielgerichtet
Klone	Renegaten	Aktivisten
Technologiebezogen	Kundenorientiert	Kundennutzenorientiert
Diversifiziert	Kerngeschäft	Kernkompetenz

In vielen Unternehmen der Gegenwart läßt sich der organisatorische Veränderungsplan in großen Zügen als Versuch zusammenfassen, in der obenstehenden Tabelle von der „These" zur „Antithese" zu gelangen. Aber es stellt keinen Fortschritt dar, eine Gruppe von Problemen (Bürokratie, lahmgelegte Initiative, leistungsschwache „Randgeschäftsbereiche" und Mangel an Kundenorientierung) gegen eine andere Gruppe von Problemen (Suboptimierung, Territorialisierung, Fragmentierung und marktabhängiges Wachstum) einzutauschen. Die Folge ist, daß viel über die Notwendigkeit geschrieben wird, Spannungen, Abwägungen, Paradoxa und Widersprüche zu bewältigen.

Das Ziel besteht nicht darin, den schmalen Grat zwischen unattraktiven Extremen oder ein wackeliges Gleichgewicht zwischen entgegengesetzten Kräften zu finden. Es kann nicht darum gehen, sich im Mittelfeld zu etablieren, sondern es geht darum, an die Spitze zu gelangen. In diesem Buch haben wir versucht, elegante, aber simplifizierende Dichotomien zu vermeiden. So wie wir uns um eine Annäherung zwischen den Begriffen langfristig und kurzfristig, Ambition und Risiko, Strategie als große Vision und Strategie als Experiment bemüht haben, streben wir auch eine Annäherung zwischen miteinander konkurrierenden organisatorischen Modellen an. Was wir anbieten, ist keine alternative, sondern eine erweiterte Perspektive.

ABSCHLIESSENDE ÜBERLEGUNGEN

Am Anfang dieses Buches haben wir eine Reihe von Fragen aufgeworfen. Wir haben Sie gebeten, Ihre Organisation anhand einer Reihe von Kriterien zu beurteilen. Wenn Sie mit Ihren Antworten nicht zufrieden waren, baten wir Sie, weiterzulesen. Nun, da Sie am Ende dieses Buches angelangt sind, möchten wir Ihnen einige weitere Fragen stellen. Wir möchten Sie bitten, Ihre Organisation nochmals zu beurteilen. Auch wenn sich Ihre Organisation nicht grundlegend geändert hat, während Sie dieses Buch lasen, kann Ihnen diese Einstufung einen Hinweis darauf geben, wo Sie ansetzen sollten und welches unausgeschöpfte Potential Ihr Unternehmen möglicherweise hat.

Zwanzig Fragen über die Zukunft

Haben alle Mitglieder der Führungsspitze eine übereinstimmende und klare Vorstellung darüber, wie die Zukunft aussehen und inwieweit sie sich von der Gegenwart unterscheiden könnte?

Sehen sich die Führungskräfte als Industrierevolutionäre, oder sind sie zufrieden mit dem Status quo?

Verfügt das Unternehmen über einen klaren und von der gesamten Organisation verstandenen Plan für den Aufbau von Kernkompetenzen, die Schaffung neuer Funktionen und die Entwicklung der Kundenschnittstellen?

Verwendet das Topmanagement ebensoviel Zeit und intellektuelle Energie auf den Vormarkt-Wettbewerb wie auf den Marktwettbewerb?

Hat das Unternehmen, gemessen an seinen Ressourcen, einen unverhältnismäßig großen Einfluß auf die Entwicklung der Industrie?

Besitzen alle Mitarbeiter eine gemeinsame unternehmerische Ambition und eine klare Vorstellung von dem Vermächtnis, an dem sie mitwirken?

Beinhaltet diese Ambition eine signifikante Dehnung – das heißt, übersteigt sie die derzeitigen Ressourcen erheblich?

Ist es dem leitenden Management gelungen, diese Ambition in eine Reihe von klar definierten Herausforderungen für das Unternehmen zu übersetzen?

Ist allen Angehörigen des Unternehmens klar, inwieweit ihr individueller Beitrag mit den allgemeinen Bestrebungen des Unternehmens verknüpft ist?

Haben die Manager die derzeit in Unternehmen und Industrie herrschenden Konventionen klar erkannt und diese Konventionen einer eingehenden Überprüfung unterzogen?

Wissen alle Manager, unter welchen Bedingungen dem derzeitigen Wirtschaftsmotor des Unternehmens der Treibstoff ausgehen könnte?

Wissen die Mitarbeiter aller Ebenen um die Dringlichkeit der Herausforderung eines dauerhaften Erfolgs?

Erstreckt sich der Chancenhorizont der Firma weit genug über die Grenzen der existierenden Produktmärkte hinaus?

Gibt es ein eindeutiges Verfahren zur Erkennung und Nutzung von Chancen, die zwischen einzelnen Geschäftseinheiten liegen oder diese überschreiten?

Wird dem Management und der Zuteilung von Kernkompetenzen genausoviel Aufmerksamkeit gewidmet wie dem Management und der Zuteilung leichter greifbarer Ressourcen?

Werden in ausreichender Zahl kontinuierliche Marktexperimente durchgeführt, um sicherzustellen, daß das Unternehmen rascher lernt als seine Rivalen, wo genau die Chancen von morgen angesiedelt sind?

Besitzt die Firma die Fähigkeit, ihren Konkurrenten auf globaler Ebene zuvorzukommen (entweder mit Hilfe der eigenen Infrastruktur oder im Huckepack-Verfahren mit Partnern)?

Werden alle potentiellen Chancen zu einem Ressourcen-Leverage zur Gänze genutzt?

Sind die leitenden Angestellten zuversichtlich, den zukünftigen Managern und Mitarbeitern ein Vermächtnis zu hinterlassen, das größer ist als jenes, das sie geerbt haben?

Macht Ihnen die Arbeit Spaß?

(Die Antworten auf die ersten 19 Fragen sind irrelevant, wenn Sie an der Herausforderung des Wettlaufs um die Zukunft keinen Spaß haben.)

Diese Fragen spiegeln unsere Haltung zu Wettbewerb, Strategie, Organisationen und zur Wertschöpfung des leitenden Managements wider. Wir treten ein für Erweiterung statt Verkleinerung, für organisches Wachstum statt Fixierung auf das nächste Geschäft, für Neudefinition der Industrie statt Prozeßreengineering, für langfristige Möglichkeiten statt kurzfristiger Machbarkeit, für Ressourcen-Leverage statt Ressourcenverteilung, für Bemühung statt Erlangung von Zielen.

Dieses Buch handelte von der Möglichkeit, wirklich etwas zu bewirken. Zunächst ging es darum, etwas für die Kunden zu bewirken, indem man ihre kühnsten Erwartungen durch völlig neue Produkte und Dienstleistungen übertrifft und indem man die Zukunft rund um den Globus für die Kunden verwirklicht und greifbar macht. Zweitens ging es darum, etwas für die Mitarbeiter zu bewirken, indem man ihrem ambitionierten Streben Leidenschaftlichkeit und einen tiefen Sinn verleiht, ihnen Hoffnung auf eine Zukunft nach der Umstrukturierung gibt und ihnen jede Möglichkeit verschafft, auch einen persönlichen Beitrag zu leisten. Schließlich ist es darum gegangen, als Manager etwas zu bewirken, indem man neuen Wettbewerbsraum entdeckt, neuen Wohlstand schafft und ein Vermächtnis hinterläßt, das die eigene Karriere überdauert.

Anmerkungen

KAPITEL 1

[1] „Stocks of Companies Announcing Layoffs Fire Up Investors, but Prices Often Wilt." The Wall Street Journal, 10. Dezember 1991, S. C1.

[2] Weitere Informationen siehe Michael Hammer und James Champy, Reengineering the Corporation (New York: HarperBusiness 1993).

[3] „Business School Winner Fails the SEC Test", Financial Times, 24. März 1994, S. 12.

[4] J. P. Womack, D. T. Jones und D. Ross, The Machine that Changed the World (New York: Rawson Associates, 1990).

[5] Weitere Informationen siehe George Stalk, Jr., und Thomas M. Hout, Competing Against Time: How Time-Based Competition Is Reshaping Global Markets (New York: The Free Press, 1990).

[6] Donald Hambrick, Reinventing the CEO: 21st Century Report (Korn Ferry International und Columbia University Graduate School of Business, 1989).

[7] „Robert Eaton Thinks ‚Vision' Is Overrated and He's not Alone", The Wall Street Journal, 4. Oktober 1993, S. 1ff.

KAPITEL 2

[1] „Next big thing: Age of Interactive TV May Be Near as IBM and Warner Talk Deal", The Wall Street Journal Europe, 21. Mai 1992, S. B1+.

[2] J. M. Laderman und G. Smith, „The Power of Mutual Funds", Business Week International, 18. Januar 1993, S. 43–40.

[3] Es sollte jedoch darauf hingewiesen werden, daß die Ergebnisse meist eher enttäuschend waren, wenn die Regierung ein oder zwei Unternehmen in

der Hoffnung protegierte, daß diese nationale oder regionale Champions hervorbringen würden. Das erfolgreichste Modell scheint jenes zu sein, bei dem Vertreter von Politik und Wirtschaft einen breiten Konsens über ein zukünftiges Chancengebiet haben, wie dies zum Beispiel bei HDTV-Fernsehen der Fall ist. Hier schafft die Regierung eine Reihe bescheidener Anreize, um die Entwicklung der Technologie voranzutreiben, und wirkt in gewissem Maß als Vermittler der Zusammenarbeit einiger grimmiger Konkurrenten. Wer Sieger wird, entscheidet der Markt. Das war der Ansatz, den die FCC*) im Kampf um die U.S.-HDTV-Standards verfolgte. Dabei kämpften zwei, drei oder mehr Firmen darum, ihre Technologie als Standard durchzusetzen. Sie arbeiteten jedoch mit den anderen zusammen, um das Risiko zu minimieren, allein im Regen stehenzubleiben, sollte sich ihr Standard nicht durchsetzen. Dieser Ansatz steht in bemerkenswertem Gegensatz zu der weniger erfolgreichen europäischen HDTV-Strategie, die ein schlechtgetarnter Versuch war, Philips zum Durchbruch zu verhelfen, oder zum japanischen Ansatz, bei dem versucht wurde, dem Rest der Welt einen einzigen, im voraus bestimmten Standard aufzuzwingen.

4 Brenton R. Schlender, „How Sony Keeps the Magic Going", Fortune, 24. Februar 1992, S.27.

5 Siehe z. B. George Stalk, Jr., und Thomas M. Hout, Competing Against Time: How Time-Based Competition Is Reshaping Global Markets (New York: The Free Press, 1990).

6 Louise Kehone, „Rebels Turned Diplomats", Financial Times, 8. Februar 1993, S.8.

7 Bedingt durch die weitgehende Bekanntheit des „digitalen" Chancenraumes haben wir uns entschlossen, unsere Illustration diesem Bereich zuzuordnen. Man könnte natürlich eine ähnliche Karte des gentechnischen Chancenraumes erstellen, die Pharma-, Chemie-, Landwirtschafts- und Lebensmittelfirmen mit einschließt, oder des Chancengebietes der Finanzprodukte oder der neuen Materialien – eine Liste ohne Ende.

KAPITEL 3

1 Diskussion mit Gary Hamel.

2 „Your Digital Future", Business Week, 16. November 1992, S. 96.

3 „Acquisitions Done the Right Way", Fortune, 16. November 1992, S. 96.

4 „Feeling for the Future: A Survey of Television", The Economist, 12. Februar 1994, S. 5.

5 Ibd, S. 9.

*) FCC: Federal Communications Commission

[6] „Reinventing Boeing: Radical Change Amid Crisis“, Business Week, 7. September 1992, S. 48–54.
[7] Louise Kehoe, „The Hottest Act in Town“, Financial Times, 8. März 1993, S. 15.

KAPITEL 4

[1] „Straight Shooter: Robert Eaton Thinks ‚Vision‘ Is Overrated and He’s Not Alone“, The Wall Street Journal, 4. Oktober 1993, S.1+.
[2] William Taylor, „Message and Muscle: An Interview with Swatch Titan Nicolas Hayek“, Harvard Business Review (März-April 1993): 101
[3] Sally Solo, „From Technology to Market – First“, Fortune, 23. März 1992, S. 60.
[4] Brenton R. Schlender, „How Sony Keeps the Magic Going“, Fortune International, 24. Februar 1992, S. 27.
[5] Steven Levy, „Bill and Andy’s Excellent Adventure II“, Wired, April 1994, S. 102.
[6] Schlender, „How Sony Keeps the Magic Going“, S. 23.
[7] John Huey, „Nothing Is Impossible“, Fortune, 23. September 1991, S. 92.
[8] Robert L. Shook, Honda: An American Success Story (New York; Prentice-Hall, 1988).
[9] Karl E. Ludvigsen, Coming Out of the Car Crisis: Customers to the Rescue (London: Euromotor Reports Limited, 1993), S. 54.
[10] Levy, „Billy and Andy’s Excellent Adventure II“, S. 103.

KAPITEL 5

[1] Koji Kobayashi, Computers and Communications: A Vision of C&C (Cambridge, Mass.: MIT Press, 1986).
[2] „Hewlett-Packard Digs Deep for a Digital Future“, Business Week, 18. Oktober 1993, S. 68.
[3] Ibd, S. 67.
[4] Die Autoren möchten Greg Trosper, Direktor für strategische Planung bei EDS und Dr. Jim Scholes von Laurie International für ihre Hilfe bei der Dokumentierung der Erfahrungen von EDS beim Aufbau einer strategischen Architektur danken.
[5] „Staid EDS Cuts Loose with Interactive Multimedia Push“, The Wall Street Journal , 25. März 1994, S. B4.

KAPITEL 6

[1] Natürlich ist dies kein repräsentatives Beispiel! Hier geht es darum, den Prozeß des Gewinnens und jenen des Verlierens zu verstehen. Trotzdem hat der Grundsatz „einmal ein Gewinner, immer ein Gewinner“ bzw. die entgegengesetzte Version keine Gültigkeit. Was immer eine Firma tun muß, um zu „gewinnen“, sie wird es nochmals tun müssen (auf Grundsatz- und nicht auf taktischer Ebene), wenn sie wiederholt gewinnen will. Die Neandertaler, so sagt man, entdeckten das Kochen, als ein Haus niederbrannte und ein darin lebendes Schwein den Flammen zum Opfer fiel. Es ist nicht bekannt, wie viele Häuser in der Folge in der Hoffnung auf Schweinebraten angezündet wurden, bevor man den Unterschied zwischen Taktik und Prinzipien erkannte. Die Firmen auf der linken Seite sind nicht unbedingt als Verlierer zu bezeichnen, es sind Firmen, die einfach aufgehört haben zu gewinnen. Sie wiederholen die Rituale vergangener Erfolge (das Niederbrennen von Häusern oder „orthodoxe Denk- und Vorgehensweisen“, um in der Sprache der Wirtschaftsschulen zu bleiben), aber sie scheinen unfähig zu sein, die ihren früheren Erfolgen zugrunde liegenden Prinzipien herauszufiltern und neu zu interpretieren.

[2] „‚Allo‘, Allo Ring of Confidence“, The Times, 5. Februar 1993, S. 29.

[3] Mt 28, 19.

[4] Tracy Kidder, The Soul of a New Machine (Boston; Atlantic-Little, Brown, 1981).

KAPITEL 7

[1] Natürlich ist dieser Schluß in Anbetracht der Schwierigkeit, den F&E-Output zu messen, mit Vorsicht zu betrachten. Patente sind nur ein Meßwert, und viele glauben, daß japanische Firmen kleine, schrittweise Innovationen schneller patentieren lassen als westliche Firmen.

[2] Weitere historische Belege siehe Barbara Tuchman, The March of Folly (New York: Alfred A. Knopf, 1984).

[3] Siehe z. B.: H. Itami und T. Roehl, Mobilizing Invisible Assets (Cambridge, Mass.: Harvard Business Press, 1989); I. Dierickx und K. Cool, „Asset Stock Accumulation and Sustainability of Competitive Advantage“, Management Science (Dezember 1989): 1504–1514; J. Barney, „Firm Resources and Sustained Competitive Advantage“, unveröffentlichtes Manuskript, Texas A&M University; und C. K. Prahalad und Gary Hamel, „The Core Competence of the Corporation“, Harvard Business Review (Mai–Juni 1990): 79–91.

[4] „3M: 60.000 und Counting“, The Economist, 30. November 1991, S. 86–89.

[5] „A Tighter Focus for R&D", Busness Week International, 2. Dezember 1991, S. 80–82.

[6] Hermann Simon, Manager Magazine, Februar 1993.

[7] Eine umfassende Beschreibung der Elemente kontinuierlicher Verbesserung siehe M. Imai, Kaizen: The Key to Japan's Competitive Success (New York: Random House, 1989), oder allgemeiner: Y. Baba, „The Dynamics of Continuous Innovation in Scale Intensive Industries", Strategic Management Journal 10, Nr. 2 (1989): 89–100.

[8] David C. Mowery und David J. Teece, „Japan's Growing Capabilities in Industrial Technology", California Management Review (Winter 1992): 9–34.

[9] Eine detaillierte Diskussion des Lernens der Partner voneinander siehe: G. Hamel, „Competitive Collaboration: Learning, Power and Dependence in International Strategic Alliances", (Dissertation, University of Michigan, 1990).

[10] D. J. Teece, „Firm Boundaries, Technological Innovation, and Strategic Management", in Economics of Strategic Planning, Hrsg. L. G. Thomas (Lexington, Mass.: Lexington Boods 1986).

[11] Die in diesem Absatz enthaltenen Daten der Autoindustrie stammen von „Miles Traveled, More to Go", Business Week International, 2. Dezember 1991, S. 44–47.

KAPITEL 8

[1] „Sega!" Business Week, 21. Februar 1994, S. 66–74.

[2] Daniel C. Benton und John C. Levinson, „Computer Industry" in Communacopia: A Digital Communication Bounty (New York: Goldman Sachs Investment Research, 1992), S. 66.

[3] Anfang 1994 hatten sowohl Motorola als auch Sony ihre Pläne bekanntgegeben, Personal Digital Assistants zu produzieren, die mit einem von General Magic entwickelten Betriebssystem arbeiteten. „Abracadabra", The Economist, 5.–11. Februar 1994, S. 67–68.

[4] Tony Jackson, „How to Stand Out in a Crowd", Financial Times, 10. September 1993, UK-Ausgabe, S. 19.

KAPITEL 9

[1] Sally Solo, „From Technology to Market–First", Fortune, 23. März 1992, S. 60.

[2] „U.S. to Challenge Japan on a Screen Near You", International Herald Tribune, 18. November 1992, S. 1.

[3] „Samsung's Radical Shake-Up", Business Week, 28. Februar 1994, S. 74.

[4] „Taiwan: ‚The Arms Dealer of the Computer Wars'", Business Week, 28. Juni 1993, S. 36.

[5] „Sharp Gets Set to Ride Hottest Trends in Electronics", The Wall Street Journal, 4. Oktober 1993, S. B4.

[6] „Lou Gerstner Unveils His Battle Plan", Business Week, 4. April 1994, S. 97.

KAPITEL 10

[1] Siehe Margert B. W. Graham, RCA and the VideoDisc: The Business of Research (New York: Cambridge University Press, 1986) und The Business of Research: RCA and the VideoDisc (New York: Cambridge University Press, 1989).

[2] Ein Verhältnis von Markt- und Aktienwert, das beträchtlich höher ist als 1, kann auch die Tatsache widerspiegeln, daß Markenkapital in der Bilanz kaum in Erscheinung tritt. Bei Unternehmen wie Gillette (dessen Verhältnis Markt-/Aktienwert Ende 1993 bei 2,7 lag), Kellogg (2,7), William Wrigley Jr. (6,6) und Snapple Beverage (13,6) spiegelt eine hohe Verhältniszahl den Wert der Marken wider, die eine Firma besitzt. Dennoch ist der Ausdruck Markenkapital irreführend. Der Wert einer Marke kann rasch sinken, wenn sie nicht gut gemanagt wird. Das Verhältnis von Markt- zu Aktienwert für die Kunden der obengenannten Konsumproduktfirmen spiegelt ebenso das Vertrauen wider, das die Investoren in die Fähigkeiten des leitenden Managements zur ständigen Auffrischung und Erweiterung der mächtigen Marken setzen, wie den absoluten Wert einer Marke.

KAPITEL 11

[1] B. R. Schlender, „How Sony Keeps the Magic Going", Fortune, 24. Februar 1992, S. 23.

[2] „Super Phones", Business Week, 7. Oktober 1991, S. 61.

[3] T. Smart, P. Engardio und G. Smith, „GE's Brave New World", Business Week International, 8. November 1993, S. 45.

[4] Helmut Maucher, Rede beim Weltwirtschaftsforum, Davos, Schweiz, 5. Februar 1991.

[5] „Brand-Stretching Can Be Fun, and Dangerous", The Economist, 5. Mai 1990, S. 105–110.

[6] „The Erosion of Brand Loyalty", Business Week International, 19. Juli 1993, S. 32–33.

[7] Z. Schiller und R.A. Melcher, „Marketing Globally, Thinking Locally", Business Week International, 13. Mai 1991, S. 24.

[8] „No More Mr. Nice Guy at P&G, Not By a Long Shot", Business Week, 3. Februar 1992, S. 46–48.

[9] Schiller und Melcher, S. 21.

[10] Michael Jordon, Chairman, Pepsico International Food and Beverage, „Big Brands in a Borderless World", Rede beim Weltwirtschaftsforum in Davos, Schweiz, 3. Februar 1992.

KAPITEL 12

[1] Für eine umfassende Diskussion der Beziehung zwischen Industriestruktur und Profitabilität siehe Michael Porter, Competitive Strategy (New York: The Free Press: 1980).

[2] „Have You Driven a Ford Lately – In Japan?", Business Week, 21. Februar 1994, S. 37.

Literatur

GRUNDLEGENDE QUELLEN

Andrews, Kenneth R. The Concept of Corporate Strategy. Homewood, Ill.: Irwin, 1971.

Buzzell, Robert D., und Bradley T. Gale. The PIMS Principles: Linking Strategy to Performance. New York: The Free Press, 1987.

Chandler, Alfred. Strategy and Structure: Chapters in the History of the Industrial Enterprise. Cambridge: MIT Press, 1962.

Competitive Advantage: Creating and Sustaining Superior Performance. New York: The Free Press, 1980.

Hammer, Michael, und James Champy. Reengineering the Corporation: A Manifesto for Business Revolution. New York: HarperBusiness, 1993.

Hofer, Charles W., und Dan Schendel: Strategy Formulation: Analytical Concepts. St. Paul: West Publishing, 1978.

Kanter, Rosabeth Moss. The Change Masters: Innovation for Productivity in the American Corporation. New York: Simon & Schuster, 1983; When Giants Learn to Dance: Mastering the Challenge of Strategy, Management, and Careers in the 1990s. New York: Simon & Schuster, 1989.

Mintzberg, Henry. The Nature of Managerial Work. New York: Harper & Row, 1973; The Structuring of Organizations: A Synthesis of the Research. Englewood Cliffs: Prentice-Hall, 1979.

Mintzberg on Management: Inside Our Strange World of Organizations. New York: The Free Press, 1989.

Porter, Michael E. Competitive Strategy: Techniques for Analyzing Industries and Competitors. New York: The Free Press, 1980.

Stalk, George, Jr., und Thomas M. Hout. Competing Against Time. How Time-based Competition Is Reshaping Global Markets. New York: The Free Press, 1990.

The Structuring of Organizations: A Synthesis of the Research. Englewood Cliffs: Prentice-Hall, 1979.

The Rise and Fall of Strategic Planning: Reconceiving Roles for Planning, Plans, Planners. New York: The Free Press, 1994.

The Competitive Advantage of Nations: New York: The Free Press, 1990.

Thurow, Lester C. Head to Head: The Coming Economic Battle Among Japan, Europe, and America. New York: Morrow, 1992.

Tichy, Noel M., und Mary Anne Devanna. The Transformational Leader. New York: Wiley, 1986.

Tichy, Noel, und Stratford Sherman. Control Your Destiny or Someone Else Will: How Jack Welch Is Making General Electric the World's Most Competitive Corporation. New York: Doubleday, 1993.

When Giants Learn to Dance: Mastering the Challenge of Strategy, Management, and Careers in the 1990s. New York: Simon & Schuster, 1989.

Womack, James P., Daniel T. Jones, und Daniel Roos. The Machine That Changed The World: Based on the Massachusetts Institute of Technology 5-Million Dollar 5-Year Study on the Future of the Automobile. New York: Rawson Associates, 1990.

ERGÄNZENDE LITERATUR

„Asset Stocks and Sustained Competitive Advantage: A Comment." Management Science 35, Nr. 12 (1989): 1511–1513.

Barney, Jay. „Strategic Factor Markets: Expectation, Luck, and Business Strategy." Management Science 32, Nr. 10 (1986): 1231-1241. *Clark,* Kim B., und Steven C. Wheelwright. Managing New Product and Process Development: Text and Cases. New York: The Free Press, 1993.

Cohen, Eliot A., und John Gooch. The Military Misfortunes: The Anatomy of Failure in War. New York: The Free Press 1990.

„Collaborate with Your Competitors – and Win." Harvard Business Review 67, Nr. 1 (1989): 133–139.

„Competing for the Future." Harvard Business Review 72, Nr. 4 (1994).

„Corporate Imagination and Expeditionary Marketing." Harvard Business Review 69, Nr. 4 (1991): 81–92.

Davidow, William H., und Michael S. Malone. The Virtual Corporation: Structuring and Revitalizing the Corporation for the 21st Century. New York: HarperBusiness, 1992.

Dierickx, Ingemar, und Karel Cool. „Asset Stock Accumulation and Sustainability of Competitive Advantage: Reply." Management Science 35, Nr. 12 (1989): 1514.

Dixon, Norman F. On the Psychology of Military Incompetence. New York: Basic Books, 1976.

Drucker, Peter F. Managing for the Future: The 1990s and Beyond. New York: Dutton, 1992.

Hamel, Gary, und C.K. Prahalad. „Do You Really Have a Global Strategy?" Harvard Business Review 68, Nr. 4 (1985): 139–148.

Hariharan, Sahasranam. „Technological Compatibility, Standards, and Global Competition: The Dynamics of Industry Evolution and Competitive Strategies." Diss., University of Michigan, 1990.

Itami, Hiroyuki, mit Thomas W. Roehl. Mobilizing Invisible Assets. Cambridge: Harvard University Press, 1987.

Landis, Gabel, Hrsg. Product Standardization and Competitive Strategy. New York: Elsevier Science Publishing Company, 1987.

Nohria, Nitin, und Robert G. Eccles. Networks and Organizations: Structure, Form, and Action. Boston: Harvard Business School Press, 1992.

Nonaka, Ikijuro. „The Knowledge-Creating Company." Harvard Business Review 69, Nr. 6 (1991): 67-83.

Nonaka, Ikijuro, und Martin Kenney. „Towards a New Theory of innovation Management: A Case Study Comparing Canon, Inc., and Apple Computer, Inc." Journal of Engineering and Technology Management 8, Bd. 1 (1991): 67–83.

Ohmae, Kenichi. The Mind of the Strategist: The Art of Japanese Business. New York: McGraw-Hill, 1982.

Prahalad, C. K:, und Richard A. Bettis. „Dominant Logic: A New Linkage Between Diversity and Performance." Strategic Management Journal 7, Nr. 6 (1986): 485–502.

Prahalad, C.K., und Gary Hamel. „The Core Competence of the Corporation." Harvard Business Review 68, Nr. 3 (1990): 79–91.

Quinn, James Brian. Intelligent Enterprise: A Knowledge and Service Based Paradigm for Industry. New York: The Free Press, 1992.

Senge, Peter M. The Fifth Discipline: The Art and Practice of the Learning Organization. New York: Doubleday/Currency, 1990.

Spender, J. C. Industry Recipes: An Enquiry into the Nature and Sources of Managerial Judgement. New York: Blackwell, 1989.

„Strategic Intent." Harvard Business Review 67, Nr. 3 (1989): 63–76.

„Strategy As Stretch and Leverage." Harvard Business Review 71, Nr.2 (1993): 75–84.

Takeuchi, H., und Ikujiro Nonaka. „The New New Product Development Game." Harvard Business Review 64, Nr. 1 (1986): 137–146.

Teece, D. J. „Towards an Economic Theory of the Multiproduct Firm." Journal of Economic Behavior and Organization 3 (März 1982): 39–64.

Tuchman, Barbara Wertheim. The March of Folly: From Troy to Vietnam. New York: Knopf, 1984.

Ulrich, David, und David Lake: Organizational Capability: Competing from the Inside Out. New York: Wiley, 1990.

Wernerfelt, Birger. „A Resource-Based View of the Firm." Strategic Management Journal 5, Nr. 2 (1984): 171-180.